国家级一流本科专业建设成果
省级一流本科课程配套教材

国际税收

主编　张伦伦

GUOJI SHUISHOU

中国教育出版传媒集团
高等教育出版社·北京

内容提要

本书是国家级一流本科专业建设成果、省级一流本科课程配套教材。

本书主要内容包括：导论、国际税收协定、居民身份确定规则、营业所得征税权分配规则、其他所得征税权分配规则、国际重复征税的消除、国际避税概述、转让定价税务管理、其他避税方式税务管理、国际税收最新发展。

本书适合作为高等学校相关课程教材，也可作为相关从业人员参考用书。

图书在版编目(CIP)数据

国际税收 / 张伦伦主编. -- 北京 : 高等教育出版社, 2025. 9. -- ISBN 978-7-04-065221-5

Ⅰ. F810.42

中国国家版本馆 CIP 数据核字第 2025RP5413 号

策划编辑 熊柏根　**责任编辑** 熊柏根　**封面设计** 张文豪　**责任印制** 高忠富

出版发行	高等教育出版社	**网　　址**	http://www.hep.edu.cn
社　　址	北京市西城区德外大街4号		http://www.hep.com.cn
邮政编码	100120	**网上订购**	http://www.hepmall.com.cn
印　　刷	上海新艺印刷有限公司		http://www.hepmall.com
开　　本	787mm×1092mm　1/16		http://www.hepmall.cn
印　　张	21.50		
字　　数	484千字	**版　　次**	2025年9月第1版
购书热线	010-58581118	**印　　次**	2025年9月第1次印刷
咨询电话	400-810-0598	**定　　价**	54.00元

本书如有缺页、倒页、脱页等质量问题，请到所购图书销售部门联系调换

物 料 号　65221-00

前　言

国际税收是税收学的一个重要分支，是税收理论研究和税收实务领域中的重点和难点。当前经济全球化及数字化的深入发展促进了资本、人员、技术等生产要素的跨国流动，国家间经济交往的日益深化既增加了企业国际税收业务风险防控的难度，也加剧了相关部门国际税收立法及监管的复杂性。本书以习近平新时代中国特色社会主义思想为指导，意在向国际税收初学者答疑解惑，同时注重激发初学者学习国际税收的兴趣，并在此基础上对相关专业问题进行独立的思考。

"国际税收"课程是财税、会计、国际经济等专业的核心课程。我国当前正处于推进高水平对外开放的战略机遇期，鼓励我国居民"走出去"和吸引外资"走进来"是高水平对外开放战略推进的显性特征。服务于新时代我国对外开放战略需要大量的国际税收人才，《国际税收》教材建设在人才培养中发挥着重要作用。

本教材具有以下特色：

1. 注重中国自主国际税收话语体系的构建和创新。本教材在我国国情的基础上，通过追踪和融入国际税收改革最新成果，力求实现基础理论与学科前沿、国际规则与中国实践、学术阐释与政策解读的有效协同，助推构建中国自主国际税收话语体系。

2. 具有一定的原创性。本教材对最新国际税收规则逻辑及中国国际税收实践变革做出了新表述。通过纳入适应数字经济发展的国际税收新成果及反避税领域出现的新概念，拓宽学习者国际税收学术视野，引导其对国际税收专业问题进行思考。如纳入常设机构确认中的"反拆分"规则及反避税领域中的反税收协定滥用规则，强化学习者国际税收创新思维和科研能力的培养。

3. 引导学习者搭建国际税收体系架构。搭建清晰的章节体系有利于初学者学习效率的提高。本教材的章节设计结构清晰、逻辑连贯。第一章、第二章为基础部分，介绍国际税收学科相关概念。第三章至第六章聚焦于国际重复征税的剖析。第七章至第十章则重点分析国际避税问题。

4. 通过制度演化分析对知识点进行归纳总结。本教材按照时间顺序梳理了各国对跨国所得征税及反避税的制度演化，总结共性与规律。以税收协定范本更新的时间轴为主线，从制度演化视角梳理 OECD 范本及 UN 范本对相关条款更新的历史变迁，结合历次更新的时代背景，厘清更新的政策内涵。

5. 以案例形式强化初学者对知识点的灵活应用。本教材的案例主要包含自创案例、税收协定范本注释案例和引用案例三种类型。其中的自创案例和引用案例着眼于解决我国外资企业和"走出去"企业的国际税收业务热点和难点问题，立足我国国情，以案例形式对最新国际税收政策做出创新性阐释，服务于国家高水平对外开放战略。

前 言

本教材由西南财经大学“国际税收”课程教学团队编写，具体分工如下：第一章、第二章、第四章、第五章、第六章、第九章由张伦伦编写，第三章和第八章由吕敏编写，第七章和第十章由郝晓薇编写。本教材另配有的“国际税收”在线课程已在中国大学慕课上线。审稿人对本书提出了宝贵的修改意见，高等教育出版社编辑对全书进行了细致入微的专业审校，在此对上述人员表示衷心的感谢。

由于编者水平所限，书中难免出现错漏及不妥之处，诚恳希望广大读者朋友批评指正。

编 者

2025 年 8 月

2017 年版 OECD 税收协定范本（中英对照）

本书案例思考题解答思路

目　录

案例目录

第一章　导　　论

学习目标

1. 了解国际税收的形成历史。
2. 掌握国际税收的概念及税收管辖权的类型。
3. 了解国际税收的研究对象。
4. 理解国际重复征税的产生机制及其解决框架。
5. 了解我国国际税收事业的发展历程，加深对我国国情的认识。

引例　库克诉泰特案：美国可以对本国公民的境外所得征税吗？①

库克诉泰特案是美国历史上知名的确认美国公民税收管辖权的典型案例。

库克（Cook）是一名美国公民，后移居墨西哥。他在墨西哥取得了永久居民身份后依然保留了美国国籍。库克从其拥有的处于墨西哥的财产中获得收入，美国国内收入署马里兰地区收税官泰特（Tait）责令库克就这笔收入向美国缴纳1 193.38美元税款。库克依从了这一指令，但同时提出抗议，声明产生该项收入的财产位于墨西哥，美国税务机关无权对位于美国境外的财产产生的收入征税。库克在缴纳部分税款后随即向法院提起诉讼。

法院认为，征税权的存在不在于当事人的财产是否位于美国国内，以及当事人是否为他国的永久居民。这种权力是由政府保护公民及其无论在何处的财产的本质特征决定的。这种关系决定了美国政府对居住在境外且财产地亦位于境外的美国公民拥有税收管辖权。因此法院最终判决库克应向美国税务机关缴纳税款。

法官认为，美国对境外公民征税权的来源是“政府对公民的保护”，但多数国家的税收立法及税务实践并不认可或体现这一认识。正是因为各国（地区）

---

① 改编自李金龙：《税收案例评析》，山东大学出版社2000年版。

对税收管辖权行使状况的不同导致了国际重复征税问题的产生。解决国际重复征税问题是国际税收学科的第一要务。

思考题：

1. 如何理解国际税收的概念？
2. 国际重复征税是如何产生的？
3. 税收管辖权的类型有哪些？

第一节　国际税收概述

一、国际税收的形成

从历史角度看，国际税收的形成大致经历了史前期、酝酿期及形成期三个时期。上述三个时期所对应的历史阶段、经济形态、税种属性、国家间税收协调工具等特征具有明显差异（见表1-1）。通过考察不同时期所具备的不同特征，就可以梳理出国际税收产生的内在逻辑。

表1-1　国际税收形成的历史脉络

特征	史前期	酝酿期	形成期
历史阶段	原始社会末期、奴隶社会及封建社会阶段	自由竞争资本主义阶段	垄断资本主义阶段
经济形态	自然经济	商品经济	高度发展的商品经济
税种属性	古老的直接税	流转税	所得税及一般财产税
国家间税收协调工具	无	贸易协定	税收协定

从社会形态演变角度看，原始社会末期出现国家并产生税收以后，社会生产力发展水平很低，社会经济形态为自给自足的自然经济。很明显，在自然经济形态下，商品交易还没有发展起来，更遑论商品的跨境交易及跨国纳税人的产生。随着封建社会末期商品经济萌芽和进入资本主义社会后商品经济的快速发展，商品交换成为商品经济社会区别于自然经济社会的最明显特征。当商品经济发展到一定程度，跨国交易商品就成为社会经济生活中的常见现象。15世纪末16世纪初的地理大发现及新航路的开辟为更大范围内的国际贸易开展奠定了坚实的客观基础。肇始于18世纪60年代的英国工业革命加速了全球范围内的跨境贸易发展。国际贸易的快速发展也带来了国际投资的繁荣。特别是第二次世界大战后，生产及分工的国际化程度日益提高，从20世纪末期开始，全球化已成为世界经济的一个显著特征。在经济全球化背景下，资本、技术、劳动力、信息等生产要素在国家间的流动愈加频繁。跨境投资的空前活跃，导致大

量的跨国纳税人的出现。跨国纳税人的所得及一般财产往往分布在世界不同国家。所涉及的不同国家对跨国所得及一般财产行使各自的征税权力征税时，国际税收关系就随之产生。

概括起来，国际税收形成有两个必要条件。

（一）所得税及一般财产税的普遍课征产生大量的国际重复征税现象

国际贸易中商品的跨境流转，一般涉及的只是关税、增值税、消费税等流转税在国家间的协调。从历史角度看，这一协调主要通过国家间缔结贸易协定的方式进行，通过协商订立双边或多边贸易协定以促进商品在国家间的自由流动。19世纪以来，这种国家间的贸易协定已经非常普遍。第二次世界大战后，为消除跨境商品流转中的贸易保护主义障碍，促进世界贸易自由发展，美国等国于1947年10月30日在瑞士日内瓦发起并缔结了《关税与贸易总协定》（General Agreement on Tariffs and Trade，GATT），大幅度削减关税及消除非关税壁垒，取消国际贸易中的歧视待遇。截至GATT被世界贸易组织取代前夕，已有128个国家和地区加入该协定。1996年1月1日，世界贸易组织（World Trade Organization，WTO）正式取代GATT，成为当今协调各国贸易关系的最主要多边机构。我国于2001年加入WTO。

从税种角度看，WTO这类多边机构协调的是各国间关税及其他流转税，并不直接涉及所得税征税权在各国间的分配。所得税及一般财产税的出现和普及为在税收协定框架下处理国家间征税权分配关系提供了基础和可能。从世界范围看，所得税最早产生于18世纪末的英国，与当时英国所属的特定历史背景有很大关系。当时正值英法战争，英国政府亟须筹措大笔经费以满足战争所需，英国首相W.皮特于1798年创设一种新税，名为“三部合成捐”，也有人称之为“三级税”，实为所得税雏形。由于所得税可以在宏观经济调控中充分扮演“内在稳定器”角色，发生经济过热及经济紧缩时进行逆周期调节，因此除了筹集财政收入的功能，所得税的调节功能亦逐步显现。出于筹集财政收入、稳定经济及调节个体差异的需要，在英国之后，很多资本主义国家也相继引入了所得税制度。

当经济全球化发展到一定程度，跨国公司在全球经济一体化中开始扮演极为重要的角色。跨国公司取得的所得往往分布在多个国家。若相关国家都分别行使税收管辖权对跨国公司所得征税，则会发生严重的重复征税现象。如何减轻及消除国际重复征税，促进资本、技术、劳动力、信息等生产要素在国际上自由流动，是经济全球化背景下相关国家面临的重要课题。当跨国公司居民身份所在国以资本输出国身份出场，对应的则是接受跨国公司投资的所在地国家以资本输入国身份出场。资本输出国与资本输入国需要就跨国公司所得征税权的分配达成一致，从而在分别实现各自税收利益的同时减轻及消除对跨国公司的重复征税。与跨国公司在全球实现所得相类似，经济全球化也带来了跨国纳税人一般财产在全球范围内配置的常态化，同样需要相关国家合作解决对跨国一般财产征税产生的国际重复征税。国际通行的国家间对所得及一般财产的征税权分配规则就构成了国际税收的重要内容。

（二）跨国纳税人充分利用各国税制差异或征税真空而产生的国际避税现象日益增多

考察历史可以发现，解决国际重复征税问题是国际税收形成的最直接原因。但随着全球经济的发展、工业革命的深入推进，以及数字经济的飞速发展，技术迭代速度日益加快，带来了跨国公司业务模式的颠覆性创新。这些创新叠加各国税制设计差异、双边税收协定具体条款差异、各国对跨国公司税收征管差异甚至各国经济发展战略差异等因素，无形中为跨国公司创造了巨大的避税空间。特别是当前世界处于数字经济与工业经济交汇更迭的过渡时期，世界经济的数字化特征愈加突出，信息和通信技术的高速发展更加丰富了跨国公司避税的手段和方式。知名跨国公司避税事件不仅在社会上形成轰动效应，更重要的是引发了各国政府的警觉和重视。出于维护自身税收权益的考虑，诸多国家对跨国公司避税现象开始“亮剑”。对跨国公司避税问题的治理，相关国家既可以通过完善一国国内法实现，也可以在双边或多边框架内通过合作的方式予以解决。在税务实践中，由于各国在对跨国公司避税的标准界定及利益分配上很难达成一致，因此相关当事国出于维护自身税收利益而采取单边措施对跨国公司避税问题治理时往往会带来新的重复征税。从长远看，国际合作对治理跨国纳税人避税问题至关重要，对跨国纳税人国际避税的反避税管理与合作亦构成了国际税收的另一重要内容。

二、国际税收的概念

学术界和实务界目前对国际税收概念并没有达成统一的共识。本书将国际税收概念归纳为：两个或两个以上国家为解决对跨国纳税人所得及一般财产的国际重复征税或国际多重不征税问题而形成的税收合作关系。这一合作关系既包括相关国家对跨国纳税人的征税权分配规则，亦包括各国对跨国纳税人征税时的征管协作规则。若将征管协作规则视为税收合作关系中的“程序规则”，则可以将征税权分配规则理解为税收合作关系中的“实体规则”。理解国际税收概念应把握以下几个要点。

（一）国际税收不能脱离国家税收而单独存在，但国际税收背后并不存在超国家的政治权力

国际税收必然涉及两个或两个以上国家各自行使税收管辖权对跨国纳税人的征税，若没有各国对各自税收主权的行使，就不会产生国际税收问题。国家税收是国际税收存在的基础。从国家税收角度看，一国政府对本国纳税人征税凭借的是国家政治权力，税收管辖权正是国家主权在税收领域的体现。但不同于国家税收，国际税收背后并不存在超国家的政治权力，也就是说，世界上不存在任何一个国际组织有权从某一特定国家自由收取税收。当今世界最大的国际组织联合国，由 190 多个主权国家组成，它本身并不具备相应主权。联合国虽然可以对相关国家税收政策的制定及完善提供建议，但无权制定一国税收制度，更不能从一国自由取得税收收入。

（二）国际税收所涉及的纳税人为跨国纳税人

国际税收涉及的纳税人必然为跨国纳税人。若征纳关系限于一国境内，纳税人只需向一国履行纳税义务，自然不会产生国与国之间的税收合作关系。但若某国纳税人跨出国门参与国际市场竞争而从境外取得所得，或者境外纳税人进入该国市场参与竞争并取得所得，相关纳税人的身份亦由一国纳税人转变为跨国纳税人，所涉及的征纳关系则由一国拓展至多国。为促进生产要素在国家间自由、规范地流动，需要相关国家携手合作解决对跨国纳税人的重复征税或多重不征税问题。需要指出的是，跨国纳税人的概念并不抽象，站在某一国家角度考察，跨国纳税人既包括该国参与国际竞争"走出去"的企业，也包括进入该国市场"走进来"的企业。

（三）国际税收重点研究国家之间对跨国纳税人征税权的分配规则，但近年来国家间的征管协助在国际税收中的地位逐步加强

国际税收研究中的传统观点强调国家间对跨国纳税人的征税权分配关系，而忽视了相关国家的税收征管对跨国纳税人的影响。事实上，税收征管很大程度上体现了一国税收主权在实践中的实现程度，除税制设计外，税收征管也影响了跨国纳税人的实际税负和投资选择，进而影响生产要素在全球的配置效率和格局。布劳·罗伊很早就强调了税收征管的重要性："不是书面规定的税收法律，而是在现实中运行的税收政策决定了纳税人缴纳税款的数额和纳税效应。税收管理机关和法院的明确解释、税收规定的简单和可理解性、检察机关的胜任能力、税收政策执行力的强大和公正共同决定了可筹集的税收收入的数额、税负的分配及税收的经济效应"。前国际货币基金组织官员卡萨尼格拉甚至断言：在发展中国家，税收管理就是税收政策（tax administration is tax policy）。近年来诸多国家开始注重通过强化税收征管以维护本国境外税基，个别政治经济实力强大的国家通过单边方式加强了对海外税基的监管，但更多国家选择了通过多边征管互助合作方式以加强对海外税基的管理。从《海外账户税收遵从法案》（美国发布）、《多边税收征管互助公约》（OECD发布）到《金融账户涉税信息自动交换标准》（OECD受G20委托发布）都反映了这一趋势。

三、两种视角下的国际税收

实践中，由于不同研究者所属学科及研究视角的差异，对国际税收概念还没有达成共识。归纳起来，目前学术界主要从两个视角对国际税收概念进行界定。

（一）第一种视角：国际法视角

从国际视角看，国际税收体现的是国家之间在解决对跨国纳税人所得及一般财产重复征税问题及多重不征税问题而达成的一系列合作规则。

试图从国际法视角出发归纳国际税收概念的学者主要包括鲁文·S. 阿维－约纳、休·奥尔特、亚里夫·布劳纳、鲍尔·麦克丹尼尔等人。这些学者认为：存在连贯一致

的国际税收体系，它体现在税收条约网络和一国国内法中，是国际法（包括条约及习惯法）的重要组成部分。国际税法的实际意义在于，各国不能依据自身利益随意制定国际税收规则，而只能在国际通行的国际税收体系的范围内运作。国家间缔结的数量庞大的税收协定是支撑"国际税收体系存在说"的现实证据。国与国之间缔结的税收协定的内容和结构非常相似，因为它们都是基于经济合作与发展组织（OECD）和联合国（UN）的税收协定范本。在绝大多数国家，税收协定的法律效力高于国内法，是对各国国内法一定程度的约束。密歇根大学国际税法教授鲁文·S. 阿维－约纳认为，现实世界中的税收协定网络构筑了一个具有确定原则的国际税收体系。

（二）第二种视角：国内法视角

从某一具体国家的视角看，国际税收反映的是该国政府对本国居民纳税人来自境外所得或非居民纳税人来自境内所得征税的一系列法律法规的总和。

美国阿诺德教授是从国内法视角考察国际税收内涵的代表性人物。其在所著的《国际税收基础》一书中指出："为'方便'起见，本书使用了'国际税收'一词命名。国际税法更确切的表述应为特定国家所得税法的国际方面。除了少数例外，税法不是'国际'的，而是主权国家的产物。至少可以认为，无论是主权国家的惯例，还是联合国或 OECD 等国际组织的作为，都无法创设凌驾各国的国际税收法律"。可以看出，阿诺德教授反对世界上存在独立的国际税法的观点，甚至拒绝将其所著的书名描述为国际税法。一些著名的国际税收学者和执业人士如迈克尔·格雷兹、大卫·罗森布卢姆、朱莉·罗茵等与阿诺德教授持相同或类似的观点，即国际税收只是一国税法中的国际方面，不存在超越国家主权的国际税法或独立的国际税收体系。税收协定可能是一国所得税制度中最明显的"国际"方面。但阿诺德教授认为："税收协定虽然对其签署国的征税权施加了重大限制，但必须指出，税收协定本身并不开征税收。尽管税收协定是主权国家之间具有约束力的协议，但在许多国家，税收协定只有在将其纳入国内法的前提下才有法律效力"。

两种视角下的国际税收内涵似乎有所差异，但详究起来并不存在根本的冲突，两种视角下的国际税收内涵是对同一事物不同角度的考察，其内在逻辑是自洽的。我国国际税收专家朱青教授亦认为，可以将第一种视角下的国际税收称为宽口径的国际税收，而将第二种视角下的国际税收称为窄口径下的国际税收。尤其需要指出的是，站在中国大地上研究国际税收问题，除了把握国际视角下的国际税收一般规则，亦应对我国税制中涉及"国际性"的税收政策进行详细研究。对于非居民来自我国境内的所得，以及我国"走出去"居民来自境外的所得如何进行正确的税务处理，相关国际税收学习者及从业者应该了然于胸。基于此，本书在后续章节中，既介绍对相关跨国所得税务处理的国际通行规则及一般规律，也要交代清楚我国目前具体的国内法税务处理，以求全面理解和掌握国际税收内容。

案例 1-1　国际税收的产生脉络

境外非居民企业甲公司为一家欧洲公司，主要从事葡萄酒生产、销售。近年来市场竞争激烈，甲公司产品在美国及欧洲国家的市场份额已难以提高，考虑到中国有巨大市场容量和完善的产业链及物流体系，甲公司管理层意欲开发中国市场。经详细考察，甲公司筹划通过以下几个步骤实现企业在中国的发展战略。

第一阶段：积极联系、协调中国境内的大卖场及经销商，与中国境内客户直接在法国签订销售合同。

第二阶段：在中国某市设立办事处，该办事处主要负责法国总部相关人员来华的联络、住宿、餐饮、交通等事务，偶尔举办甲公司产品在中国的展览会，宣传、推广甲公司产品。

第三阶段：通过中国境内的乙公司代销本公司产品，乙公司为中国本地的葡萄酒生产企业。乙公司主要负责甲公司与中国客户的接洽工作，具体销售合同则由甲公司与中国客户直接签订。同时，甲公司亦通过丙公司在中国境内销售产品，丙公司为一经纪公司，向甲公司收取佣金。

第四阶段：甲公司先在中国香港设立 B 公司，并由 B 公司控股 A 公司（中国内地子公司）。A 公司直接在中国内地从事葡萄酒的生产和销售，所需原材料主要由甲公司设在中国香港的 B 公司提供。A 公司的产品一部分在中国内地销售，一部分销售给 B 公司，再由 B 公司销往其他国家。A 公司实现的净利润按公司章程的规定，定期分配给 B 公司，再由 B 公司分配给甲公司。

第五阶段：甲公司欲通过企业重组安排，将 A 公司的股权转让给一家 BVI 公司。初步考虑，有两种方案：一种方案是由 B 公司直接转让 A 公司股权；另一方案是甲公司转让 B 公司股权，从而间接转让 A 公司股权。

思考题

在上述案例的每个阶段是否会涉及国际税收业务？若有，可能会涉及哪些国际税收业务？

第二节　国际税收的研究对象

一、所得税与国际税收

本书主要从税种的角度分析国际税收的研究对象。从国际税收形成和发展的历史演变看，经济全球化的深入发展叠加世界各国普遍开征所得税的现实背景，使得所得税的国际重复征税问题凸显。从税种角度考察,所得税成为国际重复征税的重灾区。解决所得税的国际重复征税问题是税收领域国家间合作的重点,以降低跨国纳税人所得税负,从而促进各生产要素在国际上更加自由和规范地流动。英国于1842年确立所得税。经过长期的历史演变,所得税在英国税制中的地位逐步提高,1922年所得税已占到英国税收收入总额的45%。英国开征所得税后,日本(1887年)、法国(1911年)、美国(1913年)、德国(1920年)等国家纷纷开征所得税。至今,所得税在很多国家的税制中都占有非常重要的地位,成为这些国家的主体税种(见表1-2)。图1-1为2021年世界各区域国家的税制结构,反映了所得税在世界各区域国家税制结构中的分布现状。

所得税主要包括企业所得税和个人所得税。从理论上讲,所得税属于对人税。我国知名的国际税收专家葛惟熹教授以是否与征收的目的物直接相联系为标准,将税种划分为对物税与对人税,所得税即最主要的对人税[①]。与流转税以具体商品(服务)为征税对象不同,所得税是对法人、家庭或自然人一定时期内取得的收益或所得征税而设

表1-2　部分国家所得税在税收总收入中的占比　　单位:%

国别	2011年	2012年	2013年	2014年	2015年	2016年	2017年	2018年	2019年
德国	67	68	69	69	69	69	70	70	70
	29	30	31	31	31	32	33	33	33
法国	61	61	61	61	60	60	60	60	59
	23	24	24	24	23	23	24	25	26
英国	55	54	54	54	54	54	55	54	55
	36	35	35	36	36	36	35	35	35
日本	72	73	73	72	71	71	71	72	—
	30	31	32	32	31	31	31	32	—
美国	69	70	71	71	72	72	68	70	70
	46	47	47	48	48	48	45	45	45
芬兰	60	60	59	58	60	61	61	63	63
	40	42	41	41	43	43	44	45	45
瑞典	58	58	58	58	58	59	58	58	57
	35	34	35	35	36	36	36	36	35
加拿大	61	62	62	62	62	62	62	62	62
	46	47	47	47	47	47	48	48	48
韩国	54	55	56	56	57	57	58	60	60
	30	30	29	29	30	31	32	34	33

注:每个国家的第一行数据为包含社保缴税(缴费)在内计算的相应比重,第二行数据为不包含社保缴税(缴费)计算的相应比重。西方国家开征的社会保险税的计税依据为企业向雇员发放的工资总额,一些学者基于此认为社会保险税也属于所得税范畴。

① 葛惟熹:《国际税收学》(第四版),中国财政经济出版社2007年版。

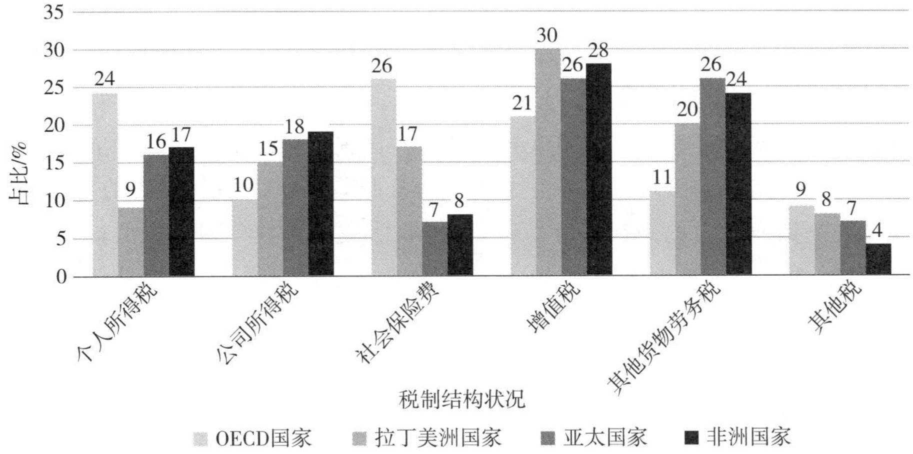

图 1–1　2021 年世界各区域国家税制结构①

计的税种。企业所得税的纳税人一般为法人，而法人无外乎就是自然人股东的集合体，现实世界中的法人股东被追根溯源后依然为自然人。临时替代机制理论是国外学术界阐释企业所得税与个人所得税内在关系的一种较为流行的理论。该理论认为对法人征收的企业所得税是对持有该企业股份的自然人股东应征个人所得税的一种临时替代或预扣，从这一视角上理解企业所得税的对人税属性非常直观。

跨国纳税人跨国所得的具体形式，如图 1–2 所示。包括法人和自然人在内，一国税收居民到另一国以非居民纳税人身份从事经营活动，通常在满足“出场”的条件下，需要就其取得的跨国一般经营所得向非居民国政府履行所得税纳税义务。跨国一般经营所得是跨国所得中最常见的所得形式。这里的“出场”指的是跨国纳税人在

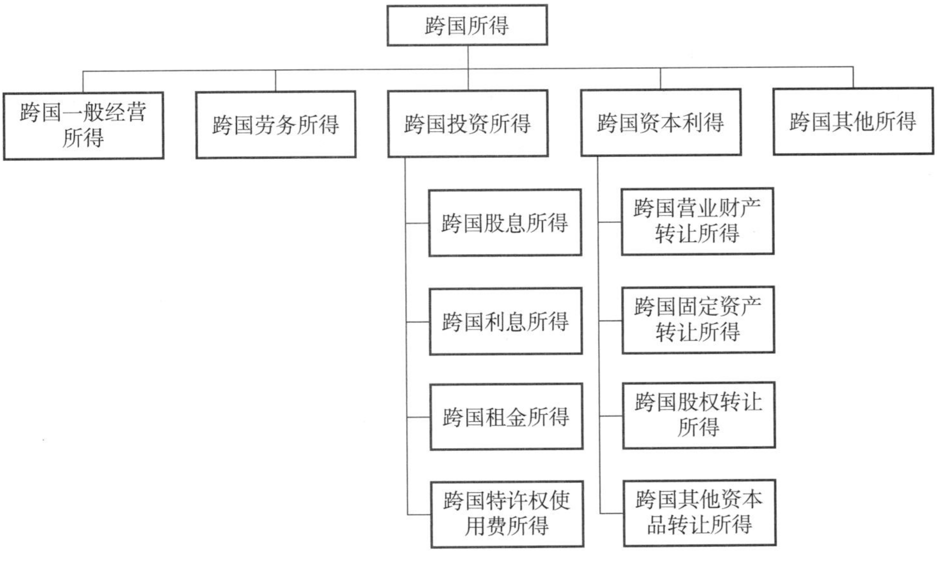

图 1–2　跨国纳税人跨国所得的具体形式

① 图中数据采用四舍五入法，会导致合计不等于 100%。

非居民国设有相应的机构、场所或税收协定意义上的常设机构（固定基地）。若一国居民在另一国并没有“出场”，而是以非居民身份进行各项投资取得股息、利息、租金、特许权使用费，上述所得为跨国投资所得；以非居民身份转让资本品赚取差价，其取得的所得就是跨国资本利得。一国自然人居民到另一国提供独立劳务及非独立劳务时取得的所得即跨国劳务所得。实践中，考虑到自然人跨国提供的一些劳务的特殊属性，没有将其归为一般意义上的跨国劳务所得，在税收协定中将其单列条款而被视为跨国其他所得形式，如运动员境外参赛所得、演艺人员境外表演所得、专家境外访学或从事科学研究所得、留学生境外留学所得等。

二、财产税与国际税收

考察各税种的历史演变可以发现，财产税是比所得税更为古老的税种。与所得税对纳税人一定时期内取得的收益流量征税不同，财产税是对纳税人某一时点所拥有或支配的财产存量课征的税收。从税种体系看，财产税亦为一个大的税类，通常情况下可以将财产税分为一般财产税和个别财产税，具体形式如图 1–3 所示。一般财产税的课征往往基于财产总量，如将纳税人拥有或支配的土地、房产、公司股权、货币资金、古玩字画等所有财产汇总征税。个别财产税的课征则针对某项具体财产，如某栋房屋、某块土地、某辆（艘）车（船）等。一般财产税和个别财产税都可以按照财产所处环节的不同分为静态（占用）和动态（转让）两种形态。如阿根廷开征的财产税与法国、奥地利开征的净资产税都属于一般财产占用税，一般财产转让税则主要指遗产和赠与税。个别财产税无论从动态还是静态角度看，包括的税种都比较多，如俄罗斯开征的交通运输税和企业财产税、德国开征的机动车税及我国开征的房产税都属于个别财产占用税，而巴西和德国开征的不动产转让税、阿根廷开征的金融交易税、德国开征的土地购置税、韩国开征的购置税及我国开征的契税等都属于个别财产转让税。

阿根廷财产税

法国净资产税

从理论上考察，无论是一般财产税还是个别财产税，财产所有者的居住地与财产的坐落地或所在地很可能位于不同的国家。当财产坐落地或所在地国家行使地域管辖权而财产所有者居住地国家行使居民管辖权对同一财产征收财产税时，就会出现财产税

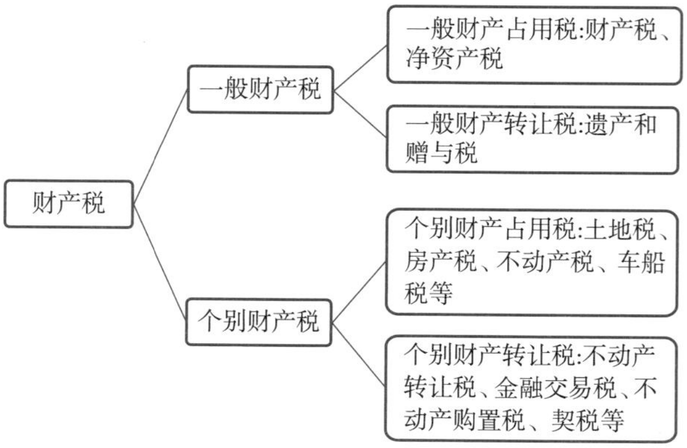

图 1–3　跨国所得形式

的国际重复征税。国家间缔结税收协定以确定对跨国财产的征税权分配规则，从而解决财产税的国际重复征税问题。因此，除所得税外，财产税也应纳入国际税收的研究对象。事实上，2017 年版 OECD 税收协定范本与 2021 年版 UN 税收协定范本的第 22 条有针对性地制定了跨国财产的国家间征税权分配规则。

三、流转税与国际税收

流转税主要包括关税、增值税等税种。梳理国际税收学科发展史可以发现，学界一般不将流转税纳入国际税收的研究对象。关税的国际协调远早于所得税。1703 年，英国与葡萄牙缔结的《梅屈恩协定》开启了关税国际协调的实践。1860 年英国与法国缔结的《科布登－谢瓦利埃条约》标志着欧洲工业化阶段自由贸易时代的到来。20 世纪三四十年代世界贸易保护主义盛行，1947 年《关税与贸易总协定》（GATT）的签署意味着各国在削减关税和其他贸易壁垒、促进贸易自由化方面开创了新的局面。目前国家间对关税的协调主要是在 WTO 多边框架下实现。

邓子基和唐滕翔教授很早就指出：根据国际税收百年研究史实，国际税收研究对象不包括关税等间接税。理由可能有两条：❶ 尊重历史习惯。关税的国际协调发生在前，早已自成体系。❷ 与关税相比，所得税在国际税收中具有独特的内容。这一独特之处主要体现为以下五点。

（1）关税征税环节的地域特征完全同国家地域管辖权相吻合；而所得税征税存在着国家间税收管辖权相互交错的现象，国际征税权的确定比较复杂。

（2）关税的计税依据是商品流转额，采用从价计征或从量计征，标准明确；而所得税的计税依据是应纳税所得额，收支数额的认定往往牵涉国际分摊。

（3）关税的计税方法是就出口、进口或过境流通阶段分别进行的，不存在同一流通额在同一阶段的重复课征；而所得税由于国家间税收管辖权的交错，经常发生对同一纳税人的同一项所得的重复课税，因此，需要一套避免国际双重征税的方法。

（4）关税的管征控制办法比较严密，有流通过程中的数量稽核手段；而所得税的管征控制漏洞很多，特别在跨国公司日益增加，市场竞争更加尖锐的情况下，偷税、漏税现象更加严重，需要国际的协作配合。

（5）关税制度各国差异较小，所不同的一般只在税则的税目税率上，国际协调便于采取多边税收协定的形式；而所得税制度各国差异较多，征收对象、来源认定、计征方法、扣除范围、优惠规定等往往互不相同，国际协调一般只能采取双边税收协定的形式。①

除关税外，增值税亦属于流转税体系一大税种。1954 年法国率先实施增值税，目前世界上已有 170 多个国家（地区）开征增值税。货物或服务跨境流转时带来了国家间的增值税协调问题。理论上，增值税的国际协调既可以采取来源地原则也可以采取目的地原则。在来源地原则下，产生增值的各个国家均有权征收增值税；在目的地原则下，增值税只能由最终消费发生的国家征收，且出口国不征收增值税并退还出口产

① 邓子基、唐滕翔：《国际税收导论》，经济科学出版社 1988 年版。

品生产及流通过程中已缴纳的增值税税额。由于来源地原则下增值税的征收依据产生增值的各国所制定的不同税率进行，税率的差异必然会影响产业价值链的经济及地理结构，从而损害到增值税在国际贸易及国际投资中的税收中性效应，因此理论上目的地原则在增值税的国际协调中更具优势。事实上，目的地原则已成为增值税国际协调的基本准则并且已被WTO规则认可。WTO《补贴与反补贴措施协议》（Agreement on Subsidies and Countervailing Measures）的注释1中规定："对一出口产品免征其同类产品供国内消费时所负担的关税或国内税，或免除此类关税或国内税的数量不超过已计征数额，不得视为出口补贴"，由此看出，WTO鼓励成员进行增值税国际协调时采取目的地原则。

商品跨境流转的增值税协调依据目的地原则较容易实现，但随着通信技术的发展，经济数字化程度飞速提高，跨境提供服务的增值税国际协调难度却明显增加。在线跨境提供数字服务时，若相关场景为B2B商业模式，由于这一模式一般不涉及众多自然人，依据目的地原则，增值税由服务接受方在所在国缴税，跨境数字交易的增值税协调类似于货物的跨境流转，不会显著提高税收征管成本。但在B2C模式下贯彻目的地原则时，情况变得较为复杂。B2C商业模式最常见的场景为跨国互联网公司在线为其他国家（地区）个人消费者提供在线服务，贯彻目的地原则涉及向数量极大的自然人纳税人征收增值税，且税款金额往往较小，其征管及遵从成本都较高。基于此，OECD《电子商务指南》建议：B2C商业模式下，由跨境劳务提供者代收代缴增值税，即非居民劳务提供者在目的地（消费地）登记并申报纳税，并倡导使用简化的登记程序且确定需登记的起征点金额，从而使潜在的税收遵从负担降至最低。类似于关税，增值税的国际协调也不通过国家间缔结的双边或多边税收协定工具来实现。

综上所述，依循国际惯例，关税及增值税的国际协调都有其特定的框架及工具，关税、增值税等税种一般不纳入国际税收研究对象。只有所得税和财产税才纳入相应的税收协定框架以确定相关国家（地区）对所得及财产价值的征税权划分规则。从税种角度看，所得税和财产税，尤其所得税才是国际税收的研究重点。

第三节　税收管辖权

一、税收管辖权的概念

从逻辑上讲，只有确认具体国家的税收管辖权范围，才能厘清国际重复征税的产生机制，并在此基础上寻求解决国际重复征税的有效方法。葛惟熹教授指出："税收是国家凭借政治权力所进行的一种分配。一个国家要对跨国纳税人的跨国征税对象或税基征税，在客观上不能不受这个国家本身政治权力所能达到的范围的制约。一般说来，一个主权国家的政治权力所能达到的范围，在地域的概念上，是指这个主权国家所属领土的全部空间；在人员的概念上，是指这个国家的全部公民和居民”。法学家高尔森认为：“国际税收的种种问题，都是与各国的税收管辖权紧密相关的，因而，要研究国际税收，首先就应当了解税收管辖权”，“税收管辖权是指一国政府有权自行决定对哪些人课税、课征哪些税和课征多少税”。荷兰国际财税文献局的税收专家对税收管辖权的描述为：“一国税收管辖权的范围，通常是以特定的关联因素为基础而确定的。因此，存在一个或多个关联因素时，一国才可以将其法律（包括其税法）触及某个人或事项。多年以来，有两项主要原则用于确定管辖权：属人管辖权和属地管辖权”。综上所述，可以将税收管辖权概念总结如下：税收管辖权是一国政治权力在税收领域的体现，主要通过属地与属人两个维度以确定对哪些人征税、征什么税及征多少税。

应辩证地理解和认识税收管辖权内涵。从理论上讲，税收管辖权源自各国主权，各国主权平等意味着一国界定和行使税收管辖权不受其他国家约束，某个国家实施何种税收管辖权归根结底是由其自身决定的，任何两个国家的税收制度设计都不完全相同。但同时也应该认识到，作为一种现实存在，国家不是孤立的政治实体，国与国之间进行政治、经济、文化及体育等各种交往是社会常态，税收管辖权的“独立自主”性不是绝对的。一国税收管辖权的界定及行使总是要受到国际规范的约束。可以设想，若一国税收管辖权的行使没有任何约束，则国际重复征税的解决无从谈起。考察国际规范对一国税收管辖权的约束，可追溯至 1923 年的“伟大妥协”。国际联盟 1920 年成立后，在当时具有重要影响力的国际商会的推动下，着手研究解决国际重复征税问题。为此国际联盟委派了四位经济学家组成了研究小组，通过制定规则构建一个国际税收框架以避免国际重复征税。经过激烈争论，该小组达成妥协，于 1923 年 4 月 5 日向国际联盟提交了《双重征税报告》，即历史上著名的《国际联盟经济学家报告》，亦被称为 1923 年的“伟大妥协”[①]。

四位经济学家概况

根据该研究小组提交的报告，各国对跨境所得的征税权应建立在经济忠诚（economic allegiance）基础之上，国家税务总局国际税务司则将其翻译为经济关联[②]。在该报告中，衡量经济关联的四个因素为：❶ 所得或财产的来源；❷ 所得或财产的所在地；❸ 对所得或财产行使法律管辖权的处所；❹ 对所得或财产具有处置权者的永久居住地。若对上述四个因素进行归纳，仍落入属地与属人两个维度。该研究小组主张：所得（财产）涉及的经济关联因素一致时，征税权应完全地归属于经济关联相关因素同时指向的那个国家；所得（财产）涉及的经济关联因素不一致时，征税权应当根据纳税人及其所得与上述因素相对的经济联结度在不同国家之间进行分配。总结起来就是：一国只能对与其经济联结度紧密的跨国所得（财产）行使税收管辖权征税，而对与其经济联结度不紧密或无关联的跨国所得（财产）不应行使税收管辖权征税。

---

① 廖体忠：《国际税收政策的世纪选择与未来出路》，《国际税收》2021 年第 2 期。

② 经济合作与发展组织著，国家税务总局国际税务司译：《OECD/G20 税基侵蚀和利润转移（BEPS 项目）2015 年成果最终报告（Ⅰ）》，中国税务出版社 2016 年版。

二、税收管辖权的类型

从全球范围看，税收管辖权的类型主要包括地域管辖权、居民管辖权及公民管辖权。其中，地域管辖权是属地管辖的具体体现，而居民管辖权与公民管辖权则是属人管辖的具体体现。

（一）地域管辖权

地域管辖权又称来源地管辖权，是指一国政府只能对来源于本国境内的所得征税，而不论取得该项所得的纳税人是本国居民还是非居民。地域管辖权的理论支撑主要是受益理论。众所周知，公平原则是古今中外经济学家都坚持的非常重要的税收基本原则。剖析公平原则可以引申出两个税收次原则，即受益原则和量能纳税原则。在受益原则之下，每个纳税人应根据自身从公共服务中获取利益的大小而相应纳税，政府可以根据每个纳税人享受公共服务所获利益的多少在纳税人之间分摊公共活动费用。当某一跨国纳税人从某国获取所得与该国所提供的公共服务间的关联可以建立起来，则无论跨国纳税人是该国居民还是非居民，该国政府都可以也应该行使地域管辖权对跨国纳税人征税。

从一国国内法角度看，地域管辖权的确立对该国居民和非居民都有非常重要的影响。对该国居民来说，只有确立地域管辖权，征管机关才可以精准区分本国居民的境内所得与境外所得，在该国政府采取抵免法消除国际重复征税时，对本国居民来自境外的所得依法进行抵免；对该国非居民来说，只有确立地域管辖权，一国才可以对非居民来源于本国的所得依法征税，非居民对该国履行有限纳税义务。从国际法或税收协定的角度看，某项所得来源地的界定规则亦具有非常重要的现实意义。在国与国缔结的税收协定中，一般都要规定某项所得的来源地确定规则。该规则确立之后，就不会有某项所得同时被两个国家确认为来自本国的现象发生。也就是说，税收协定在约束相关国家行使地域管辖权的基础上保障了某项所得来源地的唯一性，从而有效解决国际重复征税问题。按照国际惯例，一国与另一国分别对跨国纳税人行使居民管辖权与地域管辖权而形成国际重复征税时，来源地国家拥有首要征税权而优先征税，居民国有义务采取相应方法消除对该所得的国际重复征税，即属于来源地的非居民国拥有首要（优先）征税权。

（二）居民管辖权

居民管辖权，是指一国政府对本国居民来源于境内、境外的全部所得征税，体现的是全球征税原则。在居民管辖权下，居民对所属居民国履行无限纳税义务。一国之所以对该国居民的全球所得征税，正是因为居民与该国的经济联结度足够紧密，税收公平原则下的两个次原则（受益原则与量能纳税原则）都可为居民管辖权的确立提供有力的理论支撑。

受益观点认为：相对于非居民，居民从居民国提供的公共服务中获取的收益明显更多，因此居民应向居民国履行无限的纳税义务，也就是说，居民从境内、境外取得的所得都应向居民国缴税。对居民纳税人全球所得征税的原因在于：❶ 纳税人从政府的公共产品中获益，为其经济活动提供了便利，进而通过这些经济活动，从各个来源（居民国境内和境外）为其产生了所得；❷ 相比于非居民纳税人，居民纳税人一般都会从政府获得更高层次的公共产品，如公共教育和社会生活福利。从更长远的角度看，（至少部分）这类产品使居民纳税人有能力在全球范围内取得所得，这就使得其相比于非居民纳税人而言，有责任为政府所付出的成本贡献更多的税收[①]。

量能纳税观点认为：应按照纳税人纳税能力的大小决定纳税额。纳税能力强的纳税人应多缴税，纳税能力弱的纳税人应少缴税。量能纳税观点所体现的公平进一步又可分为横向公平与纵向公平。横向公平是指纳税能力相同的人应缴纳相同的税收，纵向公平则指纳税能力不同的人应缴纳不同的税收。可以设想一种情景：A 国纳税人甲和乙，甲纳税能力有限，只能取得境内所得，可视其为境内纳税人；乙纳税能力较强，可以从境内与境外同时获取所得，可视其为跨国纳税人。若 A 国只行使地域管辖权明显违背了量能纳税原则，反之，在 A 国行使居民管辖权的情形下，量能纳税原则则可以得到充分体现。

从国内法角度看，一国确立居民管辖权对本国纳税人有非常重要的影响。一方面，当某一纳税人被一国税法认定为本国居民纳税人，则该纳税人需要向其居民身份所属国履行无限的纳税义务，就其全球范围内取得的所得缴税；另一方面，当某一纳税人被认定为某国税收居民，则意味着该纳税人可以享受该国与其他国家缔结的税收协定所规定的优惠待遇，一定程度上减轻纳税人税负。从国际法或税收协定角度看，为解决国际重复征税问题，一国行使居民管辖权往往会受到严格限制及约束。在税收协定关于国家间征税权分配规则中，从逻辑顺序看，非居民国行使地域管辖权往往处于优先位置。现行绝大多数税收协定都规定，当居民国行使居民管辖权而非居民国行使地域管辖权而产生国际重复征税，非居民国可以对多数跨国所得优先行使地域管辖权征税，居民国行使居民管辖权征税时则负有减轻或消除国际重复征税的义务。

（三）公民管辖权

公民管辖权又称国籍税收管辖权，是指一国政府对本国公民来源于境内、境外的全部所得征税。与居民管辖权类似，公民管辖权也体现了全球征税原则。与居民管辖权不同的是，公民管辖权将征税国与纳税人之间的关联因素以公民概念表达。一般来讲，纳税人具有某国国籍，则纳税人自然成为该国公民。但必须指出的是，纳税人具有某国国籍并不必然意味着该纳税人在该国长期居住，没有长期居住的事实说明了纳税人并没有在很大程度上享受该国提供的公共服务。住所不在某国但保留了该国国籍在现实生活中并不鲜见，以公民管辖权为依据要求纳税人履行无限纳税义务违背了受益原则，与税收公平相悖，除美国等少数国家外，大部分国家税收制度设计都没有涉及公

① Kevin Holmes 著，姜跃生和陈新译：《国际税收政策与避免双重征税协定——对相关原则与应用的介绍》（第 2 版），中国税务出版社 2017 年版。

民管辖权。

图 1-4 揭示了居民国与非居民国、地域管辖权与居民管辖权之间的内在关联。当 A 国居民甲（包括自然人、法人或其他组织）在 B 国直接“出场”从事经营活动取得积极所得（包括各种营业所得及劳务所得）或没有直接“出场”而取得各种消极所得时，B 国即甲的非居民国，甲亦为 B 国的非居民纳税人。B 国可以对上述所得行使地域管辖权征税，同时 A 国亦可以行使居民管辖权征税，从而产生了相应的国际重复征税问题。为解决国际重复征税，按照国际惯例，往往由 B 国优先行使地域管辖权征税，而 A 国对本国居民甲从 B 国取得的所得行使居民管辖权征税时有义务采取免税法、抵免法等方法消除相应的国际重复征税。A 国对本国居民境外所得征税所行使的居民管辖权处于次要地位。

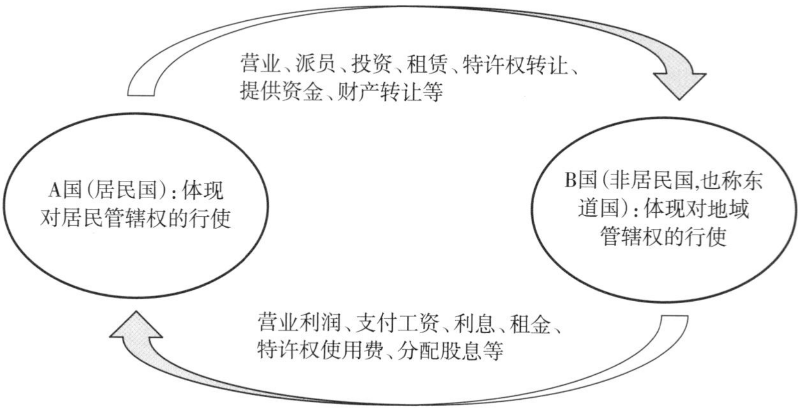

图 1-4　居民国与非居民国（居民管辖权与地域管辖权）的关联

三、世界各国税收管辖权模式

世界各国对各种类型税收管辖权的行使模式主要有三种。

（一）“居民管辖权 + 地域管辖权”模式

在这种模式下，一国对本国居民从境内、境外取得的所得，以及非居民从本国取得的所得都要征税。在采用单一的居民管辖权或单一的地域管辖权情形下，一国对非居民从本国取得的所得或本国居民从境外取得的所得会出现管辖权真空，从而会导致本国税基的大量流失，因此，同时采用居民管辖权与地域管辖权就成为当今世界大多数国家的选择。我国所得税税制设计中税收管辖权的确立也属于此种模式。《中华人民共和国企业所得税法》第 3 条第 1 款规定：“居民企业应当就其来源于中国境内、境外的所得缴纳企业所得税”，第 3 条第 2 款规定：“非居民企业在中国境内设立机构、场所的，应当就其所设机构、场所取得的来源于中国境内的所得，以及发生在中国境外但与其所设机构、场所有实际联系的所得，缴纳企业所得税”，第 3 条第 3 款规定：“非居民企业在中国境内未设立机构、场所的，或者虽设立机构、场所但取得的所得与其所设机构、场所没有实际联系的，应当就其来源于中国境内的所得缴纳企业所得税”。第3条第1款确立的是居民管辖权，而第3条第2、3款确立的则是地域管辖权。《中华人民共和国个人所得税法》第1条规定：“居民个人从中国境内和境外取得的所得，依照本法规定缴纳个人所得税。”“非居民个人从中国境内取得的所得，依照本法规定缴纳个人所得税。”这两点分别确定了个人所得税中的居民管辖权与地域管辖权。

（二）“单一地域管辖权”模式

采用“单一地域管辖权”模式的国家（地区）一般不对本国（地区）居民来自境外的所得征税。目前中国香港、中国澳门、新加坡、巴拿马、乌拉圭、哥斯达黎加等的所得税税制设计即采用了这一模式。跨国公司选择上述国家（地区）作为全球或地区总部时，其总部辐射出去的分支机构、子公司所产生的所得就不用负担该国（地区）的所得税。考虑到这些国家（地区）的金融、中介服务、法律等营商环境较为友好，跨国公司往往将这些国家（地区）作为其全球或地区股权架构搭建的顶层环节，境外机构所得转移到总部时不需缴税，在该国（地区）设立的总部机构就成为该跨国公司的利润积累中心。此外，巴拿马、乌拉圭、哥斯达黎加等拉美国家坚持“单一地域管辖权”模式则与这些国家所得税立法传统有关。在1956年召开的第一届拉美税法大会上，一些国家就提出：属地原则应是拉美国家对跨国所得课税的唯一原则。1964年第四届拉美国家税法大会又强调了这一原则。还有一些国家的所得税税制设计较为特殊，如法国企业所得税采用了“单一地域管辖权”模式，而个人所得税方面并没有放弃居民管辖权，要求居民纳税人就其全球所得向法国政府缴税。

来源地的界定标准对于地域管辖权的行使异常重要。一般来讲，发生地或支付地位于一国境内的所得为来源于该国所得。为防止跨国纳税人利用税法漏洞规避地域管辖权，在有些国家的税制设计中，发生地或支付地在境外但来源地被推定为境内。这种界定事实上扩大了相关国家对地域管辖权的行使范围。

例如，比利时税法规定：在比利时设有常设机构的非居民企业应就该常设机构的全部所得，包括与该常设机构有关的境外来源所得向比利时政府纳税。再如，美国税法也规定：外国公司取得的美国境外的股息、利息、资本利得、租金和特许权使用费等所得，如果与美国的经营活动有实际联系，则外国公司在美国的分支机构也要就这些发生在美国境外的所得向美国政府纳税。

我国企业所得税税制设计亦有类似规定。如根据《中华人民共和国企业所得税法》第3条第2款的规定，即使所得发生在境外，但若与非居民企业设在我国的机构、场所有实际联系，仍然会被界定为来源于我国境内，我国税务机关有权对该所得行使地域管辖权征税，从而一定程度上解决了跨国纳税人利用人为安排所得发生地而避税的问题。

（三）“地域管辖权＋居民管辖权＋公民管辖权”模式

在此种模式下，一国政府对非居民来源于本国的所得、本国居民及公民来源于境外的所得都要行使税收管辖权征税，征税范围的界定已达到理论上限。从客观上讲，采取这一模式的国家需要具备强大的国际影响力及征管实力，通常为资本、技术、人才、信息等生产要素的净输出国。从实践看，采取这一模式的典型国家为美国。在经济实力不济情况下采用这一模式很大程度上会阻碍国际经济交流，且考虑到公民管辖权很可能会违背受益原则从而与税收公平目标相悖，多数国家都没有采用这一模式。

第四节　国际重复征税的产生机制及解决框架

一、国际重复征税的概念

在掌握国际重复征税概念之前有必要对重复征税概念有一个正确的认识。从理论上讲，一国税制模式无外乎为复合税制或单一税制。单一税制只存在于理想世界中，除特定的避税地国家外，现实世界几乎所有国家的整体税制设计都采用复合税制。对同一征税对象征收多个税种是复合税制的题中之义。如在我国现行税制中，纳税人销售货物取得一笔销售收入，既要缴纳增值税及附加税，亦应缴纳企业所得税或个人所得税。增值税与所得税在这一过程中分别发挥效率与公平的作用，实现不同的税收职能。从逻辑上讲，界定重复征税本身是为了解决重复征税问题，在对同一征税对象或同一税基设计不同税种情景下，每一税种的职能作用很可能各不相同，缺一不可，因此不应将这种“税制性重复征收”称为重复征税。

但若进行情景转换，如对同一课税对象或同一税基在同一时期内多次课征相同或相似的税种，则在加重纳税人负担的同时又扭曲了资源配置效率，就有必要将这一现象界定为重复征税并采取相应的方法消除。如A企业投资B企业并取得B企业相应股权，B企业进行利润分配时，A企业就可以取得相应的股息。由于该笔股息在B企业层面已经缴纳过企业所得税，A企业收到股息后若再缴纳企业所得税就属于典型的重复征税。此种情景下的重复征税严重干扰了企业经营行为及资本运作，降低了资源配置效率。正是出于避免重复征税的考虑，我国现行企业所得税法规定：居民企业投资另一居民企业取得的股息在符合相应条件下可以享受免税待遇。

将重复征税的范围扩大到国家之间时，就会产生国际性的重复征税问题。与一国国内重复征税不同，国际重复征税必然涉及两个或两个以上的征税权主体。综上所述，可以将国际重复征税概念总结为：两个或两个以上国家在同一时期内对同一跨国纳税人的同一课税对象、或对不同跨国纳税人的同一税基征收相同及类似的税收。

二、国际重复征税的产生机制

国际重复征税的产生机制包括法律性国际重复征税和经济性国际重复征税。

（一）法律性国际重复征税

法律性国际重复征税也称为狭义的国际重复征税，是指两个或两个以上国家在同一时期对同一跨国纳税人的同一课税对象征收相同或类似的税收。需要注意的是，在法律性国际重复征税中，涉及的跨国纳税人只有一个。从总分公司角度看，若A为甲国的总公司，B为A设在乙国的分公司，则B取得的所得应同时向乙国和甲国缴纳企业所得税。在这里，B并不具有独立的法人地位，B与A在法律意义上属于同一个法人，相应的重复征税即法律性国际重复征税。法律性国际重复征税产生机制可以概括为同种税收管辖权重叠和不同种税收管辖权重叠两种类型，共三种情形。

第1种情形：居民管辖权与居民管辖权重叠

在此种情形下，由于同一跨国纳税人同时被两个或两个以上国家认定为本国居民，从而产生相应的法律性国际重复征税。之所以会被多个国家认定为本国居民，是因为各国认定居民身份的标准不同。如对自然人居民的认定，国际上较常见的标准主要有住所标准和时间标准，对法人居民的认定，国际惯例通常包括注册地标准、实际管理机构标准、总机构标准等。

案例 1-2　居民管辖权与居民管辖权重叠产生国际重复征税

C公司为一家中美合资经营企业，A公司为C公司的母公司，位于美国加利福尼亚州。2020年9月，A公司派约翰到C公司担任副总经理，负责C公司与境外客户的业务联系。按照C公司与A公司达成的协议，约翰在中国的任期为2020年9月到2023年12月。任职期间，约翰的工作考核由C公司负责，并负担约翰的工作报酬。由于约翰在中国工作时间较长，满足我国2018年修订的《中华人民共和国个人所得税法》第1条关于居民个人认定中的时间标准，即“在中国境内有住所，或者无住所而一个纳税年度内在中国境内居住累计满183天的个人，为居民个人”，因而成为我国的税收居民。同时由于约翰为美国税收居民，因此具有了双重居民身份，按照各自国内法，我国和美国都可对约翰行使居民管辖权征税。

思考题：

我国与美国都对约翰征税而产生的国际重复征税属于哪种类型？如何解决此种类型的国际重复征税？

第 2 种情形：地域管辖权与地域管辖权重叠

在此种情形下，同一跨国纳税人取得的所得同时被两个或两个以上国家认定为来源于本国，从而产生相应的法律性国际重复征税。相对于居民管辖权，跨国所得来源地的界定更为复杂。正如密歇根大学国际税法专家鲁文·S. 阿维-约纳所言："来源地规则对律师用处多多，却让经济学家感到彻底绝望""大多数税务经济学家今天都认为，所得没有可以追溯的单一来源"①。从各国立法实践看，对各项所得来源地的界定"五花八门"，差异很大。各国依据国内法制定的来源地标准对同一跨国纳税人行使地域管辖权征税时，很可能产生国际重复征税问题。

案例 1-3　地域管辖权与地域管辖权重叠产生国际重复征税

英国一家公司在我国某地设有办事处。英国公司通过该办事处向我国境内客户 C 公司销售了一批产品，销售合同在英国签订完成。对于该笔产品销售所得，英国会依据其国内法规定的交易地点标准而认定为来自本国境内，而依据我国企业所得税相关规定，税务机关会将该笔所得归属于英国公司设在我国的办事处，从而认定相关所得来自中国。中国与英国同期对同一跨国纳税人的同一所得征税，从而产生了相应的法律性国际重复征税。

思考题：

我国与英国都对英国公司的销售所得征税而产生的国际重复征税属于哪种类型？如何解决此类国际重复征税？

第 3 种情形：地域管辖权与居民管辖权重叠

在此种情形下，来源国对跨国纳税人行使地域管辖权，而居民国同期对同一纳税人行使居民管辖权，从而产生相应的法律性国际重复征税。

案例 1-4　地域管辖权与居民管辖权重叠产生国际重复征税

我国境内银行 A 在美国纽约设立了一家分支机构。2023 年，该分支机构取得了 500 万美元的营业利润。由于该银行为我国的税收居民，因此我国税务机关对其取得的境外所得具有征税权。同期，美国亦可依据地域管辖权对该银行来自美国的 500 万美元营业利润征税。

---

① 鲁文·S. 阿维-约纳著，熊伟译：《国际法视角下的跨国征税——国际税收体系分析》，法律出版社 2008 年版。

思考题：

我国与美国同期对A银行设在美国的分支机构取得的营业利润征税所产生的国际重复征税属于哪种类型？对此类国际重复征税如何解决？

（二）经济性国际重复征税

经济性国际重复征税也称为广义的国际重复征税，是指两个或两个以上国家在同一时期对不同跨国纳税人的属于同一税基的课税对象征收相同或类似的税收。与法律性国际重复征税不同，经济性国际重复征税涉及多个跨国纳税人。最为典型的就是分属于不同国家的下层子公司向上层母公司分配股息时所涉及的重复征税。如位于乙国的子公司向位于甲国的母公司（包括自然人股东）分配股息时，由于该股息已负担乙国的企业所得税，甲国若对母公司（包括自然人股东）收到的股息再征所得税，就会产生国际重复征税问题。上述重复征税中涉及的跨国纳税人有两个（子公司与母公司分别为独立的法人实体），甲国母公司收到的股息与乙国子公司实现的税前所得属于同一经济渊源，因此该重复征税属于经济性国际重复征税。

若考虑乙国在分配环节对股息征收的预提所得税，则情况更为复杂（见图1-5）。需要强调的是，子公司税前所得在乙国缴纳企业所得税时的纳税人是子公司本身，但毛股息在被分配给母公司而被乙国征收预提所得税时的纳税人却是母公司，该预提所得税在税务实践中往往由子公司代扣代缴。母公司收到的净股息在向甲国缴税时若只考虑在乙国缴纳的预提所得税，则此种视角下的重复征税为法律性国际重复征税，因为涉及的纳税人为同一人，即母公司；若同时考虑在乙国缴纳的企业所得税与预提所得税，则此种视角下的重复征税可以视为经济性国际重复征税与法律性国际重复征税的组合。

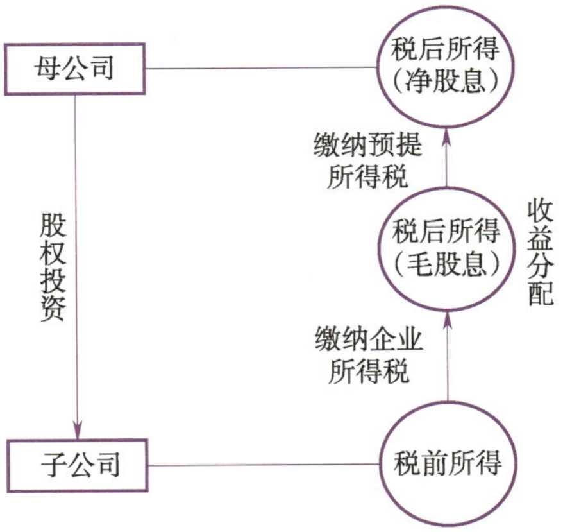

图1-5　法律性叠加经济性国际重复征税

案例1-5　股息分配产生经济性国际重复征税

A公司为一家美国公司，主营业务为光学测量仪器的开发、制造并提供测量解决方案。H公司为A公司设在中国香港的一家控股公司，H公司在中国深圳设有子公司C。C公司为A公司的中国内地总部，主要负责在中国内地的各项投资及融资决策。C公司在中国北京、上海、广州及成都设有相应的从事生产销售的子公司C1、C2、C3及C4。在中国巨大的市场需求推动下，从事生产销售的各子公司每年都从当地获得相当可观的所得。C1、C2、C3 及 C4 公司在当地缴纳企业所得税后按照相应的比例向 C 公司分配股息，C 公司再逐级向上将股息分配给 H 公司及 A 公司。

在此案例中，中国香港对企业所得税仅采用地域管辖权，因此 H 公司从内地取得的股息在香港当地不用缴税。考虑到美国 A 公司从 H 公司取得的股息属于来自我国内地的税基，且该股息已经负担中国的企业所得税，因此当美国政府向 A 公司取得的股息征税时就会发生经济性国际重复征税。

思考题：

在实践中，一国企业走出国门参与国际市场竞争时，其搭建的海外投资架构往往为多层，即子公司下再设孙公司，孙公司下再设重孙公司等，且相关公司位于不同国家时，相应的经济性国际重复征税就不局限于两层，而是表现为多层。对此类经济性国际重复征税应如何解决？

除股息的跨国分配外，实践中还有两种情景可能会发生经济性国际重复征税：❶ 一国税务机关对位于本国的跨国公司集团成员实施转让定价调整，调增其收入或应税所得，而关联交易对方所在国税务机关不做相应的调减；❷ 一国税收制度及财务会计制度设计属于一国主权范围之事，各国所得税税法规定的收入确认、费用扣除、优惠的享受等往往存在巨大差异，这一差异也会导致有关国家对不同跨国纳税人的同一税基重复征税。

三、国际重复征税的解决框架

国际重复征税问题的解决，归根结底是对具体国家税收管辖权某种程度的约束。国际重复征税的解决本质上是通过限制一国的税收管辖权而将征税权赋予另一国，在此过程中形成的国家间征税权分配规则构成了国际重复征税解决框架的核心内容。国家之间为解决国际重复征税而约定的征税权分配规则主要体现在税收协定中。实践中，国家间所缔结的税收协定主要参照国际流行的税收协定范本进行设计。从历史角度看，税收协定范本的形成绝不是一蹴而就的，而是随着各国经济情势的变化及国际局势的演变，经过长期的利益博弈演化而来的。国际联盟（联合国前身）委派的四位经济学家 1923 年提交的《双重征税报告》可以被视为具有指导意义的重复征税解决框架的早期努力。《双重征税报告》对后来的税收协定范本的成形作出了巨大贡献，尤其其提出的经济忠诚理论影响深远。

目前世界上影响力最大的两个范本为 OECD 范本和 UN 范本，国家间缔结税收协定时主要参照这两个范本[①]。虽然 OECD 范本与 UN 范本存在明显差异，但两者的解决

① 对这两个范本的具体介绍和分析见第二章。

国际重复征税的框架体系是基本一致的，这一体系可以概括为“来源分类与分配法”（classification and assignment of sources）。其基本逻辑是：将跨国所得分成不同的类别，主要包括积极所得（营业所得）和消极所得。积极所得的主要征税权分配给非居民国，次要征税权分配给居民国；而消极所得的次要征税权分配给非居民国，主要征税权分配给居民国。相关所得被归类到一个以上类别时，双边税收协定约定顺序规则予以解决。如一国居民在另一国的常设机构取得的消极所得，因该消极所得与常设机构有实际联系，则对该消极所得的征税往往不适用税收协定中的消极所得条款，而是按照税收协定中的“常设机构优先”原则将其归类为常设机构所得征税。国内学者高阳[①]将相应的解决框架概括为国际税收制度的总体平衡方案：通过适用较低的预提所得税税率将在非居民国产生的消极所得的征税权大部分分配给居民国；通过常设机构将在非居民国产生的积极所得的征税权分配给非居民国。

美国密歇根大学国际税法专家鲁文·S. 阿维－约纳在前人研究的基础上将国际税收体系基本原则总结为单次征税原则和受益原则。虽然这两个原则的提出由来已久，但其对两者之间的逻辑关系进行了新的阐释。单次征税原则主要用于界定跨国税基这块“蛋糕”的大小，即对跨国所得的课税到什么程度算合适？答案是：对跨国所得只能征一次税，不能不征也不能多征。单次征税原则既可从“不能不征”的维度为实践中跨国公司国际避税问题的治理提供有力的理论支撑，也可以从“不能多征”的维度在理论上指导国际重复征税问题的解决。受益原则主要用于指导跨国所得的划分，即在单次征税确定“蛋糕”大小的基础上如何在国家间划分“蛋糕”？恰当的回答是：对于从事经营活动取得的积极所得，应由非居民国（来源地国）行使主要的征税权；对于消极所得，则由居民国行使主要的征税权。积极所得被非居民国主要征税后，留给居民国“补征”的空间就会很小，而消极所得被非居民国次要征税后（即以较低的税率征税），留给居民国“补征”的空间就会较大。居民国与非居民国间征税权分配关系，如表 1–3 所示。

表 1–3　居民国与非居民国间征税权分配关系

居民国		非居民国	
积极所得	消极所得	积极所得	消极所得
低税率	高税率	高税率	低税率

鲁文·S. 阿维－约纳教授指出：“从理论上讲，受益原则之所以合理，因为赚取投资所得的主要是个人[②]，而在营业所得层面缴纳所得税的主要是法人”，“由于非居民国（来源国）为跨国公司从事积极经营活动提供了巨大的利益，这些利益包括提供基础设施或教育，以及其他更具体的政府政策，如保持稳定的汇率或低利率”，“非居民国（来

① 高阳：《国际税收制度国际法部分的形成——国际税收协定范本与总体平衡方案的产生》，《国际税收》2020 年第 6 期。

② 虽然在实践中法人（公司）获取投资所得也是常态，但依据企业所得税的对人税属性，从长期的视角看，法人（公司）取得的投资所得归根结底归属于其自然人股东。

源国）提供的利益对于跨国公司产生所得必不可少”，况且“公司的居民身份不容易确定，无论注册地标准还是控制地标准都很容易被人为操纵”，因此从受益角度看，由非居民国（来源国）对经营所得主要征税就是合理的。但对个人的征税则明显不同。按照受益原则更容易确定个人居民身份，个人获取的投资所得与居民国提供的公共服务或利益的关联度更强，因此由居民国对个人的投资所得主要征税更为合理。综上所述，单次课税原则与受益原则“珠联璧合”，构成了解决国际重复征税的框架体系。

四、国际重复征税的解决路径

在世界范围内具有很大影响力的 OECD 范本与 UN 范本规定了现行解决国际重复的整体框架和基本路径。图 1-6 概括了两个范本中解决国际重复征税的基本路径。

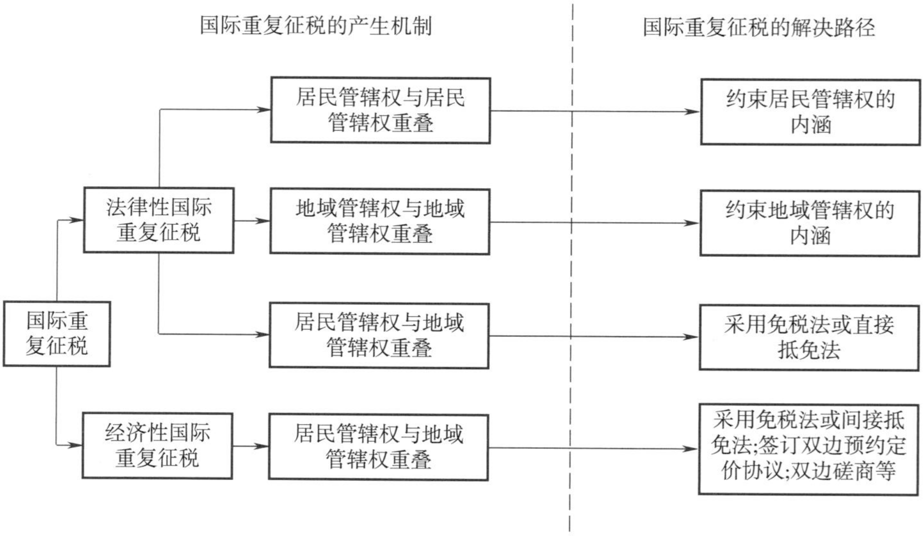

图 1-6　解决国际重复征税的路径图谱

（一）法律性国际重复征税的解决路径

法律性国际重复征税的产生机制既包括同种类型税收管辖权发生的交叉，也包括不同类型税收管辖权发生的重叠。不同的产生机制，其解决方法存在明显差异。

同种类型税收管辖权之所以会发生重叠，正是因为不同国家对该种税收管辖权的确认标准不一。对于居民管辖权与居民管辖权重叠导致的纳税人“双重居民身份”属性，往往由相关国家通过缔结税收协定，赋予确认居民管辖权各项标准不同的权重，根据重要性顺序依次测试，以确定跨国纳税人最终的居民身份所属国，即加比规则；对于地域管辖权与地域管辖权重叠导致的纳税人某项所得“双重来源地”属性，一般也是由相关国家在缔结的税收协定中规定该项所得的来源地标准，由相关国家行使地域管辖权征税。从实践看，不同形式的所得，其来源地的税收协定确认标准往往具有较大差异。如按照惯例，对于纳税人跨国经营取得的积极所得，税收协定往往规定由常设机构所在国行使地域管辖权优先征税。只有跨国纳税人在某国存在有常设机构，该国才可以行使地域管辖权对纳税人通过该常设机构取得的营业所得征税。

对于居民管辖权与地域管辖权这种不同类型税收管辖权的重叠导致的重复征税，按照上面介绍的解决国际重复征税的框架体系，应区分积极所得与消极所得进行差异化处理：对于积极所得，由非居民国行使地域管辖权主要征税，居民国通过制定国内法，或通过与其他国家缔结税收协定，采取免税法、直接抵免法等方法主要承担消除国际重复征税的义务。对于消极所得，往往由相关国家缔结税收协定以约束地域管辖权的行使，虽然非居民国可以优先但只能按照较低的税率征税，居民国即使采用直接抵免法对非居民国预先按照较低税率征收的预提所得税予以抵免，但留给自己的"补征空间"仍然较大。由居民国对消极所得行使主要征税权。

（二）经济性国际重复征税的解决路径

产生经济性国际重复征税最常见的情形是子公司向母公司分配股息且母子公司分别位于不同国家。对于此种经济性国际重复征税，一般由收取股息的母公司所在国通过国内立法或与子公司所在国缔结税收协定，采用免税法、间接抵免法等方法消除重复征税。需要指出的是，若考虑预提所得税的影响，实践中下层子公司向上层母公司分配股息既会涉及经济性国际重复征税，也会涉及法律性国际重复征税。股息作为消极所得，非居民国对股息按照税收协定依较低税率征税时，对股息的次要征税权在非居民国，主要征税权在居民国。股息分配之前作为积极的营业所得形式存在，对该积极所得的主要征税权则在非居民国，居民国只拥有次要征税权。居民国采取抵免法消除国际重复征税时，既要抵免股息分配环节缴纳的预提所得税，也要抵免股息所负担的由非居民国征收的企业所得税。另外，对基于转让定价调整及其他原因形成的经济性国际重复征税，可以通过跨国纳税人与相关国家一起缔结双边（多边）预约定价协议或启动相互协商程序予以解决。

习　题

一、单选题（请用手机扫描下方二维码作答）

二、改错题（就题中画线部分进行改正）

1. 从各国实践看，对税收管辖权的行使最常见的模式为"地域管辖权＋公民管辖权"。（　　）

2. 国际税收的研究对象一般包括所得税和流转税。　（　　）

3. 针对预提所得税所发生的国际重复征税属于经济性国际重复征税。　（　　）

三、简答题

1. 从内容体系看，国际税收课程要解决的两个主要问题是什么？

2. 一般财产税与特别财产税的区别是什么，各包括哪些税种？

3. 举例说明行使税收管辖权的税收管辖区可以是国家，也可以是某一个地区。

4. 如何理解分公司与子公司的区别？在考虑预提所得税的情况下，居住国政府对本国居民企业设在境外的子公司分回的净股息征税属于法律性国际重复征税还是经济性国际重复征税？

四、案例分析题

C公司为注册在中国境内的一家法人企业，其主要经营活动为生活电气的制造和销售。C_1公司为C公司设在印度尼西亚的全资子公司。2024年7月，C_1公司向C公司分配股息1 000万美元。该笔股息来源于C_1公司2023年在印度尼西亚从事经营活动取得所得缴纳企业所得税后的税后利润。

问题：

在不考虑印度尼西亚政府对该笔股息征收预提所得税的情况下，中国政府对C公司所取得的境外股息征税而产生的国际重复征税属于法律性国际重复征税还是经济性国际重复征税？说明理由。

第二章　国际税收协定

学习目标

1. 了解国际税收协定的发展历史。
2. 掌握国际税收协定概念、类型及作用。
3. 理解国际税收协定范本的基本框架及两个范本的主要差异。
4. 明确国际税收协定与国内法的关系及国际税收协定在实践中的应用。
5. 熟悉我国政府在缔结和完善税收协定时的观点和立场。

引例　近亿元税款从西班牙退回中国，税收协定“功不可没”[1]

中国联合网络通信（香港）股份有限公司是中国联通集团旗下在香港上市的一家公司，很多人称之为中国联通红筹公司。中国香港股市有“红筹股”“蓝筹股”之分，其中红筹公司是指最大控股权直接或间接隶属于中国内地有关部门或企业，并在香港联合交易所上市的公司，即在港上市的中资企业。

中国联通红筹公司实际管理机构位于北京市西城区的金融街。中国联通红筹公司虽然在香港上市，但因其实际管理机构位于内地，因此是一家中国内地的居民企业。2011 年 3 月，在查阅企业纳税申报资料时，北京市西城区国税局大企业和国际税收管理科了解到，2009 年，中国联通集团与西班牙电信公司签署了战略联盟协议及相互投资的股权认购协议，中国联通红筹公司和西班牙电信相互持有对方股份。截至 2011 年 5 月，西班牙电信向中国联通红筹公司进行了 4 次分红。按照西班牙税法的规定，对于其境内公司向境外公司分红要代扣代缴企业所得税，西班牙电信向中国联通红筹分红时，由西班牙电信代扣代缴税款，2009 年 12 月 31 日以前税率为 18%，之后为 19%。西班牙电信共代扣代缴税款 2 264 万欧元，约合人民币 2.1 亿元。

---

① 改编自刘光明等:《近亿元多缴税款如何从西班牙退回中国》,《中国税务报》2011 年 8 月 29 日。

从国外取得股份分红，依照当地法律缴税，这似乎理所当然。可细心的税务人员却敏感地意识到，既然中国联通红筹公司从2008年1月1日起被认定为中国内地的居民企业，就应该享受中西税收协定待遇。据了解，我国和西班牙早在1990年11月就签署了《中华人民共和国政府和西班牙政府关于对所得和财产避免双重征税和防止偷漏税的协定》，该协定第10条规定，来源国对股息征税的限制税率为10%。西班牙居民企业向中国居民企业分红时，所征税款不应超过股息总额的10%。据此，西城区国税局认为，中国联通红筹公司应该享受按限制税率10%缴纳所得税的税收协定优惠待遇。企业对此表示认同，并积极办理相关手续，与税务部门共同维护自身税收利益和国家税收主权。

那么，怎样才能享受到税收协定优惠待遇？由于税收协定仅适用于“缔约国一方或者同时为双方居民的人”，因此，要享受税收协定待遇，“走出去”企业必须首先证明自己的中国税收居民身份。根据税法规定，“走出去”企业应填写并向地、市、州（含直辖市下辖区）主管税务机关国际税收业务部门递交中国税收居民身份证明申请表。负责开具证明的税务部门根据申请事项，按照《中华人民共和国企业所得税法》《中华人民共和国个人所得税法》，以及税收协定有关居民的规定标准，在确定申请人符合中国税收居民身份条件的情况下，提出处理意见，由局长签发。中国居民公司境内、外分公司要求开具中国税收居民身份证明的，由其总公司所在地税务机关开具。2011年4月起，中国联通红筹公司与西班牙税务当局进行了多次沟通，申请享受中国与西班牙税收协定待遇。中国联通红筹公司还要求西班牙税务当局退还其从2009年度到2011年度多缴税款，多笔应退税款累计1 062万欧元，约合人民币9 828万元。

从此案例可以看出，中国联通红筹公司从西班牙税务当局成功追回多缴税款，税收协定“功不可没”。

思考题：

1. 什么是国际税收协定？其主要作用是什么？
2. 国际税收协定有哪些类型？
3. 国际上流行的税收协定范本有哪些？如何对税收协定进行解释？
4. 如何理解国际税收协定与国内税法的关系？

第一节　国际税收协定概述

一、国际税收协定的概念

国际税收协定概念有广义和狭义之分。有的国家缔结税收协定时没有使用协定（agreement）一词，而称之为条约（convention），如英国与英联邦以外的国家缔结的税收协定就称为条约。从广义上讲，国际税收协定是指国与国缔结的有关税收问题的具有国际法效力的书面协议。广义的国际税收协定包含的范围非常广泛，既包括避免所得和财产双重征税和防止偷漏税的协定，也包括国家间缔结的关税协定、空运和海运企业国际运输收入互免税收的协定及相互提供征管协助的税收协定等。目前，我国已与10个国际知名避税地签署了税收情报交换协定。从狭义上看，国际税收协定一般特指国与国缔结的避免对所得和财产重复征税及防止偷漏税的具有国际法效力的书面协议，亦称综合性税收协定。

在理解国际税收协定的概念时，有两个特殊问题需要说明：一是厘清议定书与税收协定的关系。议定书（protocol）是指缔约方对税收协定或条约的解释、补充、修改或延长有效期，以及关于某些技术性问题所议定缔结的国际法律文件。议定书有时附在税收协定或条约之后，有的也作为独立的条约，与税收协定具有同等的法律效力。相关缔约方缔结税收协定后，随着各自经济情势的变化或因应国际税收改革趋势，各缔约方认为没必要重新缔结税收协定，但须对原有税收协定的具体条款进行修订或完善时，就可以通过议定书方式达成修订目的。如我国与新加坡2007年缔结的税收协定附有3个议定书，《内地与香港特别行政区关于对所得避免双重征税和防止偷漏税的安排》（简称《安排》）则附有5个议定书，第5议定书就因应最新的国际税收改革趋势，将BEPS第6项行动计划中防止滥用税收协定的相关措施纳入其中，以确保《安排》符合最新国际标准。二是要清醒认识税收协定名称中的政治意蕴。税收协定一般为国与国缔结，但现实世界存在一些不具有主权国家地位的税收管辖区，它们同样有避免国际重复征税和防止偷漏税的需求，因此只能以“安排”或“协议”的方式达成与“协定”同等位阶的法律文本，如《安排》。

资料2-1　议定书的背后“故事”①

2006年12月，国家税务总局国际税务司接到中国某电气集团公司负责人的感谢信，感谢国家税务总局与巴基斯坦税务主管当局达成《中华人民共和国政府和巴基斯坦伊斯兰共和国政府关于对所得避免双重征税和防止偷漏税的协定第二议定书》（草案），使该集团承建的水电工程得以在成本中列支工程融资利息1 000万美元，并免除10%的利息所得税。

原来，该电气集团在巴基斯坦承建了一项水电工程，项目贷款由中国某银行提供，贷款利息约为1 000万美元。该电气集团工程承包单位在支付该项利息时，向巴基斯坦税务当局提出，该银行属于政府全资拥有银行，应享受税收协定规定的免税待遇，并将该项利息支出列入工程成本。但巴基斯坦税务当局认为，两国税收协定专门对政府免税银行作了列举，列举中并没有该银行，不能免税。如果

① 改编自邹国金、张钊：《税收协定：避免国际双重征税的护身符》，《中国税务报》2009年3月3日。

工程承包方不代扣利息所得税，其利息支出不能列入成本。该电气集团得到巴基斯坦税务当局的答复后，及时向国家税务总局提出帮助磋商的请求。国家税务总局向巴基斯坦税务当局提出，由于两国税收协定缔结较早，当时还没有成立该银行，因此当时的税收协定规定的免税银行不可能有该银行。但该银行完全符合税收协定免予征税的机构性质，应享受免税待遇。巴基斯坦税务当局对到手的税款也不肯轻易放弃，双方展开了艰苦谈判。最终在国家税务总局的努力下，双方缔结了税收协定议定书，将该银行及其他政策性银行补充为可享受利息免税待遇的国家银行。议定书签署后，该银行的工程贷款利息所得获得了免税待遇，该电气集团工程承包单位也将该项利息支出顺利地列入了成本。

随着我国"走出去"企业越来越多及对外投资规模日益庞大，及时缔结税收协定议定书正是我国税务主管机关纳税服务能力提升的直接体现。每一份议定书背后都饱含了税务人员辛勤工作的汗水。

案例 2-1　准确理解《安排》的适用范围①

2020 年 1 月，我国境内居民企业 C 公司与其控股的非居民企业 D 公司签订贷款合同，D 公司将其在香港债券市场发行的 1 000 万美元债券提供给 C 公司。同年 6 月 1 日，C 公司向 D 公司支付 100 万美元的贷款利息，并通过电子税务局向主管税务机关备案。C 公司与 D 公司在签订的补充合同中提到，根据《财政部 税务总局关于境外机构投资境内债券市场企业所得税 增值税政策的通知》（财税〔2018〕108 号），2018 年 11 月 7 日至 2021 年 11 月 6 日，对境外机构投资境内债券市场取得的债券利息收入暂免征收企业所得税和增值税，C 公司支付给非居民企业 D 公司的债券适用于该政策。

税务机关在事后审核时认为，非居民企业 D 公司位于新加坡，符合"境外机构"这一条件。但是，按照国际惯例、《安排》的规定，D 公司在中国香港债券市场发行的债券，不属于投资"境内债券市场"，这里"境内"指关境以内，即海关管辖区域内。D 公司取得的贷款利息不适用于暂免征收企业所得税和增值税的政策。最终，D 公司申报补缴了企业所得税、增值税，并缴纳了相应的滞纳金。

思考题：

香港作为我国的特别行政区，如何理解其作为一个税收管辖区的独特地位？

---

① 改编自王开智、吴文斌：《对外支付：准确理解政策 合规税务备案》，《中国税务报》2021 年 2 月 26 日。

二、国际税收协定的发展历史

19世纪末，随着资本主义国家经济的对外扩张，资本的跨国流动已逐步成为当时国际经济交往的重要特征，解决资本输出国与资本输入国对跨国纳税人的国际重复征税已成为相关国家的共同需求。关于世界上第一个税收协定，由于不同学者关注的视角不同，对“第一”的表述存在差异，但所指事实是一致的。易奉菊引述UN及OECD的有关资料记载指出，世界上第一个国际税收协定是1872年英国和瑞士缔结的关于避免对遗产税双重征税的协定。虽然此前也有比利时和法国（1843年）、比利时和卢森堡（1845年）、比利时和荷兰（1845年）缔结的税收协定，但这些协定的内容主要是关于提供征管协助的协议，至于聚焦避免双重征税的主题，上述英国和瑞士缔结的协定应是第一份。税务专家罗伊·罗哈吉及荷兰国际财税文献局（IBFD）专家奥拉·奥斯塔谢夫斯卡等都认为，1899年普鲁士和奥匈帝国缔结的关于所得和财产的税收协定是当代意义上第一项双边税收协定。税收专家雷霆引述资料做出了恰当的总结：1843年比利时与法国缔结的协定是聚焦税务合作与情报交换的第一个税收协定；1872年英国和瑞士缔结的税收协定为遗产税方面的第一个税收协定；1899年普鲁士与奥匈帝国缔结的税收协定则为所得税和财产税方面的第一个综合性税收协定。

早在20世纪20年代国际联盟拟定税收协定范本之前，一些国家为解决重复征税问题就已开展缔结税收协定的实践。由于早期无范本可循，因此国家间所缔结的税收协定框架和内容差异较大且数量不多。对世界各国缔结税收协定具有普遍参考意义的“范本”的制定，可追溯至国际联盟主动牵头解决国际重复征税的工作。国际联盟通过“两手抓”开展工作：一是1921年组织四位经济专家成立小组研究制定解决重复征税的方案，该小组后来提交了《双重征税报告》，即1923年“伟大妥协”；二是1922年在国际联盟理事会财政委员会（简称国联财政委员会）范围内成立国际税务官员小组[①]，研究关于国际双重征税和偷漏税的管理和实践。该小组在1923—1927年草拟了几个协定范本，并提交给1928年在日内瓦召开的政府专家大会。这几个协定范本包括：❶ 关于在涉及所得和财产税收的直接税具体事项中防止双重征税的双边协定范本（附注释）；❷ 关于在涉及继承税的具体事项中防止双重征税的双边协定范本；❸ 关于税收事项管理协助的双边协定范本（行政互助范本）；❹ 关于税收征管协助的双边协定范本（征管互助范本）。可以看出，国际联盟1928年范本是非常全面的，既包括国家间为避免重复征税而划分征税权的“实体性”规定，也包含防止偷漏税而进行征管协助的“程序性”规定。此后，又相继出现了1943年墨西哥范本和1946年伦敦范本。墨西哥范本注重维护资本输入国的利益，而伦敦范本则将利益的天平倾斜向资本输出国。

---

① 该小组由来自以下国家的高级税务官员组成：比利时、捷克斯洛伐克、法国、意大利、荷兰、瑞士和英国。1925年，德国、阿根廷、波兰、日本和委内瑞拉的代表相继加入工作组。美国于1927年加入该小组。

国际联盟为联合国前身。根据《凡尔赛和约》，国际联盟的宗旨是“促进国际合作和实现世界和平和安全”。由于未能阻止第二次世界大战的爆发，国际联盟停止了一切活动。第二次世界大战后，联合国于1945年10月24日成立。成立于1945年的联合国经济和社会理事会（the Economic and Social Council of the United States，ECOSOC）继续推进了由国际联盟发起的关于税收协定范本制定的工作。在之后世界进入冷战格局，由于未能消弭资本输出国与资本输入国的利益分歧，联合国有关税收协定拟定的工作于1954年被搁置。在此之后，世界范围内拟定税收协定范本的工作就由欧洲经济合作组织（the Organization for European Economic Cooperation，OEEC）接棒。1961年，OEEC改组为OECD。OECD财政委员会在伦敦范本的基础上修订并加入了许多新条款，于1963年发布了《关于对所得和财产避免双重征税的协定范本》（草案），总体上倾向居民国的征税权。1967年，OECD财政委员会（该委员会于1971年更名为财政事务委员会）开始修订1963年协定草案。当时各国税收制度日趋复杂，经济形势不断发生变化，且客观上OECD成员在税收协定缔结和适用方面积累了大量经验，对1963年协定草案修订成果集中体现在1977年发布的《A国与B国关于对所得和财产避免双重征税的协定》（简称OECD范本）上。此后OECD范本历经多次修订，最新的为2017年更新版本。

20世纪60年代中期，联合国重新启动了税收协定拟定工作。20世纪60年代后，大量发展中国家加入联合国，这些国家认为税收协定的拟定应反映发展中国家的要求。联合国经济和社会理事会1967年8月4日通过了一项决议，要求秘书长成立一个由发达国家与发展中国家代表组成的专家小组，研究制定能够代表不同区域和不同税收制度的国际税收协定范本。1968年联合国秘书长根据决议，正式成立了由8名发达国家代表和10名发展中国家代表组成的税收专家小组①。通过该专家组的工作，1980年拟定和发布的《联合国关于发达国家和发展中国家间避免双重征税的协定范本》（简称UN范本），对发展中国家与发达国家缔结税收协定产生了重要、广泛的影响。20世纪90年代以来，国际税收环境发生了诸多变化，转让定价影响与日俱增，金融创新层出不穷，通信技术飞速发展，更多的跨国公司利用避税地进行避税。为适应这些变化，OECD范本进行了多次更新。在这种背景下，UN范本亦进行了多次更新，最新的范本为2021年版本。

三、国际税收协定的作用

（一）避免重复征税

历史地看，避免重复征税是国际税收协定产生的根本驱动力。1977年的OECD范本的标题全称为《A国与B国关于对所得和财产避免双重征税的协定》，该标题突出反

---

①　该专家小组1980年更名为国际税收合作特别专家组。2004年，联合国经济和社会理事会又将该专家组更名为国际税务合作专家委员会。该委员会的工作扩大为制定（更新）发达国家和发展中国家之间的税收协定范本，开展国际税收合作。

映了避免重复征税是税收协定的最主要目的。

税收协定避免重复征税的效果主要通过划分国家间征税权的方式实现。征税权的划分意味着缔约国至少有一方对自身税收管辖权的让渡。税收协定对于缔约国政府税收管辖权的行使是一种实实在在的约束,但从跨国纳税人视角看,税收协定则为其减轻税负提供了相应的实现机制。在多数情况下,对于同一经济事件,非居民国对非居民来源于该国的各项跨国所得行使地域管辖权征税时,若按照该国国内法的税务处理,纳税人往往应缴税或缴纳较多的税款,而按照该国与对方国家缔结的税收协定,则纳税人在符合税收协定规定条件下往往可以享受免税待遇或缴纳较少的税款。同理,居民国对本国居民纳税人行使居民管辖权征税时,从境内取得所得时应照章纳税,但相同数额的所得若从境外取得,往往可以享受税收协定免税待遇或对境外已缴税款进行相应的抵免。在税收协定中存在饶让抵免的情形下,税收协定待遇带给纳税人的减负收益更为明显。

(二)防止跨国纳税人逃避税

从重复征税到逃避税体现的逻辑是从一个极端到另一个极端,两种极端都有违税收公平,且阻碍了生产要素在国际上自由、规范的流动。历史上税收协定对消除重复征税目标的重视不能掩盖税收协定的另一主要作用,即防止跨国纳税人逃避税。国际税收专家布莱恩·J. 阿诺德教授指出:税收协定旨在消除对跨境所得的双重征税,但无意为双重不征税提供便利。税收协定所基于的假设是应当对跨境所得予以征税,但仅仅征收一次,即单次课税原则。

需要指出的是,各国对税收协定标题中的“防止偷漏税”一语是否包含对避税行为的治理存在不同理解。瑞士等国家将“防止偷漏税”界定为仅对构成犯罪的逃税行为的治理,而 OECD 在 2003 年修订税收协定范本注释时则明确表示“逃税与避税”是税收协定的治理目的之一。当前,随着跨国公司在全球范围内搭建的商业架构日益复杂,越来越多跨国公司利用税收协定提供的优惠待遇进行避税。基于此,BEPS(税基侵蚀和利润转移)第 6 项行动计划(防止税收协定优惠的不当授予)最终报告建议修改 OECD 范本标题和序言,应明确提及防止避税。为突出税收协定的反避税功能,2017 年版的 OECD 范本的标题已修改为《A 国与 B 国关于避免对所得和财产双重征税和防止逃税和避税的协定》。

(三)禁止对外国国民及非居民的税收歧视

禁止对外国国民及非居民的税收歧视,即非歧视待遇,被一些国外税收专家视为税收协定应实现的一个辅助性作用,如美国阿诺德教授、荷兰国际财税文献局(IBFD)专家奥拉·奥斯塔谢夫斯卡等。我国国际税收学者梁若莲将非歧视待遇也称为无差别待遇。虽然禁止对外国国民及非居民的税收歧视是税收协定的辅助性作用,但却是非常必要的。从逻辑上推理,税收协定为解决对跨国纳税人的重复征税问题,在限制缔约国一方征税权的基础上将征税权分配给缔约国另一方,若该“缔约国另一方”对跨国纳税人征税时的税负比其国内纳税人还要重,就会发生税收歧视。在这种情形下,虽然解决了国际重复征税问题，但跨国纳税人的税负却被不合理加重了，与税收协定促进国际贸易及跨国投资的初衷背道而驰。之所以会出现税收歧视，就在于被赋予征税权的“缔约国另一方”过度行使税收管辖权。若税收协定中缺乏非歧视待遇条款，就会出现对跨国纳税人“无重复征税下的税负加重”怪象。此外，从税收公平角度看，税收负担因征税对象或经济行为的不同而有差异是可以被认可和理解的，若因纳税人的特定国籍或投资的特定国别来源而使其承担过重税负则有违正义。OECD 范本与 UN 范本都设计有非歧视待遇条款。当然，一国对外国居民或非居民实施的相对于本国国民更优惠的“超国民待遇”并不违反非歧视待遇的内涵。

四、国际税收协定的类型

（一）依据缔结税收协定主体的数量不同，可以划分为双边税收协定与多边税收协定

缔约国只包括两个国家的税收协定为双边税收协定，目前世界范围内已缔结有大约 3 000 个双边税收协定，远高于多边税收协定数量。截至 2024 年年底，我国已与 111 个国家缔结了双边税收协定。而我国内地与香港和澳门两个特别行政区缔结的是双边税收安排，我国大陆与台湾地区缔结的是双边税收协议。

缔约国包括两个以上国家的税收协定一般称为多边税收协定，如我国已缔结的《多边税收征管互助公约》《金融账户涉税信息自动交换多边主管当局间协议》及《实施税收协定相关措施以防止税基侵蚀和利润转移的多边公约》。《丹麦、芬兰、冰岛、挪威和瑞典关于对所得和财产避免双重征税的协定》（简称《北欧协定》）是由北欧国家大体按照 OECD 范本框架缔结的多边税收协定。为了满足多边税收协定的特定需要，《北欧协定》也包含有不同于 OECD 范本的条款。根据《北欧协定》条款，利息、特许权使用费都由居民国独占征税权。除了非居民国可以对证券投资的股息征收 15% 的预提所得税，其他股息由居民国独占征税权。《安第斯公约》是由南美国家玻利维亚、智利、哥伦比亚、厄瓜多尔和秘鲁缔结的一项多边税收协定。与 OECD 范本及《北欧协定》不同，《安第斯公约》主要基于属地原则规定，仅在非居民国对股息、利息和特许权使用费征税。

（二）依据税收协定调整对象的不同，可以划分为单项税收协定与综合税收协定

国际上有关所得和财产课税问题的单项国际税收协定主要是避免对从事国际运输业务的海运企业和空运企业的重复征税协定。如我国与美国于 1982 年 3 月 5 日在北京缔结的《中华人民共和国政府和美利坚合众国政府关于互免海运、空运企业运输收入税收的协定》就属于典型的单项税收协定。

综合性税收协定则主要解决对所得和财产重复征税的问题，并涉及避免国际税收歧视，防止国际避税与逃税。综合性税收协定致力于解决的问题及实现的目标往往是多重的。在实践中，缔约国之间缔结的关于对所得与财产避免重复征税和防止偷漏税的税收协定即综合性税收协定，其全称通常为《甲国与乙国关于对所得（财产）避免双

重征税和防止偷漏税的协定》。

（三）依据是否反映国家间征税权划分规则，可以划分为实体性税收协定与程序性税收协定

实体性税收协定规定了对所得与财产的征税权在缔约方之间如何划分的具体规则，实践中最常见的避免双重征税与防止偷漏税的协定就属于实体性税收协定。综合性税收协定中，绝大部分条款是在界定征税权在国家间的分配规则，只有极少数条款体现缔约方之间相互提供征管协助的内容。因此一般可以将综合性税收协定归类为实体性税收协定。

程序性税收协定则主要规定缔约方之间为实现约定的征税权分配规则，相互间如何提供征税协助。我国 2013 年缔结的《多边税收征管互助公约》是典型的程序性税收协定。我国与一些国际知名的避税地国家缔结的税收情报交换协定也属于程序性税收协定（见表 2-1）。美国为加强海外税基的监管于 2010 年颁布了《海外账户税收遵从法案》（the Foreign Account Tax Compliance Act，FATCA）。为实现该法案的落地，美国政府与其他国家缔结的政府间协议（Intergovernmental Agreement，IGA）也属于程序性税收协定的范畴。

表 2-1　我国签署的税收情报交换协定一览表

序号	国家或地区	签署日期	生效日期	执行日期
1	巴哈马	2009-12-01	2010-08-28	2011-01-01
2	英属维尔京群岛	2009-12-07	2010-12-30	2011-01-01
3	马恩岛	2010-10-26	2011-08-14	2012-01-01
4	根西岛	2010-10-27	2011-08-17	2012-01-01
5	泽西岛	2010-10-29	2011-11-10	2012-01-01
6	百慕大群岛	2010-12-02	2011-12-31	2012-01-01
7	阿根廷	2010-12-13	2011-09-16	2012-01-01
8	开曼群岛	2011-09-26	2012-11-15	2013-01-01
9	圣马力诺	2012-07-09	2013-04-30	2014-01-01
10	列支敦士登	2014-01-27	2014-08-02	2015-01-01

第二节　国际税收协定范本

一、范本简介

国际上流行的税收协定范本对于各国协商缔结税收协定具有非常重要的指导和参考意义。OECD 范本和 UN 范本是在世界范围内有较大影响力的两个范本。除此之外，还存在一些影响力相对较小的其他范本，这些范本只对特定国家或区域缔结税收协定具备指导意义。

（一）OECD 范本

OECD 范本制定的初衷是供发达国家缔结税收协定时参考和使用，但后来其影响力逐步扩展到包括发展中国家在内的其他国家，被很多国家视为缔结税收协定的圭臬。OECD 范本本身并不具有法律约束力。虽然 OECD 范本并不强制要求 OECD 各成员缔结税收协定时采用范本中的各项条款，但 OECD 理事会曾于 1997 年提出建议，OECD 成员在与成员及非成员缔结新的税收协定或进行税收协定修订时，应该采用 OECD 范本。众所周知，OECD 成员基本都为发达国家，该范本条款比较侧重维护资本输出国（居民国）的税收权益，对非居民国行使地域管辖权的限制程度较大。

OECD 范本自 1977 年首次发布以来经历了频繁的修订。考虑到修订税收协定范本已成为一项持续性的工作，OECD 范本在 1992 年被修订后就改为了活页形式，旨在方便持续、定期地对范本进行修订，以及时、准确地反映各成员观点。事实上，从全球范围看，OECD 范本修订的影响力已覆盖除成员外的其他诸多国家。OECD 范本的最新一次更新发生在 2017 年，该次更新的主要内容为纳入 BEPS 行动计划的报告成果，以体现 OECD 对跨国公司避税行为进行治理的态度和决心。其所纳入的 BEPS 行动计划报告成果主要包括以下几项：行动计划 2（消除混合错配安排的影响）、行动计划 6（防止税收协定优惠的不当授予）、行动计划 7（防止人为规避常设机构的构成）及行动计划 14（更有效的争议解决机制）。各国合作起来治理 BEPS 问题已成为国际税收改革的焦点，预期将来会有越来越多的 BEPS 行动计划的报告成果被纳入 OECD 范本。

（二）UN 范本

虽然国际联盟牵头拟定税收协定范本的历史要比 OECD 久远，但第一个现代意义上的成熟的税收协定范本却是由 OECD 于 1977 年发布的。20 世纪 60 年代以后，大量的发展中国家加入联合国。在联合国框架下，通过税收协定寻求促进发展中国家经济增长及实现发展中国家税收权益的呼声越来越高。在此背景下，联合国组织专家，在借鉴 OECD 范本的基础上，经过长期酝酿、讨论及修改，于 1980 年发布了《联合国关于发达国家和发展中国家间避免双重征税的协定范本》，用于发展中国家之间及发展中国家与发达国家缔结税收协定时参考，历经多次修订后，最新为 2021 年版。

多年以来，UN 范本获得了为数众多的发展中国家的认可，在发展中国家产生了较为广泛的影响。与 OECD 范本类似的是，UN 范本也不是强制性的，其条款不具备约束力。与 OECD 范本不同的是，UN 范本倾向维护资本输入国利益，注重扩大和强化非居民国行使地域管辖权的范围及力度。UN 范本最近的两次修订发生在 2017 年和 2021 年。2017 年版主要的修订之一是增加了第 12A 条款，允许非居民国（来源国）通过预提税的形式对技术服务费征税，税率通过双边谈判来确定。2021 年联合国国际税务合作专家委员会批准了在 2021 年版范本中新增第 12B 条和注释，允许非居民国（来源国）通过预提税形式对自动化数字服务所得征税。新的第 12B 条将“来源于自动化数字服务的所得”定义为在线或通过电子网络(只需服务提供商极少量的人工干预)提供服务取得的款项(不包含第12A中的技术服务费所得)。总之,UN范本最新的修订及时体现了数字经济飞速发展的时代背景,同时体现了其维护来源国(资本输入国)利益的一贯立场。

(三)美国范本

美国于1977年首次发布了关于对所得和财产避免双重征税和防止偷漏税的协定范本,并曾经历4次重要的修订,最新版本为2016年版。与OECD范本和UN范本不同的是,美国范本适用的范围较窄,主要用于和美国进行的双边税收协定谈判。从总体上看,美国范本与OECD范本立场相近,但并不能视为OECD范本的替代品。相对于OECD范本,美国范本所体现的对居民税收管辖权的维护力度更强,对地域税收管辖权的限制更甚。如在美国范本关于利息所得征税的条款中,原则上规定由居民国独占征税权,而在OECD范本及UN范本的相应条款中则是规定由居民国与非居民国分享征税权。

虽然美国范本适用的范围较窄,但其条款设计及协定解释比OECD范本更为详尽,特别在反避税规则设计上引领世界潮流,OECD范本的一些条款的修订和完善亦是起源于美国范本。如美国范本极为明显的特征之一就是强烈反对择协避税,即通过滥用税收协定实现双重不征税目的。为此,美国1981年就将LOB条款(利益限制条款)纳入税收协定范本,以抑制第三国投资者通过美国税收协定渔利的行为。自引入LOB条款以来,美国在打击择协避税方面取得了良好成效,OECD也开始关注LOB条款,并加强相关研究。2017年版OECD范本首次在正文中纳入LOB条款,并在注释中做出了相关说明,使更多国家将这一条款纳入了税收协定中。

二、国际税收协定范本的框架及内容

实践中最常见的税收协定是双边综合性税收协定,OECD范本和UN范本即当前国际较为流行的双边综合性税收协定范本。虽然OECD范本和UN范本在一些具体条款规定上差异明显,但两个范本的基本框架大体一致(见表2-2)。从结构上看,两个范本都划分为7章,每章所包含的条款数量各有不同。

表2-2 税收协定范本的框架结构

范本结构	OECD范本(2017年版)	UN范本(2021年版)
第1章:税收协定范围	第1条 人的范围	第1条 人的范围
	第2条 税种范围	第2条 税种范围
第2章:定义	第3条 一般定义	第3条 一般定义
	第4条 居民	第4条 居民
	第5条 常设机构	第5条 常设机构
	第6条 不动产所得	第6条 不动产所得

续表

范本结构	OECD 范本（2017 年版）	UN 范本（2021 年版）
第 3 章：对所得的征税	第 7 条　营业利润	第 7 条　营业利润
	第 8 条　国际海运和空运	第 8 条　国际海运和空运（包括可选条款 A 与可选条款 B）
	第 9 条　关联企业	第 9 条　关联企业
	第 10 条　股息	第 10 条　股息
	第 11 条　利息	第 11 条　利息
	第 12 条　特许权使用费	第 12 条　特许权使用费
		第 12A 条　技术服务费
		第 12B 条　自动化数字服务收入
	第 13 条　财产收益	第 13 条　财产收益
	第 14 条　独立个人劳务［已删除］	第 14 条　独立个人劳务
	第 15 条　受雇所得	第 15 条　非独立个人劳务
	第 16 条　董事费	第 16 条　高级管理人员的董事费及报酬
	第 17 条　演艺人员和运动员	第 17 条　演艺人员和运动员
	第 18 条　退休金	第 18 条　退休金和社会保障金（包括 A 和 B）
	第 19 条　政府服务	第 19 条　政府服务
	第 20 条　学生	第 20 条　学生
	第 21 条　其他所得	第 21 条　其他所得
第 4 章：对财产的征税	第 22 条　财产	第 22 条　财产
第 5 章：消除双重征税的方法	第 23A 条　免税法	第 23A 条　免税法
	第 23B 条　抵免法	第 23B 条　抵免法
第 6 章：特别规定	第 24 条　非歧视待遇	第 24 条　非歧视待遇
	第 25 条　相互协商程序	第 25 条　相互协商程序（包括 A 和 B）
	第 26 条　信息交换	第 26 条　信息交换
	第 27 条　税款征收协助	第 27 条　税款征收协助
	第 28 条　外交代表和领事官员	第 28 条　外交代表和领事官员
	第 29 条　享受协定利益的资格	第 29 条　享受协定利益的资格
	第 30 条　适用地域范围的扩大	
第 7 章：最后规定	第 31 条　生效	第 30 条　生效
	第 32 条　终止	第 31 条　终止

（一）第 1 章（第 1–2 条）：税收协定范围

范本第 1 章规定的是税收协定范围，包括人的范围和税种范围。

1. 人的范围

人的范围设定了享受税收协定优惠主体的最基本条件。两个范本第 1 条第 1 款都规定："本税收协定适用于缔约国一方或者同时为缔约国双方居民的人"。从此规定可以看出，跨国纳税人享受税收协定待遇需满足的两个基础性条件为：❶ 必须为税收协定所定义的"人"；❷ 必须为一方或双方的税收居民。早期的税收协定往往以"国籍"为原则确定税收协定待遇的适用主体。随着国际经济交往的日益频繁，按照国籍原则确定税收协定适用主体的规定越来越不合时宜。如甲国自然人公民 A 经常居住地为乙国，其工作地点及经济利益中心亦位于乙国，若 A 以其为甲国公民而主张享受甲国与乙国缔结的税收协定待遇，则乙国应对 A 来自本国的所得征税时予以税收协定减免。上述做法的不合理主要体现在：❶ A 虽然具有甲国国籍，但其经常居住地位于乙国，甲国很难依据属人原则行使税收管辖权对其征税；❷ 考虑到 A 的经常居住地位于乙国，很可能 A 享受乙国提供的公共服务更多，乙国与 A 的经济联结度相对甲国更为显著，乙国对 A 来自本国的所得征税时予以税收协定减免显然有违税收公平原则。基于此，税收协定范本逐步以"居民"概念替代"公民"，确定只有具备一方或双方居民身份时，才可适用税收协定待遇。

随着各国经济的发展及经济主体组织形式的演变，除法人公司外，包括信托、集合投资工具（collective investment vehicle，CIV）[①] 等形式在内的合伙企业在各国经济活动中扮演日益重要的角色。由于各国对合伙企业法律定位的不同，有些国家将其视为税收实体（tax entity），而有些国家则将其视为税收虚体（tax transparent entity）。税收实体是指在征税时"先税后分"，合伙企业可以作为一个独立的纳税单元缴纳企业所得税，税后利润再分配给合伙人。在合伙企业被认定为税收实体的情况下，合伙企业为缔约一方的税收居民，自然可以享受相关的税收协定待遇；税收虚体则是指在征税时"先分后税"，合伙企业无法作为独立的纳税单元缴纳企业所得税，其实现的所得"穿透"合伙企业本身，视为分配给合伙人，由各合伙人缴纳所得税。若合伙企业被认定为税收虚体，由于其本身不具有独立的纳税资格，因此一般无资格享受相关的税收协定待遇。由于各国对合伙企业在国内法上的定位不同，导致合伙企业是否有资格享受税收协定待遇成为近年来国际税收实践中的一个难点问题。

基于此，2017 年版 OECD 范本和 UN 范本在第 1 条都增加了一款："在本税收协定中，按照缔约国任何一方的税法视为完全透明或部分透明的实体或安排，其取得或通过其取得的所得应视为缔约国一方居民所取得的所得，但仅以该缔约国一方在税收上

---

① 集合投资工具是间接投资的一种重要形式，也就是投资者在一国设立的拥有多样化证券投资组合的基金。换句话说，就是投资者将资金集中起来并通过投资工具进行投资。集合投资工具的表现形式主要有信托、基金、公司或某种合同安排。由于设立国的法律规定不同，集合投资工具在企业所得税纳税义务方面可能是实体，也可能是虚体。集合投资工具本身是否可以成为相关税收协定的适用主体的分析类似于合伙企业。

将该所得作为其居民取得的所得为限”。此款规定中的“透明的实体或安排”涵盖了合伙企业、信托、CIV 等组织形式。按照此款规定，若 A 为在甲国注册的合伙企业，其从乙国取得所得时，在 A 被甲国或乙国认定为税收虚体的情况下，A 从乙国取得的所得可以被视为合伙人取得的所得而享受甲国与乙国缔结的税收协定待遇，但该合伙人必须为甲国居民。为解决合伙企业的税收协定适用问题，《国家税务总局关于税收协定执行若干问题的公告》（国家税务总局公告 2018 年第 11 号）的相关规定吸纳了两个范本的最新修订成果，在该公告的第 5 条中规定，“依照中国法律在中国境内成立的合伙企业，其合伙人为税收协定缔约对方居民的，该合伙人在中国负有纳税义务的所得被缔约对方视为其居民的所得的部分，可以在中国享受协定待遇”，我国与其他国家缔结的税收协定若规定，当根据缔约对方国内法，在境外成立的合伙企业从我国取得的所得被视为合伙人取得的所得，则缔约对方居民合伙人应就其从合伙企业取得所得中分得的相应份额享受税收协定待遇。

必须指出的是，属于税收协定中“人”的范围且具有相关缔约方税收居民的身份只是享受税收协定待遇的必要条件，而不是充分条件。随着跨国公司在世界经济中扮演的角色越来越重，其股权架构也越来越复杂。股权架构的复杂化及税收协定间的差异为跨国公司滥用税收协定避税提供了可观的空间。在某些情形下，如一国居民从另一国取得投资所得时，为避免跨国纳税人通过滥用税收协定方式避税，跨国纳税人还必须满足税收协定附加的其他条件才可以享受税收协定所规定的优惠税率。如根据我国与新加坡缔结的税收协定，新加坡居民公司在规定期限内持有我国居民公司的股权比例至少达到 25%，且具备受益所有人身份时，该新加坡居民公司从我国居民公司取得的股息才可以按照 5% 的优惠税率缴纳企业所得税（预提所得税）。

图 2-1 中，中国 B 公司通过设在新加坡的分公司 b 投资于德国的 G 公司。德国 G 公司据此向 b 公司分配股息。在此情形下，由于 b 公司并不具有独立的法人地位，也就是“纳税虚体”，不属于新加坡税收居民，而属于中国的税收居民，因此德国政府只能依据中国与德国缔结的税收协定中的股息条款规定征收预提所得税。图 2-2 中，新加坡 S 公司为中国 B 公司的子公司。S 公司向德国 G 公司投资，德国 G 公司据此向 S 公司分配股息。在此情形中，S 公司为独立法人，也就是通常所称的“纳税实体”，属于新加坡税收居民。德国政府对该股息征收预提所得税时，就应依据德国与新加坡缔结的税收协定中的股息条款规定征收。

2. 税种范围

国际税收的研究对象一般包括所得税和财产税。2017 年版 OECD 范本与 2021 年

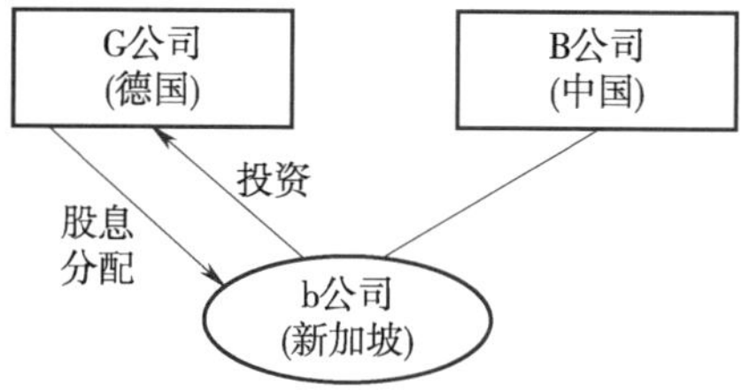

图 2-1　税收协定适用情形 1

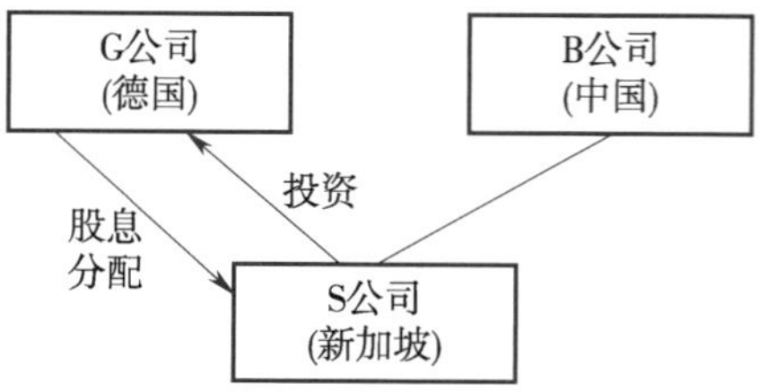

图 2-2　税收协定适用情形 2

版 UN 范本第 2 条第 1 款都规定："本税收协定适用于缔约国一方、其所属行政区或地方当局对所得和财产征收的各种税收，不论其征收方式如何"。由此看出，两个税收协定范本都将税种范围限定为所得税和财产税两个税类。实践中，虽然大部分国家都开征了所得税，但有些国家并不开征财产税，或财产税的开征范围很小，几乎没有消除本国居民有关财产税国际重复征税的客观需求，因此其对外缔结的税收协定所涉及的税种范围不包括财产税。根据目前的税法，我国并没有实行全面的财产税制度，虽开征了房产税，但只限于企业居民的城市经营性房产，且对我国居民拥有的境外房产不征税，覆盖范围非常有限。基于国情，我国几乎没有消除本国居民财产税国际重复征税的客观需求，因此我国与其他绝大多数国家缔结的税收协定所涉及的税种都不包括财产税。虽然我国与德国等少数国家缔结的税收协定包含了财产税，但基本上都是出于减免对方国家居民纳税人位于我国境内财产的税负而单向设置。

考虑到各国税法对所得税的名称及基本内容的界定往往都有较大差异，为将所得税类和财产税类所包含的税种都列入税收协定的税种范围，两个税收协定范本第 2 条第 3 款都规定："本税收协定特别适用于下列税种：在 A 国：________；在 B 国：________"，即列举税收协定所涉及的税种。如我国与日本缔结的税收协定中，在日本包含的税种有：所得税、法人税、居民税。我国与马来西亚缔结的税收协定中，在马来西亚包含的税种有：所得税和超额利润税；补充所得税，即锡利润税、开发税和木材利润税；石油所得税。此外，考虑到各国税法未来可能发生的变化，为保证税收协定所涉税种范围的准确性和连续性，两个范本第 2 条第 3 款都规定："本税收协定也应适用于本税收协定缔结之日以后增加或代替现行税种的任何相同或实质相似的税收。缔约国双方主管当局应相互将各自税法的重大变动情况通知对方"。

虽然国际税收协定一般不将流转税列为所涉税种，但国际运输行业在税收协定税种的适用上属于例外情形。按照国际惯例，各国在税收协定上对国际运输行业的营业收入也给予流转税方面的优惠。如根据我国与新加坡缔结的税收协定第一议定书第 2 条，新加坡居民以船舶或飞机从事国际运输取得的收入在中国免征营业税或其他类似税收；我国 2016 年全面完成"营改增"后，新加坡居民在我国从事国际运输取得的收入应免于征收增值税。此外，税收协定的一些特定条款也不受税收协定第 2 条所规定的税种范围的限制，如国家税务总局发布的《税收协定相互协商程序实施办法》第 3 条规定，"相互协商的事项限于税收协定适用范围内的事项，但超出税收协定适用范围，且会造成双重征税后果或对缔约一方或双方利益产生重大影响的事项，经我国主管当局和缔约对方主管当局同意，也可以进行相互协商。"税收协定中相互协商程序的适用范围可以适度突破税收协定中所规定的"人的范围"和"税种范围"。

（二）第 2 章（第 3-5 条）：定义

范本第 2 章是对税收协定中使用的专用术语进行界定。通常来讲，税收协定中专用术语的界定有三种方式：一是通过一般定义进行界定，也就是两个范本的第 3 条；二是对重要性及复杂性都很高的术语通过独立条款方式进行界定，即范本中居民（第 4 条）和常设机构（第 5 条）术语的界定；三是在制定缔约国之间对相关所得的征税权分配规则的条款中进行界定，如股息、利息、特许权使用费作为独立条款的主要任务是制定相关所得的征税权分配规则，在制定规则的过程中实现对相关所得含义的界定。

1. 一般定义（第 3 条）

一般定义条款主要是对税收协定中反复出现的，但没有在独立条款中进行含义界定的专用术语做出列举式的解释，具体内容如表 2-3 所示。

表 2-3　税收协定范本中一般定义条款对专用术语的界定

专用术语	含义界定	进一步解释
人（person）	“人”一语包括个人、公司和其他团体	依据 OECD 范本的解释，用语“人”的定义并非穷尽性列举，应做广义的理解
公司（company）	“公司”一语，是指任何法人团体或者任何在税收上视同法人团体的实体	
企业（enterprise）	“企业”一语是指所从事的任何营业活动	
缔约国一方企业（enterprise of a contracting state），缔约国另一方企业（enterprise of the other contracting state）	“缔约国一方企业”和“缔约国另一方企业”的用语，分别是指缔约国一方居民经营的企业和缔约国另一方居民经营的企业	
国际运输（international traffic）	“国际运输”一语是指以船舶或飞机进行的任何运输，但不包括船舶或飞机仅在缔约国一方各地之间运营，且运营该船舶或飞机的企业不是该缔约国企业的情形	鉴于国际运输行业的特殊性，税收协定第 8 条规定：从事国际运输的跨国纳税人取得的所得由其实际管理机构所在国独占征税权。将“国际运输”的定义放在一般定义中进行
主管当局（competent authority）	“主管当局”一语是指：在 A 国________，在 B 国________	
国民（national）	“国民”一语是指：❶ 任何具有该缔约国国籍或公民身份的个人；❷ 任何根据该缔约国现行法律而设立的法人、合伙企业或团体	
营业（business）	“营业”一语包括从事专业性劳务或其他独立性活动	

续表

专用术语	含义界定	进一步解释
被认可的养老基金（recognised pension fund）	缔约国一方“被认可的养老基金”一语是指在该缔约国设立的，且在该国税法下被视作单独的人的实体或安排，同时该实体或安排的成立和经营：❶ 仅为或几乎仅为个人管理或提供退休福利及其附属或附带福利，且由该缔约国或其行政区或地方当局按此进行管理；❷ 仅为或几乎仅为第❶项中的实体或安排的利益从事基金投资	“被认可的养老基金”术语是2017年版OECD范本新加的一般定义，主要是因应2017年版OECD范本第4条“居民”条款中新增内容“以及该缔约国的被认可养老基金”，以确保在税收协定意义上，一个养老基金在其设立国被视为居民以享受税收协定待遇

2. 通过独立条款进行定义（第4条：居民；第5条：常设机构）

居民和常设机构概念是国际税收中极其重要的两个概念，对其含义进行精准界定需要考虑多方面情形，无法通过第3条的一般定义方式进行，因此两个范本都将这两个专用术语的含义通过独立条款的方式进行界定。本书第三章和第四章分别对居民及常设机构的概念及所涉的征税权分配规则进行详尽分析，在此不作赘述。

（三）第3章（第6-21条）：对所得的征税

范本第3章是关于跨国所得征税权分配规则的介绍，为税收协定范本的核心内容。事实上，跨国所得征税权在缔约国间的分配规则亦是解决国际重复征税的规则，以税收协定的方式在某种程度上约束缔约国的“征税之手”为跨国纳税人“松绑”。换句话说，通过为跨国纳税人提供税收协定优惠待遇以减轻其税负，从而解决国际重复征税问题。以最常见的跨国经营所得为例说明征税权在国家间的分配规则：非居民国对非居民经营所得征税的门槛是常设机构。常设机构的确认对于消除国际重复征税有两层含义：一是跨国经营所得的来源地为常设机构所在国，其他国家不得依据常设机构以外的标准认定该笔经营所得来源于本国而行使地域管辖权，即通过税收协定的约定实现了跨国经营所得来源地的唯一性；二是常设机构所在的非居民国对跨国经营所得行使地域管辖权征税处于优先、主要地位，缔约国另一方若行使居民管辖权对该笔所得征税只能处于次要地位，消除重复征税的义务主要由居民国承担。当然，所得形式不同，消除国际重复征税义务的承担方也不同。与经营所得不同，股息、利息、特许权使用费等消极所得则往往由非居民国按照较低的税率征税，消除重复征税的义务主要由非居民国承担。

熟悉两个范本的行文措辞对于精准把握征税权分配规则至关重要。大部分所得的征税权在国家间分配的措辞为“可在”缔约国一方征税，意味着缔约国另一方也有权对相关所得征税。若措辞为“应仅在”缔约国一方征税，则意味着缔约国另一方无权对相关所得行使税收管辖权征税，如两个范本第8条第1款都规定：“缔约国一方企业以船舶或飞机从事国际运输取得的利润，应仅在该缔约国一方征税”。此外，某项所得的“定性冲突”意味着该所得可能适用于税收协定的多个条款，解决所得的条款适用问题是理解征税权分配规则的必要前提。如甲国居民A企业从乙国取得股息，若该股息的取得与A企业设在乙国的常设机构有实际联系，则股息所得与该常设机构取得的经营所得汇总纳税适用税收协定第7条，即将股息作为积极所得进行税务处理，体现了“常设机构优先”的征税思路；若该股息是由A企业直接从乙国获取，与A企业设在乙国的常设机构不存在实际联系，则对该股息征税适用税收协定第10条，即将股息作为消极所得进行税务处理。在税务实践中可能出现税收协定各条款未作明确界定的所得形式，出现此种情形一般适用范本第21条，该条规定：“缔约国一方居民取得的各项所得，无论发生于何地，凡本税收协定上述各条未作规定的，应仅在该缔约国一方征税”，即承认居民国行使居民管辖权征税的独占性，一般将第21条视为兜底条款。各项所得征税权分配规则的具体分析见本书第四章与第五章。

（四）第4章（第22条）：对财产的征税

范本第4章是关于跨国财产征税权分配规则的介绍，该章内容只包括第22条。需要指出的是，该条款与范本第3章第13条“财产收益”不属于同一范畴。财产收益即财产所得，主要是指转让资本品财产取得的所得，而范本第4章第22条“对财产的征税”则指的是对财产征收的财产税。由于在关于财产的国际重复征税中往往涉及的是同一个纳税人的相关财产，因此有关财产的国际重复征税一般都为法律性国际重复征税。若相关税收协定不涉及财产税，则该条可以删除，如中国与新加坡、美国、法国、日本、加拿大等多数国家缔结的税收协定就删除了“财产”条款。

范本第22条“财产”共包括不动产、常设机构营业财产部分中的动产、经营国际运输业务中的船舶或飞机、其他财产4种类型。在前2种财产类型中，不动产的坐落地所在国及常设机构所在国都可以与相应的居民国分享征税权。对国际运输业务中的船舶或飞机征收财产税则由国际运输企业的居民国独占征税权。最后一种类型为“其他财产”，与经营国际运输业务中的船舶或飞机征收的财产税类似，范本规定亦是由跨国纳税人的居民国独占征税权。

（五）第5章（第23A条和第23B条）：消除双重征税的方法

范本第5章是关于消除双重征税方法的规定，包括第23A条（免税法）和第23B条（抵免法）。如上文所述，范本第3章及第4章是关于所得（财产）征税权在国家间分配规则的介绍。站在非居民角度思考如何行使地域管辖权是理解征税权分配规则的关键。与范本第3章和第4章不同，第5章第23条则是站在居民国角度考察如何消除国际双重征税。理论上，居民国可以采用多种方法以消除双重征税。两个范本权衡各种方法利弊后都鼓励居民国采用免税法和抵免法以履行消除重复征税的义务。第23条内容的详细分析见本书第六章。

（六）第6章（第24–30条）：特别规定

范本第6章为特别规定，主要对一些特定情形及税收协定执行事项做出规定。

第 24 条为非歧视待遇（non-discrimination），该条款约定了缔约国一方的国民（居民）在缔约国另一方负担的纳税义务，不应与缔约国另一方国民（居民）在相同或类似情况下的纳税义务不同或更重。从具体内容看，非歧视待遇主要包括国籍无差别、常设机构无差别、支付无差别及资本无差别，具体含义及解释如表 2-4 所示。

表 2-4　税收协定范本中非歧视待遇条款

<table>
<tr><th>非歧视待遇的形式</th><th>含义</th><th>进一步解释</th></tr>
<tr><td>国籍无差别</td><td>缔约国一方国民在缔约国另一方负担的税收（或有关条件），不应与缔约国另一方国民在相同情况下，负担或可能负担的税收（或有关条件）不同或更重</td><td>国籍无差别主要在于防止属于同一国居民的两个人（包括自然人、法人及类似实体）仅因为国籍不同而受到区别对待［见案例 2-2］</td></tr>
<tr><td>常设机构无差别</td><td>缔约国一方企业在缔约国另一方常设机构的税收负担，不应高于该缔约国另一方对其本国进行同样活动的企业</td><td>根据 OECD 范本的注释，常设机构无差别并不能延伸至出于民事地位或家庭责任原因，给予本国居民在税收方面的任何扣除、优惠和减税。如给予国家公共机构或公共服务机构的某些税收特许，以及给予为公共利益从事活动的非营利民间机构的某些税收特许，若没有给予缔约国另一方居民，不应被视为违反了非歧视待遇</td></tr>
<tr><td>支付无差别</td><td>缔约国一方对本国居民支付给缔约国另一方居民的款项，应根据与支付给本国居民款项的相同原则予以扣除</td><td rowspan="2">支付无差别与资本无差别实现非歧视待遇的机制为：直接针对居民实体但间接体现非居民税收利益。需要指出的是，一国针对本国居民对外支付利息所采取的资本弱化反避税举措并不违反支付无差别条款；类似地，一国对境外股东持股的本国居民进行的转让定价调整并不违反资本无差别</td></tr>
<tr><td>资本无差别</td><td>缔约国一方居民，若其资本由缔约国另一方居民拥有或控制，则其待遇不应次于由本国居民拥有或控制的居民待遇</td></tr>
</table>

案例 2-2　国籍不同而税收待遇不同，违反非歧视待遇条款

A 公司为在甲国成立的公司。甲国税法规定，在该国成立或虽在境外成立但实际管理机构位于本国的公司均为税收居民。B 公司为在乙国成立的公司，但其实际管理机构位于甲国。为消除企业所得税的重复征税，甲国税法还设计了居民公司投资于另一居民公司取得的股息予以免税的优惠，假设享受股息免税待遇不存在其他附加条件。C公司为甲国境内另一居民公司，某年C公司向A公司分配股息时，A公司就其取得的股息享受了免税待遇，但C公司同年向B公司分配的股息，甲国政府却基于B公司不具有本国国籍（注册地在乙国）而征收了相应的预提所得税。依据上述情形，可以认为，甲国政府的做法已经违背税收协定中的非歧视待遇条款中的国籍无差别规定。

思考题：

何种情形下甲国对C公司向B公司的股息分配征税行为符合税收协定中的非歧视待遇条款？

第25条为相互协商程序（mutual agreement procedure，MAP），该条款为解决税收协定解释和执行中出现的问题提供了较为可靠的途径，亦为纳税人充分享受税收协定待遇提供了可能的救济渠道。税收协定范本及具体国家之间缔结的税收协定原文只是对税收协定的适用及双方征税权益的分配制定了原则性的规定，税收协定执行中出现的具体问题可能需要各缔约国税务征管机关相互磋商甚至特定机构的裁决才能解决。OECD范本和UN范本第25条都制定了相互协商条款，但条款并不具有强制性，即不要求缔约国主管税务机关对争议事件必须达成一致。MAP的启动涵盖三种情形：一是基于纳税人的申请而启动的MAP，目的在于解决不符合税收协定的具体个案；二是对税收协定的适用和解释存有疑义而由主管当局自发启动的MAP，即解释型MAP，该种类型的MAP触及的是具有普遍性的问题；三是针对税收协定原文没有涉及的双重征税而发起的MAP，即拾遗补漏型MAP，目的在于解决不属于税收协定范围的双重征税个案。考虑到税务实践中通过MAP程序启动的税务案件往往耗时过长，纳税人不被允许直接参与缔约国双方主管当局的协商程序，且不能保证主管当局会达成协议，2008年版OECD范本第25条增加了强制仲裁的规定。仲裁员由缔约国通过相互协商自行选定。需要强调的是，仲裁只适用于上述第1种情形的MAP。

案例2-3　税收协定助力企业“走出去”

我国境内居民企业A为C国的公司安装设备，整个项目持续7个多月，包括中间因天气等原因而暂停的时间。C国税务局依据本国税法规定，判定该公司在C国构成常设机构，并对其利润征税。按照我国与C国缔结的税收协定，建筑安装工程构成常设机构的门槛为12个月。因此，该企业按照税收协定并未在C国构成常设机构。我国据此向对方提起相互协商，经双方协商同意后，对方最终同意退税。

思考题：

"走出去"企业在东道国（非居民国）遇到税务争议时可以寻求哪些行政或法律救济？

第 26 条为信息交换（exchange of information），也称情报交换。该条款是为强化国际税收征管合作而设定，应对跨国纳税人活动对世界各国税基的不合理侵蚀。从目前国际实践看，除综合性税收协定渠道外，一国还可以通过加入《多边税收征管互助公约》或与特定国家（地区）缔结税收情报交换协定实现信息交换。如我国已与 10 个国家（地区）缔结税收情报交换协定①。第 26 条第 1 款规定了协定缔约国进行信息交换的义务，但该条并未明确缔约国信息交换的具体形式。具体而言，信息交换的形式主要包括以下三种：一是应缔约国一方请求进行的信息交换；二是自动的系统性信息交换；三是自发信息交换，即缔约国一方认为相关信息对缔约国另一方有价值而自发交换给对方。该条款虽然规定了缔约国一方将相关信息交换给缔约国另一方的义务，但若信息披露属于违反缔约方"公共政策"、泄露贸易秘密或正常行政管理过程中无法得到的信息，则提供方有权拒绝信息提供。该条款亦规定了获取信息的另一方对所获信息进行保密的义务。除了可以将所获信息披露给相关的税收管理、评估和执行（包括政府和司法）人员或部门，信息获取方一般不得将所获信息用于他途。

第 27 条为税款征收协助。除了第 25 条及第 26 条，该条款为缔约国之间的征管合作搭建了更为直接和有效的桥梁。各国国内法的制定及执行都受一国主权的支配和限制，一国不能到另一国征收税款，即使该项税款是基于本国居民所得。为了更有效地打击国际避税与逃税活动，国家之间进行征管合作以协助彼此实现对本国居民境外所得的征税。OECD 范本于 2003 年加入该条款，并于 2007 年发布了 OECD 关于执行税款征收协助的手册。根据该条规定，缔约国一方为缔约国另一方提供的征收协助不限于税款本身，还包括相应的利息、行政处罚，以及征收成本，但不包括刑事处罚。刑事处罚包括在关于刑事事项相互协助的具体协定之内。一方为另一方提供征收协助的前置条件为相关税款在另一方具备可执行性，即根据请求方的国内法规定，该税款是应该征收且可以执行的。满足可执行性要求后，该条第 3 款规定：被请求方应将该税款请求权视同本国的税款请求权，按照本国税法规定进行协助征收。当然，本条亦规定了被请求方免于履行协助义务的情形：❶ 协助措施与缔约国任一方的法律和行政惯例相悖；❷ 协助措施与被请求方的国内公共政策相违背；❸ 请求方在国内没有穷尽其应该采取的合理的征收和保全措施；❹ 相对于请求方可以获得的财政利益，被请求方提供协助义务需要承受明显"不合比例"的行政负担。

① 一国一般不愿与国际知名的避税地国家（地区）缔结避免双重征税的综合性税收协定，但客观上存在与避税地国家（地区）交换税收信息的需求，以评估本国居民纳税人的全球纳税能力并提升反避税水平，因而与特定的避税地国家（地区）缔结专门的税收情报交换协定。

第28条为外交代表和领事官员，该条款旨在明确外交代表和领事官员不因缔结税收协定而减少其按照国际法或国际特别协定所享受的税收特权。这里的税收特权指的是《维也纳外交关系公约》和《维也纳领事关系公约》中规定的税收特权。

第29条为享受税收协定优惠的资格认定，该条款为2017年版OECD范本和UN范本新增内容，通过充分吸纳BEPS第6项行动计划（防止税收协定优惠的不当授予）最终报告成果，旨在解决跨国纳税人滥用税收协定的避税问题。该条主要内容包括利益限制条款（LOB）和主要目的测试（PPT）规则[①]。

第30条为适用地域范围的扩大，该条款是为了将缔约国一方领土内原本不适用于税收协定或由其负责国际关系事务的任何国家或地区纳入税收协定的适用范围。此条款是OECD范本特有条款，UN范本中无此条款，我国缔结的税收协定（安排）亦不存在此条款。

（七）第7章（第31-32条）：最后规定

范本第7章为最后规定，包括生效条款（第31条）和终止条款（第32条）。

第三节 国际税收协定的适用和解释

一、《维也纳条约法公约》对税收协定的适用和解释

实现税收协定避免双重征税及防止偷漏税的宗旨或目的，归根结底取决于缔约国双方对税收协定具体内容的执行效果，执行效果根本上取决于缔约国之间在何种程度上对协定的适用和解释保持一致性。理论上，各国对税收协定解释的一致性程度越高，避免对跨国纳税人重复征税及防止其偷漏税的协定宗旨实现的可能性就越大。若缔约国对协定的适用和解释偏离较大，则税收协定的作用必然大打折扣。税收协定的适用和解释对于实现缔约国避免双重征税及防止偷漏税的缔结意愿至关重要。德国学者克劳斯·沃格尔1986年提出了税收协定的共同解释原则，该原则试图实现各国对税收协定进行统一解释的美好愿景。

不同于实践中各国解释税收协定时所采用的“各自为政”的解释方法和路径，共同解释方法要求一国在税务案件执法和司法过程中对税收协定的解释应具有包容性、全面性、综合性和能动性的特点[②]。包容性着眼于分析视角的整体性，税务机关裁决和法院断案均应结合各国立法背景予以分析、甄别和考量；全面性是指全面考察缔约对方税务机关和法院甚至是第三国税务机关和法院的相关决定和判决；综合性是指综合分析各国在适用税收协定背后所隐藏的税收博弈和经济利益驱动；能动性是

① 有关LOB条款与PPT规则的详细介绍见本书第九章。

② 崔晓静：《国际税收协定解释的困境及其纾解》，《法学研究》2021年第1期。

指结合本国的产业结构和经济发展趋势相机抉择，在税收协定的模糊地带进行灵活解释。

很明显，共同解释原则只是“看起来很好”，在税务实践中仍存在明显的局限：❶ 共同解释方法缺乏法律约束力，主要依靠缔约方的自觉行动。❷ 共同解释方法可能导致自相矛盾的解释效果。如A国在解释与甲国的税收协定时参考了甲国法院的判决，在解释与乙国的税收协定时又参考了乙国法院的判决，若甲国与乙国对税收协定某一条款的解释存在差异，A国对该条款的适用可能会产生矛盾或冲突。❸ 解释的一致性并不意味着解释的正确性或公平性。协定双方对税收协定的解释可能出于税收利益分配的考量而忽略对纳税人权利的保护，这种“解释的一致性”可能违背了税收协定的缔结初衷。❹ 境外税务机关或法院亦可能在不同时期对同一内容做出相互冲突的解释。因此，即使学界在努力寻求税收协定的国际法源头和对税收协定的统一解释方法，但实践中找到具有法律约束力的国际统一解释是极为困难的。

国际上普遍将《维也纳条约法公约》（Vienna Convention on the Law of Treaties，简称《维也纳公约》）视为税收协定解释的法律源头。该公约于1969年5月23日在维也纳缔结，1980年1月27日生效，截至2024年8月已得到116个国家签署或批准[①]。《维也纳公约》属于国际协议，它总体性汇集了关于条约法最为重要的规则，这些规则凝聚了国际共识，反映了各国所缔结的各项条约（协定）执行和解释时应遵循的基本规范。从此意义上看，《维也纳公约》被视为“关于条约的条约”。由于各国之间所缔结的税收协定属于条约的范畴，《维也纳公约》所规定的对条约解释的基本规范亦适用于对税收协定的解释。《维也纳公约》中涉及协定解释的章节主要包括第31条和第32条。第31条为“解释之通则”，即“条约应依其用语按其上下文并参照条约之目的及宗旨所具有之通常意义，善意解释之”。

《维也纳公约》第31条所规定的条约解释通则包含三项基本原则：解释过程必须是善意的；应认定各当事方具有其所使用的用语之通常意义所体现的意图；不得抽象地确定通常意义，而应该按照条约的上下文，并参照条约的目的和宗旨确定。“善意”为国际法中极为重要的一般原则之一，也是联合国宪章的重要组成部分。虽然《维也纳公约》本身并没有对“善意”一语的含义做出更进一步的解释，但总体看，善意原则要求缔约各方诚实、公平地相互对待，真实地表示各自的动机和目的，避免对各方所缔结的条约作出非本意的解释。善意解释意味着对条约的解释必须符合各当事方通过条约条款所表达的共同意图。“通常意义”是指对条约的解释是阐述条约文本所具有的一般性含义，而不是缔约方某一方对条约文本进行抽象而概括的含义。解释通则中的“上下文”则具体包括：条约文本（包括序言和目录）；全体当事方因缔结税收协定所订的与条约有关的任何协定，如缔结税收协定后又缔结的税收协定议定书；后续执行条约所形成的具体实践，且这些实践确立了缔约各方关于条约解释的一致理解。“目的及

① 中国于1997年批准加入《维也纳条约法公约》，同时声明：中华人民共和国对《维也纳条约法公约》第66条予以保留；台湾当局于1970年4月27日以中国名义在《维也纳条约法公约》上的签字是非法的、无效的。

宗旨”应根据具体条约确定，如从税收协定角度看，“目的及宗旨”即避免国际重复征税和防止偷漏税。根据第 31 条的解释通则所作的解释仍然不明或难以理解，甚至所获结果明显不合理时，《维也纳公约》第 32 条提供了一种额外的补充解释方法，即“解释之补充资料”。该补充资料包括条约的准备性工作（谈判历史）和缔结条约的具体情形（历史背景）。

二、MLI 对税收协定的适用和影响

BEPS 行动计划[①] 总体上反映了国际税收改革的最新趋势，该行动计划成果的落实会对现行税收协定的适用产生极大的影响。从法理上看，BEPS 行动计划成果的落实需要修订双边税收协定。考虑到全球范围内的税收协定多达 3 000 多份，逐份修订税收协定以落实 BEPS 行动计划成果耗时又费力，因此 BEPS 第 15 项行动计划提出了一项创新性多边工具以迅速修订现有税收协定，即《实施税收协定相关措施以防止税基侵蚀和利润转移的多边公约》（简称 MLI）。MLI 由 OECD 于 2016 年年底发布，中国于 2017 年 6 月签署该公约，截至 2022 年 4 月签约国家（地区）已达 99 个。

不同于税收议定书对既有税收协定的直接修订，多边工具 MLI 对现有税收协定某些条款的替代是有条件的，只有这些条件得到满足，触发 MLI 生效机制后，体现系列 BEPS 行动计划成果的 MLI 才会取代双边税收协定的既有规定去适用税收实践（见图 2-3）。需要说明的是，签署 MLI 的国家（地区）可以对 MLI 的内容持保留态度，依据自身国情选择采用或不采用 MLI 的某些条款。也就是说，MLI 与现有税收协定是并存适用的。考虑到 MLI 与现有税收协定之间的关联影响，MLI 中每一项多边工具的规定都有兼容性条款。兼容性条款是指协调 MLI 中某项规定与现有税收协定中涉及相同事项条款之间关系的条款，旨在解释 MLI 中的规定如何与税收协定中的相关条款进行关联应用。

从图 2-3 可以看出，MLI 替代现有税收协定的首要条件是缔约方将 MLI 涵盖的税收协定通知了 MLI 保存人，即 OECD。其次，由于 MLI 多边工具的灵活性，签署 MLI 的国家出于本国国情考虑而对 MLI 中的相关规定提出保留时，则该国与他国已缔结的现有税收协定不属于 MLI 的调整范畴。只有 MLI 缔约方没有对 MLI 中的相关规定提出保留且现行税收协定缔约方都对 MLI 中的规定做出选择适用时，MLI 规定才可替代现行税收协定中的具体条款去适用税务实践。我国签署 MLI 多边工具之后，即刻将暂定的 MLI 立场文书交存于 OECD。除了我国与智利缔结的税收协定、我国内地与我国香港地区和澳门地区缔结的税收安排、我国大陆与我国台湾地区缔结的税务协议，

---

① BEPS 行动计划是由二十国集团（G20）领导人背书并委托 OECD 推进的国际税收改革项目。OECD 于 2015 年 10 月 5 日发布 BEPS 行动计划的最终报告，共包括 15 项行动计划报告和一份解释性声明。BEPS 的每一项行动计划成果都是针对现行规则或法规中的薄弱环节，就国际规则和各国国内立法的调整提出的建议，以便各国协调一致地全面应对税基侵蚀和利润转移问题，以实现“利润在经济活动发生地和价值创造地被征税”目标。

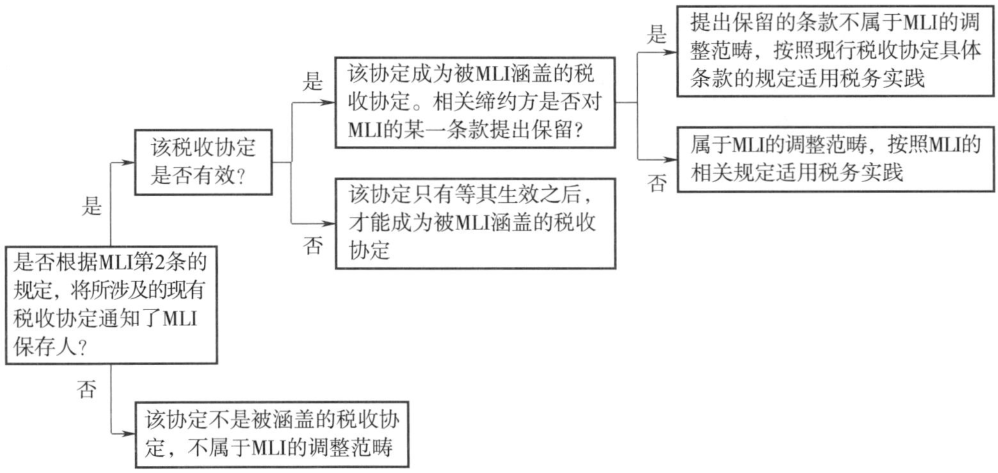

图 2-3　MLI 替代现有税收协定适用的逻辑

我国将其他协定都纳入了 MLI 的涵盖范围①。对 MLI 中不属于最低标准要求的 BEPS 措施②，如“强制仲裁”“规避构成常设机构”等条款，我国选择了不予采用的立场；对属于最低标准要求的“防止协定滥用”条款予以采纳，若我国所签税收协定的缔约对方亦做了相同采纳，则 MLI 的相关规定替代税收协定规定以适用税务实践。

资料 2-2　**中国政府签署 MLI③**

2016 年 6 月 7 日，MLI 首次联合签字仪式在法国巴黎的经合组织（OECD）总部举行，67 个国家和地区的政府代表共同签署了该文件。国家税务总局局长王军代表中国政府签署 MLI 并致辞。王军表示，MLI 实现了税收协定历史上规模最大、范围最广的一次多边合作与协调，标志着二十国集团（G20）国际税改取得重大成果，必将成为打开国际税收协调之门的“金钥匙”。中国将努力落实好 MLI，积极推动经济全球化和包容发展。

---

① 我国与智利缔结税收协定的时间较晚（2015 年 5 月 25 日），协定内容充分吸纳了应对税基侵蚀与利润转移（BEPS）项目的最新成果，反映了国际税收改革的最新进展，无须通过 MLI 进行修订，因此该协定被排除在 MLI 涵盖范围之外。我国内地与我国香港地区和澳门地区缔结的税收安排、我国大陆与我国台湾地区缔结的税务协议被排除在外则是因为其不属于法律意义上的国与国缔结的税收协定，相关的 BEPS 项目成果只能通过双边协商修订安排和协议的方式纳入 BEPS 项目成果。

② BEPS 行动计划一共包括 15 项，各项目对参与国的约束力度是不一致的。根据约束力的强弱具体可分为：最低标准、共同方法、最佳实践。最低标准是指针对某些 BEPS 行动计划项目，各参与国已达成高度共识，并承诺采取一致行动落实项目成果。属于最低标准的 BEPS 项目对参与国的约束力度最强。共同方法是未来可能发展为最低标准的规则，但目前统一监管执行时机尚不成熟。最佳实践是推荐使用的、约束性相对较低的规则建议。

③ 韩冰、应强：《国家税务总局局长王军代表中国政府签署〈BEPS 多边公约〉》，新华社，2017 年 6 月 8 日。

为维护各国税基安全，G20领导人在2013年9月的圣彼得堡峰会上决定实施BEPS行动计划，并委托OECD牵头推进该项工作。随后历次的G20领导人峰会都明确要求深化国际税收合作、落实国际税改计划。2015年11月，OECD牵头成立了MLI特别工作组，共同研究起草MLI文本。其中，中国当选为该工作组第一副主席国，积极参与组织MLI的研究制定工作，并与其他100多个国家进行了为期一年的集体谈判与磋商，为MLI的制定作出了重要贡献。

近年来，我国全面参与国际税收改革，充分利用G20委托OECD对国际税收治理体系进行重塑的有利时机，积极参与BEPS行动计划，立足我国自身推进税收改革的成效和经验，先后向OECD提出一系列立场声明和建议，不断将发展中国家的诉求和理念有机融入国际税收新规则体系，逐步筑牢由过去的“参与者”到现在的“引领者”、由简单的双边合作到综合的多边合作的基础，为促进公平和现代化的国际税收体系建设发出了中国声音，为打造“创新、活力、联动、包容”的世界经济贡献了中国智慧。中国税务部门在落实好MLI的同时，将充分用好这个法律工具，努力为我国企业跨境投资和发展提供税收领域的确定性，加强国际税收风险应对指导，完善税收服务机制，积极协调解决国际税收争议，更好地服务我国企业“走出去”和助推经济全球化发展。

三、OECD范本注释的法律地位及效力

税收协定范本是各国缔结税收协定时的基础性参考文件。税收协定范本文本具有的概括性和抽象性特征，甚至范本个别条款含义的含混不清是“有意为之”，以此遮掩成员国之间的分歧。仅仅依据协定原文往往无法解决协定执行中出现的大量实践问题，因此OECD范本、UN范本及美国范本都有其自身的配套解释规则和方案，以帮助税收协定签约方有效解决协定执行中出现的各种“疑难杂症”。上述三个税收协定范本中，OECD范本注释对世界大多数国家执行税收协定产生了广泛和重要的影响，很多国家的税务机关、纳税人及法院在税务实践中都常态化地使用OECD范本注释。

虽然OECD范本注释的重要性和影响力毋庸置疑，但OECD范本注释的法律地位如何界定？国际税收学界对这一问题远没有形成共识。既然税收协定属于国际法范畴，国际上一些知名学者试图在《维也纳公约》的框架下为OECD范本注释寻求法律定位。一些学者将OECD范本注释推崇为“国际性的税收话语”，视其为《维也纳公约》第31条下的通用解释规则；还有一些学者将OECD范本注释视为《维也纳公约》第32条下的补充解释资料。

对这两种观点持质疑和批判态度的学者亦不在少数。对第一种观点进行批判的依据是，不能随意将OECD范本注释界定为与某项具体税收协定相关，原因在于OECD

范本注释不是与缔结某项具体税收协定而拟定的一项协议或文书，由此推断 OECD 范本注释并不属于《维也纳公约》第 31 条第 2 款所定义的“上下文”。若相关具体税收协定在 OECD 范本注释修订之前达成，或该具体协定的缔约方不为 OECD 成员且未参与范本注释拟定过程，将 OECD 注释作为税收协定通用解释规则显然不合常理；对第二种观点进行批判的依据是：按照《维也纳公约》的法理逻辑，OECD 范本注释若作为《维也纳公约》第 32 条的补充解释资料，只能用以确认已根据第 31 条的通用解释规则确定的含义，或在通用解释规则得出的含义尚存歧义或含糊不清，甚至导致显属荒唐或不合理结果的情形下才可适用。极为有限的作用范围显然有违 OECD 制定范本注释的初衷。

事实上，OECD 财政事务委员会关于范本注释的法律定位，在范本注释的导言中已予以明确：“虽然注释并非成员国所签署的税收协定的附件，但注释对税收协定的适用和解释，特别是对争端的解决大有裨益”。考虑到 OECD 范本注释并不构成 OECD 成员国所缔结税收协定的附件，因此范本注释本身并无法律约束力。与范本注释不同，国与国之间缔结的税收协定为具有法律约束力的国际性法律工具。若将税收协定视为具有法律约束力的“硬法”，则范本注释即为没有法律约束力的“软法”。虽然 OECD 范本注释不具法律约束力，但并不能否定很多国家的税务机关、纳税人及法院在执行税收协定时赋予范本注释极大权重予以考虑的事实。甚至有些国家通过“立法移植”或“司法移植”的方式，“硬化”范本注释，在与其他国家缔结税收协定时将 OECD 范本注释作为参考文献，或直接在协定、议定书或谅解备忘录的文本中引用范本注释的解释内容。如 1966 年美国与奥地利针对两国税收协定签署了一份谅解备忘录，允许运用 OECD 范本注释。又如 2007 年比利时与卢旺达缔结的税收协定第 3 条第 3 款规定，本税收协定中与 OECD 范本表述相同或实质相似的条款，应当按照与 OECD 范本注释一般原则一致的方式进行解释。

为适应不断变化的国际税收改革动态，满足各国完善现行征税权分配规则及防止跨国公司偷漏税的时代需求，OECD 范本注释亦进行经常性的修订。在运用 OECD 范本注释对税收协定解释时还面临着一个重要的时间问题：采用静态法还是动态法？静态法是指按照税收协定缔结时已经生效的范本注释对税收协定条款及适用进行解释，即税收协定的解释依据为旧版本范本注释。动态法是指按照税收协定缔结时还没有出现或生效的范本注释对已有的税收协定进行解释，即税收协定的解释依据为新版本范本注释。两种方法各有利弊。在静态法下，由于旧版本的范本注释出现时点早于税收协定缔结时点，用旧版本范本注释解释税收协定会更真实反映缔约国缔结协定时的意思表达与签约意向，但其缺点在于旧版本注释没有“与时俱进”地反映最新的国际税收改革动态；在动态法下，虽然最新版本的范本注释比较充分地反映了最新的国际税收改革动态，但由于新版本注释的出现时点晚于税收协定缔结时点，协定缔约国不可能在缔结协定时知晓或精准预测范本注释的后续版本将进行的修订和完善，用新版本注释解释税收协定很可能违背缔约国缔结协定时的真实意愿。OECD 官方的态度是：将最新版的范本注释用于税收协定解释应该是恰当的，因为可以合理地认为，缔约各方的意图就在于对税收协定用发展的眼光加以解释。因此，在范本相关条款没有发生实质性改变的前提下，OECD官方鼓励采用动态法解释税收协定。

四、国际税收协定与国内法关系

IBFD（荷兰国际财税文献局）税收专家指出，税收协定作为各国之间的协议，并非存在于真空，其作用的发挥系以各国的国内法律体系为背景。在解释和适用税收协定的过程中，必然要厘清税收协定与一国国内法的关系。

国际上对国际法与国内法之间关系的认识存在两种体系：一元论与二元论。一元论认为，国际法与国内法同属一个法律体系，国际协议可以产生直接的国内作用。在一元论下，国际税收协定无须经过一国立法机关的批准，经政府代表国家缔结生效后就可以在该国适用，但在一国国内适用时有“国际法优先说”与“国内法优先说”两种观点。二元论产生于19世纪末的德国，该观点认为，国际法与国内法为“平行”关系，并不属于同一个法律体系。在二元论下，国际税收协定并不具有直接的国内作用，若要将国际税收协定适用于一国国内，则必须经过该国的立法程序“转化”为国内法。

我国税务实践中很难单纯用一元论或二元论观点定位国际税收协定与我国国内法关系。我国的基础法律中并没有明确规定国际法与国内法的关系，但从我国目前缔结条约或协定的程序法可以看出，由立法机关授权政府缔结税收协定。政府部门代表国家与其他国家谈判和缔结税收协定并生效后，该协定就可适用于我国国内。因此，我国目前有关国际税收协定与国内法关系的定位更接近于一元论。税收协定生效后，同样面临着在我国境内适用和解释的问题。由于我国与其他国家缔结的税收协定、议定书或谅解备忘录并不包括参考或采纳税收协定范本注释的条款及规定，因此税收协定在我国的适用及解释只能依托于我国国内法。

《中华人民共和国企业所得税法》第58条规定：“中华人民共和国政府同外国政府订立的有关税收的协定与本法有不同规定的，依照协定的规定办理”。由此可以看出，我国在处理税收协定与国内法关系时遵循的是“国际法优先说”。由于税收协定往往是对缔约国征税权某种程度的限制和约束，通常情况下，“国际法优先说”意味着跨国纳税人适用税收协定时所承担的税负更轻。但需指出的是，国际税收协定优先适用不是绝对的。众所周知，税收协定的最主要功能是通过在国家间合理划分征税权以解决国际重复征税和偷漏税问题。税收协定本身并不“创设”新的征税权，不额外增加纳税人的纳税义务。税收协定在国家间划分征税权后，缔约国是否征税，在何种程度上实施征税权则依照其国内法进行。若其国内法设计有针对跨国纳税人的力度较大的税收优惠，则相对于税收协定，跨国纳税人适用缔约方国内法所承担的税负更轻，此种情形下就应适用缔约方国内法。正如国际税收专家阿诺德所言：“对于大部分国家来讲，如果按照国内法，某一款项不应予以征税，那就到此为止，不必再提及协定”。从实践看，优先适用税收协定可使纳税人承担相对较轻税负为常见情形，而优先适用国内法可使纳税人承担相对较轻税负则为个别情形。

综上所述，关于税收协定与国内法的适用应遵循“税收协定与国内法孰优”的原则。理解这一原则的内涵是国际税收领域税务机关降低执法风险和纳税人降低遵从风险的基本前提。

第四节　我国国际税收协定实践

一、我国缔结国际税收协定的历史总结

我国缔结国际税收协定工作服务于我国改革开放的基本国策，税收协定工作的推进与改革开放的逐步深化密切相关。梳理我国缔结国际税收协定的历史，大体可以分为三个阶段。

（一）起步摸索阶段

20 世纪 80 年代初至 90 年代中期，我国正处于改革开放初期，社会活力被充分激发，经济社会呈现一派生机盎然的景象。为适应利用外资、引进技术、对外贸易和扩大交流的客观需要，我国陆续同一些国家启动了双边税收协定谈判，谈判对象主要为日本、美国及欧洲等发达国家。我国对外缔结的第一个双边税收协定为中日税收协定①。1972 年中日联合声明的发表，标志着中日两国实现了邦交正常化，也为两国缔结双边税收协定奠定了扎实的政治基础。为促进两国间的经贸往来与双边投资，自 1979 年起，日本税务主管当局多次通过各种途径表示要与我国缔结税收协定，并通过其驻华使馆向我方转来日方税收协定工作文本。1981 年 1 月，双方进行了第一轮税收协定谈判，经历多轮谈判后，中国和日本于 1983 年 9 月就税收协定的所有条款达成一致，缔结了《中华人民共和国政府和日本国政府关于对所得避免双重征税和防止偷漏税的协定》及议定书。中美税收协定及中德税收协定则分别于 1984 年 4 月与 1985 年 6 月缔结②。

资料 2-3　中日税收协定③

谈签避免双重征税协定工作的专业性较强，要求既要熟悉国际税收，又要擅长研究法律条约，中日税收协定的谈签是我国历史上的第一次，没有先例可循，

① 按行业惯例，A 国与 B 国缔结的税收协定可简称 AB 税收协定。

② 为适应各自国情及国内税法的变化，及时反映国际税收改革动态，我国与德国于 2014 年 3 月对旧版中德税收协定进行了修改，新版税收协定于 2016 年 4 月生效。

③ 中国国际税收研究会：《与改革开放同行：中国国际税收 40 年》，中国税务出版社 2018 年版。

只能边学习边谈判。当时我国主要从三个方面准备:一是及时将OECD范本与UN范本译成中文并刊印成册以供学习参考;二是总结分析日本同世界各国缔结税收协定情况,对日本当时已对外缔结的33个税收协定进行深入比较分析;三是对日方提交的协定工作文本进行深入研究。

1981年1月25日至29日,中日双方在北京举行了第一轮谈判。中方代表团由财政部税务总局副局长林荣生担任团长,日方代表团由大藏省大臣官房审议官梅泽节男和自治省大臣官房审议官保芳郎带队。我国外交部官员、新华社外事记者等列席了会议。

第一次会谈中,中日双方的主要分歧在于以哪个范本为依据。日方坚持以OECD范本为依据,中方则主张参照UN范本。因为UN范本一定程度上反映了发展中国家的诉求,考虑了所得来源国的利益。由于双方依据的范本不同,在某些条款的立场上不免发生分歧,但会谈气氛总体融洽。

此后的会谈不再拘泥于范本,而是结合中日经济交往和人员往来的实际情况,对协定范围、常设机构、营利事业所得、国际运输所得、投资所得、劳务报酬所得、不动产所得、资本利得、其他所得、避免双重征税的方法,以及其他项目等11个方面的问题展开深入讨论。其中分歧较大、讨论时间较长的是常设机构问题,包括常设机构的类型、范围、判定标准等。我方从来源国角度出发,希望在这一问题上争取更多征税权,日方则从居民国角度出发,希望降低在华投资日企在我国的税收负担,双方对该问题进行了充分的讨论。

经过5轮会谈,中日双方代表终于就所有条款达成一致。1983年9月6日,我国国务委员兼外交部部长吴学谦同日本外务省大臣安倍晋太郎分别代表本国政府在《中华人民共和国政府和日本国政府关于对所得避免双重征税和防止偷漏税的协定》及议定书上签字。协定文本共30条,对协定的适用对象、适用税种、各项所得的征税权划分、抵免情况、生效程序等作了规定。该协定在中国适用于个人所得税、中外合资经营企业所得税、外国企业所得税、地方所得税等;在日本适用于所得税、法人税、居民税等。1984年5月28日,中日双方在东京交换外交照会,确认已各自履行税收协定生效所必需的法律程序。中日税收协定于1984年6月26日生效,适用于1985年1月1日或以后开始的纳税年度中取得的所得。

中日税收协定是我国对外缔结的第一个双边税收协定,是我国国际税收立法与国际税收管理领域的一个里程碑,也为我国后续开展税收协定谈判积累了宝贵的经验。

(二)快速增长阶段

20世纪90年代初至21世纪初,我国对外缔结的税收协定数量呈井喷式增长,截至2000年,我国对外签署的税收协定数量已达68个。这一时期的缔结对象主要为发展中国家。中国与发展中国家缔结的第一份税收协定是中马（马来西亚）税收协定，该份协定缔结于1985年9月，时间上稍早于20世纪90年代，但却是我国对外缔结税收协定中进度最快、耗时最短的协定，引领了我国与发展中国家缔结税收协定的时代潮流。中马税收协定的历史背景是：❶ 中国与马来西亚都属于发展中国家，双方都主张借鉴UN范本，立场较近；❷ 中国与马来西亚谈判税收协定时已积累较多经验，提出的观点务实、中肯；❸ 当时中马经济往来规模较小，条款差异对双方的利益影响不大，谈判的空间和弹性较大；❹ 1985年马来西亚总理马哈蒂尔应邀首次访华，为了争取在访问期间签署协定，双方加快了缔结进程。

这一时期我国与大量发展中国家缔结税收协定的两个重要历史背景为：东欧剧变与南南合作。1990年前后，苏联解体，东欧剧变，我国政府本着不干涉别国内政和尊重他国选择的立场，同苏联解体后的国家及时建交。对于提出重新签署税收协定的国家，我国同意在平等互利、维护自身税收主权的基础上与这些国家重新缔结税收协定；在南南合作[1]的历史背景下，我国与非洲国家缔结的第一个协定为中毛（毛里求斯）税收协定。经两轮谈判后，中毛协定于1994年8月签署。由于毛里求斯较为独特的税制设计，其所得税税负很低，一些国家将毛里求斯视为国际避税地，在防范税基侵蚀与利润转移的国际税收改革趋势下，对其税收环境的评价不高。为堵塞中毛协定中的避税漏洞，我国与毛里求斯于2006年9月签署议定书对原有协定进行了修订和完善。

（三）成熟优化阶段

我国缔结的避免双重征税协定一览表

21世纪以来，我国对外开放水平得到进一步提升。为更好地服务于我国对外开放战略，降低“走出去”企业在东道国承担的税负，一方面，我国积极向还未缔结税收协定的投资目的地国家表达缔结意向，填补税收协定“空白”，拓展我国税收协定网络；另一方面，为适应国际国内形势变化，更进一步推动跨国投资贸易，经与缔约对方国家协商，我国对早期缔结的一些税收协定进行了必要的修订与完善。截至2024年年底，我国已对外缔结111个税收协定。

内地与香港、澳门间的税收安排于21世纪初缔结。由于历史原因，我国香港、澳门、台湾都实行不同于内地（大陆）的税收制度，客观上，内地（大陆）与港澳台居民间的经济交往也存在着解决重复征税和防止偷漏税的机制设计需求。为此，2003年12月和2006年8月，内地与澳门、香港分别缔结了相应的税收安排。大陆与台湾则于2015年8月缔结了相应的税收协议，但还未生效。上述机制安排为内地（大陆）与港澳台地区的税收合作开辟了广阔的空间，提升了内地（大陆）的税收竞争力。这一时期我国与柬埔寨、智利等国缔结税收协定的时间相对较晚。柬埔寨是“一带一路”沿线的重要国家，且与我国的双边贸易和投资保持了强劲的增长势头。2015年与柬埔寨就税收协定进行预备会谈之前，柬方尚未与任何国家缔结税收协定。在坚持互

---

① 从地理位置看，发展中国家大多数位于北半球与南半球的南部，因此发展中国家间的经济技术合作被称为南南合作。南南合作是促进发展的世界多边合作的重要组成部分。

利互惠的基础上经多轮谈判后，双方于 2016 年 10 月签署了双边税收协定。中智（智利）税收协定于 2015 年 5 月签署，该协定是我国对外缔结的第 100 份税收协定，也是第一个达到 BEPS 最低标准的税收协定，在我国对外缔结税收协定历史上具有特殊意义。

进入 21 世纪后，为应对剧烈变化的世界经济格局，反映最新的国际税收改革成果，充分体现各自的税收利益诉求，我国与许多国家全面或部分地修订了税收协定。对税收协定进行全面修订的主要有：中新（新加坡）税收协定、中比（比利时）税收协定、中芬（芬兰）税收协定、中英（英国）税收协定、中俄（俄罗斯）税收协定、中法（法国）税收协定、中丹（丹麦）税收协定、中德（德国）税收协定、中新（新西兰）税收协定、中荷（荷兰）税收协定、中意（意大利）税收协定、中西（西班牙）税收协定、中罗（罗马尼亚）税收协定等。部分修订的协定主要包括：中爱（爱沙尼亚）税收协定、中巴（巴基斯坦）税收协定、中印（印度尼西亚）税收协定、中马（马来西亚）税收协定、中印（印度）税收协定等。总结起来，我国对已有税收协定修订的意义体现在以下几点。

1. 突出了税收协定的反避税功能

借鉴 2017 年版 OECD 范本的规定，我国与罗马尼亚、西班牙、新西兰，以及意大利修订后的税收协定序言中增加了“防止逃避税行为造成的不征税或少征税（包括通过择协避税安排，为第三国居民获取本协定下的税收优惠）”的表述，与新加坡、德国、法国等国新修订的协定中新增了主要目的测试规则（PPT 规则），与俄罗斯的税收协定中则加入了利益限制条款（即 LOB 条款）。

2. 税收管辖权立场向居民管辖权发生倾斜

2014 年始我国已成为资本净输出国①，以往侧重地域管辖权的税收协定缔结思维已明显不合时宜。考虑到大量“走出去”的企业从事建安工程业务，我国和比利时、英国、丹麦、法国、荷兰、德国等国修订的税收协定将建筑工程构成常设机构的时间标准延长为 12 个月，事实上强化了居民管辖权。中国与新加坡、比利时、芬兰、法国、瑞士、德国、荷兰、俄罗斯、西班牙等国的税收协定中加入了 5% 的股息优惠税率的规定，即满足一定条件下非居民国应按照 5% 的优惠税率对非居民从本国取得的股息征税。此外，中国与瑞士、罗马尼亚、西班牙、新西兰修订后的税收协定甚至规定：居民国的政府、行政当局、政府全资金融机构及中央银行从对方国家取得股息时，该笔股息应在来源国免税。除股息外，利息、特许权使用费及财产收益条款亦有类似规定。上述规定大幅降低了来源国对消极所得的征税税率，事实上又弱化了地域管辖权。

3. 更加注重税收征管方面的国际合作与协助

如中国和德国新修订的税收协定一方面扩大了双方征管机关信息交换的范围，规定双方税收主管当局应当交换各种涉税信息，而不限定于与税收协定相关信息。再如中国与法国新修订的税收协定新增了第 28 条税收征收协助。该条规定“缔约国双方应努力相互协助征收税款。缔约国双方主管当局应通过相互协商确定本条规定的实施方式”。

---

① 2014 年我国对外投资规模为 1 400 亿美元左右，高出中国利用外资 200 亿美元。

二、我国对国际税收协定的解释与执行

我国对税收协定的解释始于中日税收协定和中英税收协定。1985 年 1 月 1 日起，我国最早缔结的中日税收协定和中英税收协定开始执行。为提升税收协定落地执行中的可操作性，财政部、税务总局 1985 年发布了《关于贯彻执行中日、中英税收协定若干问题的处理意见》，首次对协定执行涉及的居民识别、常设机构确认、消极所得限制税率等重点条款和问题进行了解释。1986 年发布的《财政部、税务总局关于执行税收协定若干条文解释的通知》〔（86）财税协字第 015 号〕首次对税收协定部分条款进行了通用解释。总体看，早期对税收协定的解释缺乏通用性指导，往往针对的是个别协定条文或某些具体问题的解释，覆盖面窄，远未形成完整的解释体系。为满足具体协定执行中的"即时解释需求"，税务总局甚至多次以个案批复的形式解决各地税收协定执行中遇到的问题，其中涉及个人所得税、常设机构等方面的批复较多。"打补丁式"的税收协定解释已无法满足我国深入推进对外开放战略、深化国际经济交往的时代需求。

2008 年，"两税合并"①，《中华人民共和国企业所得税法》开始施行。从实践看，企业所得税改革之后，纳税人要求适用税收协定待遇的情形相比之前大幅增加。新的企业所得税法颁布后我国第一个全面修订的税收协定为中新（新加坡）税收协定，该协定的执行日期与新企业所得税法的实施日期都为 2008 年 1 月 1 日。为了对税收协定执行工作进行系统规范和全面指导，借企业所得税改革"东风"，国家税务总局以新修订的中新税收协定为载体，对该协定进行了逐条、全面、系统的解释，并发布了《国家税务总局关于印发〈《中华人民共和国政府和新加坡共和国政府关于对所得避免双重征税和防止偷漏税的协定》及议定书条文解释〉的通知》（国税发〔2010〕75 号，简称 75 号文）。这份近 3 万字的税收协定解释文件信息量极大，其基于《维也纳条约法公约》关于条约解释的规则和方法，并借鉴美国税收协定技术性解释经验，对正确理解和解释我国对外缔结的税收协定做出了权威、详尽、通俗和统一的释义，填补了我国系统解释税收协定的空白。

《〈中华人民共和国政府和新加坡共和国政府关于对所得避免双重征税和防止偷漏税的协定〉及议定书条文解释》

75 号文的制定不仅总结了我国多年税收协定执行中的实践经验，亦大量参考了 OECD 范本与 UN 范本的注释，很大程度上反映了近年来国际税收改革成果，尤其在反避税成果方面借鉴较多。75 号文中特别提醒："我国对外所签协定有关条款规定与中新协定条款规定内容一致的，中新协定条文解释规定同样适用于其他协定相同条款的解释及执行"，因此可以认为，75 号文对我国缔结的税收协定的解释和适用具有普遍的指导意义。

① 2008 年《中华人民共和国企业所得税法》颁布实施之前，我国外资企业、内资企业分别适用《中华人民共和国外商投资企业和外国企业所得税法》及《中华人民共和国企业所得税暂行条例》两套税制。2008 年之后，不论企业所有制身份，统一适用新颁布实施的《中华人民共和国企业所得税法》，业界称这次税改为"两税合并"。

三、我国对非居民享受协定待遇的程序管理

绝大多数情形下，相对于国内法，跨国纳税人适用税收协定待遇时所承担的税负更轻。实践中，税务机关如何对纳税人适用税收协定待遇进行管理是一个重要课题。从微观层面看，它关系到纳税人能否切实享受到税收协定优惠，从而实现税收协定的固有功能；从宏观层面看，它构成了一国营商环境的重要内容，关乎国际社会对一国营商环境的客观评价。我国税务机关负责对非居民从我国境内取得所得享受协定待遇的程序管理，而我国“走出去”企业从境外取得所得享受税收协定待遇的程序管理则由缔约对方国家的税务机关负责。

（86）财税协字第 015 号文件既是我国首个对税收协定条款进行通用性解释的文件，亦是第一次对非居民享受税收协定待遇做出的程序性安排。该文件规定，非居民从我国境内取得股息、利息、特许权使用费所得时，应申请并经我国主管税务机关审核同意后才可享受税收协定待遇。早期我国对非居民享受税收协定待遇的程序性管理没有通过单独下发文件的方式实现，而是夹杂在一些实体性解释文件中，导致纳税人适用税收协定待遇的程序性管理缺乏系统性和规范性。《非居民享受税收协定待遇管理办法（试行）》（国税发〔2009〕124 号，以下简称 124 号文）是我国第一份全面规范非居民享受税收协定待遇的程序性文件，但该文件与早期的程序性管理体现的都是“审批制”管理思维。

2015 年，为贯彻落实新时期国家“放管服”改革要求，国家税务总局在广泛听取各方面意见，多次实地调研的基础上，发布了《非居民纳税人享受税收协定待遇管理办法》（国家税务总局公告 2015 年第 60 号，以下简称 60 号公告），对 124 号文进行了全面修订，取消了非居民纳税人享受税收协定优惠待遇的行政审批。该公告的最大亮点是改“审批制”为“备案制”，即非居民纳税人享受协定待遇需向主管税务机关提交相关资料进行备案，以证明其符合享受税收协定待遇的条件。60 号公告简化了非居民享受税收协定待遇的办税流程，减轻了其办税负担，有力地促进了我国营商环境的改善。

60 号公告规定的“备案制”相对以前的“审批制”为纳税人享受税收协定待遇提供了更大的便利，可以说，在对非居民享受税收协定待遇的程序管理上实现了历史性的改进。但在备案制下，非居民纳税人在纳税申报环节仍需要向主管税务机关提交相关资料以证明其享受税收协定待遇的资格，一些纳税人反映遵从成本仍然较高。从国际局势看，我国面临的国际竞争格局进一步复杂化，国家之间的经济、贸易、人才竞争激烈。在此背景下，只有更加深入推进高水平对外开放，才能更有效地应对外部挑战和国际竞争。

为进一步深化“放管服”改革，优化税收营商环境，提高非居民纳税人享受税收协定待遇的便捷性，《非居民纳税人享受协定待遇管理办法》（国家税务总局公告 2019 年第 35 号，简称 35 号公告），修订了 60 号公告，将非居民纳税人享受税收协定待遇由“备案制”改为“备查制”。在备查制下，非居民纳税人享受税收协定优惠待遇，既不需要备案，更不需要审批，而是“自行判断、申报享受、相关资料留存备查”。非居民

纳税人自行判断符合享受税收协定待遇条件的，可在纳税申报或通过扣缴义务人扣缴申报时，自行享受税收协定待遇，同时按照规定归集和留存相关资料备查，并接受税务机关的后续管理。备查制的规定极大地降低了非居民纳税人享受税收协定的遵从成本。

《非居民纳税人享受协定待遇管理办法》

此外，35号公告的另一大亮点，是进一步精准界定了享受税收协定待遇的非居民纳税人范围。60号公告的旧规定将享受税收协定待遇的非居民纳税人界定为“按国内税收法律规定或税收协定不属于中国税收居民的纳税人”。这一界定的精准度有所欠缺。实践中，纳税人具有我国及对方国家双重居民身份属性时，若依据税收协定中的加比规则而被认定为对方国家税收居民的纳税人，也有资格享受税收协定待遇，因此旧规定对有资格享受税收协定待遇的非居民范围的界定是不严谨的。

在新规定中，享受税收协定待遇的主体为按照税收协定居民条款规定为缔约对方税收居民的纳税人，包括两类：一类是仅为缔约对方税收居民的纳税人；另外一类是具有我国与对方双重居民身份属性，但按照税收协定居民条款中的加比规则应为缔约对方税收居民的纳税人。新规定精准界定了享受税收协定待遇的非居民纳税人范围，减少了税收协定待遇适用中的税企争议。

习　题

一、单选题（请用手机扫描下方二维码作答）

二、改错题（就题中画线部分进行改正）

1. OECD范本和美国范本都侧重维护<u>来源国</u>税收权益。　（　　）
2. 我国与绝大多数国家缔结的税收协定所涉及的税种为<u>财产税</u>。　（　　）
3. 我国目前对非居民享受税收协定待遇实行的是<u>审批制</u>管理方式。　（　　）

三、简答题

1. 国际税收协定有哪些类型？我国缔结的第一个双边税收协定是何时与哪国缔结的？
2. 近年来，我国与一些国家重新修订了双边税收协定。请举一实例分析我国与该国修订税收协定的背景及修订内容。
3. 试从资本输出国与资本输入国角度分析OECD范本与UN范本的区别。
4. 查找相关资料分析OECD范本和UN范本最新版的修订主要包括哪些内容。

四、案例分析题

2024 年 5 月 25 日，我国内地居民企业 C 公司决定向其位于我国香港的母公司 H 公司分配 2.5 亿元的股息。H 公司的境外股东为美国 A 集团公司。H 公司自行判定其可以享受《内地和香港特别行政区关于对所得避免双重征税和防止偷漏税的安排》（简称《安排》）待遇，并归集和留存了相关备查资料。C 公司按照《安排》规定的税率 5% 扣缴了该笔交易涉及的企业所得税，并通过电子税务局办理了对外支付税务备案。

纳税人具有受益所有人身份是其享受《安排》待遇的必要条件之一。为此，主管税务机关按照《国家税务总局关于税收协定中"受益所有人"有关问题的公告》的相关规定，对 H 公司进行了受益所有人判定。在分析 H 公司的公司章程、审计报告、资金流向记录、财务报表、股权结构图和人员组织架构图等资料后发现，H 公司在进行投资控股管理活动前，没有开展行业研究和市场分析，也没有履行实际投资职能、承担相应风险，不构成实质性经营活动，不具备受益所有人身份。基于此，主管税务机关认定：H 公司不满足享受《安排》待遇的条件，需要按照 10% 的税率补缴企业所得税。

问题：

1. 对于我国内地居民企业向境外股东企业的利润分配行为，我国税法与《安排》的税务处理有何差异？

2. 按照我国目前的税法规定，H 公司如何享受《安排》中的优惠待遇？

3. 若纳税人不满足条件，却自行决定按照《安排》中所规定的优惠待遇缴税可能会面临哪些税务风险？

第三章　居民身份确定规则

学习目标

1. 了解国际上自然人及法人居民身份确定的基本规则。
2. 理解税收协定中加比规则的内涵及其应用。
3. 熟悉我国对外缔结的税收协定中对加比规则的具体应用。
4. 掌握国际上对自然人和法人居民身份确定的国际惯例，学会以世界的眼光看中国。

引例　内地税务机关是否应向取得香港居民身份证明的 S 先生退税？①

2013 年，S 先生与中国内地 C 公司签订无固定期限的劳动合同，担任运营总监，合同约定其主要工作地点为内地某市。自 2014 年起，S 先生兼任 C 公司位于中国香港的子公司 D 的常务理事，并同时在香港履职。S 先生在内地某市拥有 3 套自住房产，其在被派往香港任职之前，以及任职期间回某市时均居住在其中一套。同时，为了工作方便，S 先生在香港租住了一处房屋，其在香港工作期间在该房屋居住。S 先生于 2014 年取得香港居民身份证（非香港永久性居民），亦取得了香港税务机关为其开具的 2014 年度和 2015 年度税收居民身份证明。

S 先生在与 C 公司签订的劳动合同中明确约定了主要工作地点为内地某市，其在香港子公司履职的行为是在履行该合同规定的义务。S 先生主要收入均来源于与 C 公司的劳动合同，由 C 公司向其支付工资，C 公司还为 S 先生在内地缴纳社会保险和住房公积金，D 公司没有为 S 先生在香港缴纳保险。税务机关调查发现，S 先生长期在内地工作，2014 年度在内地停留时间为 220 天，2015 年在内地停留时间为 160 天，其长期生活、工作在内地。第三方信息显示 S 先生多数亲属均居住在内地，在内地具有稳定的社会关系，其家庭财产主要集中在内地，包括存款、股票、现金、车辆和 3 套房产等。S 先生在香港有一处租住的房屋

① 改编自国家税务总局国际税务司：《利用‘加比规则’准确判定个人税收居民身份》，《税收协定执行案例集》，中国税务出版社 2019 年版。

和一辆汽车。S先生的妻女取得了非永久香港居民身份，其妻子为家庭主妇，女儿在香港某中学读书。

S先生2014年及2015年按照我国内地税法规定缴纳了相应的个人所得税。基于S先生已取得香港居民身份证及香港税务机关为其开具的上述两个年度税收居民身份证明的事实，其认为从中国内地取得的收入应享受《内地和香港特别行政区关于对所得避免双重征税和防止偷漏税的安排》(简称《安排》)所规定的优惠待遇，从而已经缴纳的部分税款应予退税。

税务机关经调查、收集、分析相关涉案信息及证据后认为，S先生构成了内地与香港的双重居民身份，需按照《安排》中规定的加比规则判定其最终的居民身份。

首先，依据住所标准判定S先生的居民身份所属地。由于S先生长期生活居住在内地，且在香港工作期间的居住行为亦不属于临时停留，因此其在内地和香港都拥有住所。其次，按照重要利益中心标准判定S先生居民身份所属地。“重要利益中心”应参考个人家庭和社会关系、职业、政治、文化及其他活动、营业地点、管理财产所在地等因素综合评判。其中特别注重的是个人的行为，即个人一直居住、工作并且拥有家庭和财产的国家(地区)通常为其重要利益中心之所在。S先生受雇于D公司在香港工作事实上是在履行其与内地C公司签订的劳动合同，其多数亲属居住在内地，且其家庭财产主要位于内地，很明显，S先生与内地的社会经济联系更为紧密，因此应认为其重要利益中心位于中国内地。最后，依据《安排》中的加比规则，应将S先生判定为中国内地的税收居民，从而其从内地取得的受雇所得无法享受《安排》中所规定的优惠待遇。综上所述，S先生2014年及2015年依据内地税法规定缴纳的个人所得税无须退税。

思考题：

1. 各国认定税收居民身份时主要采用了哪些标准？我国目前税法对税收居民身份是如何界定的？

2. 税收协定范本中所规定的加比规则具体内容是什么？

3. 实践中应用加比规则应重点关注哪些问题？

第一节　自然人居民身份确定规则

一、居民的概念

居民即税收居民，是指需要就其一定时期内取得的境内、境外全部所得向一国政府履行纳税义务的人，包括自然人、法人及其他组织。一个人被某国税法界定为本国居民纳税人时，该国就可以行使居民管辖权对该人征税。相对应的是，一个人被某国税法界定为本国非居民纳税人时，该国只能就该人取得的来源于本国的所得行使地域管辖权征税。无论从一国国内法还是双边税收协定的角度看，居民这一概念都显得极为重要。从国内法角度看，若一个人被一国的所得税法认定为本国税收居民，就需要向该国履行全面纳税义务（full tax liability），即就其全球所得向该国政府缴税；从税收协定角度看，只有一个人具有缔约国一方的税收居民身份，才有可能享受其居民身份所属国与其他国家缔结的双边税收协定。

二、自然人居民的界定标准

通观世界各国税法，对自然人居民身份的界定存在多个标准，在确定自然人居民身份时只采用单一标准的国家较少，大部分国家都以多个标准的组合方式确定本国自然人的居民身份。在这些标准中，有的标准强调实践运用中的主观判断，而有的标准则侧重对事实的考察。

（一）住所标准

住所（domicile），是指体现一个自然人长期居住意愿或永久居住意愿的居住地。住所标准的实施既依赖客观因素的考察，亦包含较强的主观性判定。住所概念强调的是体现一个自然人永久居住意愿的住处的法律意义，而非局限于物理意义上的房产。自有的房产和租赁的房产都有可能构成税法意义上的住所，只要上述房产反映了一个自然人的永久居住意愿。如一个人到境外出差、旅游、留学等短期停留意愿消除后还需回到的居住地仍为其税法意义上的住所。很多国家在确认本国自然人居民身份时都采用了住所标准，但各国对住所标准的内涵界定却有明显差异。如英国税法意义上的住所包含 3 种情形：一是源住所（domicile of origin），即一个人出生时父母住所在英国，该自然人的住所就在英国；二是选择住所（domicile of choice），即年满 16 周岁后离开其他住所而选择居住在英国，其选择住所就在英国；三是依赖住所（domicile of dependence），即成年之前监护人选择居住在英国，该未成年自然人的住所就在英国。在日本税法中，住所是指生活的基本场所。居所则指在相当一段时间内连续居住的场所，但尚未达到基本生活场所的程度。新西兰税法也将在新西兰有永久住所的自然人界定为税收居民，永久住所不仅指居住的建筑物，也包括与新西兰存在社交、物质、经济、财务上的持续联系（判断标准见表 3-1）。类似于住所标准，美国税法将持有美国“绿卡”（green card）的自然人视为美国的税收居民。依据美国的法律，绿卡持有者即具有美国合法永久居民身份，享有在美国永久居住或工作的权利。美国“绿卡”持有者税法意义上的住所在美国，并据此成为美国的税收居民。

表 3-1　是否与新西兰有持续联系的判断要素

要素	内容
在新西兰居住	是连续居住还是间断的
居住情况	自有、租赁或有权使用新西兰资产

续表

要素	内容
社会联系	您有直系亲属在新西兰，您的孩子在新西兰受教育、您为新西兰某一俱乐部、协会或组织的会员
经济联系	您在新西兰有银行账户、信用卡、投资、人寿保险或养老金
雇佣或经营	您在新西兰经营企业、受雇、有受雇收入或有任何雇佣合同
个人财产	有交通工具、衣服、家具或其他财产永久保存在新西兰
目的	您是否计划在新西兰定居还是一定时间后离开
福利、养老金和其他收入	您是否从新西兰领取任何福利、养老金或其他收入

（二）居所标准

居所（residence），是指一个自然人在一个国家居住了较长时间的居处，但并不打算在该居处永久居住。与住所标准不同，居所标准更强调自然人在一国居住的事实。虽然一些国家采用了居所标准用以判断某自然人是否属于本国的居民纳税人，但各国对居所的内涵界定仍存在很大差异。如德国税法规定，一个人的住所或习惯性居所在德国，则该个人被视为德国税收居民。如果一个人在德国连续居住超过6个月，则被认为存在习惯性居所。停留期间短暂的中断不得从居住期间扣除。如果居住意愿不是临时性的停留，则即使停留时间少于6个月也有可能构成习惯性居所。如果纳税人在德国驻留仅是为了旅游、疗养、治疗或者类似的私人目的，即在德国的停留意愿为短期，则只有当停留时间超过1年才会被认为存在习惯性居所。可以看出，德国税法对居所的内涵界定在结合自然人停留意愿的基础上通过施加时间限制强调了居住的事实。日本税法也将在本国有居所且居住时间超过1年的人界定为税收居民。加拿大税法对居所的判定较为复杂，主要通过10个方面的客观因素考察自然人是否与加拿大保持或建立起了足够的居住联系（见表3-2），该判定对离境及入境的自然人都可适用。

表3-2　是否与加拿大保持或建立了足够的居住联系的判定要素

序号	判定要素
（1）	个人在加拿大的财产（如：家具、服装、汽车和休闲车）
（2）	与加拿大的社会关系（如：在加拿大娱乐或宗教组织的会员资格）
（3）	与加拿大的经济联系（如：受雇于加拿大的雇主并积极参与加拿大的业务经营、拥有加拿大的银行账户、退休储蓄计划、信用卡和证券账户）
（4）	移民状况或在加拿大获得工作许可

续表

序号	判定要素
（5）	在加拿大某省或地区住院治疗或医疗保险覆盖范围内
（6）	取得加拿大某省或地区的驾驶执照
（7）	在加拿大某个省或地区登记机动车辆
（8）	在加拿大拥有季节性的住所或租住的住所
（9）	持有加拿大护照
（10）	为加拿大工会或专业组织成员

（三）时间标准

时间标准即以自然人在一国停留或居住时间的长短为依据来判定该人是否属于该国的税收居民。时间标准的理论依据是体现税收公平的受益论观点。某自然人即使不具有一国的公民身份，但若在该国停留时间超过规定的期限，则意味着其享受该国政府提供的公共服务的程度已足以建立起相应的居住联系，从而需要向该国政府履行个人所得税纳税义务。虽然很多国家都以 183 天为界确认自然人居民身份，但有个别国家确认居民身份的时间标准并不是 183 天，如印度为 182 天。此外，各国对 183 天标准所施加的期限约束也有明显差异：有的国家以一个公历年度为期限考察自然人在本国的停留时间，如加拿大、中国；还有些国家以本国所规定的纳税年度为期限考察停留时间，如澳大利亚、印度（纳税期限为 4 月 1 日至次年 3 月 31 日）；以连续 12 个月为期限考察停留时间的规定也较为普遍，如俄罗斯、印度尼西亚。

在应用停留时间标准时，一些国家除一定期限内停留超过 183（182）天即可成为税收居民的基本规定外，还另外采用了追溯规则，即不仅考察其当年在该国的停留时间，还要向上追溯以前年度的停留状况。在追溯规则下，某自然人当年即使在该国停留的时间远低于 183 天的界限，但追溯考察其以前年度在该国的停留状况并汇总计算停留时间，则很可能会满足停留时间标准而成为税收居民。很明显，在采用追溯规则的情景下，跨国自然人通过调整在一国的年度停留时间而避免成为一国居民的难度就增加了。美国、南非、印度等国的停留时间标准均采用了追溯规则（见表 3-3）。需要说明的是，美国税法对追溯规则设计了除外情形：若某个非美国公民按照追溯规则符合停留时间标准，但此人当年在美国居留的时间少于 183 天，同时在某一外国有纳税居所，且此人与该外国的联系比其与美国的联系更为密切，那么，该外国人也不会被认定为美国税收居民。此处的“纳税居所”指纳税人开展营业、提供劳务、履行职责的经常或主要地点，而非家庭所在地。若由于工作性质没有这样一个经常或主要地点，则以经常居住地为纳税居所。至于是否与外国存在更密切联系，主要依据以下因素综合确定：永久性住所；家庭；个人财产（如个人及家庭所拥有的汽车、家具、衣物、珠宝）；所加入的社会、政治、文化或宗教组织；业务活动；所持驾驶执照的签发；参加投票等。

表 3-3 美国、南非和印度三国停留时间标准中的追溯规则

国家	追溯规则内容
美国	当年在美国居留至少 31 天，且在本年及上溯两年的时间里在美国累计居留达 183 天，将被认定为居民外国人。上述 3 年时间里在美国累计停留天数的计算方法为：当年居留天数乘 1，加上年居留天数乘 1/3，加前年居留天数乘 1/6 之和
南非	纳税年度当年在南非累计居住满 91 天，在前 5 年中每年均超过 91 天，且前 5 年中累计居住满 915 天
印度	在一个纳税年度内在印度停留 60 天及以上，且在之前的四个纳税年度停留时间合计达到 365 天或以上的个人

（四）国籍标准

国籍标准，是指依据一国的国籍法或移民法的规定，某一自然人拥有该国的国籍，就自动成为该国的税收居民。由于国籍标准并不强调自然人与一国实际的经济社会联系，因此国籍标准在很多情形下会违背税收公平原则。如某自然人拥有一国的国籍，但该自然人可能长期不在该国居住，其享受该国政府提供的公共服务较少，若该国将其界定为税收居民而要求履行无限纳税义务，则明显违背税收公平原则。实践中，采用国籍标准界定自然人税收居民身份的国家极少，美国是采用国籍标准的典型国家。美国税法规定，美国公民不论居住在境内还是境外，也不论其居住时间的长短，都为美国的税收居民，需就其境内外全部所得向美国政府履行纳税义务。

有些国家税法将税收居民进一步分为永久居民与非永久居民，以体现两者税收待遇的差异。一般来讲，非永久居民境外所得中的境外支付部分往往可以享受免税待遇，而永久居民的全球所得都需向居民国履行纳税义务。如日本税法规定，在日本境内拥有住所或居所但没有日本国籍，过去 10 年内在日本居住的时间少于 5 年的自然人税收居民为非永久居民，其源于国外的收入，只要不是在日本国内支付，或不是汇款至日本的部分，就不必在日本纳税，但若国外支付的工资是基于日本国内的工作，则该工资也属于源自国内的所得，也要与日本支付的工资合并后计算缴纳个人所得税。我国税法也有类似的规定。

资料 3-1　美国自然人税收居民认定规则介绍①

美国国内法对自然人税收居民身份认定采用的标准类型与世界其他国家大同小异，但标准具体内容的规定却有其独到之处。

国籍标准：根据美国《国内收入法典》（Internal Revenue Code）的规定，所有美国公民都为美国税收居民。

① 改编自《税收居民身份认定规则——美国》，公众号“跨境圈海外资产规划”，2023 年 12 月 12 日。

绿卡标准：根据美国移民法的规定，若某外籍个人在一个公历年度中的任何时点为美国的合法永久居民（lawful permanent resident，LPR），则其就满足了绿卡标准。LPR 是指由美国公民及移民服务局（USCIS）特许以移民身份永久居住在美国的个人。通常情况下，当某外籍人员拿到 USCIS 发放的外国人注册卡（即绿卡）时，就意味着该人员取得了在美国的永久居住权。拿到美国绿卡的外籍人员的永久性住所所在地就变为了美国。从此意义上讲，绿卡标准的内涵非常接近于住所标准。

时间标准：依据时间标准判定某外籍个人某年为美国税收居民应同时满足以下条件：❶ 该公历年度在美停留时间不少于 31 天；❷ 根据以下公式计算的该公历年度和过去两个公历年度汇总（即三年累计）的在美停留时间不少于 183 天：当年在美停留的全部天数 + 上一年在美居住的天数 × 1/3+ 上上一年在美居住的天数 × 1/6

需要指出的是，在按照上述标准认定美国税收居民身份并据此确定某外籍自然人的纳税义务时，在以下两种情形下纳税人具有相应的选择权：

第一年选择（First-year Choice Election）：若某外籍个人在前一公历年度被视为非美国居民，但在随后一年满足时间标准而成为美国税收居民，则其可自主选择在前一年度的一段时间内成为美国税收居民。选择成为美国税收居民意味着来自美国境外的所得可享受美国与所在国缔结的税收协定优惠待遇。

“双重税收居民身份”情形下的非居民选择：某外籍个人有可能成为税收协定意义上美国与其他国家的双重居民。在此情形下，依据美国与相关国家所缔结税收协定中的加比规则而成为缔约对方税收居民时，该纳税人可选择作为非居民身份计算在美国的应纳税额，也就是说，只需向美国政府履行有限的纳税义务。需要说明的是，做出这种选择的前提是必须事先通知美国税务当局，否则，美国税务当局仍将该纳税人视为税收居民进行税务处理。“双重税收居民身份”情形下税收协定优惠待遇并不是自动适用的。

三、自然人居民身份确认中的冲突解决

由于各国对自然人居民身份的确认采用了不同的标准组合，由此导致跨境从事经营及投资活动的纳税人很可能被多个国家同时认定为本国居民，使得该纳税人具备了双重或多重居民身份属性。在相关国家都对跨国纳税人行使居民管辖权征税时，必然会产生相应的国际重复征税。基于此，具有双重居民身份属性的纳税人需要通过国家间商定规则以解决居民身份认定中的冲突，并最终确定纳税人的单一居民身份所属国。OECD 范本与 UN 范本都通过制定**加比规则（tie-breaker rule）解决这一冲突，即在双边税收协定中达成居民身份认定标准的优先适用顺序的共识，依次考察纳税人与缔约各国的经济社会实际联系，并最终确定纳税人的居民身份所在国。**

2017年版OECD范本第4条第2款规定，同时为缔约国双方居民的个人，其居民身份的确定应按以下规则进行：

（1）应认为仅是其永久性住所所在缔约国的居民；如果在缔约国双方同时有永久性住所，应认为仅是与其个人经济关系更密切（重要利益中心所在）的缔约的国居民；

（2）如果其重要利益中心所在国无法确定，或者在缔约国任何一方都没有永久性住所，应认为仅是其习惯性居所所在缔约国的居民；

（3）如果其在缔约国双方都有或者都没有习惯性居所，应认为仅是其国籍所属缔约国的居民；

（4）如果其同时是缔约国双方的国民或不是缔约国任何一方的国民，缔约国双方主管当局应通过相互协商解决其居民身份归属问题。

上述规定正是OECD范本中的加比规则（图3-1）。当某一自然人同时被缔约双方认定为本国税收居民时，应依据其永久性住所所在地确定其单一的居民身份所在国。OECD范本注释将永久性住所诠释为“家”，即自然人居民国应是个人所拥有或占有“家”的地方，并且这个“家”具有永久性。个人必须为了永久性居住和使用而安排或保留这个“家”，与为了短期目的而在特定地点所作的停留存在明显不同。OECD范本进一步解释，家的概念应包含各种形式，如个人自有或租用的房屋或公寓、租用的带家居的房间，但家的永久性是其本质要素，即个人已安排长期随时可为己所用，而不是为了某些原因（旅游、商务旅行、求学、到学校进修课程等）短期逗留而临时居住。例如，将房屋租出并已实际交付给非关联方，致使该个人不再拥有房屋和在其中居住的可能性时，租期内该个人拥有的这套房屋不能被视为可为该人所用，自然不构成其住所。

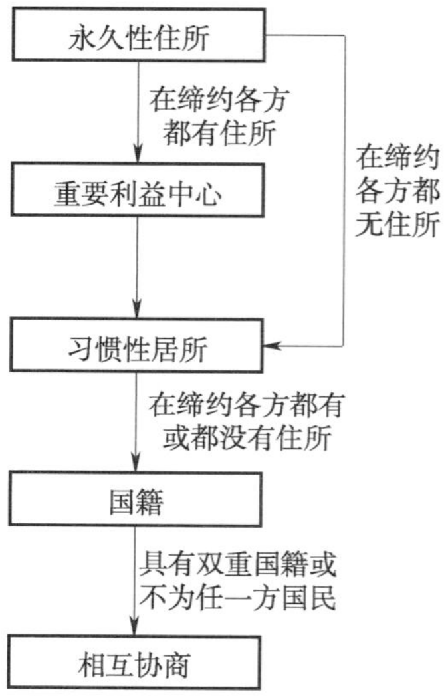

图3-1　自然人加比规则

当某自然人在缔约双方都拥有永久性住所时，应将该人视为与其人身和经济联系更为密切国家的税收居民，即依照其重要利益中心所在地判定其居民身份所属国。在考察重要利益中心所在地时，应综合考量个人的家庭和社会关系、职业、政治、文化及其他活动、从事营业的地点、管理财产所在地等因素，并注意该个人的行为。如该个人在一国已有住所，并在保有该住所的同时在另一国又建造或购置住所，其一直在第一个住所居住、工作并拥有家庭和财产，则可以表明该个人的重要利益中心位于第一个国家。

当存在以下两种情况时，应依照自然人的习惯性居所所在地确定其居民身份所属国：一是某自然人在缔约双方都拥有永久性住所且重要利益中心无法确定；二是该个人在缔约国双方都没有永久性住所，如该个人不断地变更居住的旅馆。习惯性居所标准即要明确某个人在特定时期内习惯性地在两个缔约国中的一国而非另一国居住。该标准的主要内涵是考察个人日常生活部分的居住频率、持续时间和居住规律，不仅仅是临时性的停留。需要注意，习惯性居所的判定不能简单以特定时期内该个人在两个缔约国中某一国居住的时间长短来确定。事实上，OECD 范本注释也没有具体说明认定一个人在一国拥有习惯性居所必须持续的时间长度。例如，在一个特定的 5 年期限内，某一自然人在 A 国和 B 国都有住所，且重要利益中心无法确定在哪一国，该个人在其习惯性居住的 A 国工作，但定期（3 个星期）返回 B 国度假。在这种情况下，可以认为反映其居住频率、持续时间和居住规律的习惯性居所位于 A 国。但是，若假设在同一 5 年期限内，该个人在其习惯性居所的 A 国短时间工作，其余时间都在 B 国。在这种情况下，虽然该个人在 B 国的时间相对更长，但会被认定为在 A 国和 B 国都有习惯性居所。

当某自然人在缔约国双方都有或都没有习惯性居所时，应认为该个人为其国籍所属缔约国的居民。若某自然人同时为缔约国双方国民（如具有双重国籍）或不是任何一方国民，则由缔约双方主管当局按照双边税收协定第 25 条规定的相互协商程序解决自然人双重居民身份属性的问题。在税务实践中，由于各国对永久性住所、重要利益中心、习惯性居所的认定标准差异较大，对双边税收协定中加比规则的执行存在较大的主观成分，各国都从有利于维护自身税收权益的角度解释加比规则中的各项标准，通过加比规则解决自然人双重居民身份属性问题时产生税收争议实属正常。

案例 3-1　钻石大亨属于英国税收居民吗？[①]

乔纳森·奥本海默是南非钻石大亨，为欧内斯特·奥本海默爵士的曾孙。奥本海默家族是非洲十大富豪家族之一。奥本海默先生是南非公民，出生于约翰内斯堡，但他在英格兰的学校和大学度过了大部分青年时期。18 岁时，他的父母为他购买了一套位于伦敦的公寓，作为信托持有，以便他在大学期间使用。之后，他在南非服役几年，然后在 1993 年前往伦敦的罗斯柴尔德银行工作。他于 1994 年在英格兰与他的美国籍妻子结婚，然后在伦敦的戴比尔斯公司工作了一年。之后，他们搬到津巴布韦生活了几年，随后又回到南非。奥本海默先生一直在南非有住所，他的父母也住在那里，他也在南非度过了相当长的时间。他是哈里奥本海默家族连续信托的受益人，从中获得了大量的汇款。奥本海默家族的财富，包括他个人的财富，都是通过离岸公司持有的。英国税务海关总署（HMRC）对奥本海默的关注始于 2007 年，当时他的家人决定搬到英国以便让孩子们在那里的预科学校就读。他们还购买了一处位于伦敦附近的古建筑乡村庄园，并花费约 3 400 万英镑对其进行修复，以作为家庭住宅。

---

① 改编自《全球案例带你了解税收协定—钻石大亨利用税收协定规避千万英镑税款》，公众号“G20taxreview”，2024 年 8 月 8 日。

2019年3月，HMRC向奥本海默发出了2010、2011、2014、2015和2016纳税年度的纳税通知，声称在此期间奥本海默是英国的税务居民。HMRC的调查、通知和相关的审计评估都是基于奥本海默作为纳税人在此期间从家族信托中获得的汇款，总计超过2 000万英镑，HMRC认为应补税1 000万英镑。

HMRC认为：奥本海默先生在2010年4月2日至2017年4月5日是英国的税收居民。纳税人并不否认自己多年来一直居住在英国，英国于2013年4月引入了法定居民测试（statutory residence test，SRT），以确定与英国有关的个人的居住状况，SRT的目的是确定个人是否是英国的税务居民。作为英国的税收居民，奥本海默先生从家族信托中获得的收入应在英国纳税。

纳税人观点：奥本海默先生提供的数据显示，HMRC主张征税权的所属年度的每一年，其在英国境外居住的时间都长于在英国的居住时间。虽然纳税人本身并不否认根据英国普通法或后来的SRT，他在所涉年份内为英国居民及通常居住者，但他认为应依据英国与南非缔结的税收协定中的加比规则来确定其居民身份所属国。事实上，英国与南非缔结的税收协定中的加比规则与OECD范本中的规定完全一致，即按照住所→重要利益中心→习惯性居所→国籍→双方协商的顺序，依序测试其最终的居民身份所属国。

法庭判决：英国初级法庭（FTT）认为，奥本海默在英国和南非都有可供其居住的永久住所，因此他属于英国和南非两个国家的税收居民。依加比规则所规定的顺序，法庭又考虑了重要利益中心标准。尽管奥本海默本人在英国长大并学习，居住于英国的时间相对于南非更长，但这些因素被认为没有决定性意义，因为他的大多数家庭成员和朋友住在南非，且其本人在南非参加选举投票。此外，他在南非的许多活动也表明了，他与该国相比英国有更强的联系。此外，法庭还考虑到纳税人“游牧式”的生活方式，奥本海默先生除了在英国上学以外没有固定的日常活动，并且他在美国、爱尔兰、卢森堡等多个国家工作。根据奥本海默本人返回南非的旅行频率和持续时间，法庭判定南非足以构成该个人的习惯性居住地。

除了HMRC计算的天数，法庭还考虑了大量关于奥本海默生活方式的信息，包括他的南非纳税申报单、在英国和美国的房产组合、其南非住宅的性质和资金来源、就业历史、两家伦敦私人会员俱乐部、高尔夫俱乐部、飞行执照、板球队、壁球俱乐部、投票习惯甚至英国的猎枪证书。

最终，法庭认定奥本海默的重要利益中心更可能在南非而不是英国，并取消了HMRC的税务评估。

思考题：

实践中应用加比规则时如何界定和考察纳税人的重要利益中心？

第二节　法人居民身份确定规则

一、法人居民的界定标准

从国际惯例看，法人税收居民身份的界定也存在多个标准，大多数国家同时采用多个标准以界定本国的法人居民身份。不同国家基于各自国情，采用多个标准的组合方式有所差异。

（一）注册地标准

注册地标准直观明了，确定性很高，即依据一国法律在该国注册登记的公司法人即为该国的法人居民。在注册地标准下，无论公司的所有者为本国居民还是外国居民，也不论对公司行使控制或管理职能的机构在哪里，只要该公司的登记注册地在某国，即为该国的税收居民。注册地标准是世界范围内大多数国家都采用的界定公司法人居民身份的一个基本标准，如中国、美国、德国、加拿大、澳大利亚、新西兰、意大利、俄罗斯、白俄罗斯、乌克兰、亚美尼亚、乌兹别克斯坦、吉尔吉斯斯坦。美国在界定公司居民身份时对注册地标准的贯彻较为坚决。按照美国联邦税法的规定，依据美国 50 个州的其中一个或哥伦比亚特区的法律而成立，并在各州（特区）政府注册设立的企业即为美国的税收居民，需就其全球所得向美国政府履行纳税义务。在税务实践中，由于企业改变注册地相对容易，为避免企业通过变更注册地而逃避居民身份的认定，多数国家在采用注册地标准的同时另行规定了其他标准。

（二）管理机构标准

管理机构标准是指依据对法人行使实质性管理职能的机构所在地来界定法人的居民身份。目前国际上对企业管理机构的概念内涵还没有形成共识，总结各国对法人管理机构内涵的界定，管理机构可分为两种类型：管理和控制机构与实际管理机构。一般来讲，公司的管理和控制机构是指其最高权力决策机构。这里的“权力”主要包括公司的财产权、公司财产的取得和处置权、公司经营活动的决策权及公司高管的任免权。上述权力的行使往往是通过掌握权力的人召集股东大会或董事会形式实现，因此股东大会或董事会的召开地点被视为公司最高权力决策机构所在地。英国、澳大利亚、加拿大等国在界定法人居民身份时就采用了管理和控制机构标准。实际管理机构也称有效管理机构，在有些国家的国内法中，实际管理机构与管理和控制机构并无区别，如瑞士。有些国家的国内法则将实际管理机构的内涵界定为负责公司经营决策的执行和具体运营管理的机构，如丹麦、荷兰、西班牙。

需要说明的是，随着现代通信技术的发展，公司重大决策会议的召开地点或决策执行地点可以很轻松地实现人为变换。为堵塞相关的避税漏洞，一些国家在界定法人居民身份时将焦点开始转向做出公司重大决策的“人”,即掌握公司权力的董事或高管的居住地成为界定法人居民身份的重要考量。如埃及税法规定,满足以下至少两个条件的企业被视为在埃及有实际管理机构:❶ 日常决策地位于埃及;❷ 董事会和经理会议举办地位于埃及;❸ 至少 50% 的经理或董事居住地位于埃及;❹ 拥有 50% 股权或投票权的合伙人或股东的居住地位于埃及。我国税法中对实际管理机构的认定也有类似的规定。

（三）总机构标准

总机构标准是指依据法人的总机构所在地判定其居民身份所属国。总机构所在地即法人的总部所在地。一般来讲,法人的总机构负责制定重大经营决策,其设在各地或各国的分支机构并不具有独立的法人地位,由总机构统一核算法人企业的盈亏。实践中总机构与实际管理机构可能并不一致,前者突出的是法人组织结构主体的重要性,而后者强调的是对企业的实质决策或管理权。日本和韩国为采用总机构标准的典型国家。

（四）控股权标准

控股权标准是指依据对法人企业具有控制性表决权的股东所在地来判定其居民身份所属国。在控股权标准下,法人企业的股东被认为是对企业决策和经营具有实质影响的决定性力量,对企业具有控制性表决权的股东居住地自然就成为判定企业居民身份的标准。澳大利亚是采用控股权标准的典型国家。控股权标准具有显而易见的缺陷:一是当企业具有多个控股股东且位于多个国家时很难适用控股权标准;二是刻意漠视了母公司与子公司经济意义及法律意义上的差异,将设立在境外的子公司适用控股权标准而判定为本国居民时,会导致居民税收管辖权的滥用。

综上所述,界定法人税收居民身份的不同标准从不同角度反映了法人企业与相关国家的经济联结度。当只采用一种标准时,一方面很可能会为跨国纳税人进行国际避税创造条件,另一方面也无法全面、真实、有效地反映法人公司与一国的经济关联,从而导致对税收公平的违背或破坏。从实践看,大多数国家都同时采用多个标准以界定法人的居民身份,具体如表 3-4 所示。

表 3-4　部分国家法人税收居民的判定标准

判定标准	采用的国家
注册地 + 管理和控制机构 + 控股权	澳大利亚
注册地 + 管理和控制机构	英国、孟加拉国、马尔代夫、塞尔维亚、缅甸
注册地 + 实际管理机构 + 主营业务所在地	意大利
注册地 + 管理和控制机构 + 省政府（地方政府）	巴基斯坦
注册地 + 实际管理机构 + 埃塞俄比亚政府（地方政府）	埃塞俄比亚

续表

判定标准	采用的国家
注册地 + 总机构 + 实际管理机构 + 董事居住地	新西兰
注册地 + 实际管理机构	俄罗斯、蒙古国、哈萨克斯坦、塔吉克斯坦、土库曼斯坦、格鲁吉亚、阿塞拜疆、柬埔寨、印度尼西亚、德国、法国、挪威、以色列、卢森堡、匈牙利、印度、南非、波兰、沙特、坦桑尼亚、捷克、尼泊尔
注册地 + 实际管理机构 + 总机构	黑山、罗马尼亚
注册地 + 实际管理机构 + 国有持股超过 50% 的企业	埃及
管理和控制机构 + 总机构	土耳其
实际管理机构 + 总机构	瑞士
总机构	日本、韩国
注册地	美国、瑞典、拉脱维亚、尼日利亚、秘鲁、泰国、越南、伊朗

二、法人居民身份确认中的冲突解决

与自然人居民身份确认时的问题相类似，两个（或两个以上）国家，也可能因为对同一法人行使居民管辖权而导致该法人具有双重居民身份属性，从而产生相应的国际重复征税问题。此外，法人具有的双重居民身份属性若叠加当事国税法对所得定性的不同，还会发生相应的混合错配而导致国际避税。在图 3-2 中，B 公司具有双重居民身份属性，即甲国与乙国都认为 B 公司为本国居民，但两国对 B 公司向 A 公司的支付属性认定却不同。甲国税法认定 A 公司的所得为股息所得，且符合甲国的免税规定（如甲国对境外股息所得实施参与免税法以消除国际重复征税），乙国税法却认定 B 公司向 A 公司的支付为利息支出，并允许 B 公司进行税前扣除，从而导致双重不征税现象产生。

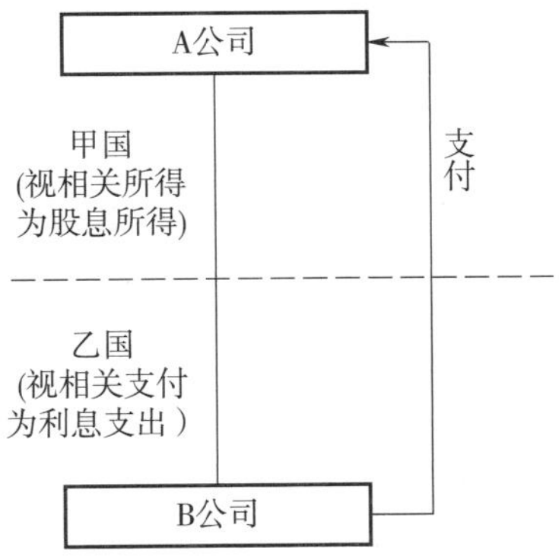

图 3-2　法人双重居民身份情景下的国际避税

居民身份认定的冲突，需要当事国通过双边税收协定中的一致规则来确定法人的单一居民身份所属国。在法人的居民身份所属国被认定为一国而非另一国的情境下，因双重居民身份属性而产生的国际重复征税和国际避税问题自然迎刃而解。2017 年之前的 OECD 范本和 UN 范本解决法人居民身份认定冲突时的加比规则是实际管理机构标准。由于各国对实际管理机构概念内涵的认定存在很大差异，实践中依据实际管理标准解决法人双重居民身份属性问题的有效性不高。在充分吸收BEPS第6项行动计划（防止税收协定优惠的不当授予）成果的基础上，2017年版OECD范本和UN范本都取消了解决法人居民身份认定冲突的实际管理机构标准。OECD范本第4条第3款规定，“除个人以外，同时为缔约国双方居民的人，缔约国双方主管当局应考虑其实际管理机构所在地、注册地或成立地，以及任何其他相关因素，尽力通过相互协商确定其在适用该协定时的居民身份。”

究其根源，两个范本之所以放弃实际管理机构标准来解决法人居民认定中的冲突，原因在于实际管理机构标准的内涵在理论及实践方面都还存在重大疑问：

其一，实际管理机构中的“管理”应达到何种水平？“管理”意指高层管理还是一般经营管理，OECD范本注释对此所持立场也在不断变化。高层管理更多地指对法人最高权力的控制及战略方向的管理，而一般经营管理则强调对法人日常业务的管理。OECD范本注释曾经将“管理”澄清为高层管理，与英国税法中的管理和控制机构的内涵相一致，但由于该观点没有被普遍接受，后来OECD范本注释对“管理”的解释又回归了“不持立场”的立场。总体看，英美法系国家倾向于将实际管理机构中的“管理”界定为高层管理，而大陆法系国家对“管理”并无清晰、一致的解释模式。

其二，履行管理职能的“人”如何界定？若对“管理”的水平无法形成共识，就会产生履行管理职能的“人”如何界定的问题。从一般意义上讲，董事及公司高管通过召开股东大会、董事会会议做出和执行公司重要决策，董事及高管即履行管理职能的“人”，其住所也成为考察实际管理机构所在地的重要参考因素。但实践中，若董事会只是例行公事地批准大股东做出的决定，或子公司受境外非居民母公司控制，事实上由母公司做出关于子公司的重大经营决策，此时的董事或高管的居住地一定程度上就失去了判定实际管理机构所在地的参考价值。

其三，如何精准确定董事或高管的履职地？实践中可能存在这样的情形：法人公司的管理团队是甲国居民，但该管理团队仅是例行公事地批准乙国居民做出的决策，此种情形下甲国居民的高管履职地并不能精准反映实际管理机构的概念内涵。此外，随着通信技术及互联网技术的高速发展，法人公司的股东大会、董事会会议或相应的经营管理会议的召开地点很难进行技术和法律上的界定，从而法人高管履职地的界定亦会成为难题。如分散在世界各地的企业高管召开网络会议，则会议召开地点的确定就很可能会同时面临技术及法律问题。

需要指出的是，世界各国对实际管理机构的内涵无法达成一致，并不能否定该标准在解决法人居民身份认定冲突中的有效性。2017年版OECD范本注释特别说明，若相关缔约国双方都同意通过实际管理机构标准解决法人居民身份认定冲突，则可在双边税收协定中加入如下表述：除个人以外同时为缔约国双方居民的人，应认为仅是其实际管理机构所在国的居民。即按照OECD范本2017年版之前的规定，依据实际管理机构标准解决法人双重居民身份属性问题。

第三节 居民身份认定的中国实践

一、我国税法对自然人居民身份的认定

我国自2019年1月1日起实施的《中华人民共和国个人所得税法》第1条规定，“在中国境内有住所，或者无住所而一个纳税年度内在中国境内居住累计满183天的个人，为居民个人。居民个人从中国境内和境外取得的所得，依照本法规定缴纳个人所得税。在中国境内无住所又不居住，或者无住所而一个纳税年度内在中国境内居住累计不满183天的个人，为非居民个人。非居民个人从中国境内取得的所得，依照本法规定缴纳个人所得税”。从此规定可以看出，我国税法对自然人税收居民的认定采用了住所标准和时间标准，当满足其中之一时即构成我国税法居民，需要就其来源于境内外的全部所得向我国政府履行个人所得税纳税义务。自然人非居民则需就其来源于我国境内的所得缴纳个人所得税。

《中华人民共和国个人所得税法实施条例》第2条进一步对住所进行了解释，“个人所得税法所称在中国境内有住所，是指因户籍、家庭、经济利益关系而在中国境内习惯性居住；所称从中国境内和境外取得的所得，分别是指来源于中国境内的所得和来源于中国境外的所得”。《征收个人所得税若干问题的规定》将住所概念解释为：“在中国境内有住所的个人，是指因户籍、家庭、经济利益关系而在中国境内习惯性居住的个人。所谓习惯性居住，是判定纳税义务人是居民或非居民的一个法律意义上的标准，不是指实际居住或在某一个特定时期内的居住地。如因学习、工作、探亲、旅游等而在中国境外居住的，在其原因消除之后，必须回到中国境内居住的个人，则中国即为该纳税人习惯性居住地。”该解释也强调了住所认定中主观因素的考察，与多数国家国内法对住所的解释大体一致。

在我国税法设计的时间标准中，无住所外籍人员在境内停留的持续时间为183天，所施加的时间期限为一个公历年度，而不是有些国家实施的连续12个月。无住所自然人在我国停留时间的确认是判定其是否为我国税收居民的关键。按照《关于在中国境内无住所的个人居住时间判定标准的公告》第2条的规定，在计算无住所个人在我国境内的居住天数时，“在中国境内停留的当天满24小时的，计入中国境内居住天数，在中国境内停留的当天不足24小时的，不计入中国境内居住天数。”这一规定相对于世界多数国家所规定的“在本国停留不足一天的按一天计算”更为宽松。此外，按照我国税法的规定，无住所自然人在我国停留时间的计算还关乎其享受相关个人所得税税收优惠的资格确认。如按照《中华人民共和国个人所得税法实施条例》第5条的规定，无住所自然人在我国境内停留时间不超过90天时，其取得的来源于中国境内所得中的境外雇主支付并且不由该雇主在中国境内的机构、场所负担的部分，免于缴纳个人所得税；按照《中华人民共和国个人所得税法实施条例》第4条的规定，无住所自

然人在中国境内居住累计满 183 天的年度连续不满 6 年的，经向主管税务机关备案，其来源于中国境外且由境外单位或者个人支付的所得，免予缴纳个人所得税。我国在计算天数时的宽松规定，很大程度上避免了将大量在中国香港、中国澳门与内地之间跨境工作与居住的自然人认定为双重居民，为营造更为友好的营商环境创造了非常有利的税务环境。

二、我国税法对法人居民身份的认定

《国家税务总局关于境外注册中资控股企业依据实际管理机构标准认定为居民企业有关问题的通知》

我国税法对法人居民身份的认定，主要采用注册地标准和实际管理机构标准。自 2008 年 1 月 1 日起实施的《中华人民共和国企业所得税法》第 2 条规定，“本法所称居民企业，是指依法在中国境内成立，或者依照外国（地区）法律成立但实际管理机构在中国境内的企业”。《中华人民共和国企业所得税法实施条例》第 4 条对实际管理机构概念做出了进一步的解释，“企业所得税法第 2 条所称实际管理机构，是指对企业的生产经营、人员、账务、财产等实施实质性全面管理和控制的机构”。从此解释可以看出，我国目前税法对实际管理机构概念内涵的界定既强调对企业战略决策的高层管理，也包含了对企业日常业务的经营管理。很明显，企业所得税法实施条例对实际管理机构的解释还不具备实践层面的可操作性，为此，《国家税务总局关于境外注册中资控股企业依据实际管理机构标准认定为居民企业有关问题的通知》（国税发〔2009〕82 号，以下简称 82 号文）中对如何应用实际管理机构标准进行了详细解释和说明。

根据 82 号文，境外注册企业实际管理机构的判定应遵循实质重于形式的原则，当同时满足高管履职地、财产坐落地及相关资料存放地、财务及人事决策地、高管住所地都位于中国境内的条件要求时，就可以判定其实际管理机构位于中国境内，从而将其认定为中国税收居民（见图 3-3）。其中，高管履职地与高管住所地要件强调了对企业进行管理和控制的地点，财产坐落地及相关资料存放地、财务及人事决策地要件则主要反映了对企业进行日常业务管理的地点。剖析 82 号文可以发现，我国国内法目前对实际管理机构的认定既强调对企业进行全局性的控制和管理，亦要求对企业进行实质重于形式的审查，确保境外注册企业在我国从事必要的日常经营管理活动并具备真实的商业存在。

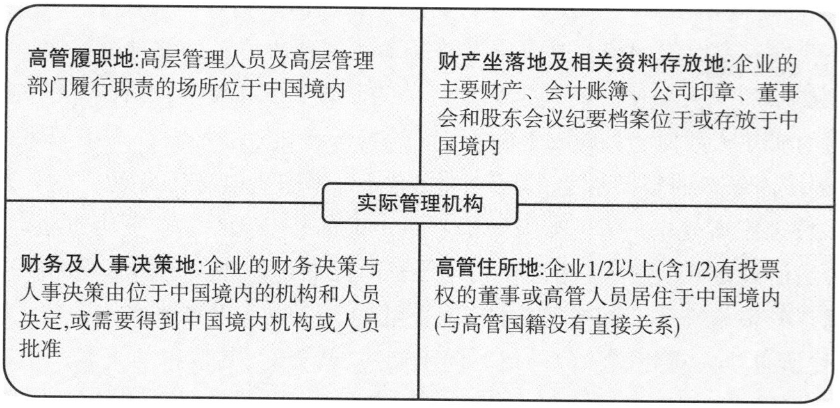

图 3-3　实际管理机构认定的关键要素

党的十八大之后，我国行政体制改革深入推进，政府职能转变势在必行。“放管服”改革是推动政府职能转变的主要内容，体现在税务领域就是进一步优化税务机构设置，提升纳税服务水平。在此背景下，《国家税务总局关于依据实际管理机构标准实施居民企业认定有关问题的公告》（国家税务总局公告 2014 年第 9 号，以下简称 9 号公告）对 82 号文相关条款进行了修订，对境外注册中资企业居民身份的认定机关做出了详细规定。首先由境外注册中资企业的境内主要投资者登记注册地主管税务机关对企业的居民身份进行初步判定后，呈报省级税务机关确认。省级税务机关确认后再抄送境内其他投资地相关省级税务机关，并在 30 日内抄报国家税务总局，最后由国家税务总局网站统一对外公布。9 号公告优化了 82 号文中只能由国家税务总局确认境外注册中资企业居民身份的旧规，有利于更多境外注册企业居民身份认定工作的开展。

境外注册中资企业被认定为我国居民企业后的积极影响主要表现在以下三点：一是具备了享受税法所规定的针对居民企业的各项税收优惠的资格；二是满足了适用双边税收协定优惠待遇的基本条件；三是免于税务机关按照税法规定将其作为受控外国公司进行税务管理。不利影响是企业需就其全球所得向我国政府履行所得税纳税义务。此外，国家税务总局发布的《境外注册中资控股居民企业所得税管理办法（试行）》中，对认定为居民的境外注册中资企业的日常税务管理进行了系统的规定，主要包括居民身份认定管理、税务登记、账簿凭证管理、申报征收管理等。

案例 3-2　境外注册中资企业取得居民身份，享受税收协定待遇税负大幅减轻[①]

东风汽车公司为我国居民企业，2019 年 9 月之前，该公司的一笔海外投资迎来了第三次分红：5 年前投资 8 亿欧元收购法国标致雪铁龙集团（简称 PSA 集团）14% 的股权，随着 PSA 集团经营持续向好，全资子公司东风汽车（香港）国际有限公司（简称东风香港公司）将收到 7 700 多万欧元的利润分红。由于东风香港公司没有取得我国内地的税收居民身份，因此所取得的分红无法适用中法税收协定中的优惠待遇，PSA 集团前两次分红时法国政府按照 30% 的税率扣缴了预提所得税。

作为东风汽车公司的全资子公司，东风香港公司的实际管理机构在中国湖北，为隶属于国务院国资委管理的中央企业。为有效降低企业境外税负，落实国有资产保值增值责任，东风汽车公司及时向当地税务机关表达意愿，欲将其香港

① 改编自杨晓：《湖北开出首例境外注册中资控股居民企业身份认定书，价值过亿！》，长江云，2019 年 9 月 10 日。

子公司申请认定为中国内地税收居民。收到东风汽车公司的迫切需求后，湖北各级税务机关迅速组建专班研究公司运营架构，仅用7天时间，就完成了全省首例境外注册中资控股企业居民身份认定。这意味着，东风香港公司可以享受中法税收协定中所给予的税收优惠政策，不用再按东道国的国内法缴纳高额税款。在税收协定优惠待遇的情形下，东风香港公司只需按照10%的税率向法国政府缴纳预提所得税，相对于法国国内法，预提所得税税率大幅降低了20个百分点。

思考题：

将境外注册中资企业认定为我国税收居民的方式有哪些？结合上述案例分析认定为我国居民的积极意义。

三、我国对外缔结税收协定对居民身份认定冲突的解决

（一）自然人居民身份认定冲突的解决规则

我国对外缔结的双边税收协定对自然人居民身份认定的冲突，主要有两种解决方式：一是通过OECD范本和UN范本中的加比规则解决；二是通过缔约国双方协商或协议的方式解决。我国与大多数国家缔结的税收协定都采用第一种方式解决自然人居民身份认定中的冲突，即遵照两个范本加比规则的内容，依序根据“永久性住所→重要利益中心→习惯性居所→国籍→协商”确定自然人最终的居民身份所属国。但需注意，我国与个别国家缔结的税收协定虽参照了两个范本加比规则的内容，但并没有完全照搬，如中澳（澳大利亚）税收协定第4条第3款规定，“同时为缔约国双方居民的个人，其身份应按以下规则确定：❶ 应认为是其有永久性住所所在缔约国的居民；❷ 如果其在缔约国双方同时有或没有永久性住所，应认为是与其个人和经济关系更密切的缔约国的居民”。可以看出，中澳（澳大利亚）税收协定在解决自然人居民身份认定冲突时只采用了位于加比规则前部的永久性住所和重要利益中心两个标准，放弃了习惯性居所及国籍等标准，可以说是一种不完全的加比规则。此外，中美税收协定、中日税收协定则放弃了加比规则，缔约国双方通过协商或协议的方式解决自然人居民身份认定中的冲突。中法税收协定顺应时代变化，认可了两个税收协定范本所规定的加比规则，2013年重新缔结税收协定时将以前所约定的协议方式修改为加比规则。中比（比利时）税收协定、中罗（罗马尼亚）税收协定分别于2009年及2016年重新修订时也进行了类似的优化。

（二）法人居民身份认定冲突的解决规则

我国对外缔结的双边税收协定对法人居民身份认定的冲突，主要有以下方式（见表3-5）。

表 3-5　我国双边税收协定解决法人居民身份认定冲突的方式

方式	协定条款	采用国家
协商确定	除个人外，同时为缔约国双方居民的人，缔约国双方主管当局应通过相互协商设法解决，并确定对这个人适用协定的方式	美国、挪威、新西兰、泰国、意大利、巴西[2022 年议定书将以前所约定的实际管理机构（总机构）标准修订为协商确定]、韩国、白俄罗斯、越南、乌克兰、亚美尼亚、牙买加、冰岛、立陶宛、拉脱维亚、乌兹别克斯坦、苏丹、巴巴多斯、摩尔多瓦、古巴、尼泊尔、哈萨克斯坦、印度尼西亚、尼日利亚、希腊、吉尔吉斯斯坦、斯里兰卡、文莱、墨西哥、土库曼斯坦、智利、阿根廷、叙利亚、厄瓜多尔、柬埔寨、安哥拉、卢旺达等
依据实际管理机构标准	除个人以外，同时为缔约国双方居民的人，应认为仅是其实际管理机构所在国家的居民	法国、比利时、德国、英国、丹麦、新加坡、芬兰、中荷兰、瑞士、西班牙、罗马尼亚、马耳他、俄罗斯、塔吉克斯坦、埃塞俄比亚、捷克、博茨瓦纳、津巴布韦、刚果（布）等
依据总机构标准	除个人外，同时为缔约国双方居民的人，应认为是其总机构所在国的居民	日本、瑞典、中保加利亚、蒙古国、阿联酋、印度、斯洛文尼亚、以色列、土耳其、马其顿、老挝、卡塔尔、委内瑞拉、伊朗、巴林等
依据总机构标准或实际管理机构标准	除个人外，同时为缔约国双方居民的人，应认为是其总机构（即实际管理机构）所在缔约国的居民	科威特、奥地利、卢森堡、克罗地亚、南非、阿曼等
以实际管理机构标准解决冲突，但同时约定当同一法人的实际管理机构与总机构位于不同缔约国时，则应协商确定	除个人外，同时为缔约国双方居民的人，应认为是其实际管理机构所在缔约国的居民。然而，如果这个人在缔约国一方设有其实际管理机构，在缔约国另一方设有其总机构，缔约国双方主管当局应协商确定其为协定中缔约国一方的居民	马来西亚、波兰、波斯尼亚和黑塞哥维那、中巴基斯坦、中塞浦路斯、匈牙利、巴布亚新几内亚、孟加拉国、塞尔维亚、黑山、埃及、葡萄牙、爱沙尼亚、塞舌尔、菲律宾、爱尔兰等

（1）协商确定。如中加（加拿大）税收协定第 4 条第 3 款规定，“除个人外，同时为缔约国双方居民的人，缔约国双方主管当局应通过相互协商设法解决，并确定对这个人适用本协定的方式”，这一规定事实上与 2017 年版两个范本所规定的方式基本

一致。

（2）依据实际管理机构标准解决冲突。如中国和法国 2013 年重新缔结的税收协定第 4 条第 3 款规定，“除个人以外，同时为缔约国双方居民的人，应认为仅是其实际管理机构所在国家的居民”。

（3）依据总机构标准解决冲突。如中日税收协定第 4 条第 3 款规定，“除个人外，同时为缔约国双方居民的人，应认为是其总机构或者主要办事处所在缔约国的居民”。此外，还有个别协定虽约定以总机构标准或实际管理机构标准解决冲突，但事实上将总机构标准置于实际管理机构标准之上。如中澳（澳大利亚）税收协定第 4 条第 4 款规定，“除个人以外，同时为缔约国双方居民的人，应认为是其实际管理机构或总机构所在缔约国的居民。然而，当该人在缔约国一方有实际管理机构，在缔约国另一方有总机构，则该人应仅认为是该缔约国另一方的居民”。

（4）依照总机构标准或实际管理机构标准解决冲突。如中斯（斯洛伐克）税收协定第 4 条第 3 款规定，“除个人外，同时为缔约国双方居民的人，应认为是其总机构（即实际管理机构）所在缔约国的居民”。此种规定事实上将实际管理机构认同为总机构。

（5）以实际管理机构标准解决冲突，但同时约定当同一法人的实际管理机构与总机构位于不同缔约国时，则应协商确定。如中马（马来西亚）税收协定第 4 条第 3 款规定，“除个人外，同时为缔约国双方居民的人，应认为是其实际管理机构所在缔约国的居民。然而，如果这个人在缔约国一方设有其实际管理机构，在缔约国另一方设有其总机构，缔约国双方主管当局应协商确定其为本协定中缔约国一方的居民”。此种规定事实上并没有将实际管理机构标准与总机构进行优先排序。

习　题

一、单选题（请用手机扫描下方二维码作答）

二、改错题（就题中画线部分进行改正）

1. 按照 OECD 范本和 UN 范本的规定，当某一自然人被缔约国双方同时认定为本国居民时，应依据居所所在地判定其居民身份所属国。（　　）

2. 根据我国税法规定，无住所外籍人员在我国境内居住累计满 183 天的年度连续满五年后，其从境内、境外取得的全部工资薪金所得均应计算缴纳个人所得税。（　　）

3. 若某法人企业具有双重居民身份属性，按照中新（新加坡）税收协定规定，应由

新加坡政府和中国政府直接协商确定其居民身份所属国。 （ ）

三、简答题

1. 如何理解自然人居民身份认定中的住所标准？住所与居所的主要区别是什么？

2. 法人居民身份认定中的实际管理机构标准是什么？在电子商务及数字经济发展背景下，实际管理机构确认面临哪些挑战？

3. 结合生活中的案例，分析加比规则在判定自然人居民身份中的应用。

四、案例分析题

C公司为我国境内一家从事芯片设计开发的企业，王女士受雇于C公司从事研发工作。到C公司工作之前，她长期在美国的一家大型企业工作，并在此期间取得了美国绿卡。C公司为H公司的全资子公司，H公司设立在我国香港。自2023年起，王女士被调往H公司担任高管职务。在H公司工作期间，由于王女士主要负责和跟踪C公司的研发进度，并协调C公司与H公司之间的业务合作，因此需要经常往返于香港与内地间履职。其2023年的主要收入来源为香港的一些投资所得和两地的工资薪金。

问题：

（1）2023年王女士是否为美国税收居民？

（2）若根据中美税收协定中的加比规则条款，王女士被认定为中国的税收居民，根据现行美国税法规定，她可以采取何种策略以降低自身税负？

第四章　营业所得征税权分配规则

学习目标

1. 理解常设机构概念及各类常设机构的确认规则。

2. 掌握常设机构营业利润核算的基本原则。

3. 熟悉常设机构确认及营业利润核算的中国实践,精准应用协定及国内法解决实践问题。

4. 认识两个范本对常设机构确认规则及营业利润核算的差异,辨析其背后的国家利益博弈,培养基于中国国情考察税收协定条款的思辨能力。

引例　中国税务机关对S公司征税合理吗?

S公司是一家从事婴幼儿奶粉研发、生产及销售的跨国企业,其总部位于新加坡。该公司于2009年进驻中国市场。目前,S公司在上海设立了地区集团总部,即S_1中国投资有限公司(简称S_1公司)。S_1公司主要负责统筹管理中国地区奶粉产品的制造及销售业务,旗下拥有负责奶粉产品生产的S_2食品制造有限公司(简称S_2公司),以及负责奶粉销售的S_3食品营销有限公司(简称S_3公司)。

2023年,S公司希望重点拓展中国市场,决定向中国提供更多的管理和技术支持以配合中国市场的业务发展。为此,S公司做了以下人员安排:

S公司决定推出新配方在中国生产,因此派技术人员约翰不定期来华到S_2公司,对该新配方在中国的生产过程进行质量监督并提供技术指导。为此,S公司和S_2公司签订了相关服务合同。根据合同,S公司向S_2公司收取相关服务费。约翰每次来华出差的时间不超过一周,预计在2023年内累计来华100天。约翰此次被派往中国只是为了2023年推出的新配方的制造,预计2024年他不会再被派到中国工作。每次约翰来华,S_2公司会为约翰临时安排在同一间办公室办公,并为约翰办理了一张临时门禁卡用于出入办公室和办公大楼。约翰没有和S_2公司签订雇佣合同。约翰的全额工资及奖金都由S公司直接支付。约翰会就在华出差的情况向其在总部的负责人汇报，并及时与 S_2 公司的相关人员进行沟通。S_2 公司所在地的税务机关认为，S 公司构成了在中国的机构、场所及中新（新加坡）税收协定中所规定的常设机构，并通过该常设机构从事了营业活动，因此决定对 S 公司征收企业所得税，但 S 公司对此持有异议。

思考题：

1. 什么是常设机构？税收协定中的常设机构一般包括哪些类型？

2. 我国国内法中的机构、场所概念与税收协定中的常设机构概念有何联系与区别？

3. 确认常设机构营业利润的基本原则是什么？

第一节　常设机构概念及确认规则

一、常设机构的概念

OECD 范本和 UN 范本都规定：跨国营业所得征税权在缔约方之间的分配应遵循“非居民国有限制地优先征税”原则。这里的限制是指，当跨国纳税人在非居民国存在有税收协定意义上的常设机构（permanent establishment，PE）时，非居民国才有权行使地域管辖权对该跨国纳税人来自本国的营业所得征收所得税。从国际惯例看，大陆法系国家的国内法往往采用常设机构标准判定相应的跨国营业所得是否来源于本国，而英美法系国家的国内法则一般采用交易地点标准进行判定。显然，常设机构标准得到了两个税收协定范本的推崇，只有非居民在非居民国存在常设机构时，相关的非居民国才可将非居民通过该常设机构取得的营业所得的来源地界定为本国，并据此优先行使地域管辖权征税，居民国则通过相应方法履行消除国际双重征税的义务。

常设机构反映了一国企业到另一国从事经营活动而与后者产生的“充分程度的经济存在”，正如霍姆斯和罗伊·罗哈吉指出的那样：“常设机构是一个门槛的判断，以客观标准衡量外国企业在某一国家的经济存在，从而判定在何种情况下该外国企业已经充分地在该国的经济当中存在，而使该国对其有征税的权力”。从历史角度看，目前的常设机构判定门槛对充分程度的经济存在的要求与 20 世纪 20 年代四人经济学家小组提出的经济忠诚（economic allegiance）理论一脉相承。现行 OECD 范本注释亦提到：“常设机构标准由来已久，并体现了国际共识，作为一项基本规则，一国企业在另一国构成常设机构之前，不能认定该企业在另一国参与经济活动的程度足以对该企业的利润征税”。逻辑上讲，一国居民到另一国从事经营活动时的常设机构是不具有法人身份的，因常设机构代表境外投资者在东道国进行经营活动。不能仅仅因为母子公司关系的存在而想当然地认为子公司是母公司在东道国的常设机构。若外国投资者到东道国从事经营活动要突破和升级常设机构的组织形式，则只能在东道国成立法人公司，该法人公司就构成东道国的税收居民，境外投资者只能以投资者的身份持有该法人公司的股份，自然，外国投资者从东道国取得的所得就由经营所得变性为投资所得了。

现行 OECD 范本及 UN 范本第 5 条都为常设机构条款，该条款规定了非居民国对非居民来源于本国的经营所得征税的门槛，包括常设机构的定义、范围、类型及确认规则等。范本第 5 条给出的常设机构一般定义为企业进行全部或部分营业的固定营业场所。上述一般定义界定的是场所型常设机构。第 5 条第 2 款进一步正向列举了场所型常设机构的范围（见表 4-1）。需要说明的是，此列举并非穷尽性列举，现实中一国居民到另一国设立的摊位、机器设备、分公司等都可以成为常设机构的表现形式。由于场所型常设机构还无法完全涵盖或精准体现税务实践中一国居民到另一国从事经营活动的所有情形，因此协定范本还规定了特殊类型的常设机构，即工程型常设机构、劳务型常设机构及代理型常设机构。可以说，特殊类型的常设机构延伸了常设机构的一般定义，扩大了常设机构的认定范围。需要说明的是，目前 OECD 范本原文中并不包括服务型常设机构，但 OECD 范本注释中拟定了一项可供选择的条款。根据该条款，各国可以在协商一致的基础上加入服务型常设机构。UN 范本原文则囊括了 4 种类型的常设机构。

表 4-1　税收协定范本场所型常设机构列举

项目	常设机构形式	解释
a	管理场所	OECD 范本注释提到，单独提到“管理场所”一词，是因为“管理场所”不一定就是“办事处”。但在现实生活中，很难对管理场所与办事处进行明确的划分，因此 OECD 范本注释同时说明，若缔约国双方的国内法不包含与“办事处”不同的“管理场所”概念，则相关的双边税收协定不必列举“管理场所”一词
b	分支机构	——
c	办事处	——
d	工厂	——
e	作业场所	——
f	矿场、油井或气井、采石场或任何其他开采自然资源的场所	由于国际上对勘探活动的所得定性及征税权的分配目前还没有达成共识，因此，第 f 项并没有包括勘探自然资源的场所。当然，若相关缔约国在勘探活动的所得定性及征税权的划分上达成了一致，则可以商定加入特定条款进行规定

理解常设机构概念，还应厘清其与我国国内法意义上的机构、场所之间的差异。《中华人民共和国企业所得税法》第 3 条规定：“非居民企业在中国境内设立机构、场所的，应当就其所设机构、场所取得的来源于中国境内的所得，以及发生在中国境外但与其所设机构、场所有实际联系的所得，缴纳企业所得税”。由此可知，若非居民企业在我国境内设立机构、场所，并通过该机构、场所从事经营活动并取得相应的营业所得时，我国有权对该所得行使地域管辖权征税。也就是说，在国内法意义上，外国企业在我国从事经营活动的“出场”标志为机构、场所的存在。该机构、场所与协定意义上的

常设机构概念存在明显差异，主要体现在以下三点。

（1）机构、场所无“地理上的固定性与时间上的持久性”的条件约束。一个非居民企业在我国境内从事经营活动的机构、场所，若满足地理上的固定性或时间上的持久性就构成协定意义上的常设机构。

（2）我国税法没有严格区分构成机构、场所的营业代理人性质，即该机构、场所是非独立代理人还是独立代理人。无论非独立代理人还是独立代理人都属于机构、场所的范畴。但从税收协定看，常设机构所涵盖的代理人一般都为非独立代理人，独立代理人属于常设机构确认中的除外情形。

（3）协定意义上的常设机构概念排除了从事准备性、辅助性活动的场所，而国内法意义上的机构、场所并没有这种排除。

综上所述，国内法意义上机构、场所所涵盖的范围明显大于协定意义上的常设机构。其实践意义在于，总会存在这样的情形：非居民企业在我国境内从事经营活动的物理存在形式构成了国内法意义上的机构、场所，但却没有构成协定意义上的常设机构（见图 4-1 中的阴影部分）。在这些情形下，非居民企业依据国内法需要履行纳税义务的，但若享受税收协定待遇，则无须在我国缴纳所得税。

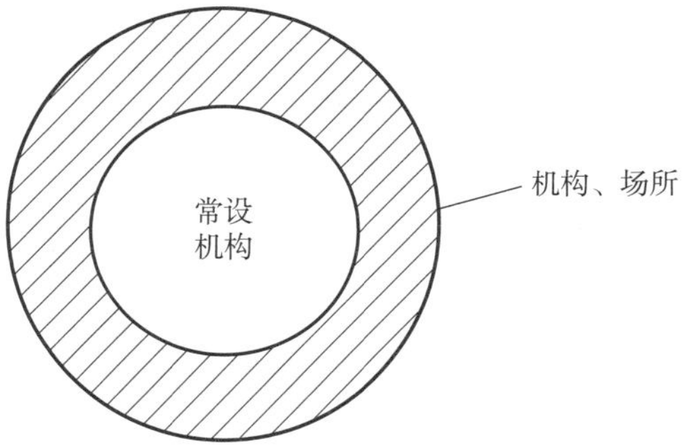

图 4-1　机构、场所与常设机构关系示意图

二、不同类型常设机构的确认规则

（一）场所型常设机构的确认规则

场所型常设机构是最基本、最常见的常设机构形式。依据 OECD 范本的注释，场所型常设机构的确认必须包含三个要件。

1. 该营业场所是实质存在的

营业场所实质存在的内涵主要体现在以下几点。

（1）营业场所不要求具有完整性。

营业场所一词涵盖了所有用于从事企业营业的厂房、设施或装置，而不考虑它们是否也用于其他目的。如果某企业没有厂房，或从事生产经营不需要厂房，而仅有一定可支配的空间，也可视为具有营业场所。厂房、设施或装置是为该企业自有或租用，或通过其他形式支配，均无关紧要。因此，营业场所可以由市场上的某一摊位，或长期使用的海关仓库的一部分区域（用于存放应税物品）构成。此外，营业场所还可设在另一企业的营业设施中。例如，某外国企业持续支配使用另一企业拥有的某些厂房或者其中的一部分。

（2）企业对营业场所拥有支配能力。

企业对营业场所拥有支配能力强调企业对营业场所进行支配的事实，并不要求企业对营业场所必须拥有正式的法律权利，营业场所是租用的还是自有的对于判定企业是否具有支配能力并不重要。如果某企业在其非法占用的某一特定地点进行营业，也可能构成常设机构。但必须指出的是，某场所构成常设机构虽然不要求企业对该场所拥有正式的法律权利，但企业仅在特定地点的出现，并不意味着该地点必然在企业的支配之下。判断一个场所是否处于企业的支配之下的关键是：企业是否拥有有效使用场所的权利，以及企业在该场所开展营业活动的程度。若企业在该场所从事的营业活动只是间歇性或偶然性的，说明在此地点开展营业活动的程度较浅，则不能认为相应的场所受企业支配。如一家外国企业的员工有权经常访问非居民国某个关联企业的厂房，但并没有持续地在该厂房工作，则不可认为该厂房受上述外国企业的支配。

案例 4-1　某外国企业是否在非居民国构成常设机构？

情形 1：某外国企业推销员经常拜访非居民国的一个客户，并与客户的采购主管在后者办公室会谈以取得订单。在这种情形下，客户的办公室不在推销员所属外国企业的支配之下，因此该办公室不构成外国企业在非居民国的场所型常设机构。但若变换场景，即该推销员构成客户所在国的代表，并经常订立合同，或经常在合同达成过程中扮演重要角色，而相关合同无须经该外国企业作出实质性修改即可按惯例订立，且合同是以该外国企业的名义签订，则对于该推销员进行的活动，应认为该外国企业在客户所在国存在代理型常设机构。

情形 2：某外国企业雇员被允许在非居民国某一公司长时间使用一间办公室，以确保后一公司履行与上述外国企业签订的合同项下的义务。在此种情形下，该雇员从事的活动与上述外国企业是实质相关的，外国企业雇员在位于非居民国的办公室长期驻留，意味着该办公室受上述外国企业的支配，该办公室就构成了该外国企业在非居民国的场所型常设机构。

情形 3：某外国企业雇员在位于另一国的家庭办公，按照最新版 OECD 范本注释，不能仅仅因为该办公地点被外国企业的雇员使用，而直接推论该地点在上述外国企业的支配之下。家庭办公室是否受境外企业支配使用，应依据个案实际情况进行分析。若上述雇员使用家庭办公室办公是间歇性或偶然性发生的，则不应将该办公室视为受雇主企业的支配。然而，如果使用家庭办公室办公是持续性的，且事实清楚地表明，境外企业要求该雇员使用家庭办公室开展营业活动，如在职业性质明确要求使用办公室的情况下，境外企业并未向雇员提供办公场所，则可以将家庭办公室视为受雇佣企业的支配，从而构成场所型常设机构。

思考题：

从上述案例的三种情形中如何引申理解判定场所型常设机构的第一个要件“该营业场所是实质存在的”？

（3）构成营业场所的必须是用于营业活动的、重要的有形物体，且有形物体不属经营本身，而是服务于营业活动。

证券、银行存款、软件、专栏、网站等不构成营业场所，轻便的、可携带的机器、设备、工具也不构成营业场所。构成营业场所的应是用于营业活动的、重要的有形物体。如在电子商务中，一国企业在另一国拥有的网站本身不能被视为营业场所，但该企业若对位于另一国的网站所依附的服务器可以进行长期自由支配，则该服务器可以被视为该企业的营业场所。若有形物体为经营本身，则该有形物体不构成营业场所。如一国企业到另一国为客户提供设备进行出租并取得租金收入，该设备本身不应被视为该企业在另一国的营业场所。但若一国企业通过设在另一国的办事处长期出租设备而取得租金收入，由于该办事处服务于企业的营业活动，自然可以成为营业场所。

2. 该营业场所具有地理位置上的固定性及时间上的持久性

（1）地理位置上的固定性。

营业场所必须是固定的，意味着营业场所通常必须和非居民国某个特定的地理位置存在联系。若缔约国一方企业不在缔约国另一方某个明确的场所进行营业活动，那么其在缔约国另一方经营多久都不会构成常设机构。如卫星不能构成常设机构，是因为根据目前的国际法规则，不能将卫星所在的位置视为属于某一国领土的一部分。对固定性也不能做绝对的理解，设备的固定性并不要求其必须固定在某一具体的地理位置，只需要存在于某一明确的场所即可。如一国企业到缔约国另一方提供咨询服务，年初在某个写字楼的二楼办公室办公，因写字楼装修，当年年中搬至三楼办公室办公，并不违背固定性的要求，可将该写字楼整体视为固定的营业场所。

同时满足地理和商业上的一致性，是营业场所固定性的内在要求。如一家室内设计公司雇员到另一国的客户办公室为其提供 4 个月的设计服务。该客户办公室为一座写字楼的某一楼层。之后，该公司又为在同一写字楼的另一楼层的第 2 个客户提供了 4 个月的类似服务。由于上述两个楼层位于同一个写字楼，因此满足了地理上的一致性，但由于为不同客户提供服务，因此并不存在商业上的一致性。因此，在上述情形下，不可将该办公楼视为该公司在另一国的常设机构。反之，设计公司雇员若在同一客户拥有的两个办公楼从事活动，这两个办公楼也不会构成设计公司的常设机构，因为这两个办公室虽然满足商业上的一致性，却不满足地理上的一致性。若设计公司雇员为同一客户所拥有的位于某一写字楼的不同楼层的办公室提供服务，则同时满足了地理和商业上的一致性，营业场所固定性的确定就不存在问题。

（2）时间上的持久性。

除了应具有地理位置上的固定性特征，营业场所还必须具有一定程度的永久性，或称为时间上的持久性，即非纯粹的临时性，才会构成常设机构。在理解时间的持久性时，营业场所设立的存续意图与存续时间的事实并重。如果一个营业场所的设立是以长期使用为目的，但由于发生特殊情况（如纳税人死亡、投资失败等）而提前清算，即使只存在很短时间，也认为构成常设机构；若一个营业场所的运营最初仅用于短期目的，但实际存在的时间超出了临时的范围，应追溯性地认为存在常设机构；若一个场所的设立初衷为短期运营，实际也为临时性存在，则自然不应认为构成常设机构。虽然 OECD 范本和 UN 范本都认为场所型常设机构必须具备时间上持久性的特征，但该时间上的持久性都没有确定、数量化的标准。OECD 范本第 5 条注释提到：尽管在构成常设机构的时间要求方面，各成员国的实践并不一致，但经验表明，在一国用于进行营业活动的营业场所存在的时间少于 6 个月的情况下，一般不会构成常设机构。可以认为 6 个月是一个参照性的标准。

但存在两种例外情形，即在这两种情形下，即使持续时间不足 6 个月，也可能构成常设机构。一种例外是周期性营业活动。OECD 认为，在周期性营业活动中，虽然一个场所每次被非居民使用的时间较短，但会被重复使用且可能延续几年时间，这种情况下，该场所每次被使用的时间和使用的次数应加以合并考虑。如 R 国一家企业在 S 国某个偏远的北极地区进行钻探作业，该地区的季节性条件不允许该业务每年运营超过 3 个月，但预计这项业务将持续 5 年。鉴于在该地区从事的业务性质，可以认为即使时间上持续不断的活动从未超过 6 个月，但其重复发生的性质使其仍然满足常设机构的时间性要求。

另一种例外情形涉及的营业活动性质决定了相关场所的持续时间较短，但该营业活动完全在非居民国开展，与非居民国的经济联系更为紧密，从而构成在非居民国的常设机构。OECD 范本第 5 条注释举了一个非常典型的案例：R 国的一位居民了解到 S 国的某个偏远村庄正拍摄一部电视纪录片，而他的父母在该村庄持有一处较大的房产。拍摄该片要求演员和工作人员在该村庄停留共计 4 个月。R 国居民与纪录片制片方签订合同，约定在这 4 个月为演员和工作人员提供餐饮服务，并将利用其父母在该村庄的房产作为自助餐厅，在拍摄期间开展独资经营业务，自助餐厅在拍摄结束后终止。可以认为，由于餐厅是特定经营业务整个存续期间的营业场所，虽然实际持续时间不满 6 个月，但亦符合时间性要求。若变换场景，假设一家在 R 国经营多项餐饮服务设施的居民企业在 S 国为纪录片拍摄提供为期 4 个月的自助餐厅服务，则由于该企业长期在 R 国经营，其餐饮服务更多的是发生在 R 国，仅仅是在 S 国开展临时性经营，因此并不会构成在 S 国的常设机构。

3. 通过该营业场所开展了营业活动

营业场所构成常设机构的第三个要件是“通过该营业场所开展了营业活动”，即“经营性”要求，指企业的营业活动定期完全或部分通过固定的营业场所开展。在理解这一点时，必须赋予“通过营业场所”用语宽泛的含义，而不是仅局限于营业活动完全在该营业场所开展的情形。例如，某个进行道路修筑的企业应被认为正在“通过”该修筑行为发生的地点实施其营业活动。需要说明的是，除下文所述的准备性、辅助性活动外，企业所开展的营业活动既包括生产经营活动，也包括非营利机构从事的一般业务活动，并不强调“生产性”。OECD 范本注释提到：有人主张，常设机构还应具备以前常被提及的“生产性”特征，即相关场所从事的活动必须对企业的利润做出了贡献。但显然目前 OECD 范本注释并没有采纳这一观点，因为当今流行观点认为，在经营管理良好的企业中，自然可以认为企业的每一部门都对整个企业的生产及利润实现做出了贡献，几乎找不到不对企业的利润实现作出贡献的内部机构。当然，这并不意味着一国企业在另一国设立的任何内部机构从事活动都可被认定符合第三个要件，如设立的部门主要从事或提供准备性、辅助性活动，则属于常设机构认定的除外情形，非居民国自然不可行使地域管辖权征收所得税。

通常情况下，通过营业场所从事营业活动的主体是相关人员，即在大多数情形下，“经营性”要求有相关人员在非居民国的出场。但在一些特定情形下，可能并不需要人员出现在营业场所而自动开展营业活动，如通过自动化设备开展的营业活动就无须现场的人工干预。自动化泵站、自动化售货机、服务器等自动进行的营业是否符合“通过该营业场所开展了营业活动”的要求？OECD 范本注释对此予以说明：若企业人员不仅在非居民国设置了这些设备，而且为了企业利益从事了对这些设备的运转、控制和维护工作，则可以认为符合第三个要件“营业性”的要求，构成常设机构，从而非居民国可以据此征收所得税。同样的逻辑也适用于一国企业在另一国租赁大型设备，如石油钻塔或建筑塔吊。如果企业仅仅是搭建此种设备，然后将其出租给客户，就不存在常设机构，但若企业除了搭建此种设备，亦负责出租期间的维修、保养，则可认为符合“经营性”要求，从而构成常设机构。

（二）工程型常设机构的确认规则

工程型常设机构，是指缔约国一方居民到缔约国另一方从事税收协定所规定的工程作业且持续时间较长时构成的常设机构。OECD 范本第 5 条第 3 款规定：**“建筑工地、建筑或安装工程构成常设机构，但仅以其持续 12 个月以上为限”**，UN 范本第 5 条第 3 款 a 项规定：**“建筑工地、建筑、装配或安装工程，或与其相关的监督管理活动，但仅以该工地或工程活动持续 6 个月以上为限”**。两个协定范本以上规定的征税门槛可以总结为工程型常设机构。与 OECD 范本相比，UN 范本在工程型常设机构确认方面主要存在以下差异。一是扩大了工程作业的范围，增加了“装配”“与工程作业相关的监督管理活动”。OECD 范本将建筑工程的现场规划和监督管理活动列为准备性、辅助性活动，即一家企业到另一国若单纯从事现场规划和监督管理活动，则不构成常设机构。但依据 UN 范本，即使一家企业到另一国单纯从事现场规划和监督管理活动，若持续时间满足 6 个月的要求，仍会构成工程型常设机构。二是缩短了工程作业构成常设机构的时间标准，由 12 个月降低为 6 个月。上述差异明显提高了一国企业到另一国从事工程作业时构成常设机构的可能性，侧重维护地域管辖权，更多地照顾到了发展中国家的利益。

“建筑工地、建筑或安装工程”一语，不仅包括房屋的建造，还包括道路、桥梁或运河的建造，建筑物、道路、桥梁或运河的翻新（不限于纯粹的维护或者再装修），管道的铺设，以及挖掘和疏浚工程等。并且，“安装工程”一语不仅限于与建筑工程有关的安装，也包括新设备的安装，如在现有建筑物内或室外安装复杂的机器。需要说明的是，通过某一办事处或车间从事多项建筑工程项目时，若每个建筑工程项目都没有达到相应的时间标准，则每个项目均无法构成工程型常设机构，但该办事处或车间仍可能构成协定范本第 5 条中的场所型常设机构。

在建筑型常设机构的确认中，持续时间的考察与界定是关键。确认某一工程作业是否满足工程型常设机构的时间标准时应主要关注以下几点。

（1）时间确认应适用于各个独立的工地或工程。在判断某工地或工程的持续时间时，不应包括承包商以前从事的与本项目无关的其他工地或工程所花费的时间。若某建筑工地在地理和商业上构成一个不可分割的整体，即使它是建立在几个合同之上，该几个合同也可以视为“一个”合同。从这点来看，即使订单是由多个人安排的，建筑工地仍可视为一个整体（如一排房屋）。

（2）工地或工程持续期间的暂时中断不影响持续时间的连续性。建筑工地存续时间，从承包商在建筑工程所在国开始工作之日起计算，包括所有的准备活动时间在内，如在该工地建立筹建处。建筑工地结束时间为工程作业全部结束或被永久废弃之日。中途暂时停工、季节性或其他暂时性停工时间不得从工程持续时间中减除。季节性停工是指因气候不好而中断作业，暂时性停工可能因原料不足或劳动力问题而引起。

（3）分包商工程作业时间不得从总包商工程作业时间中减除。若总包商将一个建筑工地、建筑或安装工程的若干部分分包给其他企业，则必须将分包商用于此工地或工程的时间视为总包商工程作业时间的一部分。事实上，在分包的情况下，分包工地或工程一般依然由总包商支配，因为总包商往往具有对工地或工程的法律所有权，控制工地的人员出入和使用并承担全部责任。当然，若分包商亦为非居民，在考察分包商是否构成在非居民国的常设机构时，一般只需要考察分包商自身从事工程作业的时间即可。

案例 4-2　**工程分包情况下常设机构的确认**

A1 公司（甲国居民企业）2023 年投标获得乙国境内某体育场馆的设计、施工、建设项目。合同约定，该工程的起止日期为 2024 年 7 月 1 日至 2025 年 3 月 30 日。工程施工过程中，A1 公司将该工程的部分工程分包给 A2 公司（甲国居民企业）。在实际施工中，A2 公司所承包的工程于 2024 年 8 月 1 日开工，2025 年 1 月 30 日完工。虽然 A1 公司将所承包的部分工程分包给 A2 公司施工，但在界定 A1 公司在乙国从事工程作业的工期时，不得扣除 A2 公司的工期。因此从时间看，A1 公司在乙国从事工程作业的时间超过 6 个月，构成在乙国的常设机构。由于 A2 公司所承担的分包工程在乙国的实际作业时间也满 6 个月，同样构成在乙国的常设机构。

思考题：

在涉及工程分包的情形下，认定工程型常设机构的关键是什么？

（4）工地或工程持续时间的确认应体现“反拆分”思路。现实中，一些从事工程作业的非居民通过拆分的方式将整体工程分拆为若干个小工程，并分配给同一集团所属的不同公司分别履行。每个小工程的持续时间均小于协定范本规定的时间标准，从而避免构成非居民国的常设机构。为此，2017 年版 OECD 协定范本注释充分吸收 BEPS 第 7 项行动计划（防止人为规避常设机构的构成）的报告成果，制定了针对“合同拆分”的可选择条款，由各缔约国商定后纳入税收协定。该选择条款充分体现了“反拆分”思路。根据这一条款，若一国居民 A 公司在位于另一国的建筑工地或安装工程中，在一个或多个期间内开展活动，持续时间超过 30 天但不满 12 个月；且由一个或多个与 A 紧密关联的企业（B 公司、C 公司）在同一个建筑工地或安装工程中，在各自都超过 30 天的不同期间内，开展互有联系的活动，则这些不同期间的时间应合并计入 A 在非居民国从事工程活动的时间。图 4-2 中，汇总计算工程持续时间的一个必要条件是 A、B、C 公司各自所从事工程作业的时间均超过 30 天，否则，不可纳入汇总计算“整体”工程的持续时间。虽然 A 公司在乙国的出场时间只有 5 个月，但在计入其紧密关联企业 B 公司及 C 公司的出场时间后，合计为 13 个月，因此 A 公司在乙国构成工程型常设机构。

紧密关联企业

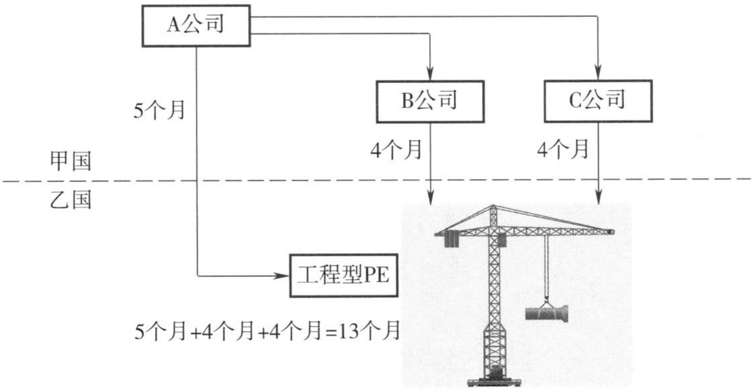

图 4-2 工程型常设机构确认中的“反拆分”示意图

（三）劳务型常设机构的确认规则

劳务型常设机构，是指缔约国一方居民派其雇员或雇佣的其他人员到缔约国另一方提供税收协定所规定的劳务，且满足相应的时间标准后所形成的常设机构。当然，若提供的劳务属于协定意义上的准备性、辅助性活动范围，则不构成劳务型常设机构。从理论上看，很难将在企业支配下到另一国提供劳务的自然人视为一个“营业场所”，更难想象相关人员会满足营业场所的“固定性”要求。OECD 范本正文就没有劳务型常设机构的条款设计。也就是说，按照 OECD 范本的规定，一国居民到另一国提供劳务，在没有相应的营业场所的情况下，劳务所得应由居民国独占征税权。需要指出的是，并不是所有 OECD 成员国都认可这种做法。一些成员国认为，即使非居民在本国提供劳务时没有设立固定营业场所或设置代理人，但劳务发生在本国，理应在当地征税。虽然来源国（非居民国）对非居民在本国没有营业场所下的劳务所得征税会带来税收遵从及税务管理方面的挑战，但这种困难并不能成为剥夺来源国征税权的理由。基于此，OECD 范本注释制定了一项选择性条款，由缔约国双方协商在缔结税收协定时是否加入该条款。该条款设计了两种来源国对非居民派遣人员到本国提供劳务征税的情形。

第一种情形：**缔约国一方企业在缔约国另一方提供劳务，是通过在任何 12 个月内在缔约国另一方累计停留超过 183 天的个人提供的，并且在上述期间内，可归属于该企业积极经营活动总收入的 50% 以上来自该个人在缔约国另一方提供的劳务。**按照该规定，来源国对非居民在本国提供服务征收所得税需满足三个要件：一是“真实雇主”的认定，即派出企业对所派遣人员的工作拥有实质的控制权或决定权，对派遣人员的活动进行事实上的支配；二是持续时间满足 183 天的要求，即相关人员在非居民国提供服务，在任何 12 个月中连续或累计超过 183 天；三是收入比重的要求，即在提供劳务期间内，非居民来源于非居民国的劳务收入占其营业总收入的比重至少达到 50%。

如 R 国居民 X 是 XCO 公司的两个股东兼雇员之一。该公司是提供工程服务的 R 国居民公司。2021 年 12 月 20 日至 2022 年 12 月 19 日，X 在 S 国连续或累计停留达 190 天，并且在该期间内，可归属于 XCO 公司积极营业活动全部收入的 70% 源于 X 在 S 国提供的劳务。由于停留时间不足 12 个月，因此 X 并没有构成在 S 国的工程型常设机构，但满足了 OECD 范本注释中的选择性条款中的第一种情形，因而构成了在 S 国的劳务型常设机构。再如：R 国居民 Z 是 ACO 公司的 10 名雇员之一，ACO 公司是提供会计服务的 R 国居民公司。在 2020 年 4 月 10 日至 2021 年 4 月 9 日，Z 在 S 国连续或累计停留达 190 天，且在该期间内，可归属于 ACO 公司积极营业活动全部收入的 12% 源于 Z 在 S 国提供的劳务。按照 OECD 范本及注释中的选择性条款，由于不符合相关常设机构的确认要件，ACO 公司在 S 国既没有构成工程型常设机构，亦没有劳务型常设机构的存在。

第二种情形：**缔约国一方企业在缔约国另一方提供劳务，在任何 12 个月内累计超过 183 天，并且该劳务是通过一个或多个在缔约国另一方境内停留并提供此劳务的个人为同一或多个相关联的项目而提供的。**在此种情形下，来源国对非居民在本国提供服务征收所得税亦需要满足三个要件，前两个要件同第一种情形，第三个要件则是提供劳务所依附的项目必须是同一个或相关联的项目。若非居民为同一客户的两个不同项目提供劳务，不能认为是为同一个项目提供劳务。如提供税务咨询服务的同时，又为客户提供与税务无关的培训服务。多个项目之间的关联性则主要考量如下因素：多个项目是否为同一个主合同所涵盖；若多个项目是由不同的合同涵盖的，这些合同是否与同一个人或相关联的人签订的，是否在签订第一份合同时就可以合理地预期还有附加的合同要签订；不同项目下的工作性质是否相同；相同的人员是否在不同的项目下提供劳务。

如 R 国居民公司 X 与 Y 公司达成协议，在 Y 公司拥有探测权的 S 国境内若干地点进行地质探测。在 2020 年 5 月 15 日至 2021 年 5 月 14 日，X 公司所从事的地质勘探活动超过了 185 个工作日，这些工作是由 X 公司的雇员和承包 X 公司部分工作的自雇个人共同完成的，但这些自雇个人是在 X 公司的监督、指导、控制下进行工作的。

X 公司雇员和承包 X 公司部分工作的自雇个人为同一个项目或相关联的项目提供劳务，且时间超过 183 天，因此 X 公司在 S 国境内构成常设机构。再如，R 国居民公司 ZCO 将其通过电话对客户提供技术支持的服务外包给 S 国居民公司 OCO。OCO 公司给 ZCO 公司经营话务中心。在 2020 年 1 月 1 日至 2020 年 12 月 31 日，OCO 公司的雇员向 ZCO 公司的许多客户提供了技术支持。由于 OCO 公司的雇员并不在 ZCO 公司的监督、指导或控制下工作，不应认为 ZCO 公司通过这些职员在 S 国境内提供劳务。此外，虽然 OCO 公司的雇员向 ZCO 公司的众多客户提供的劳务是类似的，但这些劳务是在 ZCO 公司与无关联关系的客户间订立的不同合同项下提供的。因此，不能认为这些劳务是为同一项目或相关联的项目提供的，基于此，ZCO 公司并没有构成在 S 国的劳务型常设机构。

综上所述，OECD 范本注释中关于劳务型常设机构选择性条款的第一种情形可以概括为“时间 + 收入比重”标准，以体现非居民与来源国间的经济联结程度；第二种情形则可以概括为“时间 + 项目性质”标准，以体现非居民在来源国从事经济活动的“深度”。总体看，相对于下文将要述及的 UN 范本，OECD 范本注释中选择性条款对劳务型常设机构的构成所施加的约束条件更为严苛，换句话说，来源国（非居民国）对在本国提供劳务的非居民征税的可能性更小。

许多发展中国家认为，工业化国家企业从本国提供管理及咨询服务中获取了巨额利润，即使没有物理性的营业场所，劳务发生地所在国也可以作为来源国对这些利润征税。因此，不同于 OECD 范本只是在注释中制定了劳务型常设机构的选择性条款，UN 范本正文中明确规定了劳务型常设机构。2017 年版 UN 范本第 5 条第 3 款 b 项规定：**“常设机构一语还包括：企业通过雇员或雇佣的其他人员为上述目的提供的服务，包括咨询服务，但仅以该性质的活动在缔约国一方任何 12 个月中连续或累计超过 183 天为限”**。剖析这一定义，可将 UN 范本劳务型常设机构的确认规则概括为两个要件：一是“真实雇主”的认定，即派出企业对所派遣人员的工作拥有实质的控制权或决定权，对派遣人员的活动进行事实上的支配；二是持续时间满足 183 天的要求，即相关人员在非居民国提供服务，在任何 12 个月中连续或累计超过 183 天。通过比较可以发现，这两个要件也是 OECD 范本注释中关于劳务型常设机构确认的必要条件，但除此之外的“收入比重”或“项目性质”的条件约束在目前的 UN 范本中并不存在。

事实上，2017 年之前的 UN 范本的相应规定为“常设机构一语还包括：企业通过雇员或雇用的其他人员为上述目的提供的服务，包括咨询服务，但仅以该性质的活动在缔约国一方（为同一项目或相关联项目）任何 12 个月中连续或累计超过 183 天为限”，**2017 年版 UN 范本删除了“同一项目或相关联项目”的条件约束**。这一修改的背景是：一些发展中国家反映，实践中“同一项目或相关联项目”的限制很容易被跨国公司人为操纵，对税务机关也造成了难以解释和事实确定的难题，对发展中国家来讲是“不受欢迎的行政负担”。此外，从政策角度来看，如果非居民在一个国家提供服务超过 183 天，那么该非居民参与该国的经济活动已经足够“显著”，无论这些服务是为一个项目还是多个项目提供，该国都应该对这些服务产生的收入征税，即非居民对来源国经济的参与程度与项目数量无关。取消“同一项目或相关联项目”的条件约束意味着 UN 范本实质上延伸了劳务型常设机构的内涵，增加了发展中国家作为来源国对非居民提供服务征税的可能性。

（四）代理型常设机构的确认规则

代理型常设机构，是指缔约国一方居民在缔约国另一方通过代理人进行营业活动而形成的常设机构。缔约国一方企业即使在缔约国另一方没有营业场所、不从事工程作业，亦没有派员或雇佣人员提供劳务，也可能因代理关系而在另一方构成代理型常设机构，从而需要向非居民国（另一方）履行企业所得税纳税义务。代理型常设机构中的代理人可以是公司，也可以是个人，并且代理人并不必然为其代理活动所在国的税收居民。

OECD 范本第 5 条第 5 款规定：**"若一个人在缔约国一方代表企业从事活动，经常性地订立合同或经常性地在合同订立过程中发挥主要作用，而合同按惯例订立且企业不进行实质性修改，且该合同：❶ 以该企业的名义订立，❷ 或涉及该企业拥有或有权使用的财产的所有权转让，或使用权授予，❸ 或涉及由该企业提供服务，该人为该企业所进行的任何活动，应认为该企业在该缔约国一方设有常设机构"。**

这里的"人"及"该人"所指即代理人，"企业"及"该企业"所指则为代理人所代表的境外非居民企业。OECD 范本第 5 条第 5 款的规定具有丰富的内涵，依据 OECD 范本注释，可以将代理型常设机构的确认规则总结如下。

1. 代理人代表非居民企业在非居民国进行活动

OECD 范本注释指出：将任何代表境外非居民企业从事活动的人都认定为该非居民企业的常设机构，不利于国际经济关系的发展。只有那些由于其活动性质使所代理的企业在一定程度上参与了所在国家经济活动的代理人，才应被视为非居民企业在一国的常设机构。如果位于一国的企业并未直接或间接受到位于另一国某人活动的影响，不能认为该人代表该企业进行营业活动。如果代表境外企业进行营业活动的代理人是一家公司，则该公司的雇员及董事的活动应一并纳入考虑，以判断该公司是否，以及在多大程度上代表前者进行营业活动。与场所型常设机构、工程型常设机构及劳务型常设机构的确认规则类似，若代理人从事的活动属于税收协定意义上的准备性、辅助性活动范畴，则不构成常设机构。

2. 在代理过程中，代理人经常订立合同，或经常在合同订立过程中起主要作用，合同按惯例订立且境外非居民企业对合同不进行实质性修改

"订立合同"一语，主要是指根据合同适用的法律，相关合同被认定为由代理人订立的情形。"经常"一词表示代理人代表境外非居民企业的活动应具有持续性，而不是短暂地存在。对"订立合同"一语的解释需结合 OECD 范本第 5 条第 5 款代理型常设机构条款的目的和意图进行，只要代理人在非居民国进行的活动是为了经常订立由所代表的境外非居民企业履行的合同，都可以认为代理人订立合同。"经常在合同订立过程中起主要作用，合同按惯例订立且企业不进行实质性修改"一语，主要适用于代理人招揽并取得（但并未正式确定）的订单被直接送到用于交付外国企业（即境外非居民企业）货物的仓库，并且该外国企业通常都会批准交易的情形。在此种情形下，代理

人虽然并未直接代表境外非居民企业取得订单或订立标准合同，但代理人为交易的达成作出了重要贡献。该规定为2017年版OECD范本新增内容，针对形式上代理人没有代表非居民企业与客户直接签订合同，但代理人在合同订立中发挥了关键作用的情形，主要是为了应对和解决在线交易大量出现而带来的来源国税基侵蚀问题，压缩在线交易的避税空间。案例4-3为OECD范本注释中对代理型常设机构的一个解释案例，该案例较为生动地阐释了“经常在合同订立过程中起主要作用，合同按惯例订立且企业不进行实质性修改”一语的含义。

案例4-3　线上交易构成代理型常设机构

R公司是R国居民公司，通过其网站在全球范围内分销多种产品和服务。S公司（S国居民公司）是R公司的全资子公司。S公司的员工通过向大型组织发送邮件、打电话或访问等方式说服他们购买R公司的产品和服务，并因此负责R公司在S国的大客户。S公司员工运用社交技巧预计客户的需求，并说服他们购买R公司的产品和服务，其薪酬部分基于R公司从客户取得的收入。如果通过S公司员工的推销，其中一个客户同意购买一定数量的产品或服务，则该员工需向客户说明所需支付的价款，并说明在R公司提供产品与服务之前客户需与R公司在线订立合同，该员工还需向客户解释R公司合同的标准条款，包括R公司使用的固定价格结构，S公司员工无权对合同条款进行修改。之后客户根据与S公司员工协商的数量，以及S公司员工展示的价格结构在线订立合同。

在上述情形下，S公司的员工对客户与R公司之间订立合同起到主要作用，合同按惯例签订且R公司未对这些合同做出实质性修改。S公司员工无权修改合同条款，并不意味着他们代表R公司所进行的商业活动没有直接导致合同的订立。事实上，说服客户接受标准合同条款，是客户与R公司订立合同过程中最重要的环节。

思考题：

判定线上交易构成代理型常设机构的关键是什么？

3. 合同是以境外非居民企业的名义订立，或涉及该企业拥有或有权使用的财产所有权的转让或使用权的授予，或涉及该企业提供的劳务

对“合同是以境外非居民企业的名义订立”应做广义的理解，这一表述既包括代理人完全以所代表的境外非居民企业名义签订合同的情形，也包括代理人没有直接以所代表的境外非居民企业的名义签订合同，但代理人所签合同对该非居民企业具有约束力的情形。“或涉及该企业拥有或有权使用的财产所有权的转让或使用权的授予，或涉及该企业提供的劳务”一语，是指所订立合同中转让财产所有权（如商品销售）、授予资产使用权（如设备租赁）或提供劳务相关的义务由被代理的境外非居民企业履

行，而不是代理人本身。代理人并不履行移交商品、提供劳务等义务，而是由被代理的境外非居民企业履行。该用语主要适用于代理人以自身名义订立合同，但合同订立形成的主要利益（如商品销售收入、设备租赁收入或劳务提供收入等）归属于境外被代理的非居民企业的情形，即商业实践中佣金代理人模式。

根据代理人向被代理人履行义务的程度，可将代理人分为非独立代理人与独立代理人。从逻辑上讲，构成代理型常设机构的代理人必须是非独立代理人，但反之不成立。也就是说，**非独立代理人并不必然为非居民企业在东道国的代理型常设机构，只有代理人同时满足上述三个要件要求时才构成代理型常设机构**。独立代理人为代理型常设机构的除外情形之一[①]。若某一代理人被认定为税收协定意义上的独立代理人，且代理行为属于其常规经营业务，则其不会构成非居民企业的常设机构。通常情况下独立代理人需同时满足“法律独立”与“经济独立”两方面要求。法律独立，要求代理人在法律形式上为一个独立实体。经济独立，是指从经济实质考察，代理人并不在被代理人的具体指导和全面控制之下为后者进行商务活动，代理人从事活动实现的经济利益并不直接指向被代理人。根据现行 OECD 范本注释，可从以下几个方面判断代理人的独立性：❶ 经营风险是否由代理人承担；❷ 代理人的工作执行方式是否受被代理人的实质控制；❸ 代理人所代表的被代理人数量的多寡。若在代理协议中规定：相关的经营风险主要由代理人承担；代理人虽然就其工作成果向被代理人负责，但在工作执行方式上并不受被代理人的实质控制；代理人所代表的被代理人数量较多，则代理人被认定为独立代理人的可能性就很大。两个范本都指出：若某人专门或几乎专门代表一个或多个与之紧密关联的企业而进行活动，则不应认为该人构成这些企业中任何一个在协定意义上的独立代理人。换句话说，若代理人代表境外一个或多个企业进行活动，但这些企业若属于 OECD 范本第 5 条意义上的“紧密关联”关系，则不能认为代理人为独立代理人。在代理人与被代理企业存在紧密关联关系时，意味着本应由被代理企业履行的功能或从事的活动被“分拆”给代理人去履行，若此时将代理人视为独立代理人无疑为纳税人创造了避税空间。基于此，在两者存在紧密关联关系的情况下，代理人不得被视为独立代理人。这一规定是 2017 年版 OECD 范本和 UN 范本新增内容，它在收紧独立代理人认定范围的同时压缩了跨国纳税人通过“活动分拆”方式进行避税的空间。

长期以来，佣金代理人是否构成协定意义上的常设机构是税务实践中的难点。2017 年版 OECD 范本和 UN 范本更新之前，一些跨国公司利用佣金代理人安排进行避税，很多国家法院的判例亦将佣金代理人作为独立代理人进行税务处理。理解佣金代理人商业模式是讨论佣金代理人是否构成代理型常设机构的基础，佣金代理人商业模式如图 4-3 所示。在佣金代理人安排中，位于甲国（低税国）的 A 公司为拓展乙国市场，与位于乙国（高税国）的 B 公司签订代理协议，由 B 公司向 A 公司提供代理服务。代理协议规定：B 公司代表 A 公司但以 B 公司自身名义对外销售商品。在销售行为完

---

① 代理型常设机构的除外情形包括两种：一是代理人从事的活动属于协定意义上的准备性、辅助性活动；二是代理人为独立代理人。

成之前，A公司保留商品所有权，直至商品交付给客户完成交易止。虽然B公司代表A公司搜寻潜在的客户并订立合同，但销售合同是以B公司的名义订立，该合同对A公司并不具有法律约束力。若销售合同出现违约情况，B公司自行承担违约责任，客户不能直接起诉A公司。很明显，在佣金代理人安排中，B公司符合“法律独立”的要求。但从经济实质看，B公司虽然以自身名义与客户订立合同，但却代表A公司在高税国实现销售，B公司取得较低比例的佣金后，销售实现的经济利益绝大部分归属于位于低税国的A公司。因此，B公司不符合“经济独立”要求，若将B公司视为独立代理人而免除其在高税国（乙国）的纳税义务就不合理地侵蚀了来源国乙国的税基，助长了跨国纳税人利用佣金代理人安排进行国际避税的势头。如美国戴尔计算机集团公司就利用这种佣金代理人安排在一些欧洲高税国进行避税。该集团设在爱尔兰（低税国）的一家戴尔集团成员公司向设立在挪威（高税国）的另一家集团成员公司销售电脑，后者再将电脑销售给位于挪威的客户。2011年12月，挪威最高法院最终判决戴尔爱尔兰公司在挪威不构成常设机构。该案例之前的法国最高行政法院关于Zimmer公司一案做出了类似的判决[①]。

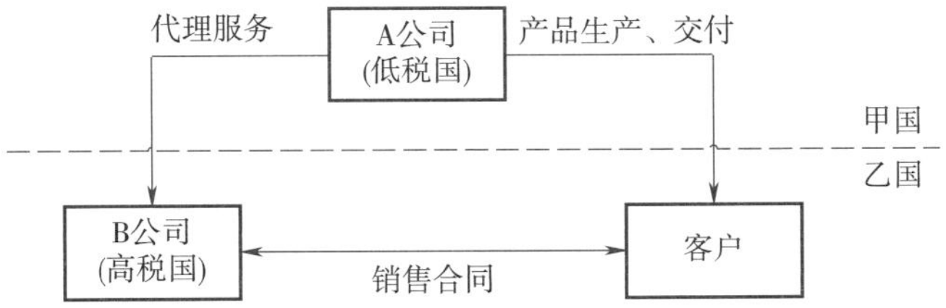

图4-3　佣金代理人商业模式示意图

为避免跨国纳税人利用佣金代理人安排侵蚀来源国税基，2017年版OECD范本与UN范本充分吸收BEPS第7项行动计划（防止人为规避常设机构的构成）成果，拓展了代理型常设机构的认定范围，双双将协定范本常设机构条款中的代理人“有权以该企业（被代理企业）的名义订立合同并经常行使这种权力”修订为代理人“经常性地订立合同或经常性地在合同订立过程中发挥主要作用，而合同按惯例订立且企业不进行实质性修改”，不再局限于“以被代理企业的名义订立合同”，只要代理人的活动导致被代理企业的“财产所有权的转让（如商品销售）、有权使用的财产的使用权授予（如设备租赁）或服务的提供”，仍可能构成代理型常设机构。也就是说，新版本将佣金代理人纳入了代理型常设机构范围，堵住了跨国纳税人利用佣金代理人安排而侵蚀来

① Zimmer公司为英国一家从事膝关节设备销售的公司，其设在法国的全资子公司Zimmer SAS作为佣金代理人在法国销售产品。法国税务机关认为，Zimmer SAS在法国的销售活动使得Zimmer公司在法国拥有常设机构，需要向法国缴纳企业所得税。但法国最高行政法院基于“Zimmer SAS公司以自身名义对外销售不符合协定意义上的‘以被代理企业名义订立合同’的要求”，最终判决Zimmer公司在法国没有常设机构，不需向法国缴纳企业所得税。

——［美］布莱恩·J.阿诺德著，《国际税收基础》翻译组译：《国际税收基础》，中国税务出版社2020年版。

源国税基的规则漏洞。

目前，UN 范本对代理型常设机构的认定与 OECD 范本大同小异。差异主要体现在对保险公司是否构成常设机构的态度不同。保险企业相对于其他类型企业具有自身独特的商业模式特征。保险企业的通用商业模式决定了一般不需要在另一国设立经营场所，但通过代理人可从另一国获得大量的保费收入。税务实践中各国国内法对代理人性质认定的差异较大，纳税人可以通过相应的商业安排很容易实现代理人身份的转化。若跨国保险企业没有在来源国构成代理型常设机构，则来源国政府无法就本国居民对外支付的大量保费收入征税。OECD 范本没有单独将保险公司纳入常设机构范围，除非该保险企业在另一国设立有营业场所或构成代理型常设机构。也就是说，OECD 范本没有将保险公司和其他类型企业区别对待，保险公司只有满足场所型、代理型常设机构的确认要件，才会构成在来源国的常设机构。UN 范本则规定：除再保险外，缔约国一方保险公司通过独立代理人之外的人在缔约国另一方收取保险费，或为缔约国另一方领土上的风险进行承保的，应被视为在该缔约国另一方拥有常设机构。根据此规定，一国保险企业只要通过除独立代理人身份以外的人从另一国收取保费或承保风险，就构成在另一国的常设机构，而不论该人是否满足代理型常设机构确认的其他要件。显然，UN 范本将保险企业与其他类型的企业进行了区别处理，保险企业在缔约国对方构成常设机构的可能性明显提升，一定程度上扩大了来源国的地域管辖权范围。

三、常设机构确认中的除外情形：准备性、辅助性活动

（一）准备性、辅助性活动判定的意义

OECD 范本和 UN 范本都列举了常设机构认定中的除外情形：准备性、辅助性活动。

税收协定范本制定准备性、辅助性活动除外情形的目的，是防止一国对另一国居民在其领土范围内开展的所有营业活动征税。众所周知，国家之间缔结税收协定的主要目的就是通过消除国际双重征税，促进国际贸易和国际投资的发展。准备性、辅助性活动虽然也属于生产经营活动，但这些活动距离企业在实践中实现利润还相差甚远，开展这些活动的固定营业场所并不形成所代表的企业与非居民国的显著联结，从而很难向该营业场所归属任何利润，非居民国行使地域管辖权征税不具有经济忠诚理论基础。UN 范本注释指出，通过设置准备性、辅助性活动除外情形，有利于发展中国家吸引外国企业在本国开展筹备或辅助业务，从而有助于外国企业在东道国实现更持久和实质性的承诺。准备性、辅助性活动除外情形的制定，为发展中国家更长久地吸引国际投资、涵养税基创造了有利条件。

从逻辑上讲，除外情形的认定是判定常设机构的前置环节（见图 4-4）。若一国居民通过设在另一国的营业场所开展准备性、辅助性活动，则直接判定其在另一国不存在常设机构。若所从事的活动不具有准备性、辅助性的性质，则需要根据各种类型常设机构的确认规则逐一判定是否满足相应类型的常设机构确认要件，如果满足，则构成常设机构，反之则不构成常设机构。需要说明的是，除外情形包括准备性、辅助性活动，还涵盖了独立代理人情形，其在判定常设机构的构成逻辑上亦处于前置环节。

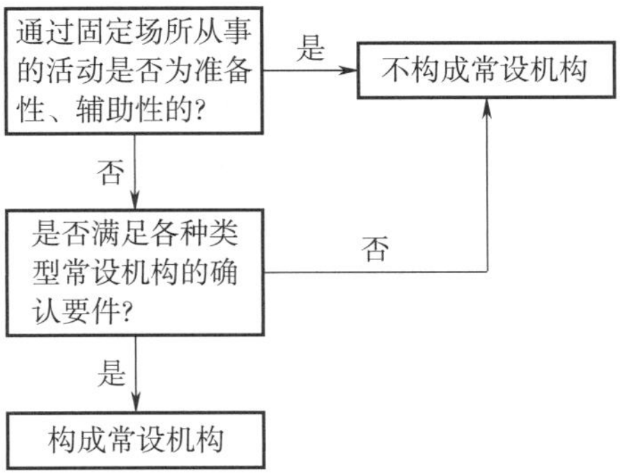

图 4-4　除外情形与常设机构确认逻辑关系图

（二）准备性、辅助性活动的判定规则

1. 准备性、辅助性活动不属于企业关键、重要的经营活动

OECD 范本注释指出，判断相关活动是否为准备性、辅助性活动的决定性标准是活动本身是否构成企业整体活动中基本、重要的部分。实践中的每一个案件都应该根据具体情况加以判定。任何情况下，若某固定营业场所的主要目的与整个企业的总体目的相同，则该场所的活动就不是准备性、辅助性的。如设在某国的固定营业场所主要为其所属的境外企业做广告宣传，一般认为该活动为准备性、辅助性活动。但若所属境外企业本身即广告公司，则设在非居民国的场所开展的广告宣传活动很明显就不具有准备性或辅助性的性质，而属于企业的核心经营活动。

2. 基于企业经营活动整体判定相关活动是否具有准备性、辅助性性质

准备性活动性质的判定应结合企业作为一个整体开展的关键、重要活动进行综合审视。准备性活动往往先于关键、核心经营活动发生，其开展时间往往相对较短，具体持续时间取决于企业核心经营活动的性质。但在有些特定情形下，核心经营活动在另外地点进行，而发生在当地的准备性活动持续时间可能较长。如一家建筑企业在某处对其员工进行较长时间的培训，之后员工被派往位于其他国家的远程工作地点进行工作，则在培训地点进行的培训活动就属于准备性活动。辅助性活动，顾名思义，即具有辅助性质的活动，通常是为了支持但不构成企业整体经营活动的关键和重要部分，不需要企业投入大量的资源。需要企业投入显著比例的资产或人员的活动不能认定为辅助性活动。

3. 服务于其他企业而开展的活动不具有准备性、辅助性性质

既然准备性、辅助性活动是基于企业整体经营活动的角度进行审视和判定的，准备性、辅助性活动毫无疑问属于企业整体经营活动的一部分，这些活动是为企业自身而开展的。但若这些活动除了服务于企业自身外还服务于其他企业，则不能将这些活动的性质界定为准备性、辅助性。如一国企业位于另一国的办事处不仅为该企业自身产品和服务提供广告宣传服务，还代表其他企业在同一地点进行广告宣传，则该办事处应被视为该企业在另一国的常设机构。

OECD 范本和 UN 范本第 5 条第 4 款都分项列举了相应的准备性、辅助性活动，如表 4-2 所示。

表 4-2　税收协定范本准备性、辅助性活动列示

项目	税收协定范本
a	专为储存、陈列或者（交付）本企业货物或者商品的目的而使用的设施
b	专为储存、陈列或者（交付）的目的而保存本企业货物或者商品的库存
c	专为另一企业加工的目的而保存本企业货物或者商品的库存
d	专为本企业采购货物或者商品，或者收集信息的目的而设立的固定营业场所
e	专为本企业进行任何其他活动的目的而设立的固定营业场所
f	专为本款第 a 项至第 e 项活动的任意组合而设立的固定营业场所，前提是该活动或者在第 f 项情形中该固定营业场所的整体活动，属于准备性质或辅助性质

a 项适用于由企业专为储存、陈列或交付本企业货物或商品的目的而使用的设施构成固定营业场所的情况。理解 a 项的适用有两个特殊情况需要注意：一是当相关设施属于企业重要资产，且需要企业投入大量人力经营时，通过该设施进行的活动就不具有准备性、辅助性。如 R 国某企业在 S 国运营一个大型仓库，大量员工在该仓库工作，其主要目的是储存和交付该企业拟通过互联网向 S 国客户销售的自有商品。这种情况下，该仓库属于企业的重要资产，并且企业通过该仓库开展的储存和交付活动需要大量员工投入，这些活动构成了企业销售活动的关键部分，不能认定这些活动具有准备性、辅助性。二是当企业使用相关设施或固定营业场所向客户交付已售设备的备品备件，及利用该营业场所提供设备保养和修理服务时，就超出了准备性、辅助性活动的范围，因为售后服务属于企业重要、关键的经营活动。

b 项强调，若企业仅仅出于储存、陈列或交付的目的而保存自身商品库存，则保存商品库存的场所不构成常设机构。特别需要指出的是，UN 范本在列示准备性、辅助性活动情形时，a 项和 b 项中的“交付”情形都被排除在外，这也是 UN 范本与 OECD 范本在界定准备性、辅助性活动方面的最大不同。UN 范本并没有将“交付”视为准备性、辅助性活动，即使仅出于交付的目的而使用的固定营业场所，在满足其他要件时，应被认定为常设机构而向来源国缴税。

c 项适用于专为委托另一企业加工的目的而保有本企业货物或商品的库存，该库存场所不构成常设机构。

d 项前半部分仅与企业采购货物或商品而使用的场所有关。当然，若销售所采购的商品构成企业的主要经营活动，则采购商品就不能被视为准备性、辅助性活动；d 项后半部分规定了仅为企业收集信息而使用固定营业场所的情形。一般来讲，信息收集工作往往是企业开展核心经营活动之前进行的准备性、辅助性活动。如一家投资基金公司在另一国设立办事处的目的仅仅是在该国收集潜在投资机会相关的信息；一家保险公司设立的办事处仅为收集与特定市场风险相关的信息，都属于准备性、辅助性活动。

e 项适用于专为本企业开展第 a 项至第 d 项中未明确列示的活动而设立的固定营业场所。只要从企业整体经营活动视角看，相关活动具有准备性、辅助性的性质，开展这些活动的营业场所就不应被视为常设机构，如广告宣传、迎来送往、提供翻译服务。

f 项适用于开展第 a 项至第 e 项任意组合的准备性、辅助性活动而设立固定营业场所的情形。

例如，新加坡 S 公司在我国成都设有一办事处。该办事处无权代表 S 公司在境内签订合同，其工作范围仅限于为 S 公司来华人员提供翻译、交通、餐饮、住宿等帮助，同时还进行广告、市场分析、信息采集等工作。此办事处每年开支约为 30 万元人民币。很明显，该办事处在中国的工作范围属于中新税收协定中的辅助性和准备性活动，不构成税收协定意义上的常设机构，不需在中国内地缴纳所得税。

（三）准备性、辅助性活动判定中的反避税设计：反拆分规则

税务实践中，越来越多的跨国公司通过“分拆”方式将其整体运营业务分解为若干较小的运营单元，每一运营单元开展的活动被包装成准备性、辅助性活动，从而避免在非居民国构成常设机构以规避相应的纳税义务。当前国际税收改革对上述准备性、辅助性活动的“变性”问题也特别关注。为防止通过分拆行为以适用税收协定常设机构豁免条款的避税行为的发生，2017 年版 OECD 范本和 UN 范本吸收了 BEPS 第 7 项行动计划（防止人为规避常设机构的构成）的报告成果，新增了反拆分制度设计。反拆分设计的主要内容是：**若一家企业在某个可能构成常设机构的营业场所进行活动，且该活动与同一企业或多个紧密关联企业在该场所或位于该国另一场所进行的其他活动构成整体业务运营的互补职能，则该场所不适用于第 5 条第 4 款的豁免规定。**也就是说，在上述情形下，相关活动不能被直接认定是准备性、辅助性的。需要进一步解释的是，必须满足下列条件之一，反拆分规则才会真正起效：❶ 上述开展活动的场所至少有一处构成常设机构；❷ 每处场所虽然单独都不构成常设机构，但相关活动的结合使得整体活动超过了单纯的准备性、辅助性范畴。下面两个案例描述了反拆分规则的现实应用。

案例 4-4　银行办事处构成常设机构

R 公司是 R 国的一家居民银行，其在 S 国拥有若干构成常设机构的分支机构。R 公司同时在 S 国拥有一间单独的办事处，雇佣了一些雇员在该办事处核查向上述分支机构提交贷款申请的客户信息。这些雇员的核查结果将被递交到 R 公司在 R 国的总部，由其他员工对贷款申请中的信息进行分析，并向 S 国分支机构提供报告，以供其决定是否批准贷款。此案例中，税收协定第 5 条第 4 款中的豁免条款并不能适用于该办事处，因为其他场所（包括了任一受理贷款申请的其他分支机构）构成了 R 公司在 S 国的常设机构，且 R 公司在该办事处开展的活动与在相关分支机构开展的活动构成了整体业务运营（即向 S 国客户提供贷款）的互补职能。

思考题：

2017 年版 OECD 范本加入了判定常设机构时的反拆分规则，该案例体现的反拆分的基本逻辑是什么？

案例 4-5　仓库构成常设机构

R 公司是 R 国的一家居民公司，从事电器的生产和销售。S 公司是 S 国的居民公司，同时也是 R 公司的全资子公司。S 公司拥有一家商店，用于销售从 R 公司购买的电器。R 公司在 S 国也拥有一间小仓库，并在该仓库储存了一些与 S 公司自有商定中展示的部分型号相同的产品。当客户向 S 公司购买上述型号的产品时，S 公司的员工在向客户交付产品前要去该仓库取得相关产品；该产品的所有权仅在离开仓库时才由 R 公司转移到 S 公司。此案例中，R 公司在 S 国拥有的仓库不能适用于税收协定第 5 条第 4 款中的豁免条款。原因在于：❶ S 公司与 R 公司是紧密关联企业；❷ R 公司通过其仓库进行的活动与 S 公司通过其商店进行的活动构成整体业务运营的互补职能。也就是说，在一个场所（仓库）储存货物，通过交付这些货物履行在同一国另一场所（商店）进行货物销售所产生的义务。

思考题：

依据 2017 年版 OECD 范本规定，不可简单将仓库适用于豁免情形，如何理解该规定体现的反拆分思路？

第二节　常设机构营业利润的核算

一、常设机构利润范围的划定：归属原则和引力原则

常设机构的确认，解决的是东道国能否对非居民在本国从事营业活动征税的问题，而营业利润的确定，则解决的是东道国征多少税的问题。从逻辑上讲，确定常设机构的下一步是明确常设机构的营业利润。在税收协定范本中，常设机构确认及营业利润核算分别体现在第 5 条及第 7 条，两个条款互为补充，有机结合，组成营业利润征税权在缔约国之间进行分配的规则体系。目前的 OECD 范本和 UN 范本分别基于归属原则及引力原则以划定常设机构的利润范围。

OECD 范本第 7 条第 1 款规定：“缔约国一方企业的利润应仅在该缔约国征税，但该企业通过设在缔约国另一方的常设机构在该缔约国另一方进行营业的除外。如果该企业通过设在该缔约国另一方的常设机构在该缔约国另一方进行营业，按照第 2 款（独立交易原则）规定可归属于该常设机构的利润，可以在该缔约国另一方征税”。由此可见，OECD 范本是按照归属原则划定常设机构的利润范围，即东道国只能对归属于常设机构的营业所得征税，对于通过其他途径实现的营业所得，东道国无权征税（见图 4-5）。归属原则的理论基础为：常设机构反映了跨国企业参与东道国经济活动较为深入的事实，也就是说，跨国企业与东道国的经济联结度足够显著，因此东道国理应向归属于常

设机构的利润征税。跨国企业没有通过常设机构在东道国实现的营业利润由于与东道国的经济联结度并不显著，因此并不需要向东道国履行所得税的纳税义务。

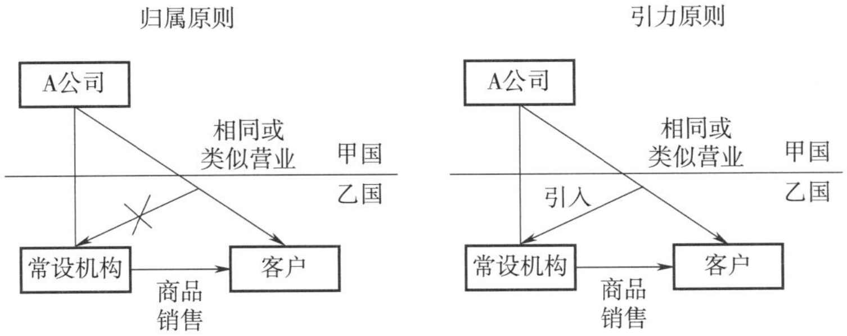

图 4-5 归属原则与引力原则示意图

与 OECD 范本不同，UN 范本第 7 条第 1 款则规定：“缔约国一方企业的利润应仅在该缔约国征税，但该企业通过设在缔约国另一方的常设机构在该缔约国另一方进行营业的除外。如果该企业通过设在缔约国另一方的常设机构进行营业，其利润可以在该缔约国另一方征税，但其利润应仅属于：❶ 该常设机构；❷ 在另一国销售的货物或商品与通过常设机构销售的货物或商品相同或类似；❸ 在另一国进行的其他营业活动与通过常设机构进行的经营活动相同或类似”。类似于磁铁的吸引力作用，UN 范本将与常设机构的销售或营业相同（类似）的其他途径实现的利润“吸引入”常设机构的利润范围，由东道国行使地域管辖权征税，国际上普遍将其称为引力原则。UN 范本注释特别说明，引力原则下划入常设机构利润范围的只能是通过其他途径实现的营业利润，不包括与常设机构无关的股息、利息、特许权使用费等投资收益。UN 范本采用引力原则的目的是防止在东道国设有常设机构的非居民通过其他途径在东道国开展交易而避税。此外，在引力原则下，客观上不需要依循“反拆分”的思路去判断特定活动是否与常设机构有关，避免了税企双方可能发生的争议。认可归属原则的人则认为，企业可能基于历史上的经营模式或商业便利等原因，在对方国家从事经营活动客观上需要通过常设机构、直接销售、独立代理人等多样化方式进行，实施引力原则无疑会干扰企业的经营模式。从实践看，采用引力原则划定常设机构利润范围的双边税收协定很少，采用较多的是归属原则。IBFD（荷兰国际财政文献局）的研究发现：1997 年至 2013 年缔结的税收协定中，只有 14% 的协定包含有引力原则条款。

引力原则

二、常设机构利润核算方法：独立交易原则与总利润分配法

（一）常设机构利润核算中的独立交易原则

OECD 范本第 7 条第 2 款指出：“可归属于第 1 款常设机构的利润，是指该常设机构可能获得的利润，特别是在其与企业其他部门交易的情况下，应将该常设机构视同在相同或类似情况下从事相同或类似活动的独立分设企业，将企业通过常设机构和其他部门所履行的功能、使用的资产和承担的风险考虑进来”。从中可以看出，对于常设机构与

其所属企业其他部门(包括总机构在内)交易的利润核算及税务处理,OECD范本采用的是独立交易原则(arm's length principle,ALP)。该原则历史悠久,早在现代意义上的协定范本颁布之前,一些国家缔结的税收协定就已采用独立交易原则确定常设机构的利润。由于各国对独立交易原则的理解和解释的分歧较大,在缺乏统一解释的背景下必然出现对常设机构双重征税和双重不征税的现象。多年来OECD财政事务委员会花费了很多时间和精力,试图对独立交易原则下的常设机构利润确认制定更加一致的解释与适用规则。最新的努力是2010年通过的修订版《常设机构利润归属报告》(简称《报告》),该报告详尽阐述了独立交易原则下向常设机构分配利润的最佳方法——"功能独立实体方法",也称为AOA法(即被OECD认可的方法,authorized OECD approach)。该方法在分析常设机构履行的功能、使用的资产及承担的风险基础上,适用OECD《跨国企业与税务机关转让定价指南》(简称OECD《指南》)确认常设机构的预期利润。2010年版OECD范本对第7条的注释大量引用了《报告》内容。总体看,由于在独立交易原则下常设机构被视为一个独立的分设企业,因此常设机构利润的确定并不基于其所属企业的整体盈利状况。即使企业整体处于亏损状态,但若常设机构所在的东道国市场繁荣,常设机构仍可能获得利润而向东道国纳税。反之,即使企业整体处于盈利状态,但若常设机构所在的东道国市场萧条或基于其他原因,常设机构仍可能是亏损的而无法向东道国缴税。

UN范本第7条第2款也有类似的规定:"从属于第3款规定,缔约国一方企业通过设在缔约国另一方的常设机构进行营业,假设该常设机构是一个独立分设企业,在相同或类似情况下从事相同或类似活动,并完全独立地与其所属企业进行交易,该常设机构得到的被缔约各方认可的利润属于该常设机构"。UN范本虽然也主张以独立交易原则核算常设机构利润,但与OECD范本中的独立交易原则仍有明显差异:UN范本第7条第2款规定的独立交易原则从属于第7条第3款,而目前的OECD范本并无此约束。UN范本第7条第3款规定:"确认常设机构的利润时应允许扣除常设机构进行营业所发生的各项费用,包括行政和一般管理费用,但常设机构由于使用专利或其他权利支付给企业总机构或内部其他部门的特许权使用费或其他类似款项,或为提供特别劳务或管理而支付的手续费,或由于借款给常设机构而支付的利息(银行企业除外),都不得扣除。同样,从总机构或企业内部其他部门取得的上述项目的收入亦不计入常设机构利润"。也就是说,确认常设机构利润时,应剔除该常设机构与其所属企业总机构或内部其他部门之间关于上述特定项目的交易影响。很明显,在总机构拥有上述项目所依附的资产或权利的法律所有权时,不允许特定项目费用的扣除或收入的计入违背了独立交易原则。若将OECD范本第7条中的独立交易原则称为完全的独立交易原则,则UN范本奉行的原则只能称为不完全独立交易原则。因为OECD范本注释中遵循OECD《指南》的AOA法与UN范本规定的不完全独立交易原则产生了冲突,UN范本注释明确拒绝了采用该方法核算常设机构利润。从逻辑上看,常设机构往往不具有独立的法人身份,其向总机构的费用支付并不会增加其所属企业整体层面的总利润。若常设机构向企业总机构进行大量的特定项目支付,而总机构向东道国的常设机构做出同样项目的支付数额较少甚至没有,这种不对称则意味着税基从东道国向居民国的转移。实践中，向总机构配置特定项目所依附财产或权利的法律所有权很容易被人为安排而避税，因此 UN 范本对于特许权使用费、特别管理费及利息等特定项目的费用扣除持否定态度，防止东道国税基受到不当侵蚀，反映了联合国侧重维护地域管辖权的一贯立场。

（二）常设机构利润核算中的利润总额分配法

UN 范本在核算常设机构利润时除了规定独立交易原则，还提出了一种替代方案，即利润总额分配法（apportionment of the total profits），也称公式分配法，但 2010 年版 OECD 范本已经取消此规定。利润总额分配法，是指依据企业内部各部门或分支机构对企业利润贡献的大小，将总利润按照一定标准和比例分配给企业所属各部门或分支机构。UN 范本第 7 条第 4 款规定："若缔约国一方习惯于以企业总利润按一定比例分配给所属各部门的方法来确定常设机构的利润，则第 2 款规定并不妨碍该缔约国按照这种习惯分配方法确定该常设机构的利润。但采用分配方法所得到的结果应与第 7 条所规定的原则一致"。由于实践中很难判断根据总利润分配法在企业内部各部门间进行利润分配的最终结果符合独立交易原则的程度，使得总利润分配法成为事实上与独立交易原则相异的一种利润分配方法。利润总额分配法中常用的分配标准包括三大类：企业收入、费用及资本结构。第一类是按营业额分配或手续费分配；第二类是按工资分配；第三类是按企业分配给各部门的营运资金总额的比例分配。UN 范本注释特别指出，选择何种分配标准不能纸上谈兵，而应该根据企业所处的行业差异或企业性质具体分析。例如，提供服务或生产专利产品的企业往往利润率较高，利润水平在很大程度上取决于营业额；对保险企业而言，适宜参照从每个相关国家投保人收取的保费收入来分摊利润总额；如果一个企业生产的产品含有高成本的原材料或劳动力，则利润与成本的关系可能会更密切；从银行和金融业务的行业角度分析，营运资金总额的分配比例可能是最贴切的标准。

相对于独立交易原则，利润总额分配法不再需要在假设同一法律实体各分部经济独立性的基础上去确定内部交易价格，也不需要按照独立交易原则的要求去寻找可比价格。事实上，可比价格的寻找与内部交易价格的确定很容易在税务当局之间、税务机关与纳税人之间产生争议。利润总额分配法的另一大优势是在当前反避税领域具有广阔的"用武之地"。

随着数字经济的发展，诸多跨国互联网公司利用复杂的避税架构进行避税。在相应避税架构下，由于位于避税地的集团成员被人为地赋予了关键无形资产的法律所有权，即使企业集团成员之间的交易符合独立交易原则，也可以轻易实现将集团利润从居民国及市场国转移至避税地的目标。若运用利润总额分配法依据相应的收入、资产、人员等因素向企业集团成员分配利润，则可明显降低企业集团所搭建的复杂避税架构的避税效力。当然，利润总额分配法亦有其自身缺陷，其在实践中应用的最大难题是如何确定利润总额并得到缔约各国的认可。由于各国核算利润的财务会计制度存在明显差异，按照企业总机构所在国财务会计制度核算的利润总额可能无法得到常设机构所在国税务机关的认可。UN 范本注释也承认："很难想象人们会接受分配的利润应该根据某一特定国家的制度或法律计算。事实上，每个相关国家都应该被赋予根据本国法律规定计算利润的权利”。应该说，只有在符合过去的历史惯例，以及缔约国税务当局及纳税人都认为令人满意的情况下使用这种分配方法才是恰当的。UN 范本注释也说明，如果缔约双方都不倾向使用利润总额分配法，可以删除第 7 条第 4 款。

三、常设机构利润核算中的特殊问题

（一）投资所得、不动产所得、资本利得与营业所得的关系

当一国企业从另一国既通过常设机构取得营业利润，同时也投资于另一国居民企业或拥有位于另一国的不动产，取得相应的股息、利息、特许权使用费、不动产所得等投资收益，或者转让位于另一国的财产而取得相应的资本利得时，就会产生如何协调和处理营业所得与其他类型所得的关系问题。OECD 范本第 7 条第 4 款与 UN 范本第 7 条第 6 款都做出了相同的规定：“利润中若包含本协定其他各条单独规定的所得项目，本条规定不应影响其他各条的规定”。由此可知，对于投资所得［股息（第 10 条）、利息（第 11 条）、特许权使用费（第 12 条）］、不动产所得（第 6 条）、资本利得（第 13 条）等，两个协定范本都有单独的条款规定，这些所得项目应优先适用于相应的单独条款。但是，优先适用只限于非居民从东道国直接取得这些所得项目，也就是没有通过设在东道国的常设机构取得这些项目的情形下才可优先适用。若上述各项投资所得、不动产所得、资本利得等项目是由非居民通过设在东道国的常设机构取得的，或与常设机构有实际联系的，则应作为常设机构营业利润适用第 7 条规定一并征税。对此，相应的单独条款亦有呼应，如 OECD 范本第 10 条（股息）第 4 款规定：“股息受益所有人作为缔约国一方居民，支付股息的公司是其居民的缔约国另一方，通过设在该缔约国另一方的常设机构进行营业，并且据以支付股息的股份与该常设机构有实际联系，这种情况下，应适用第 7 条的规定”。

（二）技术服务费与自动化数字服务收入的属性界定

若从纯粹的财务及商业角度考察，很明显，技术服务及自动化数字服务活动所产生的利润属于营业利润。但从国际税收角度考量时，他们与其他营业活动的开展亦存在明显的不同。特别是随着数字经济及通信技术的发展，跨国公司往往不需要在东道国设立常设机构就可以从该国取得持续性的技术服务费（fees for technical services）及自动化数字服务收入（income from automated digital services，简称 ADS）。绝大多数发展中国家及不发达国家都为技术服务及自动化数字服务的消费国，但在传统的营业利润常设机构征税门槛的限制下，这些国家无法对上述收入行使地域管辖权征税。基于此，UN 范本分别以“第 12A 条”及“第 12B 条”的形式将技术服务费和自动化数字服务收入列入了特许权使用费条款范畴。这样，即使跨国公司在东道国没有设立常设机构，东道国也可以通过预提所得税的形式征税，缓解数字经济下来源国税基被侵蚀的局面。但应指出，目前的 OECD 范本并没有针对技术服务费及自动化数字服务收入做出类似于 UN 范本那样的特别规定。

UN 范本 2017 年更新时加入的第 12A 条关注技术服务费。第 12A 条第 3 款指出,适用于第 12A 条的技术服务费是指对任何管理、技术或咨询性质的服务支付的所有报酬,但以下情况除外:❶ 支付给付款方的雇员;❷ 在教育机构教学或由教育机构提供教学而进行的支付;❸ 由个人提供个人使用的服务而进行的支付。当技术服务费收取方为缔约一方居民且具备受益所有人身份时,发生技术服务活动的缔约方可以征税,且所征收的税款不应超过费用总额的一定比例,具体比例由双方协商确定。第 12B 条的自动化数字服务收入条款则是 UN 范本在 2021 年更新时新增的。第 12B 条第 5 款界定了自动化数字服务的概念:“本条所使用的‘自动化数字服务’一词是指在互联网或其他电子网络上提供的任何服务,在这两种情况下,服务提供者只需极少的人力参与”。第 6 款特别列举了自动化数字服务的一些表现形式:❶ 在线广告服务;❷ 提供用户数据;❸ 在线搜索引擎;❹ 在线中介平台服务;❺ 社交媒体平台;❻ 数字内容服务;❼ 网络游戏;❽ 云计算服务;❾ 标准化的在线教学服务。UN 范本第 12B 条提供了两种对自动化数字服务收入的征税方式:总额比例法和年度净利率法。在总额比例法下,税款为自动化数字服务收入总额乘以征税比例的结果,具体比例由缔约双方商定。UN 范本关于 12B 条的注释建议设定为 3% 或 4%。在年度净利率法下,税基被定义为“合格利润”,数值上等于收取方 ADS 业务利润率与来自东道国的 ADS 年营业收入总额乘积的 30%,合格利润与适用税率的乘积即税款总额。实践中,纳税人需要依据具体情况分别核算两种方式下的税负,以决定采取哪种方式向东道国履行纳税义务。

(三)海运、空运企业营业利润的差异化税务处理

从事国际运输企业的营业模式与其他行业企业相比具有明显的差异:需要在多个国家设立分支机构,一次运输活动很可能涉及多个国家。若根据常设机构原则将国际运输企业的利润分配给多个东道国很明显会面临更为复杂的操作难题。由各个东道国行使征税权的“碎片化”征税不仅会提高国家间的协调成本,更容易造成国际重复征税。基于上述考虑,从很早开始,国际税收协定范本就对国际运输企业营业利润征税权在国家间的分配规则采取了不同于其他行业的差异化处理策略,即确保由一个国家对国际运输企业的营业利润独占征税权。这里,国际运输利润不仅包含企业以船舶或飞机从事国际客运或货运直接取得的利润,还涵盖从与国际运输活动直接相关的活动中取得的利润,以及不直接相关,但从具有国际运输附属性质的活动中取得的利润。但需注意,2017 年版 OECD 范本和 UN 范本关于国际运输的范围界定中删除了以前版本中的“内河运输”业务。

现行 OECD 范本第 8 条第 1 款规定:“缔约国一方企业以船舶或飞机从事国际运输取得的利润,应仅在该缔约国一方征税”。也就是说,一国企业从事国际运输活动无论在其他国家是否构成常设机构,其取得的营业利润都由其所属的居民国独占征税权。同时,OECD 范本关于第 8 条的注释还提供了替代条款:“以船舶或飞机从事国际运输取得的利润,应仅在企业实际管理机构所在的缔约国一方征税”。缔结税收协定的双方若能就替代条款达成一致,当然可以将替代条款纳入税收协定。事实上,2017 年版 OECD 范本注释中的替代条款正是 2014 年版 OECD 范本关于国际运输企业营业

利润征税权的分配规则。OECD 税收协定工作组的相关研究发现,实践中各国对企业实际管理机构的认定存在很大分歧,难以协调,大多数 OECD 成员和非成员所缔结的税收协定都首选企业所属居民国作为独占征税权的主体对国际运输活动的营业利润征税。因此,2017 年版 OECD 范本以“企业所属居民国”替代了 2014 年版 OECD 范本中的“实际管理机构”,2014 年版 OECD 范本的规定则成为 2017 年版 OECD 范本注释中的替代条款。为提升实际管理机构标准认定的确定性,2017 年版 OECD 范本注释说明,采用此替代条款的缔约方可以针对企业实际管理机构位于船舶之上的特殊情况加入一项特别规则:如果海运企业的实际管理机构设在船舶上,应以船舶母港所在缔约国为所在国;如果没有母港,应以船舶经营者为其居民的缔约国为所在国。

不同于 OECD 范本,现行 UN 范本对于国际运输企业营业利润的征税权分配规则体现为 A 和 B 两个备选条款。A 条款与 OECD 范本一致,B 条款则对空运和海运活动进行区别处理。对空运活动的处理与 OECD 范本及 A 条款的处理一致,遵循了由企业所属居民国独占征税权的思路,但对海运活动的处理则体现了居民国与非居民国分享征税权的精神。B 条款对海运活动利润分配的规定为:“缔约国一方企业经营船舶从事国际运输的利润,应仅在该缔约国征税,除非在该缔约国另一方经营船舶的航运活动是临时性的。如果此类活动不是临时性的,则可在该另一国对此类利润征税。在该另一国征税的利润,应以该企业从其航运业务取得的净利润总额为基础进行适当划分。根据这种划分计算的税额应减少一定比例,具体比例通过双边谈判确定”。在 UN 范本对 B 条款的注释中,当企业的海运活动是按预定或计划前往某个特定国家搭载货物或旅客,即可认为该海运活动在该国是非临时性的,该国就可以行使地域管辖权征税。根据 UN 范本对 B 条款的注释,符合条件的应税利润必须根据居民国主管当局计算的净利润总额的适当比例来确定,且相应得出的税款数额应减少一定的百分比,以反映源自居民国的管理和资本投入。由此可见,即使非居民国在符合条件时拥有对海运活动利润征税的权利,但具体税额确定的主动权在很大程度上仍掌握在居民国手中。虽然条款 B 为非居民国对海运活动利润征税分配了有限的征税权,但实践中很少有国家采用 B 方案,即使在发展中国家缔结税收协定时亦是罕见的。此外,UN 范本注释建议,相关缔约国可以根据实际情况通过谈判商定将“铁路和公路运输”及“内河运输”纳入国际运输概念范围之内。

第三节　常设机构确认及营业利润核算的中国实践

一、我国对外缔结税收协定中的常设机构条款

（一）一般定义条款:场所型常设机构

我国对外缔结的税收协定对常设机构的一般定义采用了两个范本的规定:“协定中‘常设机构’一语是指企业进行全部或部分营业的固定营业场所”。但对场所型常

设机构形式的正向列举中，除了协定范本已经列举的形式，在与某些国家缔结的税收协定中还增加了一些特定项目（见表 4-3）。如为勘探或开采资源所使用的装置或设施，这些设施在对方国家持续存在一定的时期会构成常设机构，但这一时间要求与同一协定中的工程型常设机构的时间标准有明显区别，不可归类为工程型常设机构。如中新（新西兰）税收协定第 5 条第 3 款第 3 项规定："缔约国一方企业在缔约国另一方对位于该缔约国另一方的自然资源（包括建筑用材）进行包括勘探、开采在内的活动或与勘探、开采相关的活动，包括操作大型设备，且该活动在任何 12 个月中连续或累计超过 183 天"，该协定关于工程型常设机构的时间标准则为 12 个月。除此之外，有些协定中关于场所型常设机构的列举还包括了"设备""农场""林场""种植园""仓库""展销场所""直销店""炼油厂"等，这些形式虽没有直接在两个范本中正向列举，但都可归类为场所型常设机构。

表 4-3 个别税收协定中的常设机构增列项目

国家	项目
新西兰、印度、斯里兰卡（183 天） 美国、澳大利亚、菲律宾、阿塞拜疆（3 个月） 印度尼西亚、巴巴多斯（6 个月） 牙买加、克罗地亚、哈萨克斯坦、丹麦（12 个月） 英国、爱尔兰、文莱（无时间限制）	为勘探或开采资源所使用的装置或设施：大型设备、钻井机或船只
巴布亚新几内亚（6 个月）	企业使用的设备
马来西亚、巴布亚新几内亚、印度	开采木材或其他林业产品的场所
印度尼西亚、印度、文莱、马来西亚、泰国、澳大利亚、埃及、摩尔多瓦、卡塔尔、尼泊尔、摩洛哥、文莱、埃塞俄比亚、毛里求斯、老挝	农场、林场、种植园或其他场所
印度尼西亚、印度、泰国、尼泊尔、毛里求斯、孟加拉国、巴林	为其他人提供储存设施的仓库
埃塞俄比亚、乌克兰	商业性仓库
印度尼西亚、巴林、乌克兰	用于销售的场所
摩洛哥、埃塞俄比亚、巴林、尼日利亚	直销店
巴林	炼油厂
巴基斯坦	永久性展销场所

（二）特殊性条款：其他类型常设机构

1. 工程型常设机构

OECD 范本在确认工程型常设机构时，从工程作业范围看，并不包括装配及与工程相关的监督管理活动，且持续时间要求在 12 个月以上。UN 范本在确认工程型常设机构时，工程作业范围包括了装配及与工程相关的监督管理活动，且持续时间要求为6个月以上。通过考察我国已签税收协定关于工程型常设机构的条款可以发现（见表4-4），只有少数协定没有将监督管理活动纳入工程作业范围，且这些协定中的时间要求都低于12个月的标准，完全符合OECD范本规定的协定几乎没有。大量税收协定遵照了UN范本的规定，如与日本、美国、马来西亚等国缔结的税收协定。此外，还有大量税收协定的规定为OECD范本与UN范本的一种结合，如与马耳他、塞浦路斯、匈牙利等国缔结的税收协定。这些协定所规定的工程活动范围与UN范本一致，但持续时间的规定却为12个月，与OECD范本相符。与智利缔结的税收协定中的持续时间规定与UN范本一致，但工程作业范围在UN范本的基础上增加了“勘探自然资源的活动”，相对于UN范本，更加突出了对地域管辖权的维护。

表4-4　不同协定关于工程型常设机构表述的差异

条款	确认期限	国家
建筑工地、建筑、装配或安装工程，或者与其有关的监督管理活动，但仅以该工地、工程或活动连续超过__个月的为限	6个月	日本、美国、马来西亚、挪威、新加坡、泰国、芬兰、加拿大、瑞典、原捷克斯洛伐克（适用于斯洛伐克）、波兰、澳大利亚、保加利亚、巴基斯坦、科威特、奥地利、卢森堡、韩国、越南、葡萄牙、菲律宾、巴布亚新几内亚、孟加拉国、巴巴多斯、印度尼西亚、突尼斯、格鲁吉亚、墨西哥、特立尼达和多巴哥、摩洛哥、沙特阿拉伯、尼日利亚、文莱
	183天	印度、斯里兰卡、尼泊尔
	9个月	阿曼、委内瑞拉、阿尔巴尼亚、捷克、卡塔尔、叙利亚、赞比亚
	12个月	马耳他、塞浦路斯、匈牙利、毛里求斯、斯洛文尼亚、以色列、土耳其、亚美尼亚、牙买加、冰岛、乌兹别克斯坦、老挝、埃及（24个月内）、南非、摩尔多瓦、克罗地亚、马其顿、塞舌尔、古巴、哈萨克斯坦、伊朗、巴林、吉尔吉斯斯坦、阿塞拜疆、塔吉克斯坦、希腊、丹麦、土库曼斯坦、立陶宛、拉脱维亚、爱沙尼亚（咨询活动）、比利时、英国、法国、荷兰、德国、意大利、瑞士
	18个月	苏丹、蒙古国、乌克兰、俄罗斯、白俄罗斯
	24个月	阿联酋
建筑工地，建筑、装配或安装工程，或者与其有关的监督管理活动，勘探自然资源的活动，但仅以该工地、工程或活动连续超过__个月的为限	6个月	智利

续表

条款	确认期限	国家
建筑工地、建筑、装配或安装工程，仅以连续__月以上的为限	6 个月	爱尔兰、格鲁吉亚、阿尔及利亚、埃塞俄比亚、原南斯拉夫（适用于波斯尼亚和黑塞哥维那）
	12 个月	西班牙、罗马尼亚、新西兰
建筑工地、建筑或安装工程，仅以连续__月以上的为限	9 个月	巴西（议定书修订）

针对企业通过“合同拆分”方式规避构成工程型常设机构的避税方式，2017 年版 OECD 范本注释在吸收 BEPS 第 7 项行动计划（防止人为规避常设机构的构成）建议的基础上制定了相应的可选择条款，由缔约双方商定后纳入税收协定。在我国生效的绝大多数税收协定还没有纳入 OECD 范本注释提出的关于工程型常设机构认定的“反拆分”治税措施，但有个别协定已吸收这一改革成果。如中国和巴西 2022 年 5 月缔结的议定书[①]第 7 条第 2 款将 BEPS 第 7 项行动计划的改革成果“原汁原味”地纳入中巴税收协定，体现了我国积极落实国际税收改革成果的责任意识和与时俱进的改革精神。

随着我国对外开放水平的进一步提升，企业“走出去”的步伐日益加快，我国与世界其他国家的经济交往格局也在发生着深刻的变化。2014 年我国已成为资本净输出国。在这一背景下，为更有效维护税收主权，我国对外缔结及重新修订税收协定的立场已经有所变化，从以前侧重维护地域管辖权向地域管辖权与居民管辖权并重的方向发展。如近年我国和比利时、英国、丹麦、法国、荷兰、德国、西班牙、新西兰和意大利等 9 个缔约国修订后的税收协定中，认定工程型常设机构的时间标准已由 6 个月延长至 12 个月；和马耳他修订后的税收协定认定时间标准已由 8 个月延长至 12 个月；和巴西新缔结的税收协定议定书将工程型常设机构认定的时间标准由 6 个月延长至 9 个月；和丹麦修订后的税收协定对自然资源的勘探和开采的时间标准则由 3 个月修改为 12 个月。此外，与西班牙、罗马尼亚、新西兰三国新修订的税收协定还将“监督管理活动”从工程作业范围中删除。这些变化缩小了工程型常设机构的认定范围，体现了向居民管辖权的倾斜。

2. 劳务型常设机构

2017 年版 OECD 范本正文没有劳务型常设机构的条款设计，但其注释中制定了一项选择性条款，由相关缔约方商定是否加入税收协定。该选择性条款一共包括两种情形，均对劳务型常设机构的确认施加了较为严格的限制条件。2017 年版 UN 范本设立了劳务型常设机构的条款，且相比以前版本，删除了“同一项目或相关联项目”的条件约束，使得劳务型常设机构的确认条件更为宽松。我国对外缔结的税收协定关于劳务型常设机构的规定如表 4–5 所示。

---

① 其全称为《关于修订 1991 年 8 月 5 日在北京签署的〈中华人民共和国政府和巴西联邦共和国政府关于对所得避免双重征税和防止偷漏税的协定〉及议定书的议定书》。

表 4-5　不同协定关于劳务型常设机构表述的差异

条款	确认期限	国家
无劳务型常设机构条款	—	巴基斯坦、立陶宛、拉脱维亚、乌兹别克斯坦、塞尔维亚、黑山、马其顿、爱沙尼亚、老挝、摩尔多瓦、卡塔尔、委内瑞拉、尼日利亚、突尼斯、伊朗、巴林、格鲁吉亚、墨西哥、阿尔及利亚、埃塞俄比亚、叙利亚
缔约国一方企业通过雇员或其他人员，在缔约国另一方为同一项目或相关联项目提供的劳务，包括咨询劳务，仅以在任何 12 个月中连续或累计超过__为限	6 个月	美国、马来西亚、挪威、新加坡、加拿大、瑞典、波兰、保加利亚、澳大利亚、西班牙、奥地利 、巴西、卢森堡、韩国、越南、冰岛、葡萄牙、菲律宾、巴布亚新几内亚、孟加拉国、巴巴多斯、印度尼西亚、特立尼达和多巴哥、摩洛哥、沙特阿拉伯、阿塞拜疆、文莱、南斯拉夫（适用于波斯尼亚和黑塞哥维那）、科威特（没有 12 个月的范围限制）
	183 天	俄罗斯、英国、法国、比利时、德国、丹麦、芬兰、新西兰、意大利、荷兰、瑞士、罗马尼亚、马耳他、斯里兰卡、泰国、尼泊尔、丹麦、塔吉克斯坦、土库曼斯坦、赞比亚
	9 个月	阿曼、阿尔巴尼亚
缔约国一方企业通过雇员或其他人员，在缔约国另一方为同一项目或相关联项目提供的咨询劳务，仅以在任何 12 个月中连续或累计超过__为限	6 个月	日本*、原捷克斯洛伐克（适用于斯洛伐克）
缔约国一方企业通过雇员或其他人员，在缔约国另一方为同一项目或相关联项目提供的咨询劳务，仅以在任何 24 个月中连续或累计超过__为限	12 个月	塞浦路斯、毛里求斯、以色列、牙买加、苏丹、埃及、南非、克罗地亚、塞舌尔、古巴
缔约国一方企业通过雇员或其他人员，在缔约国另一方为同一项目或相关联项目提供的咨询劳务，仅以连续或累计超过__为限	12 个月	匈牙利、斯洛文尼亚、土耳其、亚美尼亚、哈萨克斯坦、吉尔吉斯斯坦、乌克兰（仅限咨询劳务，议定书修订）
	18 个月	蒙古国、白俄罗斯、乌克兰
	24 个月	阿联酋
缔约国一方企业通过一个或多个个人在缔约国另一方提供劳务，以该劳务在任何 12 个月中连续或累计超过__为限	183 天	智利

注：“*”表示我国与该国缔结的税收协定议定书中特别规定：一方企业通过雇员或其他人员在另一方提供与销售或者出租机器设备有关的咨询劳务，不应视为在该缔约国另一方设有常设机构，即劳务型常设机构的认定应排除与销售或者出租机器设备有关的咨询劳务的情形。

分析表 4-5 可以发现，我国与巴基斯坦、立陶宛、拉脱维亚等国缔结的税收协定中没有劳务型常设机构条款，此种规定与 OECD 范本类似。在我国缔结的设计有劳务型常设机构条款的协定中，劳务范围没有限制的居多。在劳务范围没有限制的情况下，持续时间的规定却因国家（地区）而异：在与美国、马来西亚、挪威、新加坡、加拿大、瑞典、波兰、保加利亚、澳大利亚等国缔结的税收协定中，持续时间界定为 6 个月；与马耳他、俄罗斯、英国、法国、比利时、德国等国家（地区）的税收协定中的时间标准为 183 天；与阿曼和阿尔巴尼亚两国缔结的税收协定则为 9 个月。劳务范围受限的基本模式为只包括咨询劳务。在我国与日本和斯洛伐克缔结的税收协定中，劳务型常设机构条款中所涉劳务只包含咨询劳务，时间标准为 6 个月，且将与销售或者出租机器设备有关的咨询劳务排除在外。在与塞浦路斯、毛里求斯、以色列等国缔结的税收协定中，在考察持续时间时要受 24 个月而非 12 个月时间范围的限制，有此种限制的协定较少。还有一些税收协定在判定劳务型常设机构时只考察持续时间而不受时间范围的限制，如我国与匈牙利、蒙古国、阿联酋缔结的税收协定。当然，持续时间标准因国家（地区）而异，尤其是与阿联酋缔结的税收协定将持续时间界定为罕见的 24 个月。虽然 2017 年版 UN 范本在判定劳务型常设机构时已取消“同一项目或相关联项目”的限制，有利于扩大地域管辖权的行使范围，但基于我国国情考虑，向居民管辖权适度倾斜已成为我国今后缔结及修订税收协定的一个基本方向，“同一项目或相关联项目”限制的取消与这一方向相悖，除智利外，其他税收协定中劳务型常设机构条款都没有取消这一限制。

3. 代理型常设机构

相对于以前版本，2017 年版 OECD 范本与 UN 范本中的代理型常设机构确认规则都发生了巨大变化，以应对数字经济发展背景下跨国公司商业模式创新所带来的对来源国的税基侵蚀现象。两个范本界定代理型常设机构时，在涵盖旧版本范围的基础上，增加了“代理人在合同订立中发挥主要作用”“涉及该企业拥有或有权使用的财产的所有权转让”等表述，扩大了代理型常设机构的认定范围，压缩了跨国公司利用“代理人”商业模式规避构成东道国常设机构的避税空间。尤其是在新的确认规则中，佣金代理人已被纳入代理人常设机构的确认范围。我国近年与阿根廷、新西兰、西班牙、巴西、智利缔结或重新修订的税收协定，以及内地与香港、澳门缔结的议定书中的代理型常设机构条款都采用了两个范本的最新表述。依照这些协定（安排）的规定，代理人即使以自身名义与客户订立合同，且所订立合同对被代理人无法律形式上的约束，但只要在合同订立中发挥了主要作用，被代理人就会构成在东道国（来源国）的代理型常设机构。佣金代理人在上述协定（安排）中并不具有独立代理人身份，通过佣金代理人模式规避构成东道国常设机构的避税策略在上述协定中也会失效。

代理人从事的活动为准备性、辅助性活动，以及具有独立代理人身份是代理型常设机构确认的两种除外情形。我国对外缔结税收协定中的常设机构条款也都包含了上述除外情形。我国近年与阿根廷、意大利、罗马尼亚、新西兰、西班牙、巴西、智利等缔结或修订的税收协定及议定书中纳入了两个范本的最新规定，与其他大多数国家缔结的税收协定中的独立代理人条款还没有采用新表述。但在没有采用新表述的协定中，已有个别协定设计了独立代理人认定的排除规则，即在适用排除规则时，不可将代理人认定为协定意义上的独立代理人（见表4-6）。

表4-6　个别协定中对独立代理人认定的排除规则

条款	国家
如果该代理人的活动全部或几乎全部代表被代理企业，且企业和代理人之间的商业和财务关系不同于非关联企业之间应有的关系，则不应认为是独立地位代理人	德国、荷兰
如果这个代理人的活动全部或几乎全部代表该企业，且代理人和被代理企业之间的交易不符合独立企业原则，则不应认为是独立地位代理人	丹麦
如果这个代理人的活动全部或几乎全部代表被代理企业，并且该代理人和该企业之间商业和财务关系的条件不同于独立企业之间关系的条件，不应认为是本款所指的独立代理人	新加坡
如果这个代理人的活动全部或几乎全部代表被代理企业，该代理人与该企业之间的交易不是根据正常条件进行的，不应认为该代理人是本款所指的独立代理人	马耳他

此外，保险企业在境外的代理人是否构成常设机构是代理型常设机构确认中的焦点。OECD范本在认定常设机构时并没有将保险企业与其他行业企业进行区别处理，UN范本在认定常设机构时将保险企业与其他行业进行了差异化处理。在UN范本中，保险企业若在另一国通过非独立代理人取得保费收入或对风险进行承保，则通常会认为该保险企业在另一国构成代理型常设机构。我国目前与突尼斯、墨西哥、芬兰等国家缔结的税收协定采用了UN范本的规定，来源国可以对保险企业通过非独立代理人身份从本国取得的保费收入征税（见表4-7）。与其他大多数国家缔结的税收协定则采用了OECD范本的规定，在认定常设机构时没有将保险企业与其他行业企业进行差异化处理。

表4-7　保险企业常设机构认定中采用UN范本规定的协定

条款	国家
缔约国一方的保险企业，除再保险以外，如果不是通过独立地位代理人而在缔约国另一方领域内收取保费或对位于该国领域内的风险进行保险，应认为在缔约国另一方构成常设机构	突尼斯、墨西哥、芬兰、文莱、斯里兰卡、摩洛哥、印度尼西亚、尼泊尔、埃及、越南、巴基斯坦、泰国
缔约国一方企业因其发行的保单而收取的保费（再保险除外），可以在缔约国另一方征税。但是，除归属于缔约国一方企业在缔约国另一方的常设机构的保费外，所征税款不应超过保费总额的5%	智利

4. 常设机构除外情形：准备性、辅助性活动

准备性、辅助性活动为常设机构判定的除外情形。随着数字经济发展和跨国公司商业模式的创新，越来越多的跨国公司通过“活动拆分”方式进行避税。拆分后，跨国公司集团内部每一实体履行的功能或从事的活动从形式看都属于准备性、辅助性活动范畴，但从整体视角考察，这些活动的组合实际属于企业关键、核心的生产经营活动。出于反避税考量，2017 年版 OECD 范本与 UN 范本都对准备性、辅助性条款进行了较大幅度的修订和完善。修订的主要内容就是在常设机构条款中加入了反拆分规则[①]。在反拆分规则适用的情形下，准备性、辅助性活动的税收属性就会变性为企业关键、核心的经营活动，从而认定相关企业在东道国构成常设机构而需履行相应的所得税纳税义务。我国和西班牙于 2018 年 11 月 28 日新修订的税收协定纳入了准备性、辅助性活动判定的反拆分规则，但与其他国家缔结的税收协定都还没有采用，后续的改革及修订值得关注。

（三）对常设机构条款的解释和执行

我国目前对常设机构条款的解释和执行的主要法律依据为《国家税务总局关于印发〈《中华人民共和国政府和新加坡共和国政府关于对所得避免双重征税和防止偷漏税的协定》及议定书条文解释〉的通知》（国税发〔2010〕75 号文，简称 75 号文）。该文件以中新（新加坡）税收协定为样板，大量借鉴了 OECD 范本注释的观点，对税收协定条款进行了详尽、系统和完整的解释。

1. 场所型常设机构

75 号文对常设机构的一般定义，也即场所型常设机构的解释，基本遵循了现行 OECD 范本注释的精神和内容。该文指出，场所型常设机构通常情况下具有以下三个特点。

一是该营业场所是实质存在的。但这类场所没有规模或范围上的限制，如机器、仓库、摊位；且不论是企业自有的，还是租用的；也不管房屋、场地、设施或设备是否有一部分被用于其他活动。一个场所可能仅占用市场一角，或是长期租用的仓库的一部分（用于存放应税商品），或设在另一企业内部等；只要有一定可支配的空间，即可视为具有营业场所。

二是该营业场所是相对固定的，并且在时间上具有一定的持久性。该特征应从以下几个方面理解。

（1）固定的营业场所包括缔约国一方企业在缔约国另一方从事经营活动经登记注册设立的办事处、分支机构等固定场所，也包括为缔约国一方企业提供服务而使用的办公室或其他类似的设施，如在某酒店长期租用的房间。

（2）对某些经常在相邻的地点之间移动的营业活动，虽然营业场所看似不固定，但如果这种在一定区域内的移动是该营业活动的固有性质，一般可认定为存在单一固定场所。例如，某办事处根据需要在一个宾馆内租用不同的房间或租用不同的楼层，

---

① 反拆分规则的具体内容和分析见本章第一节。

该宾馆可被视为一个营业场所；又如，某商人在同一个商场或集市内的不同地点设立摊位，该商场或集市也可构成该商人的营业场所。

（3）该营业场所应在时间上具有一定程度的持久性，而不是临时的。同时，营业活动暂时的间断或者停顿并不影响场所时间上的持久性。

（4）如果某一营业场所是基于短期使用目的而设立，但实际存在时间却超出了临时性的范围，则可构成固定场所并可追溯性地构成常设机构。反之，一个以持久性为目的的营业场所如果发生特殊情况，如投资失败提前清算，即使实际只存在了一段很短的时间，同样可以判定自其设立起就构成常设机构。

三是全部或部分的营业活动是通过该营业场所进行的。一方企业通过在另一方设立常设机构进行营业活动，将其全部或部分活动延伸到另一方，不包括其在常设机构之外的地方直接从事的活动。如果一方企业通过在另一方的常设机构在另一方不同地点进行营业活动，则应判定其只有单一常设机构存在，且应将不同地点的营业活动产生的利润归属于该常设机构。如果一方企业在另一方不同地点直接从事营业活动，则该一方企业有可能在另一方不同地点构成多个常设机构。75号文特别对“营业”“通过”等术语的具体含义进行了解释：“营业”的实际含义不仅仅包括生产经营活动，还包括非营利机构从事的业务活动，为该机构进行准备性或辅助性的活动除外。但此等非营利机构在中国的常设机构是否获得“营业利润”，则需要根据中新（新加坡）税收协定第7条的规定再作判断。“通过”该营业场所进行活动应作广义理解，包括企业在其可支配的地点从事活动的任何情形。例如，某道路修筑企业应被认为“通过”修筑行为发生地从事营业活动。当新加坡企业与中国不同城市的客户直接订立合同，如果合同是由新方企业设在中方的营业场所履行的，应认为该新方企业“通过”该场所从事营业活动。另外，如果该场所为新方企业与中方企业形成客户关系做出实质贡献，即使合同是两个企业间直接订立的，也应认为该新方企业“通过”该场所从事营业活动。

2. 工程型常设机构

持续时间的判定是工程型常设机构确认的关键。75号文对工程持续时间的判定应关注以下几个要点。

（1）从事工程活动的时间判定只能依据税收协定中常设机构条款规定的时间标准进行。也就是说，不可用协定其他条款的规定来判定相关工程活动是否满足常设机构所要求的时间标准。

（2）确定工程活动的起止日期，可以按其所签订的合同从实施合同（包括一切准备活动）开始之日起，至作业（包括试运行作业）全部结束交付使用之日止进行计算。凡上述活动时间持续六个月以上的（不含六个月，跨年度的应连续计算），应视该企业在活动所在国构成常设机构。

（3）与工程活动有关的监督管理活动是指在建筑工地，建筑、装配或安装工程发生的监督管理活动，既包括在项目分包情况时，由分承包商进行作业，总承包商负责指挥监督的活动，也包括独立监理企业从事的监督管理活动。对由总承包商负责的监督管理活动，其时间的计算与整个工地、工程的持续时间一致；对由独立监理企业承包的监督管理活动，应视其为独立项目，并根据其负责监理的工地、工程或项目的持续时间进行活动时间的判定。

（4）如果新加坡企业在中国一个工地或同一工程连续承包两个及两个以上作业项目，应从第一个项目作业开始至最后完成的作业项目止计算其在中国进行工程作业的连续日期，不以每个工程作业项目分别计算。一个工地或同一工程连续承包两个及两个以上作业项目，是指在商务关系和地理上是同一整体的几个合同项目，不包括该企业承包的或者以前承包的与本工地或工程没有关联的其他作业项目。例如，一个建筑工地从商务关系和地理位置上形成不可分割的整体时，即使分别签订几个合同，该建筑工地仍为单一的整体。再如一些修建公路、挖掘运河、安装水管、铺设管道等活动，其工程作业地点是随工程进展不断改变或迁移的，虽然在某一特定地点工作时间连续未达到规定时间，但要视整体工程看是否达到构成常设机构的时间。一般来说，同一企业在同一工地上承包的项目可认为是商务关系相关联的项目。

（5）工地、工程或者与其有关的监督管理活动开始计算其连续日期以后，因故（如设备、材料未运到或季节气候等原因）中途停顿作业，但工程作业项目并未终止或结束，人员和设备物资等也未全部撤出，应持续计算其连续日期，不得扣除中间停顿作业的日期。

（6）如果企业将承包工程作业的一部分转包给其他企业，分包商在建筑工地施工的时间应算作总包商在建筑工程上的施工时间。如果分包商实施合同的日期在前，可自分包商开始实施合同之日起计算该企业承包工程作业的连续日期。同时，不影响分包商就其所承担的工程作业单独判定其是否构成常设机构。

3. 劳务型常设机构

由于OECD范本正文并没有劳务型常设机构条款，对中新（新加坡）税收协定劳务型常设机构条款的介绍就主要参照UN范本的注释。劳务型常设机构确认规则中的两个要件为“真实雇主”及“持续时间”。考虑到境外非居民母公司与我国外资企业子公司相互派遣人员提供劳务较为频繁，在确认非居民母公司向我国子公司派遣人员是否构成在我国的常设机构时，真实雇主的判定是关键。75号文对真实雇主的判定进行了明确，即符合下列标准之一就可判断被派遣人员的真实雇主为境外母公司：❶ 母公司对相关人员的工作拥有指挥权，并承担风险和责任；❷ 被派往子公司工作的人员的数量和标准由母公司决定；❸ 上述人员的工资由母公司负担；❹ 母公司因派人员到子公司从事活动而从子公司获取利润。

需要指出的是，实践中还存在大量的非母子公司关系而派员提供劳务的情形，75号文对此种情形下的真实雇主判定还没有提供进一步的政策指引。《国家税务总局关于非居民企业派遣人员在中国境内提供劳务征收企业所得税有关问题的公告》对这一问题进行了明确。判定派遣企业是否为相关人员的真实雇主时，考察的基本因素为派遣企业对被派遣人员工作结果承担部分或全部责任和风险，并考核、评估被派遣人员的工作业绩。在基本因素判定存在较大不确定性时，还应结合以下参考因素进一步进行判定：❶ 接收企业向派遣企业支付管理费、服务费性质的款项；❷ 接收企业向派遣企业支付的款项金额超出派遣企业代垫、代付被派遣人员的工资、薪金、社会保险费及其他费用；❸ 派遣企业并未将接收企业支付的相关费用全部发放给被派遣人员，而是保留了一定数额的款项；❹ 派遣企业负担的被派遣人员的工资、薪金未全额在中国缴纳个人所得税；❺ 派遣企业确定被派遣人员的数量、任职资格、薪酬标准及其在中国境内的工作地点。当派遣企业符合以上一个或多个因素时，其在我国境内构成常设机构的可能性就非常大。简而言之，派遣企业若通过人员派遣而从我国接收企业获取了利润，就很可能在我国构成常设机构。

劳务型常设机构时间标准把握的关键则是相关项目是否为“同一项目或相关联项目”。虽然这一约束在2017年版UN范本中已经取消，但在我国与大多数国家缔结的税收协定中依然存在和有效。75号文指出，在判断若干个项目是否为关联项目时，应考虑下列因素：❶ 这些项目是否被包含在同一个总合同里；❷ 如果这些项目分属于不同的合同，这些合同是否与同一人或相关联的人所签订，前一项目的实施是否是后一项目实施的必要条件；❸ 这些项目的性质是否相同；❹ 这些项目是否由相同的人员实施等。假设非居民企业派员在我国提供劳务活动的若干个项目在“商业相关性和连贯性”上属于同一项目或相关联项目，则时间的确认从第一个项目开始至最后一个项目完成之日计算。需要指出的是，《国家税务总局关于税收协定执行若干问题的公告》中将税收协定劳务型常设机构认定中的“6个月”时间标准等价于183天处理，该公告规定，常设机构条款中关于劳务活动构成常设机构的表述为“在任何12个月中连续或累计超过6个月”的，按照“在任何12个月中连续或累计超过183天”的表述执行。

案例4-6　境外母公司向中国子公司派员是否构成常设机构？①

日本J公司创立于1993年，是全球知名的自动化控制及电子设备制造厂商，掌握着世界领先的传感与控制核心技术。C公司是J公司于1997年在中国广东设立的电子部件生产子公司，目前有员工2 000余人，年产值达13亿元。

税务机关2019年在税务核查中发现，C公司2018年内发生多次对外支付业务，其中两项对外支付备案，涉及派遣人员工资和奖金的发放，金额较小，共计约160万元。相对于C公司技术转让与股息分配等常态性支付业务，这两笔不常见的对外支付，引起了税务人员的关注。

税务人员通过C公司提供的派遣人员工资和奖金协议了解到，C公司由于生产和管理需求，向A公司申请协助，A公司派遣了23名日籍员工到C公司协助生产管理。C公司与这23名人员单独签订了劳务合同，并为其代扣代缴个人所得税。然而，基于日籍人员在日本的养老保险等考量，合同规定，C公司应定

① 改编自李睿：《境外母公司派遣人员来子公司提供服务支付工资薪金被税局认定构成常设机构，依法补缴企业所得税》，《中国税务报》，2019年6月24日。

期向A公司支付23名人员在日本的部分工资、薪金，再由A公司在日本境内向23名人员发放，并保障其养老保险等费用的支付。向中国的劳务派遣活动超过了6个月时间。

基于了解的信息，税务人员对A公司是否构成在我国设立常设机构产生了疑问。随后，税务机关到C公司进行实地调查，发现几方面疑点：日籍人员在中国境内任职的数量和标准完全由J公司决定，拥有对派遣人员的实际指挥权，而其中部分人员属于C公司高层管理人员；支付金额具有不确定性，不符合工资、薪金的基本属性，支付中包含部分奖金、补贴、住宿费等；J公司在日本支付给派遣人员的实际费用，明显低于C公司依照合同对A公司的实际支付额，匹配度较差，且J公司无法提供更多证明；虽然派遣人员与C公司签订了劳务合同，但其与J公司的劳务合同并未撤销且依然有效等。

根据75号文、《国家税务总局关于非居民企业派遣人员在中国境内提供劳务征收企业所得税有关问题的公告》及中日税收协定，非居民企业派遣人员在中国境内提供劳务，若被派遣人员的真实雇主被判定为境外非居民企业，从我国境内的接收企业收取管理费、服务费性质的款项，且在我国境内提供劳务的持续时间超过6个月（183天），就构成在我国境内的劳务型常设机构。依据案情，税务机关做出以下判断：A公司的派遣人员属于为C公司提供管理和生产的专业服务，符合税收协定中“咨询劳务活动”的定性；真实雇主为境外J公司；在中国提供劳务的时间超过6个月；C公司向J公司的支付明显超过A公司对派遣人员的代垫支付，说明A公司从C公司“变相”获得服务收入。基于此，税务机关判定J公司构成在中国的劳务型常设机构，需向中国履行企业所得税纳税义务。最终，J公司依法补缴企业所得税12.4万元，滞纳金0.31万元，共计12.71万元。

思考题：

请从企业角度思考和分析跨境业务中转支付的基本含义及其税务风险。

4. 代理型常设机构

参照OECD范本的注释内容，75号文对非独立代理人构成代理型常设机构的要件进行了较为详尽的阐述：❶ 对“以该企业的名义签订合同”应做广义理解，包括不是以企业名义签订合同，但其所签合同仍对企业具有约束力的情形。“签订”不仅指合同的签署行为本身，也包括代理人有权代表被代理企业参与合同谈判，商定合同条文等。❷ 本款（代理型常设机构条款）所称“合同”是指与被代理企业经营活动本身相关的业务合同。如果代理人有权签订的是仅涉及企业内部事务的合同，例如，以企业名义聘用员工以协助代理人为企业工作，则不能仅凭此认定其构成企业的常设机构。❸ 对于“经常”一语并无精确统一的标准，要结合合同性质、企业的业务性质，以及代理人相关活动的频率等综合判断。在某些情况下，企业的业务性质决定了其交易数量不大，但合同签订的相关工作却要花费大量时间，如飞机、巨型轮船或其他高价值商品的销售。

如果代理人为这类企业在一国境内寻找买商、参与销售谈判等，即使该人仅代表企业签订了一单销售合同，也应认为该代理人满足“经常”标准，构成企业的非独立代理人。❹“行使”权力应以实质重于形式的原则来理解。如果代理人在该缔约国另一方进行合同细节谈判等各项与合同签订相关的活动，且对企业具有约束力，即使该合同最终由其他人在企业所在国或其他国家签订，也应认为该代理人在该缔约国另一方行使合同签署权利。❺ 如果代理人在缔约国另一方的活动仅限于准备性或辅助性范围，则不构成企业在另一方的常设机构。

75号文充分借鉴OECD范本注释内容，将独立代理人含义概括为法律独立和经济独立，并总结了4个因素用以判定代理人的独立性。这些因素来源于OECD范本注释，但中国化的表达和延伸更有利于从业者理解协定条款。❶ 代理人商务活动的自由度。如果代理人在被代理企业的具体指导和全面控制下为企业进行商务活动，而不是自行决定工作方式，那么该代理人一般不具有独立地位。❷ 代理人商务活动的风险由谁承担。如果由被代理企业承担而非由代理人承担，则该代理人一般不能被认为具有独立地位。❸ 代理人代表的企业的数量。如果在相当长一段经营期或时间内，代理人全部或几乎全部仅为一家企业进行活动，该代理人很可能不是独立代理人。❹ 被代理企业对代理人专业知识的依赖程度。一般来说，独立代理人具备独立从事商务活动的专门知识或技术，不需要依赖企业的帮助。相反，被代理企业通常借助代理人的专门知识或技术扩展自己的业务或推销自己的产品等。

75号文除对各种类型常设机构的确认规则条款进行了详尽的解释外，对不构成常设机构的准备性、辅助性活动亦进行了符合OECD范本注释的阐释。诚然，对于与中新（新加坡）税收协定常设机构条款相异的协定，则需要跳出75号文框架，结合国家主管部门颁布的针对具体协定的解释文件、着眼解决协定共性问题的专门性解释文件及协定缔结的历史背景及缔结意图进行合理解释，并在此基础上准确执行税收协定。

二、我国对外缔结税收协定中的营业利润条款

（一）营业利润范围的划定：归属原则和引力原则

我国对外缔结的绝大多数协定都采用OECD范本中的归属原则划定常设机构的利润范围。如中新（新加坡）税收协定第7条第1款规定：“缔约国一方企业的利润应仅在该缔约国征税，但该企业通过设在缔约国另一方的常设机构在该缔约国另一方进行营业的除外。如果该企业通过设在该缔约国另一方的常设机构在该缔约国另一方进行营业，其利润可以在该缔约国另一方征税，**但应仅以属于该常设机构的利润为限**”。但有个别协定采用了UN范本推荐的引力原则，如中巴（巴基斯坦）税收协定第7条第1款规定：“缔约国一方企业的利润应仅在该国征税，但该企业通过设在缔约国另一方的常设机构进行营业的除外。如果该企业通过在缔约国另一方的常设机构进行营业，其利润可以在该另一国征税，但应以仅属于下列情况的为限：❶ 该常设机构；❷ 在该另一国销售的货物或商品与通过该常设机构销售的货物或商品相同或类似；❸ 在该另一国进行的其他经营活动与通过该常设机构进行的经营活动（第5条第3款所述的

活动除外)相同或类似。但是,如果企业能够证明上述销售或活动不是由常设机构进行的,可以不适用本款第❷项和第❸项的规定”。

《国家税务局关于执行中巴避免双重征税协定有关条文解释的通知》[①] 对中巴(巴基斯坦)税收协定中的引力原则做出了进一步的解释:协定第 7 条第 1 款有关对常设机构利润的征税实行引力原则问题,是基于巴方要求及其对外缔结税收协定的通常作法,为了兼顾双方的愿望和要求而商定的。按照该款第(2)项和第(3)项,缔约国一方企业在缔约国另一方不通过常设机构进行的业务活动,如果与其常设机构的业务活动相同或类似,即使没有通过常设机构,其所获利润也应归属于该常设机构。但经中方建议,双方商定对以下两种情况可以除外。❶ 对建筑工地,建筑、装配或安装工程,或者与其有关的监督管理活动,不实行引力原则。这主要是为了避免对同一家公司承包多项工程劳务,因其中一个项目构成常设机构而将其他未构成常设机构项目的利润,也归属到该常设机构进行征税。❷ 在企业能够证明其销售商品或经营活动不是通过常设机构进行的,可以不实行引力原则。巴方在谈判中曾说明,这里的“证明”并非要书面出具,只要企业说明情况,经税务当局调查认为符合事实即可。尽管中方认为,这样做会有实际执行的困难,但为了双方能够对协定全部条文达成一致,接受了巴方的解释。

《国家税务局关于执行中巴避免双重征税协定有关条文解释的通知》

我国和印度缔结的税收协定也采用了中巴(巴基斯坦)税收协定中有限制的引力原则,但表述与中巴(巴基斯坦)税收协定有所不同。中印(印度)税收协定第 7 条第 1 款规定:“缔约国一方企业的利润应仅在该缔约国征税,但该企业通过设在缔约国另一方的常设机构在该缔约国另一方进行营业的除外。如果该企业通过设在该缔约国另一方的常设机构在该缔约国另一方进行营业,其利润可以在该缔约国另一方征税,但应仅以直接或间接属于该常设机构的利润为限。但是,如果该企业证明上述活动不是由常设机构进行的,或者与常设机构无关,应不适用本款的规定”。《国家税务总局关于中印两国政府避免双重征税协定若干条文解释与执行的通知》对中印(印度)税收协定中的引力原则也做了进一步的解释:基于印方要求在该条第 1 款明确“引力原则”的法规,双方经协商,作为变通处理,规定常设机构所在国应对“直接或间接属于常设机构的利润”征税;同时明确,如企业证明有关活动不是由常设机构进行的,或同常设机构无关,经常设机构所在国税务当局认可,则不应作为常设机构的应税利润。

《国家税务总局关于中印两国政府避免双重征税协定若干条文解释与执行的通知》

(二)营业利润核算方法:独立交易原则和利润总额分配法

从本章第二节的分析已知,OECD 范本在核算常设机构的营业利润时采用的是完全独立交易原则,而 UN 范本采用的则是不完全独立交易原则。在核算常设机构营业利润时,虽然常设机构承担或发生的行政和一般管理费用在两个范本中都允许扣除,但常设机构支付给所属企业总机构或其他部门的特许权使用费(报酬或其他类似款项)、具体服务或管理的佣金、利息(银行企业除外)等特定费用在 OECD 范本中可以扣除,在 UN 范本中却不允许扣除。同样,常设机构从所属企业总机构或其他部门取得

① 该文件虽然在 1990 年颁布实施时间,但目前仍然有效。

的特许权使用费（报酬或其他类似款项）、具体服务或管理的佣金、利息（银行企业除外）等特定收入亦不得计入利润总额。我国对外缔结的税收协定中采用完全独立交易原则与不完全独立交易原则的分布，如表 4-8 所示。

表 4-8　采用完全独立交易原则和不完全独立交易原则的协定分布

条款	国家
完全独立交易原则：不受特许权使用费、特定服务手续费或佣金、利息特定项目的影响	法国、英国、比利时、德国、丹麦、新加坡、芬兰、新西兰、泰国、意大利、荷兰、南斯拉夫（适用于波斯尼亚和黑塞哥维那）、保加利亚、瑞士、西班牙、罗马尼亚、巴西、蒙古国、马耳他、阿联酋、卢森堡、韩国、俄罗斯、巴布亚新几内亚、毛里求斯、克罗地亚、白俄罗斯、斯洛文尼亚、以色列、立陶宛、土耳其、拉脱维亚、孟加拉国、塞尔维亚、黑山、苏丹、埃塞俄比亚等国
不完全独立交易原则：特许权使用费、特定服务手续费或佣金、利息特定费用不得扣除，对应的特定收入不得计入（属于偿还代垫实际发生的费用除外）	日本、巴基斯坦、马来西亚、挪威、加拿大、瑞典、原捷克斯洛伐克（适用于斯洛伐克）、波兰、澳大利亚、科威特、匈牙利、越南、乌克兰、亚美尼亚、牙买加、乌兹别克斯坦、委内瑞拉、哈萨克斯坦、尼日利亚、阿曼、突尼斯、吉尔吉斯斯坦、斯里兰卡、摩洛哥、墨西哥、沙特、阿尔及利亚、摩尔多瓦、尼泊尔、塞浦路斯、肯尼亚、安哥拉
不完全独立交易原则：特许权使用费、利息特定费用不得扣除，对应的特定收入不得计入（属于偿还代垫实际发生的费用除外）	美国

注：属于偿还代垫实际发生的费用，是指总机构或企业内部其他部门为常设机构代垫支付给其他独立企业的相关费用。这些费用本质上是为常设机构而发生且支付给其他独立企业的，常设机构因此可以扣除。

除了独立交易原则，UN 范本还推荐采用利润总额分配法核算常设机构利润，但 OECD 范本营业利润条款并无利润总额分配法的规定。我国与绝大多数国家缔结的税收协定都遵循了 UN 范本的规定，即在核算常设机构利润时，除了可以依照独立交易原则，还可以采用利润总额分配法。如中新（新加坡）税收协定第 7 条第 4 款规定："如果缔约国一方习惯于以企业总利润按一定比例分配给所属各单位的方法来确定常设机构的利润，则第 2 款（即独立交易原则）并不妨碍该缔约国按这种习惯分配方法确定其应纳税的利润。但是，采用的分配方法所得到的结果，应与本条所规定的原则一致"。与个别国家的税收协定没有推荐采用利润总额分配法，如中土（土耳其）税收协定就无此规定。

三、国内法对协定常设机构营业利润条款的解释和执行

（一）对常设机构营业利润条款的解释

我国国内法对常设机构营业利润条款的解释应主要参考 75 号文。该文对中新（新加坡）税收协定中的归属原则做了进一步的解释：这里所称的"归属于该常设机

构的利润”不仅包括该常设机构取得的来源于中国境内的利润，还包括其在中国境内外取得的与该常设机构有实际联系的各类所得，包括股息、利息、租金和特许权使用费等。这里所说实际联系一般是指对股份、债权、工业产权、设备及相关活动等，具有直接拥有关系或实际经营管理等关系。当不存在这种实际联系时，则相应的股息、利息、租金和特许权使用费分别按照协定中相应的单独条款进行税务处理。双边税收协定并没有明确规定计算营业利润的具体方法，只是规定了在计算时应遵守的若干原则，75号文对独立交易原则做出的进一步解释为：对常设机构要作为一个独立的纳税实体对待，常设机构不论是同其总机构的营业往来，还是同该企业的其他部门的营业往来，都应按公平交易原则，以公平市场价格为依据计算归属于该常设机构的利润。在计算常设机构利润时，为该常设机构发生的费用，不论发生于何处，都应允许扣除，包括有些不是直接体现为常设机构实际发生的费用，如总机构向常设机构分摊的行政和一般管理费用等。但这些费用必须是因常设机构发生的且分摊比例应在合理范围内。实际执行中，企业应提供费用汇集范围、费用定额、分配依据和方法等资料，以证明费用的合理性。由于中新（新加坡）税收协定中独立交易原则条款并没有刻意剔除特定项目交易的影响，因此该协定中的独立交易原则可视为完全独立交易原则。但我国与日本、巴基斯坦等国家缔结的税收协定规定，贯彻独立交易原则的同时应考虑特定项目的影响，75号文对中新（新加坡）税收协定中的相应解释并不能直接适用这些协定。

（二）对常设机构营业利润条款的执行

协定对营业利润征税权在缔约方之间进行划分之后，东道国对依据协定条款归属于常设机构的利润是否征税及如何征税就由各缔约国的国内法来确定。当然，常设机构所在缔约国的国内法处理应符合协定营业利润条款及其他条款（如非歧视待遇条款）的规定。我国目前对机构、场所（常设机构）利润征税的最高位阶的法律主要包括《中华人民共和国企业所得税法》及《中华人民共和国税收征收管理法》，但税务实践中对常设机构征税具有更强指导性和执行力的税收规范性文件则主要包括《外国企业常驻代表机构税收管理暂行办法》《非居民企业所得税核定征收管理办法》及《非居民承包工程作业和提供劳务税收管理暂行办法》。

《外国企业常驻代表机构税收管理暂行办法》

《非居民企业所得税核定征收管理办法》

《外国企业常驻代表机构税收管理暂行办法》和《非居民企业所得税核定征收管理办法》是针对在我国设有机构、场所的非居民企业（驻华代表处）征税的指导文件，对于在我国构成常设机构的非居民企业征税同样适用，因此可以将其视为对税收协定营业利润条款的执行文件。上述文件对非居民企业设在我国的机构、场所（常设机构）征税的主要规定总结如下。

《非居民承包工程作业和提供劳务税收管理暂行办法》

（1）非居民企业若能按照法律法规设置账簿，根据合法有效凭证进行核算，能够依据实际履行的功能与承担的风险相匹配的原则准确计算应纳税所得额，可以据实申报缴纳企业所得税，计算方法与查账征收的居民企业一致。若非居民企业会计账簿不健全，资料残缺难以查账，或其他原因不能准确计算应纳税所得额，税务机关有权核定其应纳税所得额（具体计算公式如表4-9及表4-10所示）。外国企业在我国常驻代表机构应纳税所得额计算公式与此类似。

表 4-9　非居民企业应纳税所得额计算公式（核定征收）

公式	适用场景
应纳税所得额 = 收入总额 × 经税务机关核定的利润率	适用于能够正确核算收入或通过合理方法推定收入总额，但不能正确核算成本费用的非居民企业
应纳税所得额 = 成本费用总额 /（1- 经税务机关核定的利润率）× 经税务机关核定的利润率	适用于能够正确核算成本费用，但不能正确核算收入总额的非居民企业
应纳税所得额 = 本期经费支出额 /（1- 核定利润率）× 核定利润率	适用于能够正确核算经费支出总额，但不能正确核算收入总额和成本费用的非居民企业

表 4-10　非居民企业不同营业活动的核定利润率

营业活动	核定利润率
承包工程作业、设计和咨询劳务	15%~30%
管理服务	30%~50%
其他劳务或劳务以外经营活动	不低于 15%
外国企业常驻代表机构	不低于 15%

注：税务机关有根据认为非居民企业的实际利润率明显高于上述标准的，可以按照比上述标准更高的利润率核定其应纳税所得额。

（2）对同时销售货物与提供服务的混合销售行为的反避税规定。非居民企业与中国居民企业签订机器设备或货物销售合同，同时提供设备安装、装配、技术培训、指导、监督服务等劳务，该劳务的提供构成在我国境内的机构、场所（常设机构），其销售货物合同中未列明提供上述劳务服务收费金额，或者计价不合理的，主管税务机关可以根据实际情况，参照相同或相近业务的计价标准核定劳务收入。无参照标准的，以不低于销售货物合同总价款的 10% 为原则，确定非居民企业的劳务收入。

（3）按照劳务发生地原则划分境内外收入。非居民企业为中国境内客户提供劳务取得的收入，凡其提供的劳务全部发生在中国境内的，应全额在中国境内申报缴纳企业所得税。若提供的劳务同时发生在中国境内外的，应以劳务发生地为原则划分其境内外收入，并就其在中国境内取得的劳务收入申报缴纳企业所得税。税务机关对其境内外收入划分的合理性和真实性有疑义的，可以要求非居民企业提供真实有效的证明，并根据工作量、工作时间、成本费用等因素合理划分其境内外收入；如非居民企业不能提供真实有效的证明，税务机关可视同其提供的劳务全部发生在中国境内，确定其劳务收入并据以征收企业所得税。

（4）从事不同利润率活动的兼营行为的税务处理。采取核定征收方式征收企业所得税的非居民企业，在中国境内从事适用不同核定利润率的经营活动，并取得应税所得的，应分别核算并适用相应的利润率计算缴纳企业所得税；凡不能分别核算的，应从高适用利润率计算缴纳企业所得税。

（5）税务机关发现非居民企业采用核定征收方式计算申报的应纳税所得额不真实，或者明显与其承担的功能风险不相匹配的，有权予以调整。

案例 4-7　咨询劳务与管理服务界定[1]

基本案情

2010 年 3 月，境内 A 公司与境外一家非居民企业 B 公司签订了一份咨询劳务合同，约定由 B 公司派员来中国为 A 公司提供咨询劳务，A 公司每年为 B 公司支付咨询劳务费 200 万美元。同年 4 月，B 公司就其与 A 公司签订的咨询劳务合同到主管税务机关进行登记备案。税务人员初步审核认为，由于提供该项劳务的员工在华停留已超过 6 个月，构成在中国的常设机构，因此应征企业所得税。鉴于 B 公司无法准确核算成本费用，税务人员按咨询劳务核定利润率为 15%~30%。

同年 5 月，税务人员在对 A 公司进行税务检查时发现，B 公司派员的大部分都在 A 公司工程建设等重要岗位上，主要负责工程设计与建设方的协调。其中，B 公司派遣员工刘某、张某分别担任 A 公司的总经理和财务负责人。税务机关随之展开实地调查，对 A 公司相关人员进行询问且调取了管理层人员的职务任命书、工资职责等书面资料。调查表明，B 公司派遣员工主要供职 A 公司工事处，对图纸设计进行审核把关后才可施工，并负责处理工程施工过程中遇到的问题。刘某、张某则直接对 A 公司的生产经营结果负责。

税企争议

税务机关认为：咨询劳务更侧重询问、征求意见，被咨询方提供的解决方案，咨询方可能接受，也可能不接受；而管理服务更侧重参与企业日常经营和决策，协调企业人力、物力和财力等各个方面的关系。通常情况下，管理服务提供方对服务接收方所承担的责任、决策和法律风险明显大于咨询劳务，因此利润期望值也相对更高。从 B 公司派遣员工的工作职能看，已参与 A 公司的生产经营活动，并对企业经营决策起到关键作用。基于此，主管税务机关判定 B 公司提供的服务性质为管理服务。

对于税务机关的判定，A 公司提出异议。A 公司承认 B 公司在执行合同时确实部分履行了管理职能，但同时也履行了部分咨询服务职能。对于企业持有的不同意见，主管税务机关告知企业可以进行举证，如企业可以分别提供管理人员与咨询人员的名单、工作职责，以供核实，并能够准确划分“管理服务收入”与“咨询劳务收入”，经审核后，税务机关可以对不同收入核定不同的利润率。但 B 公司最终没能向税务机关提供任何关于划分管理服务收入与咨询劳务收入的凭

[1] 国家税务总局国际税务司：《非居民企业税收管理案例集》，中国税务出版社 2012 年版。

证。按照现行税法规定，主管税务机关对B公司取得的收入统一按管理服务并适用30%~50%的利润率进行核定征收企业所得税。

思考题：

在我国境内从事多种经营的非居民企业如何防范税务风险？

《非居民承包工程作业和提供劳务税收管理暂行办法》，是对在我国境内承包工程作业和提供劳务的非居民进行税务管理的规范性文件。由于非居民从事上述经营活动往往不需要在我国境内设立正式机构，项目活动完成后相关人员即会离开中国。上述活动若构成在中国的常设机构，则非居民需要向中国政府履行所得税纳税义务，因此该文也可被视为对税收协定的解释和执行文件。由于上述项目活动的流动性较强，对其进行税务管理的难度较大。为加强在我国境内承包工程作业和提供劳务的非居民的税务管理，《非居民承包工程作业和提供劳务税收管理暂行办法》主要做出了下述规定：❶ 报告和登记义务。非居民和负有扣缴义务的境内机构和个人都需在相应的时期内办理税务登记或税款扣缴登记。❷ 申报纳税。非居民企业在中国境内承包工程作业或提供劳务项目的，企业所得税按纳税年度计算、分季预缴，年终汇算清缴，并在工程项目完工或劳务合同履行完毕后结清税款。❸ 指定扣缴。支付人所在地县（区）以上税务机关根据相关信息确定非居民符合《中华人民共和国企业所得税法实施条例》第106条指定扣缴的三种情形之一的，可指定支付人为扣缴义务人。❹ 追缴欠税。非居民企业逾期仍未缴纳税款的，主管税务机关可向非居民从我国境内取得其他收入的支付人处追缴税款和滞纳金。❺ 协定待遇。非居民在我国境内承包工程作业或提供劳务，没有构成常设机构，需要享受协定待遇时，按照《非居民纳税人享受协定待遇管理办法》办理。非居民构成在我国境内的常设机构时，应纳税所得额及具体税款的核算则需按照《非居民企业所得税核定征收管理办法》进行。

指定扣缴的三种情况

四、我国对外缔结税收协定中的海运、空运条款

（一）我国对外缔结税收协定中“国际运输企业营业利润”征税权划分模式

从历史的角度看，从事海运、空运业务企业的营业利润征税权在缔约国之间的分配并不遵从常设机构门槛，往往由纳税人所属的居民国独占征税权。我国与美国于1982年3月5日在北京缔结了《中华人民共和国政府和美利坚合众国政府关于互免海运、空运企业运输收入税收的协定》，因此在中美双边综合性税收协定中无海运、空运条款。除美国外，我国与其他国家缔结的税收协定中都包含有海运、空运条款，该条款在协定中的位置一般为第8条，紧随第7条（营业利润条款）。我国与其他国家缔结的税收协定关于国际运输企业营业利润征税权的划分模式主要包括（见表4-11）：❶ 居民国独占征税权。这一模式在我国对外缔结的税收协定中占绝大多数。❷ 总机

构所在国独占征税权。在这一模式中，与挪威、科威特、塞浦路斯等缔结的协定将总机构与实际管理机构做等价处理。❸ 实际管理机构所在国独占征税权。❹ 总机构或实际管理机构独占征税权。❺ 居民国与非居民国分享征税权。但要注意的是，空运企业的营业利润一般不分享，征税权的分享只局限于海运企业的营业利润。采用这一模式的协定不多，且主要集中在与东南亚国家缔结的税收协定。

表 4-11　国际运输企业营业利润征税权划分的协定模式

模式	内容	国家
居民国独占征税权	缔约国一方企业以船舶或飞机经营国际运输业务取得的利润，应仅在该缔约国征税	意大利、比利时、日本、英国、卢森堡、以色列、罗马尼亚、卢森堡、越南、土耳其、亚美尼亚、冰岛、立陶宛、拉脱维亚、埃及、乌兹别克斯坦、葡萄牙、爱沙尼亚、塞舌尔、爱尔兰、南非、巴巴多斯、摩尔多瓦、古巴、阿曼、尼日利亚、伊朗、巴林、特立尼达和多巴哥、阿尔巴尼亚、文莱、阿塞拜疆、格鲁吉亚、墨西哥、新加坡、芬兰、俄罗斯、巴布亚新几内亚、毛里求斯、拉脱维亚、乌兹别克斯坦、哈萨克斯坦、吉尔吉斯斯坦、塔吉克斯坦、土库曼斯坦、印度、克罗地亚、白俄罗斯、乌克兰、拉脱维亚、叙利亚、乌干达、博茨瓦纳、厄瓜多尔、智利、肯尼亚、刚果、加蓬、安哥拉、阿根廷（尚未生效）、卢旺达、澳大利亚、希腊
总机构所在国独占征税权	以船舶或飞机经营国际运输业务取得的利润，应仅在总机构所在国征税	挪威、科威特、塞浦路斯、捷克斯洛伐克（适用于斯洛伐克）、巴西、突尼斯、摩洛哥（与上述 7 国缔结的协定中，总机构即实际管理机构）、瑞典、保加利亚、蒙古国、阿联酋、斯洛文尼亚、苏丹、马其顿、老挝、卡塔尔、委内瑞拉
实际管理机构所在国独占征税权	以船舶或飞机经营国际运输业务取得的利润，应仅在实际管理机构所在国征税。如果船运企业的实际管理机构设在船舶上，应以船舶母港所在的缔约国为所在国；没有母港的，应以船舶经营者为其居民的缔约国为所在国	法国、德国、丹麦、荷兰、巴基斯坦、瑞士、马耳他、阿尔及利亚、埃塞俄比亚、捷克、赞比亚

续表

模式	内容	国家
总机构或实际管理机构独占征税权	以船舶或飞机经营国际运输业务所取得的利润，应仅在企业总机构或实际管理机构所在缔约国征税	加拿大、南斯拉夫（适用于波斯尼亚和黑塞哥维那）、奥地利、韩国、牙买加、塞尔维亚、黑山、尼泊尔、沙特
居民国与非居民国分享征税权	缔约国一方企业以飞机经营国际运输业务所取得的利润，应仅在该缔约国征税。缔约国一方企业以船舶经营国际运输业务从缔约国另一方取得的所得，可以在该缔约国另一方征税。但该缔约国另一方对该项所得征收的税额将减为该项税额的百分之五十	马来西亚、孟加拉国、泰国、印度尼西亚、斯里兰卡、柬埔寨

在理解具体协定关于国际运输企业营业利润划分模式时，还需关注以下几个特殊问题：❶ 所涉税种的界定。除了所得税，我国与一些国家的协定或议定书亦规定东道国对国际运输企业应缴的流转税予以免税。如我国与智利 2018 年缔结的议定书规定："缔约国一方企业以船舶或飞机在缔约国另一方从事国际运输业务，应在该缔约国另一方免征增值税"。除此途径外，我国与很多国家缔结了关于空运及海运的单项运输协定，且这些协定基本都设计了从事国际运输业务免于在东道国缴纳所有赋税的条款，其为国际运输企业提供了享受东道国流转税免税待遇的另一途径。如中国与瑞典缔结的海运协定第 9 条规定："缔约双方同意，缔约任何一方对缔约另一方航运企业在从事海上运输中所获得的收入和其他收益，免征任何形式的税捐"。❷ 国际运输范围的界定。在绝大多数协定中，运输范围包括空运和海运，但与拉脱维亚、乌兹别克斯坦、哈萨克斯坦、吉尔吉斯斯坦、塔吉克斯坦、土库曼斯坦缔结的协定中包括了公路车辆、铁路车辆或陆运车辆，实践中如何进行税务处理应基于具体协定具体分析。❸ 享受主体的界定。在一些特定情况下，需要在协定或议定书中就享受国际运输协定待遇的主体进行明确。如"空运联合体斯堪的纳维亚航空公司"是丹麦、挪威和瑞典三国航空公司合资开办的空运联合体，总部设在瑞典，其股份比例为：丹麦、挪威各占七分之二，瑞典占七分之三。我国与上述三个国家的议定书中都规定：斯堪的纳维亚航空公司为上述三个国家的税收居民，从我国取得的运输收入可以享受免税待遇，但只限于各国在该公司的股权比例部分的收入或利润。

《国家税务总局关于税收协定执行若干问题的公告》

（二）国内法对海运、空运条款的解释和执行

我国目前对税收协定海运、空运条款最新的解释和执行文件为《国家税务总局关于税收协定执行若干问题的公告》中关于国际运输营业利润征税的规定，其中的第 2 条主要是替换 75 号文对中新（新加坡）税收协定第 8 条进行解释。该文件规定：从事

国际运输业务取得的收入，是指企业以船舶或飞机经营客运或货运取得的收入，以及以程租、期租形式出租船舶或以湿租形式出租飞机（包括所有设备、人员及供应）取得的租赁收入。以光租形式出租船舶及以干租形式出租飞机取得的收入都不属于协定意义上的国际运输收入，此类收入的业务性质应界定为财产租赁收入。但中新（新加坡）税收协定同时规定：企业从事以光租形式出租船舶或以干租形式出租飞机，以及使用、保存或出租用于运输货物或商品的集装箱（包括拖车和运输集装箱的有关设备）等租赁业务取得的收入虽然不属于国际运输收入，但若上述租赁业务"附属于"国际运输业务，则应视同国际运输收入处理。《国家税务总局关于税收协定执行若干问题的公告》进一步明确："附属"是指与国际运输业务有关且服务于国际运输业务，属于支持和附带性质。企业就其从事附属于国际运输业务的上述租赁业务取得的收入享受海运和空运条款协定待遇，应满足以下三个条件：❶ 企业工商登记及相关凭证资料能够证明企业主营业务为国际运输；❷ 企业从事的附属业务是其在经营国际运输业务时，从事的对主营业务贡献较小但与主营业务联系非常紧密、不能作为一项单独业务或所得来源的活动；❸ 在一个会计年度内，企业从事附属业务取得的收入占其国际运输业务总收入的比例原则上不超过10%。此外，该文件还对海运、空运条款中享受协定免税待遇的利息收入做出了进一步明确："缔约国一方企业从附属于以船舶或飞机经营国际运输业务有关的存款中取得的利息收入"，是指缔约国双方从事国际运输业务的海运或空运企业，从对方取得的运输收入存于对方产生的利息。该利息不适用中新（新加坡）税收协定第11条（利息条款），应视为国际运输业务附带发生的收入，在来源国免予征税。

习 题

一、单选题（请用手机扫描下方二维码作答）

二、改错题（就题中画线部分进行改正）

1. 缔约国一方居民到缔约国另一方从事经营活动，并构成协定意义上的机构、场所时，该另一方可以对上述居民的营业利润征收企业所得税。（　　）

2. OECD范本采用引力原则确定常设机构的营业利润并据此征税。（　　）

3. UN范本对工程型常设机构的确认规则是，"建筑工地，建筑、装配或安装工程，或与其相关的监督管理活动，但仅以该工地或工程活动持续12个月以上为限"。（　　）

4. 2017年版UN范本对劳务型常设机构界定是，"'常设机构'一语还包括：企业通过雇员或雇员的其他人员为上述目的提供的服务，包括咨询服务，但仅以该性质的活动在缔约国一方（为同一项目或相关联项目）任何 12 个月中连续或累计超过 183 天为限”。（　　）

三、简答题

1. 简述国内法意义上的机构场所与税收协定意义上的常设机构的联系与区别。

2. 简述常设机构的类型。

3. 归属原则与引力原则有何差异？试以我国与其他国家缔结的税收协定为例，说明我国对非居民企业来源于我国的营业所得征税时所遵循的原则。

四、案例分析题

A 集团是一家全球知名的综合性化工集团，其总部位于美国。A 集团业务范围广泛，涉及特种化学、高新材料、农业科学和涂料等多个领域。A 集团于 20 世纪 90 年代中进入中国，目前已经成为国内化工行业的佼佼者。为了促进集团在亚洲的销售业务，A 集团在中国香港设立了香港贸易有限公司（简称 A 公司）。A 公司主要负责集团产品在亚洲地区的销售及营销业务，并在亚洲多个国家设立销售子公司。此外，A 公司还负责集团内专利技术使用权的许可业务，主要许可对象为其控股的中国子公司。

目前，A 公司在中国内地拥有三家子公司（持股比例均为 100%），分别为上海化工制造有限责任公司（简称 A 制造），上海营销有限责任公司（简称 A 营销），以及江苏昆山材料有限责任公司（简称 A 材料）。A 营销是一家营销服务公司，其主要业务是为 A 公司向内地进口产品提供相关的营销服务。A 营销向 A 公司提供的主要服务内容有以下几项。

（1）运用其客户关系建立技能，预计潜在客户需求，通过向潜在客户发送邮件、打电话或上门访问等方式说服他们购买 A 公司的产品和服务。

（2）与潜在客户就 A 公司产品的销售合同进行谈判，向客户解释 A 公司合同的标准条款，包括 A 公司使用的固定价格结构。但是，A 营销无权代表 A 公司签署合同或对合同进行修改。

（3）客户根据与 A 营销员工确定的数量，以及所展示的价格结构，在线与 A 公司订立合同。

（4）在中国内地，A 营销是 A 公司的独家营销服务提供方，不向任何其他企业提供服务，且 A 营销仅向内地客户推销 A 公司的产品。A 营销向 A 公司收取相应的服务费，同时 A 营销员工的薪酬亦与 A 公司产品在内地的由 A 营销促成的销售收入挂钩。

由于集团的业务安排及客户要求等，A 公司和内地客户的合同谈判工作无法在境外进行，必须由工作人员在内地完成。

问题：

A 公司是否涉及在中国内地的企业所得税纳税义务？

第五章　其他所得征税权分配规则

学习目标

1. 掌握各项投资所得、财产转让所得及个人劳务所得征税权分配规则。

2. 厘清投资所得、财产转让所得及个人劳务所得适用税收协定优惠的约束条件，精准应用协定解决实践问题。

3. 熟悉我国作为来源国对投资所得、财产转让所得及个人劳务所得征税的制度设计。

4. 了解我国对外投资及吸引外资的格局变化，基于国情理解我国近年对双边税收协定相关条款修订的历史背景。

引例　“引进来”企业税收：股息分配、股权转让及人员派遣中隐藏的税务风险

A集团成立于1920年，总部设在A国，同时在欧洲、美洲、亚洲等多个国家设有办事机构，主要从事光学测量仪器的开发、制造并提供测量解决方案。A集团在中国香港已设立一家香港控股公司（H公司），持有一家设立在中国上海的生产销售企业（C公司）。H公司拥有员工3人，主要从事联络辅助性工作，每年可从C公司获得上千万元人民币的利润汇回。

2020年年初，A集团欲对C公司的生产设备进行改造升级，并逐批派遣外籍人员到中国对该生产线的改造升级提供技术指导和监督服务。预计人员派遣共分三批，每一人员在中国的停留时间均不超过183天。项目持续时间大概为9个月。在更新项目持续期间，被派遣人员的工资报酬由A集团支付，相关人员定期就工作进展向A集团汇报。

2023年3月，A集团为优化内部组织结构，欲将C公司股权转让给荷兰的D公司。经第三方中介机构评估，C公司资产的公允价值约为3.5亿元。

此案例涉及的我国所得税风险主要包括：非居民从我国境内取得投资所得的税务处理，相关外籍人员是否应向我国缴纳个人所得税，非居民转让我国境内企业股权取得财产转让所得如何进行税务处理等。

思考题：

1. 税收协定中所规定的投资所得、财产转让所得、个人劳务所得的征税权分配规则具体内容是什么？

2. 非居民企业从我国境内取得投资所得、财产转让所得时，应如何履行纳税义务？

3. 外籍人员在我国境内提供劳务，是否应向我国缴纳个人所得税？如何缴纳？

第一节　投资所得

一、投资所得征税权划分的基本规则

本书所讲的其他所得主要包括投资所得、财产转让所得及个人劳务所得。投资所得，是指投资者凭借相关财产权利而取得的投资收益，主要包括股息、利息、租金、特许权使用费等形式。需要指出的是，虽然租金所得属于投资所得的一种形式，但目前OECD范本及UN范本中并没有设计单独的租金条款，而是将征税权划分规则分解到不动产所得条款（对应不动产租金所得）及特许权使用费条款（对应动产租金所得）进行规定。从非居民国（来源国）角度看，非居民企业所得主要包括营业所得、投资所得及财产转让所得三大类。若将营业所得视为积极所得，即企业从事积极的生产经营活动取得的收益，则可将投资所得及财产转让所得称为消极所得。之所以将投资所得和财产转让所得称为消极所得，是因为投资者并不需要直接从事相应的生产经营活动就可以取得投资收益或财产转让收益，消极所得本质上属于被动性质的权利金或转让收益。

当个人或跨国公司跨国取得投资所得时，就必然涉及相应的征税权在国家间的划分问题。**两个范本对投资所得征税权划分的基本规则是：非居民国（来源国）按照较低的限制税率优先征税，居民国在此基础上享有最终征税权，但需承担消除国际重复征税的义务，即由非居民国与居民国分享征税权。**这里，非居民国按照较低的限制税率优先征收的所得税也称为预提所得税，它体现的是来源国对非居民取得的来源于本国的消极所得的优先征税权。在税务实践中，各国为便于征管，预提所得税往往由位于非居民国的支付方代扣代缴，而真正的纳税人为取得相应消极所得的境外非居民。预提所得税并不是一个独立税种，体现的是所得税在特定情形下的一种征收方式。

理解预提所得税的内涵需把握以下几个要件：一是预提所得税的征税对象一般为投资所得及财产转让所得，而不是通常意义的营业所得；二是预提所得税的纳税人为境外非居民，且该非居民向来源国履行纳税义务并不需要以设立相应的机构场所为前提；三是预提所得税的税款征收一般通过支付方代扣代缴的方式实现；四是预提所得税税率为限制税率，相对于居民企业或在来源国设立了机构场所（常设机构）的非居民企业，税率较低；五是预提所得税适用投资所得时，按照投资收益总额计征税款，而适用财产转让所得时，则按照转让价减去成本价后的余额计征税款，与居民企业或在来源国设立了机构场所（常设机构）的非居民企业按照收入净额的计税方式明显不同。

虽然现行国际税收框架下的预提所得税主要针对跨国消极所得征收，但随着经济全球化及数字化的发展，预提所得税的征收范围有扩大之势。一些来源国在境外企业没有设立相应的机构场所（常设机构）的情形下，为维护本国税收权益而对境外企业从本国取得的属于营业所得性质的数字化收入征收预提所得税。如 2017 年版 UN 范本新加入的"技术服务费"条款（第 12A 条）就让来源国对技术服务费（fees for technical services）及自动化数字服务收入（income from automated digital services）以预提所得税形式征税有了可能。

二、股息所得征税权划分的具体规则

股息（dividends）所得一般意义上是指投资者因拥有被投资企业的股权而取得的投资收益。在税务实践中，纳税人通常利用股息与利息之间的税务处理差异而避税，一国税法往往在立法中遵循实质重于形式的原则，将"名债实股"金融工具投资所得按照股息所得进行税务处理，将"名股实债"金融工具取得的投资所得则按照利息所得进行税务处理。OECD 范本第 10 条第 3 款对股息进行了明确界定："本条'股息'一语是指从股份、'享受'股份或'享受'权利、矿业股份、发起人股份或非债权关系分享利润的其他权利取得的所得，以及按照分配利润的公司是其居民的国家的法律，从视同股份所得同样征税的其他公司权利取得的所得"。由此可以看出，OECD 范本中的股息范围涵盖了从类似或视同股份权利取得的所得，如来源国为防止资本弱化避税而将超额支出的利息视同为股息分配[①]。

股息所得来源地的判定标准较为单一，各国一般都按照股息分配方所属居民国作为股息的来源地。来源国行使地域管辖权对股息等消极所得征税并不受机构场所（常设机构）的条件限制。当然，个别国家在判定股息所得来源地时亦有特殊规则。如美国虽然也以分配股息的公司所属的居民国为准判定股息的来源地，但同时规定了"看穿规则（look through rule）"，即若一家美国非居民公司分配股息年度的前三年中，其全球所得中与美国的贸易或经营有实际联系的所得占比超过 25%，则所分配股息中依照相应比例计算的部分应确认为来源于美国[②]。两个税收协定范本将分配股息公司的居民身份所属国认定为来源国，从而行使地域管辖权优先征税。

2017 年版 OECD 范本第 10 条第 1 款和第 2 款的内容正是对股息所得征税权划分

① 资本弱化避税的内涵及治理在本书第九章有详细介绍。

② 朱青:《国际税收》(第十版),中国人民大学出版社 2021 年版。

的具体规则。第 1 款规定，**“缔约国一方居民公司支付给缔约国另一方居民的股息，可以在该缔约国另一方征税”**，第 2 款规定，**“缔约国一方居民公司支付的股息也可以在该缔约国一方按照该国法律征税。但是，如果该股息的受益所有人是缔约国另一方的居民，则：a）如果受益所有人是在包括支付股息日在内的 365 天（在计算该期间时，不应考虑持股公司或支付股息公司企业重组，如合并重组或分立重组等直接导致的持股情况变化）内直接持有支付股息公司至少 25% 资本的公司，所征税款不应超过股息总额的 5%；b）在其他情形下，所征税款不应超过股息总额的 15%。缔约国双方主管当局应通过相互协商，确定实施该限制税率的方式。本款不应影响对该公司支付股息前的利润征税。”**

从上述规定可以看出，OECD 范本对股息所得征税权的划分规则是居民国与非居民国共享征税权。2017 年版 UN 范本对股息所得征税权在来源国与居民国之间的划分规则与 OECD 范本大体一致，只是 UN 范本分别在股息条款 a 项和 b 项的规定中没有明确来源国对股息征收预提所得税时限制税率的具体比例，而是用“__%”替代，即具体比例由缔约双方自行商定，这可能为来源国提高税率扩大了协商空间。两个范本都主张由来源国与居民国对股息所得共享征税。OECD 范本中的两个比率 5% 和 15% 分别代表了协定优惠税率与一般税率。优惠税率的适用设定较为严格的限制条件，即股息收取方必须满足持股期限（满 365 天）、持股比例（达到 25%）、组织形式（必须为公司）、特定属性（受益所有人[①]身份）的约束条件。当约束条件无法同时满足时，非居民纳税人则需按照 15% 的税率向来源国履行纳税义务。从跨国纳税人角度看，此种税收协定优惠待遇极大地降低了其税收负担。如美国公司向中国非居民支付股息时，按照美国国内法，应适用 30% 的税率征收预提所得税，但若适用中美税收协定则预提所得税税率剧降为 10%。

三、利息所得征税权划分的具体规则

利息（interest）所得是指债权人将资金贷给债务人使用而取得的所得。当通过发行债券方式而取得利息时，利息所得还包括溢价部分收益。对独立发生于债权方以外而单独收取的担保费一般不视为利息所得。2017 年版 OECD 范本第 11 条第 3 款对利息进行了明确界定：“本条‘利息’一语，是指从各种债权取得的所得，不论其有无抵押担保或者是否有权分享债务人的利润；特别是指从政府债券取得的所得、从债券或信用债券取得的所得，包括附属于这些证券、债券和信用债券的溢价和奖金。由于延期支付的罚款，不应视为本条所规定的利息”。利息所得的属性界定不仅关乎对该笔所得征收预提所得税时的适用税率，还涉及支付方在核算企业所得税税基时能否扣除的问题。理解利息的范围还必须结合 OECD 范本第 11 条第 6 款的内容。该条款规定，“由于支付利息的人与受益所有人之间或者他们与其他人之间的特殊关系，就

① 受益所有人是非居民从来源国取得各项投资所得（包括股息、利息、特许权使用费）适用协定低税率缴纳预提所得税的必要条件，对受益所有人的概念内涵及认定规则的分析见本书第九章。

有关债权所支付的利息数额超出支付人与受益所有人没有上述关系所能同意的数额时，本条规定应仅适用于后来提及的数额。在这种情况下，该支付款项的超出部分仍应按照各缔约国的法律征税，但应适当考虑本协定的其他规定”。也就是说，当跨国公司集团位于来源国的实体向位于避税地的实体过度支付利息而避税时，超额支付的利息可能会被视为股息分配进行处理，且支付方不得税前列支超额支付的利息。事实上，一些国家已通过资本弱化反避税立法以防止跨国纳税人将股息“包装”为利息而避税。

不同于股息所得来源地的判定规则，世界各国对利息所得来源地的判定标准则五花八门，主要有以下几种：❶ 以借款人的居住地或信贷资金使用地界定利息来源地，如阿根廷、巴西、法国、印度、墨西哥、秘鲁、土耳其等；❷ 以借款合同的签订地为标准判定利息来源地，如澳大利亚、新西兰等；❸ 以贷款担保物（不动产和动产）所在地为标准判定利息来源地，如奥地利、希腊等；❹ 以用于支付利息的所得的来源地为标准判定利息的来源地，如美国。但需要说明的是，美国国会1984年就废除了对支付给非居民的利息征收预提所得税的规定。做出这一规定的历史背景是：20世纪80年代早期，里根总统执政期间推行的大幅降低公司税率及扩大国防开支的政策导致了巨大的财政赤字，而当时美国国内的存款利率又低得惊人，在现实条件的约束下，解决财政赤字的主要方式只能是从国外借款。取消对支付给美国非居民的利息征收预提所得税则有利于美国居民从境外借款。

由于各国国内法对利息来源地的界定标准差异较大，为确保实现税收协定适用的一致性，两个范本都认定利息发生于支付方所属的居民国。2017年版OECD范本第11条第1款规定，**“发生于缔约国一方并支付给缔约国另一方居民的利息，可以在该缔约国另一方征税”**，即利息所得不应由来源国独占征税权，第2款进一步规定，“发生在缔约国一方的利息也可以在该缔约国一方按照该国法律征税。但是，如果该利息的受益所有人是缔约国另一方的居民，则所征税款不应超过利息总额的10%。缔约国双方主管当局应通过相互协商，确定实施该限制税率的方式”。

从上述规定可以看出，OECD范本主张由来源国与居民国分享对利息所得的征税权，且在利息收取方满足受益所有人的条件要求时，来源国征税时的限制税率不可超过10%。UN范本与OECD范本的规定基本一致，只是没有明确来源国对利息所得征收预提所得税时限制税率的具体比例，而是用“__%”代替，即由缔约双方协商确定。

四、特许权使用费征税权划分的具体规则

特许权使用费（royalties）是指投资者将无形资产或专有技术的使用权转让或许可给受让方使用而取得的报酬。这里的专有技术，主要是指还没有获得专利权但存在很大应用价值和经济价值的技术知识。在理解特许权使用费的概念内涵时，关键是把握“使用”二字，也就是说，转让方转让的是无形资产的使用权而不是所有权，若为所有权转让则税收属性就变成财产转让收益。OECD范本第12条第2款指出，“本条‘特

许权使用费’一词是指使用或有权使用任何文学、艺术或科学作品，包括电影影片的版权、任何专利、商标、设计或模型、计划、秘密配方或程序所支付的作为报酬的各种款项；或者有关工业、商业或科学经验的情报信息所支付的作为报酬的各种款项”。UN范本第12条第3款对特许权使用费范围的界定比OECD范本更为宽泛，还包括了“使用广播、电视播放版权而支付的款项”，以及“使用工业、商业或科学设备而支付的款项”。可以看出，一方面，UN范本中的特许权使用费涉及的无形资产更多，另一方面，OECD范本局限于无形资产及专有技术的使用，而UN范本除了无形资产及专有技术使用权的使用，还纳入了有形资产的使用（即设备租金）。对特许权使用费范围的界定不同正是OECD范本与UN范本特许权使用费条款的主要差异之一。

OECD范本与UN范本对特许权使用费征税权的划分规则存在根本区别。OECD范本第12条第1款规定，**“发生于缔约国一方并由缔约国另一方居民受益所有的特许权使用费，应仅在该缔约国另一方征税”**。由此可见，**对特许权使用费征税时OECD范本只承认居民管辖权的独占性**。UN范本第12条第1款规定，**“发生于缔约国一方并支付给缔约国另一方居民的特许权使用费，可以在该缔约国另一方征税”**，同时第2款规定，**“发生在缔约国一方的特许权使用费也可以在该缔约国一方按照该国法律征税。但是，如果该特许权使用费的受益所有人是缔约国另一方的居民，则所征税款不应超过特许权使用费总额的__%（具体比例由缔约国双方协商确定）。缔约国双方主管当局应通过相互协商，确定实施该限制税率的方式”**。从UN范本的规定可以看出，**UN范本主张由来源国与居民国共享对特许权使用费的征税权**。需要指出的是，特许权使用费获取方需满足受益所有人的约束条件才可享受协定低税率的优惠待遇。两个范本规定的差异反映了各自一直以来的立场：OECD范本注重维护居民管辖权，而UN范本则主张扩大地域管辖权的实施范围。

对所得性质的精准归类是对相关所得进行税务处理的基本前提，这一点对于税务实践中特许权使用费的征税尤为明显。由于无形资产及专有技术使用权的转让与技术服务的提供都可能涉及技术的应用，如何正确区分特许权使用费与技术服务并非易事。当相关的技术应用业务的税收属性被界定为技术服务性质的营业活动时，来源国征税就会有机构场所（常设机构）的前提要求，对纳税人来讲可能是一种避免形成纳税义务的“保护”。若相关业务的税收属性被界定为特许权使用费，则此种“保护”就会消失。

此外，来源国对营业所得与特许权使用费适用税率及税基核算方式的规定差异很大，此种差异亦为跨国纳税人避税提供了相应空间。为此，OECD范本注释为区分特许权使用费及技术服务做了详细的解释（见表5-1），还特别列举了一些属于技术服务而非特许权使用费的业务（见表5-2）。UN范本则通过增加“第12A条”及“第12B条”的形式将技术服务费和自动化数字服务收入列入了特许权使用费条款框架[①]。

① 本书第四章第二节对UN范本中的技术服务费和自动化数字服务收入条款有详细阐述。

表 5-1 特许权使用费与技术服务的区分维度

区分维度	特许权使用费	技术服务费	进一步说明
是否先前存在	是	否	若为研发一项还不存在的无形资产或专有技术而支付的报酬,则不能被称为“为使用或有权使用”而支付的款项,只能归于技术服务利润
是否重复使用	是	否	对先前已经开发好的方案,版权所有人没有实际履行任何追加性工作,仅授予某人修改或复制这些方案的权利,即可以重复使用,属于特许权使用费范畴
是否承诺实施效果	否	是	在项目合同中,若一方同意将其无形资产的使用权或未公开的专有技术传授给另一方使用,通常认可技术许可方不需要亲自参与技术受让方对技术的使用和实施,并且不保证实施的结果,即属于特许权使用费范畴;在技术服务合同中,技术拥有方使用相应技术亲自为另一方工作,并通常保证达到预期的实施效果,即属于技术服务活动形成的营业所得范畴
相关合同是否有保密条款	是	否	在属于特许权使用费范畴的交易合同中,往往存在受让方负有对相关技术进行保密的义务的条款,即受让方可自由使用,但一般不得转让给第三方去使用
项目实施是否会发生较大费用	否	是	在税收属性属于特许权使用费的合同中,技术提供方除了许可技术或提供相关材料,需要做的很少;但在税收属性属于技术服务的合同中,提供方为了履行提供服务的合同义务,往往需要承担更高水平的费用,如依据相关业务的特性,可能要给进行研究、设计、测试、绘图及其他从事相关活动的雇员支付工资和薪金,或者给提供类似服务的分包人支付报酬
所有权归属	许可方	接受方	在相关技术的使用权被转让而所有权归许可方的情形下,受让方的支付更可能被归为特许权使用费支付;但相关技术被开发、使用之后所有权归受让方的情形下,相关支付更可能被归为技术服务费支出

表 5-2 属于技术服务费的特定业务

序号	业务内容
1	作为售后服务的报酬而收取的款项
2	保修期(under a warranty)内卖方为买方提供服务所取得的报酬
3	为单纯的技术服务而收取的款项
4	为提供潜在客户名单而收取的报酬。这种客户名单是专门为付款人从一般可利用的信息资料中开发形成的(为获得收款人已经为之提供某种特定产品或服务的客户保密名单而支付的报酬,将会构成对专有技术的付款,因为这样的客户名单涉及收款人与客户进行交易的商业经验)

续表

序号	业务内容
5	工程师、律师、会计师提供咨询服务而取得款项
6	以电子方式提供咨询意见、与技术员进行电子通信或通过计算机网络访问问题解答数据库(例如,针对经常提出的疑问或经常发生的普遍问题,为软件用户提供非保密性情报的数据库)等所取得的款项,如数字经济下平台企业为卖家提供上述情报收款,应认为是为增加卖家销售收入的一种技术支持,属营业所得而适用协定第7条

此外,OECD范本注释将税务实践中一些容易产生争议的经济业务的税收属性进行了明确界定:❶ 卫星经营者与其顾客(包括广播和电信企业)签订的发射机应答器租赁协议属于技术服务性质的营业活动。根据该协议,卫星经营者允许顾客使用卫星发射机应答器的功能进行较大地理范围的传输。顾客根据典型的发射机应答器租赁协议支付的款项是为使用发射机应答器的功能而支付的款项,不属于特许权使用费,因上述款项不是为使用或有权使用特许权使用费定义所指的财产或情报而支付的价款(卫星技术没有转让给顾客,因此不能视为基于情报、使用或有权使用保密程序而支付的价款)。即使双边税收协定将设备租金加入了特许权使用费条款,交易双方的经济合同中也提到出租发射机应答器,在大多数情况下,客户只是获得发射机应答器的传输功能,并没有实际拥有控制该发射机应答器,因此仍属技术服务范畴。除非卫星经营者将卫星出租给承租方,且后者能够操纵控制该卫星,并为承租方自己使用或为第三方提供数据传输功能,则属特许权使用费范畴。但税务实践中此种情形较为少见。❷ 某一电信网络运营商为另一电信网络运营商跨国提供"漫游"服务为电信服务,不属于特许权使用费范畴。因为在"漫游"业务中,相关费用并不是为使用或有权使用被访问网络进行支付而发生,支付方运营商并没有物理接入被访问网络,而是就外国网络运营商提供的电信服务而支付的报酬。❸ 为使用或有权使用部分或全部无线电频谱(如根据"频谱许可证"协议,允许持有者通过电磁波频谱的指定波段传输媒体内容)所支付的款项,不属于特许权使用费。因为上述情形中的支付不是为使用或有权使用任何设备而支付的报酬。❹ 仅为获得某种产品或服务在指定地域范围内的独家销售权而支付的价款不属于特许权使用费范畴。显然,OECD范本注释并不认为独家销售权的获得是商标使用权的转让,而认为其是为增加销售收入而进行活动。

五、投资所得征税权划分与常设机构的关系

常设机构对投资所得征税权分配规则的影响主要体现在两个方面。一是对投资所得计税方式的影响。当跨国纳税人在某一非居民国设有常设机构时,若其从该国取得的投资所得与常设机构有实际联系,则相应的投资所得可能被计入营业所得一并计税,而不是按照税收协定中独立的投资所得(股息、利息、特许权使用费)条款计税(见

图 5-1）。二是对投资所得（利息、特许权使用费）来源地判定标准的影响。当跨国纳税人在某一非居民国设有常设机构，且相关的利息、特许权使用费支付与该常设机构有实际联系时，依照双边税收协定，该项所得的来源地可能被判定为来源于常设机构所在地国家，而非支付方居民身份所在国（见图 5-2）。

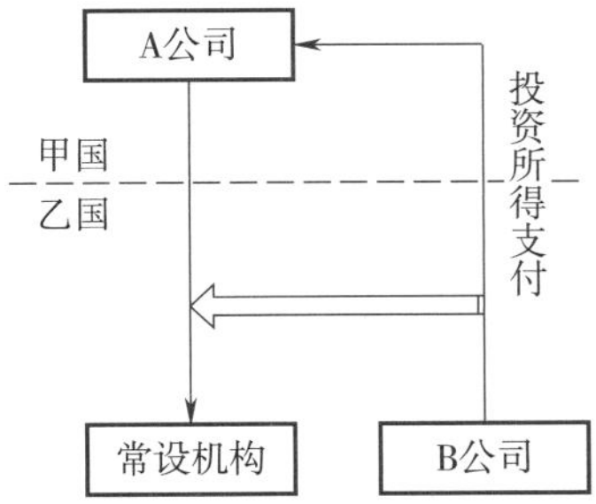

图 5-1 投资所得纳入常设机构营业所得

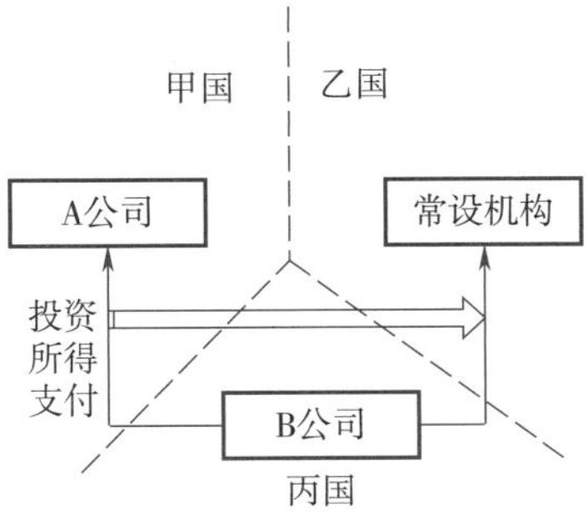

图 5-2 投资所得来源地判定的例外情形

在图 5-1 中，甲国的 A 公司在乙国设有常设机构。若据以支付投资所得（包括股息、利息、特许权使用费）的股份、债权及其他财产权利与该常设机构有实际联系，则投资所得不应单独计税，而应与通过该常设机构实现的营业所得合并适用乙国税法规定计算应纳税款。OECD 范本第 10 条第 4 款规定，“若股息受益所有人作为缔约国一方居民，在支付股息的公司是其居民的缔约国另一方，通过设在该缔约国另一方的常设机构进行营业，并且据以支付股息的股份与该常设机构有实际联系，则不适用股息条款的规定。在这种情况下，应适用第 7 条（营业利润）的规定”。此种规定适用于包括股息、利息、特许权使用费在内的三种形式的投资所得。UN 范本亦有类似规定。OECD 范本注释指出，上述规定不是“常设机构引力原则”理论的体现，而是因为相关的投资所得所依附的财产权利构成了常设机构资产的一部分或与常设机构有其他方面的实际联系。

在图 5-2 中，B 公司为丙国的税收居民，且在乙国设有常设机构。当 B 公司向 A 公司进行利息支付时，若据以支付利息的债务与 B 公司设在乙国的常设机构有实际联系，如债务资金由该常设机构实际使用，则该笔利息所得的来源地应为乙国，而非支付方居民身份所在地的丙国。也就是说，在上述情形下，乙国才可以行使地域管辖权对利息所得按照限制税率优先征收预提所得税。

试想：若丙国为国际避税地（不征收预提所得税），乙国才是 B 公司开展实质业务的所在地，若单纯按照支付方居民身份所属国为利息所得的来源地进行征税，则 B 公司可以成功实现避税目标。OECD 范本第 11 条第 5 款规定，“若支付利息的人为缔约国一方居民，应认为该利息发生于该缔约国。然而，如果支付利息的人不论是否为缔约国一方居民，在缔约国一方设有常设机构，据以支付该利息的债务与该常设机构有联系并由其负担利息，上述利息应认为发生于该常设机构所在地”。除了利息所得，2021 年版 UN 范本判定投资所得来源地的例外情形还包括特许权使用费。两个范本对股息所得来源地的判定则严格遵照支付方居民身份所属国的标准进行。

第二节　财产转让所得

一、财产转让所得类型

从国际税收学科角度看，财产转让所得是指纳税人跨国转让位于非居民国的财产所有权而取得的转让收益。由于财产转让交易中的交易对象一般都为企业从事生产经营活动中的资本品，因此财产转让所得也称资本交易利得，OECD 范本和 UN 范本则称为财产收益（capital gains）。不论是一国国内法还是税收协定范本，对不同类型财产转让所得的来源地判定标准都有较大差异，因此，划分财产转让所得类型是分析财产转让所得征税权划分基本规则的基础。

（一）按照转让对象的不同，可以将财产转让所得分为不动产转让所得、动产转让所得及权益性投资资产转让所得

1. 不动产转让所得

两个税收协定范本目前对不动产（immovable property）都没有进行明确、严谨的定义，执行税收协定应主要依照缔约国国内法进行，但 OECD 范本对不动产概念的共识性特征和范围进行了总结。OECD 范本认为，“不动产”一语在任何情况下应包括附属于不动产的财产，农业和林业所使用的牲畜和设备，有关地产的一般法律规定所适用的权利，不动产的用益物权和由于开采或有权开采矿藏、水源与其他自然资源而取得固定或不固定的收入的权利。但船舶、船只和飞机不应视为不动产。从 OECD 范本的规定看，不动产主要包括三大类：一是土地、房屋和建筑物，包括附属于房产且构成房产有机构成的动产；二是生物资产；三是不动产的用益物权。用益物权本质上是一种不动产物权。《中华人民共和国民法典》中的用益物权是指非所有人对他人所有之物享有的占有、使用和收益的权利，包括土地承包经营权、建设用地使用权、宅基地使用权、居住权、地役权。如中国居民企业或非居民企业从外国企业受让获取该外国企业依法取得的在中国境内勘探、开采矿产资源的权利，该权利即用益物权，也属于税收协定范本所认可的不动产范畴。

2. 动产转让所得

从一般意义上讲，不动产以外的财产都属于动产（movable property），其最基本的特征就是在价值不受影响的情况下可以随意移动。很明显，一般意义上的动产涵盖的范围很广，包括了设备、存货、应收账款、票据、物权凭证、出租的有形动产、股权、债权等。两个税收协定范本对不同形式动产的征税权划分规则也有较大差异。OECD 范本在规定动产转让所得的征税权分配规则时，聚焦于缔约国一方企业转让位于缔约国另一方常设机构营业财产中的动产或转让整个常设机构所取得的收益，并不包含转让常设机构营业财产中的不动产。常设机构中的不动产转让所得征税权划分自然由相应的

不动产转让条款予以规范。

需要指出的是，UN 范本划分动产的征税权时不仅涉及缔约国一方企业在缔约国另一方的常设机构，还扩展到个人在缔约国另一方开展独立劳务的固定基地，即缔约国一方个人转让位于缔约国另一方固定基地组成部分中的动产取得的收益。

3. 权益性投资资产转让所得

权益性投资资产转让所得，主要指转让企业股份及其他类似权益所取得的转让收益。权益性投资资产虽然属于一般意义的动产，但各国国内法及税收协定范本对股权转让所得来源地的界定有其较为独特的判定规则。为与其他形式动产进行区分，本书将包括股权在内的权益性投资资产转让所得单列分析。

随着经济全球化进程的不断加快，一国经济与世界经济的融合程度也在不断提升。资本不断地进入和退出某一市场大国是经济全球化的一种外在表现。当境外资本意欲退出一国市场时，往往以股份转让的方式将该国居民企业的股份出售给第三方。股份转让所得即出让价与股份成本价之间的差额。从经济实质看，这一差额正是企业经营成果的经年利润积累的价值体现。考虑到东道国为吸引外资来本国投资而采取税收优惠措施所放弃的财政权益，若东道国对此种股份转让所得不征税或因跨国纳税人避税而不缴税，就会不合理地侵蚀东道国税基。OECD 范本和 UN 范本都规定：来源国可以对非居民转让本国企业股份取得的所得优先征税，但这一征税权受到多种条件的约束。

（二）按照转让方式的不同，可以将财产转让所得分为直接转让所得和间接转让所得

直接转让，是指财产所有权人将持有的位于非居民国的财产直接转让给受让方（见图 5-3）。

从税务实践看，绝大多数国家都对非居民企业直接转让位于本国的财产征收预提所得税，只有一些国际避税地或其他低税地国家（地区）对上述转让所得不征税。在征税国家中，很多国家针对股权的直接转让设计了相应的免税待遇。免税情形主要有以下三类。一是转让行为发生前的持股比例很低或持股时间较长。如德国要求的持股比例为低于 1%，澳大利亚、卢森堡等国则要求低于 10%，印度、加拿大、法国、意大利、西班牙等国则规定低于 25%。从持股时间条件看，如澳大利亚要求非居民企业转让前 2 年内持续持股 12 个月，法国则要求转让方在转让前 5 年内的任何时间内持有法国公司 25% 的股权。二是被转让公司不属于不动产公司。很多国家规定，若被转让公司的不动产价值占公司股份价值的比例不足 50%，则可适用免税待遇，超过这一比例即不动产公司，不可享受免税待遇。三是通过公开证券市场转让股份可予以免税，如澳大利亚、加拿大、德国等[①]。

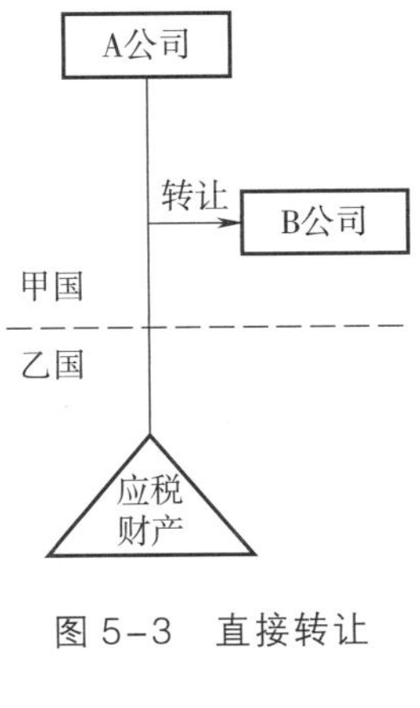

图 5-3 直接转让

① 付树林：《中国非居民企业所得税政策与管理研究》，中国税务出版社 2014 年版。

间接转让，是指财产所有权人通过转让位于第三国的中间层公司，从而将位于非居民国的财产间接转让给受让方（见图 5-4）。

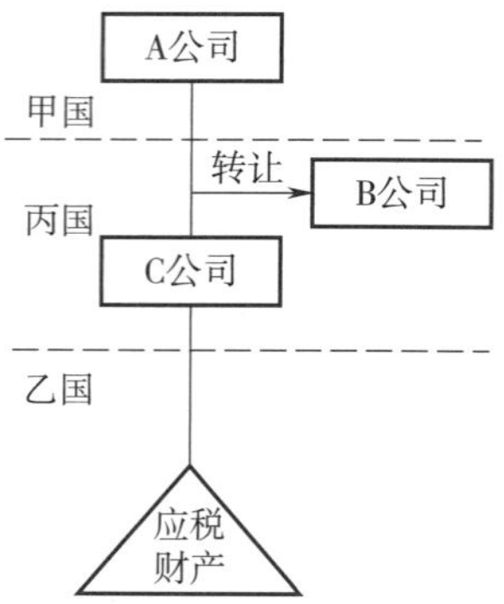

图 5-4　间接转让

图 5-4 中，从形式上看，甲国 A 公司将位于丙国 C 公司的股权转让给 B 公司，事实上的经济后果是乙国的应税财产被转让给 B 公司。若 C 公司没有从事实质的经营管理活动或相关的经营管理活动不够显著，C 公司所在的丙国对该转让所得不征税，转让行为的发生时间距离相关股权架构的搭建时间很近，则这一转让行为规避乙国企业所得税的动机就较为明显。在间接转让中，往往涉及搭建较为复杂的中间层公司避税架构。中间层公司虽是被转让财产法律意义上的直接持有人，但转让方才是经济意义上的真正持有人。从乙国政府角度看，虽然事实上的被转让财产位于本国，但此种间接转让财产行为中法律形式上的转让方、被转让公司及受让方都为非居民企业，乙国征税会面临较高的行政管理及征管成本。事实上，大多数国家的国内法对间接转让财产行为都不予征税。

为防止本国税基被侵蚀，近年来一些国家已通过立法对上述间接转让积极进行反避税管理，如印度尼西亚规定，自 2009 年 1 月 1 日起，非居民销售境外中间公司股份可能被视为转让印度尼西亚公司股份或印度尼西亚常设机构财产进行征税。对间接转让进行反避税的关键是判定转让行为是否具有合理的商业目的。对合理商业目的的判定具有较强的主观性，各国税法在界定“合理商业目的”时各具特色。

二、不同类型财产转让所得的征税权分配规则

当个人或跨国公司跨国转让财产而取得财产转让所得时，就必然涉及相应的征税权在国家间的划分问题。**两个范本对财产转让所得征税权划分的基本规则是：非居民国（来源国）按照较低的限制税率优先征税，居民国在此基础上享有最终征税权，但需承担消除国际重复征税的义务。**由此可以看出，财产转让所得征税权分配规则与投资所得类似，由非居民国与居民国分享征税权。但不同类型财产转让所得征税权的具体分配规则具有明显差异。

（一）不动产转让所得的征税权分配规则

从国际惯例看，不动产转让所得来源地的界定较为明确。各国国内法一般都规定，以不动产所在地作为不动产转让所得的来源地，OECD 范本和 UN 范本亦不例外。2017 年版 OECD 范本第 13 条第 1 款规定，“缔约国一方居民转让位于缔约国另一方的不动产取得的收益，可以在该缔约国另一方征税”。不动产所在的来源国可以行使地域管辖权优先征税。第 13 条所涉及的不动产的定义与第 6 条中的不动产定义完全一致。若缔约国一方居民转让位于本国或第三国的不动产，则不可适用第 13 条第 1 款的规定。当然，若缔约国一方居民转让缔约国另一方常设机构财产中的不动

产,仍然适用第 13 条第 1 款的规定。

(二)动产转让所得的征税权分配规则

各国对动产转让所得来源地的界定有明显区别。如 1986 年以前美国以动产的销售或转让地标准认定转让动产所得的来源地,现在的美国税法则以动产转让者的居住地作为转让动产所得来源地的认定标准,我国税法也有类似规定。《中华人民共和国企业所得税法实施条例》第 7 条规定,动产转让所得是否来源于我国境内“按照转让动产的企业或者机构、场所所在地确定”。但在《中华人民共和国个人所得税税法》中对动产转让所得来源地的界定不同于企业所得税,而是以被转让动产的实际所在地作为动产转让所得的来源地,《中华人民共和国个人所得税法实施条例》第 3 条规定,“转让中国境内的不动产等财产或者在中国境内转让其他财产取得的所得”均为来源于中国境内的所得。

OECD 范本与 UN 范本在界定转让动产所得的来源地时,均聚焦于转让常设机构财产的中的动产。OECD 范本第 13 条第 2 款规定,“转让缔约国一方企业在缔约国另一方常设机构营业财产中的动产,包括转让整个常设机构(单独或随同整个企业)取得的收益,可以在缔约国另一方征税”。此外,两个范本都规定,转让从事国际运输的飞机、轮船的所得只能由转让方所属居民国独占征税权。

(三)股份转让所得的征税权分配规则

虽然公司股份(shares)属于动产范畴,但 OECD 范本与 UN 范本对股份转让所得来源地的界定相对复杂,亦是实践中处理居民国与非居民国征税权分配问题的难点与热点,因此将股份转让所得的征税权分配规则独立出来进行分析。OECD 范本第 13 条第 4 款规定,“缔约国一方居民转让股份或类似权益(如合伙企业或信托中的权益)取得的收益,如果在转让前 365 天内的任一时间,该股份或类似权益 50% 以上的价值直接或间接来自第 6 条定义下的缔约国另一方不动产,则该收益可以在该缔约国另一方征税”。缔约国一方居民转让位于缔约国另一方的不动产公司的股份,则不动产公司所属的来源国可以行使地域管辖权优先征税。不动产价值达到公司股份价值 50% 以上的公司才是 OECD 范本和 UN 范本所指的“不动产公司”。实践中,有些跨国纳税人在来源国设立控股公司以持有来源国不动产,然后通过转让控股公司股份以规避来源国不动产转让所得的纳税义务。为防止将不动产转让“包装”成股份转让而避税,两个范本都设计了来源国对非居民转让本国不动产公司股份进行征税的相应规则。

除两个范本关于来源国对非居民转让不动产公司股份可以优先征税的情形外,UN 范本还规定了来源国对非居民转让公司股份(包括转让用益物权)征税的其他情形。

1. 持股比例达到一定数额可以征税

UN 范本第 13 条第 5 款规定,“缔约国一方居民转让公司股份或类似权益(如合伙企业或信托中的利益)取得的收益,被转让公司或实体为缔约国另一方居民,可以在该缔约国另一方征税,条件是:在转让前 365 天的任何时候,转让方直接或间接持有该公司或实体资本的至少 ___%[该百分比将通过双边谈判确定]”。也就是说,当非居民对来源国公司的持股比例达到一定数额且满足持股时间的要求，来源国可对该股份转让所得优先征税。很明显，这一征税规定是基于直接转让公司股份的情形。

2. 转让自然资源用益物权可以征税

2021年版UN范本第13条第6款新增了来源国可以对非居民转让本国自然资源用益物权所得征税的内容。该条款规定，“缔约国一方居民转让根据缔约国另一方法律授予的权利取得的收益，该权利允许使用自然存在于该另一方且属于该另一方管辖的资源，可以在该缔约国另一方征税”。该规定首次在协定范本意义上明确了来源国对非居民转让自然资源用益物权可以优先征税。从经济意义上讲，用益物权属于不动产范畴，UN范本2021年新增内容虽没有将用益物权纳入第13条第1款中的不动产范畴，但将用益物权单列为第6款，在协定范本层面承认了来源国的优先征税权。UN范本注释列举了一些比较典型的用益物权的转让：缔约国另一方授予的捕捞配额等权利；在森林中砍伐木材的权利；取水权；在该缔约国另一方的部分领土上勘探石油、天然气或矿产的权利；在该缔约国另一方的部分领土上安装风力或潮汐流涡轮机的权利，以及使用该缔约国另一方全部或部分无线电频谱的权利，包括用于手机用途。这些权利的共同特点是，它们允许对国家领土资源进行商业开采，这些权利的价值体现在从政府颁发的某些许可证中获得可识别的特定租金。UN范本注释特别指出，该条款不包括在私人当事方之间根据合同授予的权利，即使这些权利受到缔约国另一方法律的保护。

3. 间接转让股份可以征税

2021年之前，从来源国角度看，对非居民间接转让股份行为征税的规定主要存在于一些国家的国内法中。2021年版UN范本第13条第7款新增了对非居民间接转让股份取得的所得，来源国可以优先行使地域管辖权征税的规定，体现了UN范本侧重维护地域管辖权的一贯立场。该款规定，**“除第13条第4款和第5款外，缔约国一方居民转让公司股份或实体的类似利益，如合伙企业或信托的利益所取得的收益，可以在缔约国另一方征税，条件是：(a)在转让前365天的任何时候，直接或间接持有该公司或实体资本的至少___%[该百分比将通过双边谈判确定]；且(b)在转让前365天的任何时间，超过股份或可比利益价值的50%来自缔约国另一方的：(i)一项财产，涉及该项财产的转让所得是由首先提及的缔约国一方居民取得，且依据该条前款的规定本应在缔约国另一方征税；或(ii)第(i)项述及的任何财产组合”**。

上述规定体现的是缔约国一方居民间接转让缔约国另一方公司股份的征税权分配的具体规则。缔约国另一方作为来源国对非居民的此种间接转让所得征税的约束条件有二：一是转让方在转让前的持股比例达到一定数值，该比例由缔约双方协商确定；二是来自缔约国另一方的财产价值占所转让公司股份价值的50%以上。当上述两个条件同时满足时，来源国就可以对间接转让所得优先行使地域管辖权征税。

我国现行税法中对非居民的股份间接转让行为也明确了相应的反避税条款。当非居民间接转让位于我国的财产（包括但不限于公司股份）时，只有相关安排被认定不具有合理商业目的，税务机关才会重新定性该交易为直接转让并对转让所得征税。但印度、智利等发展中国家的国内法规定，不论相关交易是否具有合理商业目的，均可对非居民纳税人转让其间接持有的本国财产征税。

在税务实践中，对合理商业目的的判定具有较强的主观性，判定一项交易是否具有合理的商业目的较为棘手，达成税企共识往往难度较大，但2021年版UN范本注释并没有对上述间接转让行为的合理商业目的判定标准进行讨论和解释。此外，对间接转让行为征税的条款纳入也可能产生新的国际重复征税问题，UN范本注释指出了该问题，并提示发展中国家纳入该条款时需充分评估其可能带来的各种影响。

此外，OECD范本与UN范本还规定，对转让从事国际运输的船舶或飞机，及转让与经营船舶或飞机相关的动产取得的所得由转让方所在的缔约国独享征税权。这一规定与协定范本第8条（国际海运和空运）的原则一致，即只承认居民国对国际运输营业所得和财产转让所得征税权的独占性。

案例5-1 非居民间接转让股份的解释性案例[①]

为了对非居民间接转让股份行为征税做出更为清晰的解释，2021年版UN范本注释针对第13条第7款设计了一个简单的案例进行了分析性说明。A国的A公司（居民公司）持有B国的B公司（居民公司）30%的股份，B公司的所有股份价值为100。在相关期间内，B公司没有债务。B公司拥有一个价值为30的银行账户。此外，B公司还持有X公司30%的股份、Y公司25%的股份、Z公司15%的股份。X公司、Y公司和Z公司都是C国的居民公司，每个公司的所有股份价值为100。假设A国和C国之间的双边税收协定第13条第5款和第7款是基于2021年版UN范本的最新规定设计，且该双边协定第13条第5款和第7款（a）项规定的百分比为20%。

A公司转让了其拥有的B公司的部分股份，且转让前的365天内一直持有B公司股份。由于A公司在转让前持有B公司的股份超过了20%的比例，因此符合第7款（a）项的条件。是否满足（b）项条件是判定C国能否对该间接转让行为征税的关键。在转让行为发生前的整个相关期间内，B公司拥有的位于C国的X公司、Y公司及Z公司的价值已超过B公司股份价值的50%，且该转让所得归属于A公司，依据A国与C国签订的税收协定第5款内容，A公司直接转让时C国本应对该所得征税，因此满足（b）项条件要求，C国有权对A公司转让B公司股份所实现的收益征税。

2021年版UN范本第13条新增了非居民间接转让股权时，若符合相应条件，来源国可以“穿透”中间公司来征税的规定。

思考题：

按照2021年版UN范本的规定，来源国对非居民间接转让股权行为征税应满足哪些条件？

① 案例来源于2021年版UN范本注释。

（四）其他

OECD 范本和 UN 范本都规定，非居民转让第 13 条各款规定以外的财产而取得的转让所得，由转让方所在的居民国独占征税权。

第三节　个人劳务所得

一、独立个人劳务所得征税权划分规则

个人跨境提供劳务活动，会涉及相关劳务所得征税权在国家间的划分问题。劳务所得征税权的划分规则与劳务所得性质密切相关。独立个人劳务（independent personal services），是指以独立的个人身份从事的科学、文学、艺术、教育或教学活动，以及医师、律师、工程师、建筑师、牙医师、会计师等人员提供的专业性劳务。上述定义虽然对从事个人独立劳务的职业作了例举，但不是穷尽性的。独立个人劳务最明显的特征是劳务提供者提供劳务活动不是在雇主的控制或支配下进行，劳务提供者与劳务接受方之间并不存在雇佣关系。

各国对个人劳务所得来源地的判定标准，主要有劳务发生地标准（美国、中国等）、劳务支付地标准（英国、巴西等）及劳务合同签订地标准（爱尔兰等）。其中，采用劳务发生地标准的国家居多。在劳务发生地标准下，即使某个人取得的所得是由劳务发生地国家的非居民支付的，该笔所得也被视为来源于劳务发生地国家。对于个人跨国提供独立劳务取得的所得，OECD 范本与 UN 范本规定的征税权划分规则具有非常明显的差异。2000 年之前的 OECD 范本还包含第 14 条独立个人劳务条款，但 2000 年版 OECD 范本已删除独立个人劳务条款。OECD 范本注释对删除这一条款做出了解释。OECD 范本认为，个人到另一国提供独立劳务的最主要“出场标志”为固定基地，但实践中无论是区分常设机构概念和固定基地概念，还是甄别营业活动所得与个人独立劳务所得都会面临较大困难。基于此，OECD 范本于 2000 年删除了第 14 条独立个人劳务条款。个人跨境提供独立劳务取得的所得依照 OECD 范本第 7 条营业利润条款进行税务处理。

需要指出的是，UN 范本并没有追随 OECD 范本的改革步伐，仍然保留了第 14 条独立个人劳务条款。当前 UN 范本第 14 条第 1 款规定，**“缔约国一方居民就独立性质的专业服务或其他活动取得的所得，应仅在该缔约国征税，但在下列情况下，这种所得也可以在缔约国另一方征税：❶ 在缔约国另一方有固定基地定期进行其活动的。在这种情况下，只有属于该固定基地收入可以在该缔约国另一方征税；❷ 在自有关财政年度开始或结束的任何 12 个月内，在缔约国另一方停留的时间等于或超过 183 天。在这种情况下，只有该居民在该另一国从事的活动所产生的收入可以在该另一国征税。”**

从上述规定可以看出，现行 UN 范本将下列两种情形视为个人到缔约国另一方提供独立劳务的“出场”：一是在该缔约国另一方设有固定基地，并通过固定基地提供独立劳务；二是在缔约国另一方提供独立劳务的持续时间不少于 183 天。若发生上述情形之一，则劳务活动发生地的来源国可以行使地域管辖权对相关的劳务所得优先征税。

从制度演变的视角看，UN 范本关于独立个人劳务所得征税权的划分规则经历了较为激烈的利益博弈才达成一致。一些来自发展中国家的代表认为，来源国的征税不应以固定基地的存在和停留的期限加以限制，收入来源应是唯一的标准。来自发达国家的代表则认为，劳务的出口与有形货物的出口一样，不应在目的地国形成税收，除非有关人员在该国有一个可与常设机构相媲美的固定基地。还有一些发展中国家代表则赞成采用以停留时间为基础的“出场”标准。此外，在制定 1980 年版 UN 范本时，一些发展中国家的代表甚至提出了个人到缔约国另一方提供独立劳务时征税的第三个标准：报酬数额，即从缔约国另一方取得的报酬达到一定的数额，该缔约国另一方即可征税。考虑到一国严重的通货膨胀很可能会使得协定中约定固定收入数额的合理性大为降低，且会限制该国进口潜在的有价值的个人劳务，UN 范本于 1999 年取消了固定报酬的“出场”标准。

二、非独立个人劳务所得（受雇所得）征税权划分规则

非独立个人劳务（dependent personal services），是指个人在相关雇主的控制或支配下提供的劳务，非独立个人劳务所得亦称受雇所得。从范围看，受雇所得涵盖了相关个人因受雇而提供劳务所取得的任何形式的补偿，不仅包括现金款项的支付，还包含了相关的实物福利，如股票期权、住宅或汽车的使用权、健康或人寿保险、俱乐部成员资格等。最新的 OECD 范本及 UN 范本关于受雇所得的征税权划分规则基本一致。OECD 范本第 15 条第 1 款规定，“缔约国一方居民因受雇取得的薪金、工资和其他类似报酬，除在缔约国另一方从事受雇活动外，应仅在该缔约国一方征税。在缔约国另一方从事受雇活动取得的报酬，可以在该缔约国另一方征税”。从上述规定可以看出，OECD 范本实质上依据劳务发生地标准以判定受雇所得的来源地。当个人提供的受雇活动发生在本人所属居民国时，应由该居民国独占征税权。反之，当个人到非居民国提供受雇活动时，则个人取得的受雇所得的来源地应为劳务发生地所在的非居民国，该非居民国可以优先行使地域管辖权征税，该个人所属的居民国则承担消除国际重复征税的义务。

第 1 款的规定是关于受雇所得征税权划分的基本规则：**受雇活动发生地所在的国家（来源国）可以对受雇所得优先征税**。除基本规则外，OECD 范本和 UN 范本还设计了个人跨国取得受雇所得在来源国（非居民国）享受免税待遇的例外情形。这一例外情形的实施受到严格的条件限制。这些条件约束保证了个人跨国提供受雇活动与来源国之间的经济联结度足够低，从而可以免于承担在非居民国的纳税义务。这一规定正是经济忠诚理论的具体体现。OECD 范本第 15 条第 2 款规定，**“虽有第 1 款的规定，**

缔约国一方居民因在缔约国另一方从事受雇活动取得的报酬，同时满足以下 3 个条件的，应仅在首先提及的缔约国征税：

（1）收款人在有关会计年度开始或结束的任何 12 个月中在该缔约国另一方停留连续或累计不超过 183 天；

（2）该项报酬由并非该缔约国另一方居民的雇主支付或代表该雇主支付；

（3）该项报酬不由雇主设在该缔约国另一方的常设机构负担。”

上述三个条件的整体含义是：若雇主不是受雇活动发生地国家的居民且在该国没有设立常设机构，相关个人在该国从事受雇活动的时间亦很短，则该个人取得的受雇所得不必承担受雇活动发生地国家的纳税义务。事实上，在非居民国享受免税待遇的条件约束蕴含了丰富的政策含义。三个条件同时满足才能享受免税待遇的逻辑意味着：若其中任一条件没有被满足，则相关个人取得的受雇所得无法在非居民国享受免税待遇，即非居民国可以对非居民个人取得的受雇所得征税。由此可以推导出非居民国对受雇所得优先征税的以下三种具体情形。

（一）非居民个人在非居民国从事雇佣活动的时间在相应的 12 个月期限内超过了 183 天

OECD 范本注释指出，对非居民个人在非居民国从事雇佣活动的时间应使用“实际停留天数法”进行判定。其主要基于在雇佣活动发生地所在国停留的事实来判定停留天数。具体计算在雇佣活动发生地所在国的停留天数时，若一天内只有部分时间停留在该国，则无论当天停留时间的长短，都计入停留天数。OECD 范本注释特别说明，可以包括雇佣活动发生地所在国的抵达日和离境日、星期六和星期日、国家法定假日、假期、“患病”[①]的天数，以及罢工、无法入厂、停工待料等导致的短期离岗天数。此外，计算在雇佣活动发生地所在国的停留天数应完全排除个人在该国境外的停留天数。考虑到两个范本第 15 条第 2 款并不规范或调整居民个人在所属居民国从事雇佣活动的纳税义务，因此个人作为雇佣活动发生地所在国的居民而在该国停留的天数也应被排除在外。

案例 5-2　税收居民在雇佣活动发生地所在国停留时间应予排除的情形举例[②]

情形 1：2023 年 1 月至 2023 年 12 月，X 是 S 国居民并居住在 S 国，2024 年 1 月 1 日，X 受雇于 R 国居民，X 搬到 R 国并成为 R 国的居民。随后 2024 年 3 月 15 日至 31 日，X 被其雇主派往 S 国。在这种情况下，2023 年 4 月 1 日至 2024 年 3 月 31 日（即连续的 12 个月），X 实际在 S 国停留了 292 天，但由于 X 在 2023 年

---

① 此处“患病”指不属于真实的工作状态，但计入停留时间。

② 案例来源于 2017 年版 OECD 范本注释，本书对案例中的年份进行了相应的改动。

4月1日至2023年12月31日是S国居民，该前一段期间不应计算在内。

情形2：2023年10月15日至31日，R国居民Y停留在S国境内，准备为A公司在S国拓展业务，A公司也是R国居民公司。2024年5月1日，Y搬往S国，成为S国居民，并作为A公司在S国新设子公司（S国的居民公司）的经理。在这种情况下，2023年10月15日至2024年10月14日，Y在S国停留了184天，但是2024年5月1日至10月14日她是S国居民，在计算停留天数时，该后一段期间不应计算在内。

思考题：

由此案例得到的主要启示是什么？

个人到缔约国另一方从事雇佣活动的停留时间的判定，与相应的期限约束亦密切相关。历史上，OECD范本曾以一个完整的公历年度为期限来考察具体的停留时间，此种情形下，停留时间不允许跨年计算。这一做法为纳税人避税创造了相应空间。纳税人很容易通过人为安排在缔约国另一方的年度停留时间而避免相应的纳税义务。目前，两个范本都以“任何12个月”为期限考察纳税人在雇佣活动发生地所在国的停留时间，这一做法允许跨年度考察纳税人的具体停留时间，一定程度上缩小了以公历年度为考察期限的避税空间。例如，R国居民个人R分别于2022年的2月、4月、11月、12月及2024年的3月、4月、5月、10月、12月到S国提供受雇劳务，其中2023年11月至2024年10月停留超过了183天。根据OECD范本注释，R需要对S国履行纳税义务的年度包括2023年和2024年，S国对上述两个年度所有在本国停留的月份取得的受雇所得都可征税：既包括2023年11月至2024年10月的12个月的停留月份，也包括此12个月所在年度2023年的2月、4月和2024年的12月。

（二）雇主是雇佣活动发生地所在国的税收居民

雇主是雇佣活动发生地所在国的税收居民，意味着受雇所得是由该国雇主支付，而非劳务发生地所在国之外的其他企业支付。OECD范本及其注释并没有对“雇主”及“雇佣关系”概念进行明确的界定，对上述概念的解释及协定条款的执行更多地依赖于缔约国国内法。实践中，个人通过“国际劳务雇佣”方式被派往非居民国从事雇佣活动较为常见，一些跨国公司通过借用“国际劳务雇佣”的形式外壳，通过将受雇个人与用工企业之间的雇佣关系“包装”成受雇个人与境外派遣企业之间的雇佣关系，从而规避雇佣活动发生地所在国的个人所得税纳税义务（见图5-5）。

在“国际劳务雇佣”形式下，位于乙国的用工企业并不直接招募外国居民员工，而是通过甲国中介机构组织招聘受雇人员。从形式上看，甲国中介机构与雇员个人签订合同，将相关人员派遣给乙国的用工企业，并向被派遣人员支付工资报酬，但中介机构既不承担与上述合同相关的商业风险，也不履行与雇主身份相适应的职责，而是将相关风险与职责转移给乙国的用工企业，乙国用工企业向境外中介机构支付费用。可以说，位于甲国的国际中介机构是雇员的形式或法律上的雇主，而位于乙国的用工企业才是经济上的真实雇主。如何遵循实质重于形式的原则判定从事雇佣活动的个人的真实雇主？OECD范本注释提供了判定真实雇主的相关指引（见表5-3），该指引主要基于客观事实对真实雇主进行判定。

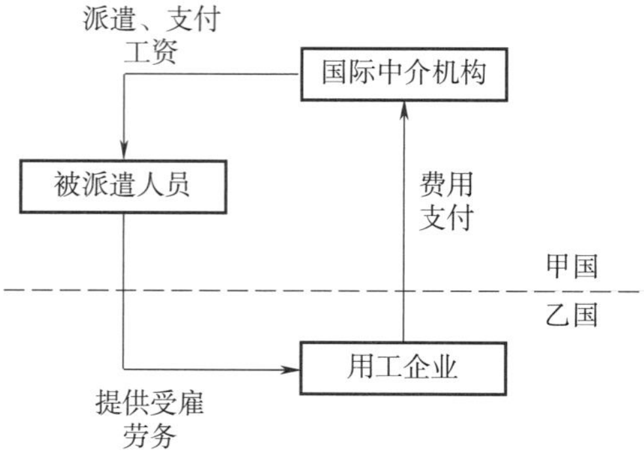

图5-5　国际劳务雇佣形式中的雇主认定

表5-3　个人真实雇主判定的参考因素

序号	参考因素
1	个人提供的劳务是否构成派遣企业或用工企业经营活动不可分割的组成部分
2	哪个企业为个人工作所形成的结果承担责任或风险
3	谁有权针对开展工作的方式，对个人给予指导
4	谁控制开展工作的场所，或为此承担责任
5	个人工作的报酬由形式雇主向接受服务的企业直接收取
6	谁向个人提供工作所必需的工具和材料
7	谁决定开展工作的人员数量和资质
8	谁有权选择履行工作的人员，或终止为开展此项工作与该个人签订的合同
9	谁有权针对个人的工作进行纪律处分
10	谁决定个人的休假和工作计划

案例 5-3 雇佣活动中真实雇主的判定举例[①]

案例 1

A 公司（A 国居民公司）与 B 公司（B 国居民公司）签订了一份提供培训服务的合同。A 公司的专长是培训人员使用各种计算机软件，B 公司希望培训其员工使用最新获得的软件。作为该合同的部分内容，A 公司的雇员 X，同时也是 A 国居民，被派往 B 公司在 B 国的办事处提供培训课程。该案例中，B 国不能主张 X 与 B 公司之间存在雇佣关系。X 提供的服务构成了 A 公司营业活动不可或缺的组成部分。X 提供给 B 公司的服务是根据两个企业间签订的合同，代表 A 公司提供的。基于上述分析，A 公司既是 X 的形式雇主，也是 X 经济上的真实雇主，因此 B 国不能通过主张 B 公司是 X 的雇主而征税。

案例 2

K 公司（K 国居民公司）和 L 公司（L 国居民公司）同为某一跨国公司集团的组成部分。该集团的大部分业务活动是按照职能来组织安排的，这就要求集团下不同公司的雇员在位于不同国家境内且为该集团其他公司所雇佣的经理的监督下协同工作。X 是 K 国居民，受 K 公司雇佣，她是跨国集团内负责人力资源监管职能的高级经理。由于 X 被 K 公司雇佣，K 公司成为该集团人力资源的成本中心。这些成本根据一定公式定期分配给集团的每个公司，该公式考虑了各个公司的雇员数量等各种因素。X 需要经常到集团内其他公司设有办事处的国家出差。上一年，X 花费了 3 个月，在 L 国处理 L 公司的人力资源问题。该案中，X 从事的工作是 K 公司为跨国集团开展业务的一部分。在一个大的跨国集团公司里，像公司的公共关系、经营战略、融资及税收、财务、情报管理和法律支持等业务活动，经常集中在某个中心。因此，X 从事的工作是 K 公司的营业活动中不可或缺的组成部分。基于上述分析，虽然 X 为 L 公司工作了一段时间，但 L 公司并不是 X 经济意义上的真实雇主，L 国不可据此对 X 的受雇所得征税。

案例 3

某跨国公司通过多家子公司在世界范围内拥有和经营酒店，E 公司为 E 国居民公司，是其中的子公司之一，在 E 国拥有并经营一家酒店。X 是在该酒店工作的 E 公司雇员。F 公司是该集团的另一子公司，在 F 国拥有和经营酒店。因 F 公司缺少具备外语技能的雇员，为此，X 被派往 F 公司酒店的接待处工作 5 个月。形式上 X 仍由 E 公司雇佣并支付工资，F 公司支付 X 的差旅费，并根据相关期间内 X 的报酬、社会保险及其他雇佣收益，向 E 公司支付管理费。在该案例中，X 在 F 公司酒店接待处的工作可以被视为构成 F 公司营业活动不可或缺的组成

① 案例来源为 2017 年版 OECD 范本注释。

部分，而不是E公司营业活动的一部分。逻辑上，F公司应被认为是X的真实雇主，F国可以据此对X的受雇所得征税。

案例4

G公司是G国的居民公司，其业务是提供企业临时需要的高级专业人员。H公司是H国居民公司，其业务是提供有关建筑场所方面的工程师技术服务。为完成在H国的一个合同，H公司需要一名工程师为之工作5个月。为此，H公司联系G公司，G公司招聘了X国居民工程师X，并按5个月的雇佣合同聘用他。根据G公司和H公司签订的另一份合同，G公司同意在此期间向H公司提供X工程师的服务。按照上述这些合同的规定，由G公司支付X的报酬、社会保险、差旅费及其他受雇收益和费用。该案例中，X提供的是工程师技术服务，而G公司从事的是满足短期营业需求的业务。在性质上，X提供的服务不是形式上的雇主G公司营业活动不可或缺的组成部分，X取得受雇所得不满足在H国享受免税待遇的条件。据此可以认为，H公司才是X的经济意义上的真实雇主，从而H国可以对其受雇所得征税。

思考题：

如何识别雇佣活动中的真实雇主？

（三）个人取得的受雇所得是由雇主设在雇佣活动发生地所在国的常设机构负担

根据现行OECD范本和UN范本的规定，即使经济意义上的真实雇主并非雇佣活动发生地所在国的居民，该国仍可能对个人取得的受雇所得征收个人所得税。当雇主为非居民，但该雇主在雇佣活动发生地设有常设机构，且支付给个人的报酬是由该常设机构负担时，雇佣活动发生地所在国仍可以对该受雇所得征税。准确解释“受雇所得由境外雇主设在非居民国的常设机构负担”对于税收协定受雇所得条款的执行异常重要。为此，OECD范本注释提出了检验“受雇所得是否为常设机构负担”的适当标准：个人取得受雇所得是否可以出于税收目的在核算常设机构营业利润时进行税前扣除。很显然，若相关受雇所得可以进行税前扣除，则意味着个人所从事的雇佣活动是常设机构营业活动不可或缺的组成部分，个人取得的受雇所得与该常设机构有实际联系，即支付给个人的报酬是由该常设机构负担的。OECD范本注释同时指出，雇主营业利润的核算是否已实际扣除支付给个人的报酬在进行上述检验时并不是决定性的。也就是说，即使核算常设机构的利润时并没有实际扣除相应的雇佣支出，但只要雇佣活动是常设机构经营活动的有机组成部分，即可认为受雇所得是由常设机构负担的。如所在国对常设机构的经营活动免税，因此并未实际扣除个人报酬，但并不能否认该个人取得受雇所得是由常设机构负担的事实。

综上所述，若一国企业派雇员到缔约国另一方从事雇佣活动，且在当地构成常设机构时，即使雇员的工资并非由来源国居民支付，且该人在来源国的停留时间不超过183天，但来源国很可能依据“工资报酬由设在来源国的常设机构负担”而对该人征收个人所得税。由此，若非居民企业在东道国构成常设机构，可能会带来企业所得税（对非居民企业）及个人所得税（对非居民个人）的双重纳税义务。

案例 5-4 企业所得税与个人所得税的联动：无住所外籍个人被追缴税款[①]

2017 年上半年，北京市朝阳区税务局在开展常设机构涉税核查中发现，朝阳区某外资企业 A 公司和德国 B 公司签订技术指导项目咨询与车间流程咨询合同，德国 B 公司派遣 32 名外籍员工到中国，参与 A 公司项目咨询与车间流程咨询业务，合同期为 2015 年 1 月至 2016 年 12 月。

A 企业认为：因每位员工在华停留时间均未超过 183 天，因此，B 公司在华不构成常设机构，相关员工不需要在华缴纳个人所得税。朝阳区税务局经审查发现，虽然 B 公司的员工每人在华停留时间均不足 183 天，但这些员工是在为同一个项目或相关联的项目提供劳务，因此，只要这些员工在华从事劳务的总和时间在任何 12 个月中连续或累计超过 183 天，B 公司就在华构成常设机构。而一旦在华构成常设机构，则不论 B 公司特定的外籍员工在中国境内的工作时间长短，也不论该员工的工资、薪金在何处支付，都应认为相关员工在为 B 公司的在华常设机构工作期间的所得是由该常设机构负担，因而，中国税务机关有权对该所得征税。

税务机关观点：该外籍个人所提供劳务的发生地位于我国境内，按照《中华人民共和国个人所得税法》的相关规定，取得的报酬属于来源于我国境内的所得，我国应向其征收个人所得税。若该外籍个人要享受税收协定待遇，则判定其是否履行个人所得税纳税义务的关键是进一步确认境外企业是否在我国境内构成常设机构，以及该个人的受雇所得是否由该常设机构负担。依据中德税收协定中的受雇条款及《国家税务总局关于印发〈《中华人民共和国政府和新加坡共和国政府关于对所得避免双重征税和防止偷漏税的协定》及议定书条文解释〉的通知》的规定，德国 B 公司构成在我国境内的劳务型常设机构。依据《关于非居民个人和无住所居民个人有关个人所得税政策的公告》第 2 条第（一）项中的规定，“本公告所称境内雇主包括雇佣员工的境内单位和个人以及境外单位或者个人在境内的机构、场所。凡境内雇主采取核定征收所得税或者无营业收入未征收所得税的，无住所个人为其工作取得工资薪金所得，不论是否在该境内雇主会计账簿中记载，均视为由该境内雇主支付或者负担”，上述外籍个人的受雇所得可以被认为是由 B 公司在我国的常设机构负担。因此德籍无住所个人应向我国政府履行个人所得税纳税义务。

---

① 改编自田蔓、颜洪立：《案例分析：常设机构该如何认定》，《中国财经报》，2017 年 8 月 22 日。

最终，朝阳区税务局追缴了B公司向我国外派个人的个人所得税及滞纳金96.3万元。

思考题：

如何理解跨国派遣人员提供劳务活动中，企业所得税与个人所得税的联动？

三、其他形式个人劳务所得

其他形式个人劳务的条款涉及董事费、演艺人员和运动员、退休金、政府服务、教师和研究员、学生等。其他形式的个人劳务性质上虽然也可归类为独立劳务或非独立劳务，但由于其收取主体、报酬额度，以及与特定缔约国间的关系有其特殊性，税收协定范本都将上述其他形式的个人劳务分别列为独立条款，并制定相应的征税权分配规则，以协调居民国与非居民国间的税收利益。从适用顺序看，董事费等其他形式个人劳务条款优先于上文所述的独立个人劳务条款和非独立个人劳务条款。

（一）董事费

协定范本中的董事费（director's fees）条款针对缔约国一方个人到缔约国另一方公司担任董事取得的报酬设计了相应的征税权分配规则。相对于一般意义的个人独立劳务所得或受雇所得，董事费有其特殊性。个人到另一国公司担任董事职位时，董事职责的履行地点并不必然要求在公司所在地，且取得的董事费数额往往较大，若以停留时间或固定基地等条件约束地域管辖权会造成来源国税基的不合理流失，因此OECD范本及UN范本在制定董事费征税权划分规则时并没有对来源国地域管辖权的行使施加停留时间等约束条件。OECD范本第16条规定，**“缔约国一方居民作为缔约国另一方居民公司的董事会成员取得的董事费和其他类似款项，可以在该缔约国另一方征税。”**UN范本的划分规则与OECD范本基本一致，不同之处是扩大了适用范围：不仅包含了董事费款项，而且涵盖了个人到另一国公司担任高管取得的报酬。UN范本第16条的标题为“董事费及高级管理人员酬金”，该条第1款的内容与OECD范本完全一致，但增加了第2款：“缔约国一方居民担任缔约国另一方居民公司的高级管理职务取得的薪金、工资和其他类似款项，可以在该缔约国另一方征税”。

（二）演艺人员和运动员

OECD范本和UN范本都将演艺人员和运动员（entertainers and sportspersons）作为独立条款，这意味着演艺人员和运动员无论以独立身份还是非独立身份到另一国提供劳务都可直接适用“演艺人员和运动员”条款。OECD范本注释指出，“演艺人员和运动员”的用语可以延伸至任何从事此类活动的人，即该用语并不局限于从事演艺活动或进行比赛的专业人员，如非专业演员因一生中仅一次出演电视广告或电影而获得报酬也可适用该条款。

此外,OECD 范本注释指出,演艺人员提供的准备活动(如排练和训练),运动员参加季前训练营等活动都属于文体活动范围。OECD 范本第 17 条第 1 款规定,**"缔约国一方居民作为演艺人员(如戏剧、电影、广播或电视艺人或音乐艺人)或运动员,在缔约国另一方从事个人文体活动取得的所得,可以在该缔约国另一方征税"**。也就是说,不受停留时间等条件约束,只要相关演艺人员或运动员从事文体活动的发生地位于缔约国另一方,该国就可以行使地域管辖权优先征税。

OECD 范本第 17 条第 2 款规定,**"演艺人员或运动员从事个人文体活动取得的所得,并非归属于演艺人员或运动员本人,而是归属于其他人时,虽有第 15 条(受雇所得)的规定,该所得可以在该演艺人员或运动员从事其活动的缔约国征税"**。该款实际上是一个反避税条款。实践中,很多情况下,演艺人员或运动员从事文体活动的报酬并不是直接支付给相关个人,而是支付给另一人,该另一人通常为"明星公司"或"一人公司"[①]或其他实体,并由其雇佣演艺人员或运动员提供文体服务。若来源国对从事文体活动的相关所得不征税,当上述实体被人为安排在国际避税地时,就会产生双重不征税的避税效果。该条第 2 款则确保了针对演艺人员或运动员的表演而取得的所得应在来源国履行个人所得税或企业所得税的纳税义务。该款的具体政策含义是:若依据文体活动发生国的国内法规定,可以"穿透"其他人而将相关收益归属于演艺人员和运动员,则来源国依据该条第 1 款规定对演艺人员和运动员取得的所得进行征税;若依据文体活动发生国的国内法规定,不能"穿透"其他人,则来源国可以对该其他人取得的所得征收企业所得税或个人所得税,征税时不受营业利润条款、独立个人劳务条款及非独立个人劳务条款的约束。特别是,若该其他人为法人公司,来源国可以就文体活动产生的收益对该法人公司征收企业所得税,即使该法人在来源国没有构成常设机构。UN 范本对演艺人员和运动员的征税权分配规则与 OECD 范本完全一致。

(三)退休金

退休金(pensions)是基于个人以前受雇期间的劳动付出而支付的报酬,只能在个人退休期间收取,主要用于满足和维持个人的生计需求。当个人以前受雇工作的国家与退休后生活居住的国家不属于同一国时,就会产生对退休金的国家间征税权划分问题。OECD 范本和 UN 范本都设计了专门的退休金条款,针对个人与以前的私人雇主间的雇佣关系取得的退休金制定了相应的征收权划分规则。需要指出的是,该条款中的私人雇主既包括企业单位,亦涵盖政府实体所设立的事业单位,但不包含政府部门。对于个人以前在政府部门提供政府服务而取得的退休金,其征税权分配规则在政府服务条款中另行规定。OECD 范本第 18 条规定,**"除适用第 19 条第 2 款的规定外,因过去的雇佣关系支付给缔约国一方居民的退休金和其他类似报酬,应仅在该缔约国一方征税"**。由此可知,OECD 范本关于退休金的征税权划分规则只承认退休金收取人所属居民国征税的独占性。OECD 范本注释认为,之所以承认居民国对退休金征税的独占性,主要基于以下几点考虑:❶ 退休金收款人的居民国在辨认和掌握个人综合纳税能

① 一人公司是指公司股东为单一个人(法人)的公司组织形式。

力上相比其他国家更具优势；❷ 国际上对如何确定退休金款项的支付来源缺乏共识；❸ 退休金收取人的居民国主要承担了供养老龄人口的费用，如国家医疗保健系统和生活福利的费用。

UN 范本退休金征税权分配规则与 OECD 范本具有明显差异。与 OECD 范本不同，UN 范本通过甄别退休金的支付或负担来源制定了不同情形下的征税权分配规则。UN 范本第 18 条的标题为“退休金与社会保障金”，该条款设计了备选的 A 方案和 B 方案，供缔约国双方缔结税收协定时参考选择。两个方案的结构分别为两款和三款，其中的第 1 款与 OECD 范本内容相同。A 方案的第 2 款规定，**“虽有第 1 款规定，按照缔约国一方、所属行政区域或地方当局社会保障制度的一部分的公共计划所支付的退休金和其他类似款项，应仅在该缔约国一方征税”**。因此，UN 范本中，个人退休金中由来源国公共福利计划支付的部分，其征税权应由来源国独占。UN 范本注释指出，做出上述规定的理由是：通过来源国公共福利计划进行的支付几乎全部来自来源国的税收收入，若居民国对此征税，意味着用支付国财政收入去“补贴”居民国。相对于 A 方案，B 方案增加了另一种来源国征税的情形，即退休金是由位于来源国的企业或常设机构支付，则来源国也可以对个人取得的退休金收入行使地域管辖权优先征税。总之，相对于 OECD 范本，UN 范本明显扩大了退休金的地域管辖权行使范围。

（四）政府服务

当缔约国一方的政府实体（不包含政府设立的事业单位）雇佣的人员在缔约国另一方履行政府职责而提供服务时，就会涉及个人取得的政府服务（government service）报酬征税权在国家间的划分问题。协定范本中的政府服务（government service）条款规定了个人取得的政府服务报酬的征税权划分规则。OECD 范本第 19 条第 1 款第 a 项规定了政府服务报酬征税权在国家间划分的一般规则，**“缔约国一方、所属行政区或地方当局对向其提供服务的个人支付的薪金、工资和其他类似报酬，应仅在该缔约国一方征税”**。一般规则将政府服务报酬的专属征税权划分给支付国。但该款第 b 项制定了针对一般规则的例外情形，**“如果该项服务是在缔约国另一方提供，而且提供服务的个人是该缔约国另一方居民，同时该居民：(ⅰ)是该另一国国民；或(ⅱ)不是仅由于提供该项服务而成为该另一国居民的，则上述薪金、工资和其他类似报酬应仅在该缔约国另一方征税”**。在一般规则的例外情形下，OECD 范本将政府服务报酬的专属征税权划分给了雇员的居民国。如个人 X 是 A 国国民，但其十几岁开始就生活在中国。该个人受 A 国雇佣，在 A 国驻中国的大使馆提供文书服务。假设 A 国与我国缔结的税收协定的政府服务条款按照 OECD 范本制定。OECD 范本的例外情形将对该个人的政府服务报酬的专属征税权赋予了中国。该个人在受雇于 A 国时已经是我国的居民，X 并非出于为 A 国提供文书服务目的而成为我国居民。因此我国对 X 取得的政府服务报酬可以独占征税权。OECD 范本注释指出，例外情形制定的意图是为政府服务活动所在国当地就业人员营造税收上的公平竞争环境，不论个人服务的接受方位于同一国家还是不同国家，应实现同等的税收待遇，保持活动所在国就业市场的平衡。

OECD 范本第 19 条第 2 款制定了针对政府雇员退休金的征税权分配规则。其中第 a 项规定了一般规则，**“缔约国一方、所属行政区域或地方当局支付或者从其建立的基金中支付给向其提供服务的个人的退休金或其他类似报酬，应仅在该缔约国一方征税”**。一般规则将政府雇员退休金的专属征税权划分给支付国。但该款第 b 项制定了针对政府雇员退休金征税权划分规则的例外情形，**“但是，如果提供服务的个人是缔约国另一方居民，并且是其国民的，该退休金或其他类似报酬应仅在该缔约国另一方征税”**。在例外情形下，OECD 范本将专属征税权赋予了既是雇员国民身份所在国，同时亦是雇员居民身份所在国的缔约国。

（五）教师和研究人员

OECD 范本和 UN 范本都没有教师和研究人员（teachers and researchers）条款。一些国家为吸引境外人才，促进本国与境外其他国家的教育、科技、文化交流，这些国家与其他国家缔结的税收协定中加入了教师和研究人员条款，规定在符合一定条件下相关人员到对方国家从事教学、科研活动取得的所得可以享受免税待遇。如韩国与荷兰、爱尔兰与科威特缔结的双边税收协定都包含了教师和研究人员条款。我国与一些国家缔结的税收协定也引入了该条款，如中日税收协定第 20 条规定，“任何个人是、或者在直接前往缔约国一方之前曾是缔约国另一方居民，主要由于在该缔约国一方的大学、学院、学校或其他公认的教育机构从事教学、讲学或研究的目的暂时停留在该缔约国一方，从其第一次到达之日起停留时间不超过三年的，该缔约国一方应对其由于教学、讲学或研究取得的报酬，免予征税”。

（六）学生

OECD 范本和 UN 范本的第 20 条都为学生（students）条款。该条款主要针对学生或企业学徒为维持生活、接受教育或培训而收取的款项，规定了一项特殊的规则，即上述人员在东道国停留或生活期间收到来源于东道国境外的款项，在东道国应予以免税。UN 范本的规定与 OECD 范本一致。OECD 范本注释指出，该条款仅适用于为了收款人维持生活、接受教育或培训而收到的款项。一方面，所获得的款项数额不应超过为保证收款人的生活、教育或培训可能发生的费用水平；另一方面，在东道国停留期间从该国境内收到的款项只能适用协定其他条款。OECD 范本特别说明，由东道国居民或代表该居民支付的款项，或由非居民设在东道国的常设机构负担的款项，不能认定为来源于东道国境外。

（七）其他所得

这里的其他所得（other income），是指协定没有单独设置条款作出征税权划分的所得项目，属兜底性质的所得形式。OECD 范本对其他所得的征税规定共有两款内容：第 1 款规定在协定各条未作规定的所得应仅在居民国征税；第 2 款则规定了一种例外情形，即其他所得若与缔约国一方居民设在缔约国另一方的常设机构有实际联系，则该另一方可以征税。第 2 款的规定体现了常设机构优先原则，无论投资所得、财产转让所得，还是这里的其他所得，若其产生与设在东道国的常设机构有实际联系，则来源国可以将该所得与常设机构营业所得汇总计税。UN 范本在 OECD 范本前 2 款的基础上增加了第 3 款，明确了当其他所得发生地在缔约国另一方时，该缔约国另一方可行使地域管辖权优先征税。

第四节　投资所得及财产转让所得征税的中国实践

一、投资所得征税的中国实践

（一）股息所得

1. 我国税法对股息所得的征税规定

《中华人民共和国企业所得税法实施条例》第 7 条规定，“股息、红利等权益性投资所得，按照分配所得的企业所在地确定”，“非居民企业在中国境内未设立机构、场所的，或者虽设立机构、场所但取得的所得与其所设机构、场所没有实际联系的，其来源于中国境内的所得，按照 10% 的税率缴纳企业所得税。《中华人民共和国企业所得税法》第 26 条规定，“在中国境内设立机构、场所的非居民企业从居民企业取得与该机构、场所有实际联系的股息、红利等权益性投资收益”为免税收入。综合上述规定可知，若非居民企业从我国境内取得股息、红利等权益性投资收益，但其没有在我国境内设立机构、场所或取得的所得与该机构、场所没有实际联系，应按照 10% 的税率向我国政府缴纳企业所得税。上述纳税义务的履行一般通过我国境内支付方代扣代缴的方式实现。

《中华人民共和国个人所得税法实施条例》第 3 条规定，“从中国境内企业、事业单位、其他组织以及居民个人取得的利息、股息、红利所得”，均为来源于中国境内的所得。根据《中华人民共和国个人所得税法》第 3 条的规定，无论居民个人还是非居民个人，从我国境内取得的股息、红利所得的适用税率均为 20%。在 2008 年企业所得税改革之前，为鼓励境外企业及个人对我国投资，曾规定外籍个人从我国外资企业取得的股息适用免税待遇。国家税务总局 2011 年发布的第 2 号公告已经取消这一优惠待遇，非居民个人与居民个人从我国境内取得的股息都应按照总额并适用 20% 的税率缴纳个人所得税。但依据《财政部　国家税务总局　证监会关于实施上市公司股息红利差别化个人所得税政策有关问题的通知》的规定，境内居民个人从我国上市公司取得的股息、红利所得依据持有时间的长短实施差别化税收政策，即持有股份的时间越长税负越轻，以鼓励个人的长期投资行为。非居民个人取得的股息、红利所得在特定情形下也可适用特殊税收政策。依据《财政部　国家税务总局　证监会关于沪港股票市场交易互联互通机制试点有关税收政策的通知》的规定，对非居民（包括企业和个人）通过“沪港通”从投资上交所上市 A 股取得的股息红利所得，由上市公司按照 10% 的税率代扣所得税，并向其主管税务机关办理扣缴申报。对于中国香港市场投资者中属于其他国家税收居民且其所在国与中国缔结的税收协定规定股息红利所得税率低于 10%

的，企业或个人可以自行或委托代扣代缴义务人，向上市公司主管税务机关提出享受税收协定待遇的申请，主管税务机关审核后，应按已征税款和根据税收协定税率计算的应纳税款的差额予以退税。

案例 5-5　各类主体从上市公司分得的股息、红利如何缴纳所得税？

我国上市公司向各类股东主体分配股息、红利时，应履行企业所得税和个人所得税的代扣代缴义务。本案例以贵州茅台酒股份有限公司 2022 年权益分派实施公告为例，概括总结上市公司各类股东主体的所得税实际税负：

（1）对于持有公司股份的个人股东和证券投资基金，根据《财政部　国家税务总局　证监会关于上市公司股息红利差别化个人所得税政策有关问题的通知》和《财政部　国家税务总局　证监会关于实施上市公司股息红利差别化个人所得税政策有关问题的通知》的规定，从公开发行和转让市场取得的公司股票，持股期限超过 1 年的，股息红利所得暂免征收个人所得税，每股派发现金红利人民币 25.911 元；持股 1 年以内（含 1 年）的，公司暂不扣缴个人所得税，每股派发现金红利人民币 25.911 元，待转让股票时，中国结算上海分公司根据其持股期限计算应纳税额，由证券公司等股份托管机构从个人资金账户中扣收并划付中国结算上海分公司，中国结算上海分公司于次月 5 个工作日内划付本公司，本公司在收到税款当月的法定申报期内向主管税务机关申报缴纳。具体实际税负为：持股期限在 1 个月以内（含 1 个月）的，其股息红利所得全额计入应纳税所得额，实际税负为 20%；持股期限在 1 个月以上至 1 年（含 1 年）的，暂减按 50% 计入应纳税所得额，实际税负为 10%。

（2）对于合格境外机构投资者（QFII）股东，根据《国家税务总局关于中国居民企业向 QFII 支付股息、红利、利息代扣代缴企业所得税有关问题的通知》的规定，按 10% 的税率代扣代缴企业所得税后，每股派发现金红利人民币 23.319 9 元；如该类股东认为其取得的股息红利收入需要享受税收协定（安排）待遇的，可按照相关规定在取得股息红利后自行向主管税务机关提出申请。

（3）对于通过沪港通投资公司股份的中国香港市场投资者（包括企业和个人），其股息红利将由公司通过中国结算上海分公司按股票名义持有人账户以人民币派发，根据《财政部　国家税务总局　证监会关于沪港股票市场交易互联互通机制试点有关税收政策的通知》的规定，按照 10% 的税率代扣代缴所得税后，每股派发现金红利人民币 23.319 9 元。

（4）对于其他机构投资者和法人股东，公司将不代扣代缴企业所得税，每股派发现金红利人民币 25.911 元。

思考题：

境外股东取得分红的纳税义务是如何履行的？

2. 双边税收协定对股息所得的征税规定

我国与其他国家缔结的双边税收协定中的股息条款都规定由居民国与来源国对股息所得共享征税权。总结起来，我国税收协定中的股息条款设计具有以下特征。

（1）大部分协定中的适用税率等于或低于10%。

按照我国税法规定，境内企业向境外非居民支付股息时，往往都按照10%的税率代扣代缴非居民应缴纳的预提所得税。从双边税收协定角度看，除了与泰国、澳大利亚等极少数国家缔结的税收协定中规定的税率高于10%，我国与绝大多数国家所缔结的税收协定所规定的税率都等于或低于10%。例如，我国与美国、日本、马来西亚、挪威、捷克斯洛伐克（适用于斯洛伐克）、波兰、保加利亚、巴基斯坦、匈牙利、印度、卡塔尔、印度尼西亚、哈萨克斯坦等国缔结税收协定中规定，当股息获取方为受益所有人时，税率不超过10%；与尼日利亚缔结的税收协定约定，税率不超过7.5%；与科威特、沙特阿拉伯、毛里求斯、南非、巴巴多斯、老挝等国缔结的税收协定中，适用税率不超过5%；与罗马尼亚缔结的税收协定所规定的适用税率则不超过3%。

（2）与少数国家缔结的税收协定中针对政府实体规定了免税待遇。

我国与少数国家缔结的税收协定中的股息条款针对政府实体设计有相应的免税待遇。如中国与阿联酋缔结的税收协定第10条第3款规定，“由缔约国一方居民公司支付给缔约国另一方居民的股息，应仅在该缔约国另一方征税，如果该项股息的受益所有人是：❶ 缔约国另一方政府、其政府机构、或为该缔约国另一方政府直接或间接全部拥有资本的其他实体；❷ 由该缔约国另一方政府直接或间接拥有至少20%股份的该缔约国另一方居民公司”。也就是说，股息获取方为政府及类似实体时，来源国应给予免税待遇。我国与科威特、毛里求斯、罗马尼亚、瑞士、西班牙等国缔结的税收协定中亦有类似条款。

（3）顺应我国参与国际经济竞争格局的变化，对税率结构及税率水平进行了适度优化。

随着经济发展水平的提高及境内企业“走出去”步伐的加快，我国参与世界经济的格局已由外商投资的“一枝独秀”演变为对外投资与吸收外资并驾齐驱。在此格局下，为更好地维护税收主权，我国在缔结新的税收协定及修订旧的税收协定时已开始适当地约束地域管辖权，同时向居民管辖权适度倾斜。我国对外缔结的税收协定中的股息条款因应我国参与世界经济格局的变化亦处于动态调整之中。基本的调整趋势是增加优惠税率档次，总体上降低股息预提所得税税率。除早年间与新加坡缔结的税收协定（1986年）采用了两档税率外，近年来新修订的税收协定都通过增加优惠税率将以前的一档税率变为多档税率。在修订后的税收协定中，股息收取方适用优惠税率的条件主要包括：具备受益所有人身份、组织形式为公司制（排除了合伙企业、个人独资企业、个人等实体）、持股比例或投资额度达到一定数额、持股时间满足要求等。如中国和比利时、芬兰、马耳他、丹麦、法国、瑞士、荷兰、丹麦、俄罗斯、西班牙、挪威、新西兰、意大利修订后的税收协定或议定书都增加了5%的优惠税率档次。和英国、德国修订后的税收协定设计了三档税率，除5%的优惠税率档次外，特别规定了投资不动产取得的所得适用税率不超过15%。

（二）利息所得

1. 我国税法对利息所得的征税规定

根据《中华人民共和国企业所得税法实施条例》第 7 条，利息所得来源地按照负担、支付所得的企业或者机构、场所所在地确定，或者按照负担、支付所得的个人的住所地确定。根据《中华人民共和国个人所得税法实施条例》第 3 条，从中国境内企业、事业单位、其他组织，以及居民个人取得的利息都为来源于中国境内。从上述规定中可以看出，在判定利息所得是否来源于我国境内时，依据相关支付方是否为我国居民的标准进行判定。这一标准与 OECD 范本及 UN 范本的规定保持了一致。若利息支付方为我国非居民，但借贷资金在我国境内使用，则一般不认为该笔利息所得来源于我国境内，我国政府对该笔利息所得不征收预提所得税，当然，在确定我国支付方企业的应纳税所得额时，该笔利息亦不可进行税前扣除。在利息所得的适用税率上，非居民企业及非居民个人从我国境内取得的利息分别按照 10% 和 20% 税率由支付方代扣代缴税款。

2. 双边税收协定对股息所得的征税规定

在我国与个别国家缔结的协定中，规定由利息获取方所在的居民国独占征税权，如我国与俄罗斯于 2015 年缔结的税收议定书第 1 条规定，“发生于缔约国一方而支付给缔约国另一方居民的利息，应仅在该缔约国另一方征税。”此外，我国与绝大多数国家缔结的税收协定都遵循了 OECD 范本与 UN 范本的规定，由居民国与来源国共享对利息的征税权。我国与其他国家缔结的双边税收协定中的利息条款特征概括如表 5–4 所示。我国内地与香港的税收安排中，利息条款采用一档税率，其中飞机和船舶租赁业务租金的税率为 5%，其他项目的税率为 7%，我国内地与澳门的税收安排中，特许权使用费条款采用两档税率，其中飞机和船舶租赁业务租金的税率为 5%，其他项目的税率为 10%。

表 5–4　我国与其他国家缔结的税收协定中的利息条款设计

条款		国家
一档税率，政府或其他类似实体可以享受免税待遇	3%	罗马尼亚
	5%	科威特
	7%	阿联酋
	7.5%	尼日利亚、津巴布韦
	10%	美国、英国、比利时、丹麦、捷克斯洛伐克（适用于斯洛伐克）、波兰、保加利亚、瑞士、西班牙、蒙古国、匈牙利、马耳他、韩国、巴布亚新几内亚、印度、毛里求斯、克罗地亚、白俄罗斯、乌克兰、南非、卡塔尔、哈萨克斯坦、伊朗、印度尼西亚、希腊、沙特、法国、德国（只列中国免税机构）、马来西亚、挪威、加拿大、芬兰（议定书列有免税名单）、瑞典、新西兰、泰国、荷兰、巴基斯坦（议定书列有免税名单）、卢森堡、越南、土耳其、巴巴多斯、柬埔寨
	12%	阿根廷（尚未生效）

续表

条款		国家
一档税率，无免税待遇	5%	墨西哥
	10%	日本、澳大利亚、南斯拉夫（适用于波斯尼亚和黑塞哥维那）、塞浦路斯、叙利亚等
两档税率，政府或其他类似实体可以享受免税待遇	优惠：4% 一般：10%	智利
	优惠：7% 一般：10%	新加坡、奥地利（议定书）
	优惠：8% 一般：10%	意大利
	优惠：10% 一般：15%	巴西
两档税率，无免税待遇	优惠：7% 一般：10%	以色列

（1）与多数国家缔结的协定都为一档税率，且相应税率不超过 10%。

我国与多数国家所缔结的税收协定只规定了一档税率，如我国与日本、澳大利亚、美国、英国、法国、德国等国缔结的双边税收协定都规定，当利息收取方为受益所有人时，来源国对利息所得征税不得超过利息总额的 10%。与其他个别国家缔结的税收协定所约定的一档税率则低于 10%，如与罗马尼亚缔结的税收协定为 3%，与墨西哥的税收协定为 5%，与阿联酋缔结的税收协定为 7%。与新加坡、奥地利、以色列等少数国家缔结的税收协定规定了两档税率，一般税率通常为 10%，在利息收取方为金融机构且具备受益所有人身份时则可适用 7% 或 8% 的优惠税率。

（2）很多税收协定针对政府实体规定了免税待遇。

我国与很多国家缔结的税收协定针对政府或其他类似实体规定了免税待遇。我国与美国、英国、比利时、丹麦、法国、德国、马来西亚、挪威等缔结的税收协定都规定，来源国对政府或其他类似实体取得的利息应予以免税。如中美税收协定第 10 条第 3 款规定，"发生在缔约国一方而为缔约国另一方政府、行政区、地方当局、中央银行或者完全为其政府所有的金融机构取得的利息；或者为该缔约国另一方居民取得的利息，其债权是由该缔约国另一方政府、行政区、地方当局、中央银行或者完全为其政府所有的金融机构间接提供资金的，应在该缔约国一方免税。"其中一些协定还详细列示了享受利息所得免税待遇的实体名单。但我国与日本、澳大利亚、塞浦路斯、墨西哥等个别国家缔结的税收协定却无相应的免税待遇。

（三）特许权使用费

1. 我国税法对特许权使用费的征税规定

根据《中华人民共和国企业所得税法实施条例》第 7 条，特许权使用费所得是否来源于我国境内,按照负担、支付所得的企业或者机构、场所所在地确定。根据《中华人民共和国个人所得税法实施条例》第3条,许可各种特许权在中国境内使用而取得的所得,不论支付地点是否在中国境内,均为来源于中国境内的所得。由此可以看出,我国国内法界定特许权使用费来源地时在企业所得税和个人所得税上存在明显差异。我国在企业所得税方面的规定与税收协定范本的规定一致,也就是采用了支付方居住地标准,支付方所属居民国即来源国。但我国在个人所得税方面则采用了使用地标准,即使支付方不是我国的税收居民,若特许权被许可在中国境内使用,按照国内法的规定,应认定相应的特许权使用费来源于境内,我国据此可以对特许权使用费的非居民个人收取方征收个人所得税。

特许权使用费与技术服务费如何在税收属性进行区分,是理论及实践中的难点,即相关所得为特许权使用费性质的消极所得,还是技术服务费性质的营业所得?《国家税务总局关于印发〈《中华人民共和国政府和新加坡共和国政府关于对所得避免双重征税和防止偷漏税的协定》及议定书条文解释〉的通知》与《国家税务总局关于执行税收协定特许权使用费条款有关问题的通知》在充分借鉴OECD范本注释的基础上,并结合我国国情,对如何区分特许权使用费与技术服务费做了较为详细的指引,夯实了税务机关准确执行税收协定和降低纳税人税务风险的制度基础。上述两个文件区分特许权使用费与技术服务费的要点总结如下。

(1)特许权使用费包含专有技术使用权的转让。专有技术,一般是指进行某项产品的生产或工序复制所必需的、未曾公开的、具有专有技术性质的信息或资料。与专有技术有关的特许权使用费一般涉及技术许可方同意将其未公开的技术许可给另一方,使另一方能自由使用,技术许可方通常不亲自参与技术受让方对被许可技术的具体应用,并且不保证实施的结果。被许可的技术通常已经存在,但也包括应技术受让方的需求而研发后许可使用,并在合同中列有保密等使用限制的技术。

(2)是否许可或转让使用权,相关成果由谁所有是区分特许权使用费和技术服务费的重要标志。在服务合同中,如果服务提供方在提供服务过程中使用了某些专门知识和技术,但并不许可这些技术使用权,则此类服务不属于特许权使用费范围。如果服务提供方提供服务形成的成果属于特许权使用费定义范围,并且服务提供方仍保有该项成果的所有权,服务接受方对此成果仅有使用权,则此类服务产生的所得属于特许权使用费。

(3)伴随技术使用权转让而提供服务的业务为特许权使用费的混合销售。在转让或许可专有技术使用权过程中,如果技术许可方派人员为该项技术的应用提供有关支持、指导等服务,并收取服务费,无论是单独收取还是包括在技术价款中,均应按特许权使用费的征税规定计税。但如上述人员的服务已构成常设机构,对归属于常设机构部分的服务所得应执行协定营业利润条款的规定,对提供服务的人员则执行协定非独立个人劳务条款的规定;对未构成常设机构或未归属于常设机构的服务收入仍按特许权使用费规定处理。

(4)明确界定为劳务活动而非特许权使用费的情形。单纯货物贸易项下作为售后服务的报酬,产品保证期内卖方为买方提供服务所取得的报酬,专门从事工程、管理、咨询等专业服务的机构或个人提供的相关服务所取得的所得不是特许权使用费,应作为劳务活动所得适用协定第7条营业利润条款的规定。

案例 5-6 提供专有技术附带技术服务能否按特许权使用费征税？①

A 公司是美国 B 公司在某市投资组建的中外合资企业，B 公司拥有 A 公司 25% 股权。A 公司主要生产小型轿车，年纳税额居某市前列。A 公司生产汽车的关键技术均从 B 公司引进，就商标使用费和各车型的技术使用费与 B 公司分别签订了若干个合同，并在向 B 公司支付时按特许权使用费代扣代缴了企业所得税。某年年初，A 公司有一笔 1 501 万美元的费用需付给境外 B 公司，但没有申报纳税。

税务机关及时与企业进行了沟通，并要求 A 公司提供了与此笔支付相关的合同资料。该合同名称为工程服务合同，具体内容包括四个方面：❶ 外方依据 A 公司国产化计划，提供支持许可产品的开发、认证和测试的境外技术协助；❷ 外方在 A 公司请求下，按照中国特定要求在境外对许可产品进行持续的工程工作，以及提供与许可产品修改和变更有关的行政性支持；❸ 外方为 A 公司人员提供产品开发、制造及售后培训；❹ 其他服务。A 公司根据 B 公司在一段时间内提供上述服务所发生的实际费用进行付款。合同中还特别说明“为避免存疑，外方、实际向合营公司提供工程服务的关联公司和供应商提供的上述服务均在中国境外提供”。

税务人员通过调查还发现，A 公司之前的所有技术许可合同只明确了技术引进的费用，并不包括产品测试、工程人员培训，以及零件国产化开发等后续费用，而本次的工程服务合同正好填补了之前技术许可合同的空缺。

A 公司认为：与 1 501 万美元支付相关的合同只是一个普通的技术服务合同，且全部劳务发生在境外，B 公司在我国境内没有构成常设机构，其取得的劳务收入不是来源于我国境内，不需要在我国缴纳企业所得税。

税务机关观点：A 公司与 B 公司所签工程服务合同的服务对象是 A 公司历年来从 B 公司引进的各个车型，是保证 A 公司能正常使用 B 公司专有技术的必要条件，与之前的技术许可合同之间具有内在的关联关系。依照中美协定、《国家税务总局关于印发〈《中华人民共和国政府和新加坡共和国政府关于对所得避免双重征税和防止偷漏税的协定》及议定书条文解释〉的通知》与《国家税务总局关于执行税收协定特许权使用费条款有关问题的通知》的规定，税务机关认为相应支付应附属于前期技术许可支付，在税收属性上应被认定为特许权使用费支付而征收预提所得税。

经过约谈，企业最终认可了税务机关意见，并就首期支付的款项代扣代缴了所得税 1 026 万元人民币。

思考题：

如何理解特许权使用费中的“混合销售”？

---

① 改编自国家税务总局国际税务司：《非居民企业税收管理案例集》，中国税务出版社 2012 年版。

2. 双边税收协定对特许权使用费的征税规定

无一例外,我国与其他国家缔结的税收协定都规定,由居民国与来源国对特许权使用费共享征税权。这一规定充分体现了 UN 范本的立场。总体看,我国与其他国家缔结的税收协定中的特许权使用费条款设计如表 5-5 所示。

表 5-5　我国与其他国家缔结的税收协定中的特许权使用费条款设计

条款		国家
一档税率	3%	罗马尼亚
	5%	古巴
	6%	俄罗斯
	7%	比利时、埃及
	7.5%	津巴布韦
	9%	瑞士
	10%	日本、美国、法国、挪威、加拿大、新西兰、泰国、捷克斯洛伐克(适用于斯洛伐克)、澳大利亚、南斯拉夫(适用于波斯尼亚和黑塞哥维那)、科威特、塞浦路斯、蒙古国、匈牙利、阿联酋、韩国、巴布亚新几内亚、印度、毛里求斯、克罗地亚、白俄罗斯、斯洛文尼亚、越南、土耳其、乌克兰、亚美尼亚、巴巴多斯、卡塔尔、哈萨克斯坦、印度尼西亚、希腊、墨西哥、沙特、西班牙、柬埔寨
	12.5%	巴基斯坦
	5%	墨西哥
	10%	日本、澳大利亚、南斯拉夫(适用于波斯尼亚和黑塞哥维那)、塞浦路斯、叙利亚等
两档税率	设备租金:2% 其他项目:10%	智利
	设备租金:5% 其他项目:10%	意大利
	设备租金:6% 其他项目:10%	德国、英国、新加坡、瑞典、荷兰、奥地利、卢森堡
	设备租金:7% 其他项目:10%	美国、丹麦、芬兰、波兰、保加利亚、马耳他、以色列、南非
	技术型特许权使用费:10%* 文学及影视型特许权使用费:15%*	马来西亚、菲律宾

续表

条款		国家
两档税率	其他项目：10% 商标特许权使用费：15%	巴西
四档税率	新闻业务特许权使用费：3% 版权业务特许权使用费：5% 集中箱业务特许权使用费：7% 其他项目：10%	阿根廷（尚未生效）

注："*"表示技术型特许权使用费涵盖：使用或有权使用专利、专有技术、商标、设计或模型、图纸、秘密配方或秘密程序、科学著作的版权，或者使用、有权使用工业、商业、科学设备或有关工业、商业、科学经验的情报。文学及影视型特许权使用费涵盖：使用或有权使用文学、艺术著作，包括电影影片、无线电或电视广播使用的胶片、磁带的版权。

除西班牙、柬埔寨和津巴布韦少数国家外，我国与绝大多数国家缔结的税收协定（议定书）中的特许权使用费条款都纳入了设备租金，即按照UN范本的规定来界定特许权使用费范围。从适用税率看，我国缔结的很多税收协定中的特许权使用费条款设计的都是一档税率。除此之外，我国与一些国家的协定还设计了两档税率，其中只有与马来西亚、菲律宾、巴西三个国家缔结的税收协定规定在特许使用费的特定项目中适用的税率超过了10%。2018年年底我国与阿根廷缔结的税收协定甚至规定了较为复杂的四档税率。多档税率结构中的不同税率水平体现了来源国对不同类型特许权使用费征税的政策倾向。多档税率设计中的一个普遍现象是，设备租金的适用税率相对于特许权使用费其他项目明显较低。

我国内地与香港的税收安排中，特许权使用费条款采用两档税率，其中飞机和船舶租赁业务租金的税率为5%，其他项目的税率为7%。我国内地与澳门的税收安排中，特许权使用费条款采用两档税率，其中飞机和船舶租赁业务租金的税率为5%，其他项目的税率为10%。

（四）财产转让所得

1. 我国税法对财产转让所得的征税规定

《中华人民共和国企业所得税法实施条例》第7条规定，"转让财产所得，不动产转让所得按照不动产所在地确定，动产转让所得按照转让动产的企业或者机构、场所所在地确定，权益性投资资产转让所得按照被投资企业所在地确定"。《中华人民共和国个人所得税法实施条例》第3条规定，"转让中国境内的不动产等财产或者在中国境内转让其他财产取得的所得"，不论支付地点是否在中国境内，均为来源于中国境内的所得，在中国境内转让其他财产是指转让过户手续在中国境内办理的其他财产转让。如转让中国境内企业的股权，相应的过户手续必须在中国境内办理，转让所得自然应被认定为来源于我国境内。非居民转让我国居民企业股权的涉税问题一直以来是我国税务实践中的热点和难点。从上述规定可以看出，无论从企业所得税还是个人所得税角度考察，境外非居民转让我国境内企业股权取得的转让所得都应被认定为来源于我国境内，我国政府可针对其取得的转让所得征收企业所得税或个人所得税。

近年来，一些跨国公司为优化其全球范围内的资源配置，实现企业集团内部的价值链重构，从而转让位于我国境内的外资企业股权。出于避税动机，境外母公司将相应的股权转让行为由直接转让“包装”为间接转让（见图 5–4），从而避免在我国履行纳税义务。在间接转让的方式中，转让方、受让方及转让的标的公司（中间层公司）一般都为非居民企业，我国税务机关对上述间接转让行为进行有效监管面临着较大挑战。为了强化非居民企业间接转让我国境内企业股权的税务监管，《国家税务总局关于加强非居民企业股权转让所得企业所得税管理的通知》明确规定了“非居民企业间接转让中国居民企业股权，如果被转让的境外控股公司所在国（地区）实际税负低于 12.5% 或者对其居民境外所得不征所得税的，该转让方应自股权转让合同签订之日起 30 日内向我国主管税务机关提交相关资料”，“转让方通过滥用组织形式等安排间接转让中国居民企业股权，且不具有合理的商业目的，规避企业所得税纳税义务的，主管税务机关层报税务总局审核后可以按照经济实质对该股权转让交易重新定性，否定被用作税收安排的境外控股公司的存在。”也就是说，若非居民企业的间接转让行为被认定为不具有合理商业目的，我国税务机关就可以“穿透”中间层公司，从而将间接转让行为变性为直接转让行为。可以说，该文件大大压缩了非居民企业间接转让我国居民企业的避税空间。

虽然《国家税务总局关于加强非居民企业股权转让所得企业所得税管理的通知》在对非居民企业间接转让我国居民企业股权的反避税中具有里程碑意义，但由于其本身所具有的适用范围窄、合理商业目的界定不清晰、无法为纳税人提供较高确定性等局限，导致其在实践中容易产生税企争议。在借鉴境外发达国家一般反避税立法经验的基础上，并结合我国国情，《国家税务总局关于非居民企业间接转让财产企业所得税若干问题的公告》（国家税务总局公告 2015 年第 7 号，简称 7 号公告）发布。7 号公告扩大了非居民企业间接转让交易的适用范围，不再局限于间接转让我国境内居民企业的股权，而是涵盖了间接转让我国境内所有应税财产的交易。尤为重要的是，7 号公告提出了判定间接转让行为是否具有合理商业目的的具体标准和基本逻辑，并在此基础上明确了非居民企业在我国境内的纳税义务（见图 5–6）。

《国家税务总局关于非居民企业间接转让财产企业所得税若干问题的公告》

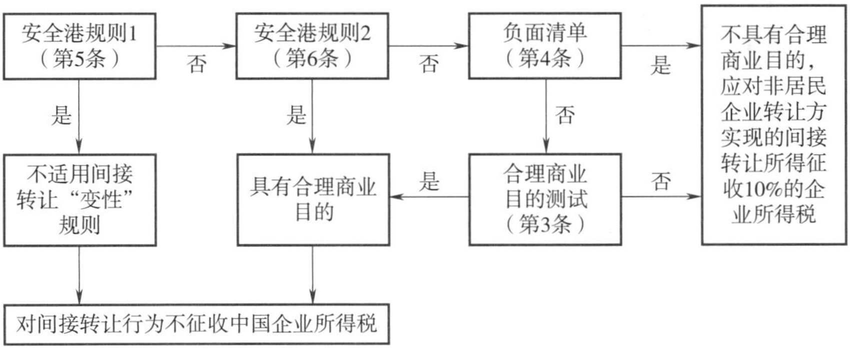

图 5–6　非居民企业间接转让中国应税财产的纳税义务判定

从图 5-6 中可以看出，判定非居民企业间接转让中国应税财产交易是否应向中国缴纳企业所得税的关键是判定其转让行为是否具有合理商业目的。在 7 号公告中，合理商业目的判定的安全港规则体现在第 5 条和第 6 条。在安全港规则下，基本可以排除非居民企业间接转让中的避税动机，并基本保障了中国的税基不会外流。在不符合安全港规则情形下，逻辑上应先行判断非居民企业间接转让行为是否适用第 4 条所规定的负面清单。若满足负面清单的条件要求，则基本可以判定非居民企业的间接转让行为具有显著的避税意向，中国税务机关可以判定该转让行为不具有合理商业目的，从而要求该非居民企业履行中国企业所得税纳税义务。若不满足负面清单的条件要求，则需进一步依据 7 号公告第 3 条的规定对非居民企业的间接转让行为进行合理商业目的测试，若通过测试，即该转让行为具有合理商业目的，则无须履行在中国的纳税义务，反之相反。合理商业目的测试中的考察因素，如图 5-7 所示。

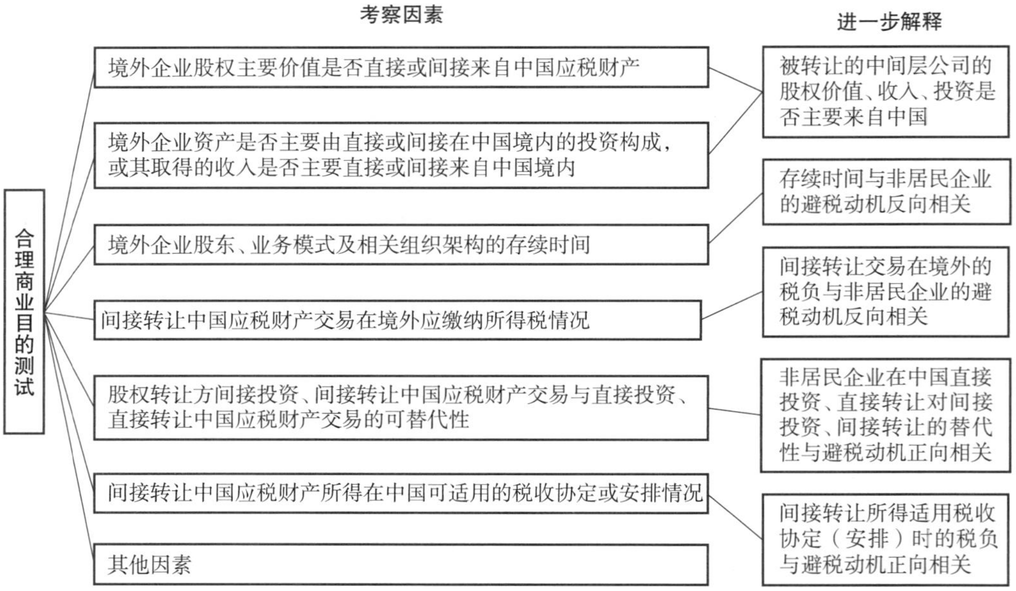

图 5-7　合理商业目的测试中的考察因素

案例 5-7　非居民通过多层空壳企业间接转让股权被征税[①]

A 地产集团公司是中国极大的房地产开发企业之一，注册于开曼群岛，并于香港联交所主板上市。该公司于 2007 年 1 月通过多层间接持股方式，在我国内地某市设有相应的子公司，从事房地产开发项目。其中，某市 A 公司注册资本为 2 990 万美元，已到位；某市 B 公司注册资本为 7 490 万美元，实到资本 3 890 万

① 改编自国家税务总局国际税务司：《非居民企业税收管理案例集》，中国税务出版社 2012 年版。

美元。转让前的股权架构如图5-8所示。2011年5月，A地产集团公司公告称，C公司将其持有D公司49%的股权转让给第三方企业，转让价格为5亿美元。交易于6月份完成。转让后的股权架构如图5-9所示。

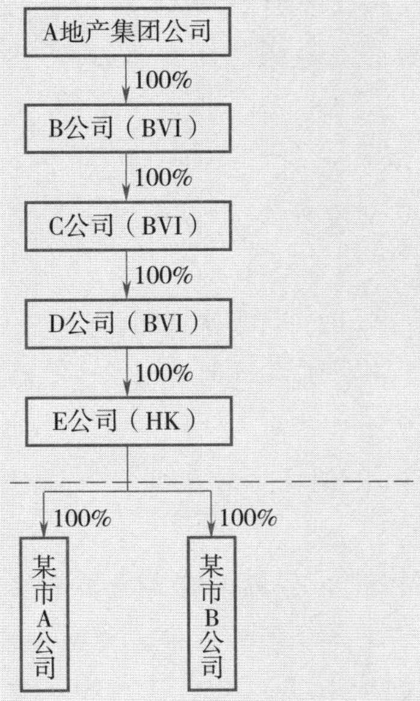

图5-8　转让前股权架构

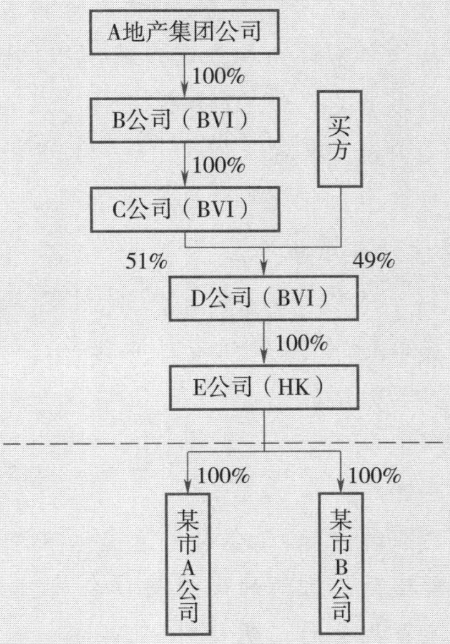

图5-9　转让后股权架构

税务人员偶然在新闻报道中发现A地产集团在某市的项目引进了新合伙方，感觉到其中有涉及股权转让的非居民税收问题。通过收集、分析A地产集团公司的“招股说明书”、财务报告和公告等公开信息，了解到以下信息。

（1）股权转让方C公司为A地产集团公司注册于英属维尔京群岛的公司，2007年1月29日成立，实缴股本100美元。被转让方D公司为注册于英属维尔京群岛的公司，2008年1月16日成立，实缴股本1美元。被转让方的子公司E公司为注册于中国香港的公司，2008年4月24日成立，实缴股本10港元。

（2）买方在其公告中称，D公司的主要资产为其于某市A公司及某市B公司之100%间接股本权益，而上述两家公司则拥有所开发土地的土地使用权，该土地总地盘面积约为133.5万平方米。显而易见，买卖双方股权转让标的的实质为某市A公司和某市B公司的股权。

企业认为：D公司、E公司不是特殊目的公司，理由是D公司、E公司的设置并不是为本次股权转让而刻意为之，而是早在A集团上市之前就已存在；设立上述公司主要是基于避免法律纠纷的考虑，不是为避税而设立；集团公司为确保管控能力，对海外的所有子公司都采取集中管理的模式，D公司、E公司在整个集团公司海外市场开拓和品牌经营方面具有较强的功能和作用；D公司、E公司虽未独立设置管理人员，但由集团公司的管理人员进行集中管理，不能判定两家公司为无机构、无人员的特殊目的公司。

税务机关观点：C公司股权转让行为的实质是出让中国内地A公司和B公司股权。根据企业提供的资料，税务人员从注册资本、人员、经营和资产四个方面对D公司、E公司是否为特殊目的公司进行了论证。

（1）从注册情况看，“招股说明书”披露被转让方D公司、E公司分别注册于英属维尔京群岛和中国香港，但均为在中国经营业务的特殊目的公司，实缴股本分别为1美元和10港元。

（2）从“人员”来看，D公司、E公司无专职人员。“书面说明”中声称“集团公司对包括D公司、E公司在内的所有20多个境外公司实施集中管理的模式，有十几位管理人员”。

（3）从“经营”来看，C公司仅在“书面说明”中提到D公司、E公司在境外负责品牌宣传、资金筹措等业务，但未提供具有商业实质的各种合同、协议等相应的证明材料。

（4）从“资产”来看，C公司未提供D公司、E公司的财务报表来证明其在境外有资产。

税务约谈后，C公司同意提供可以证明D公司、E公司具有商业实质且转让具有合理商业目的的说明及D公司、E公司拥有工作人员的应付工资明细账，财务状况等相关的证明材料，但最终未能提供。最终，税务机关依据经济实质原则对该股权转让交易进行了重新定性，否定了被用作税收安排的境外控股公司D公司和E公司的存在，并对C公司从该笔股权转让中取得的收益征收企业所得税。

思考题：

判定非居民间接转让我国境内资产是否具有合理商业目的时，应主要考察哪些因素？

2. 双边税收协定对财产转让所得的征税规定

我国目前对外缔结的双边税收协定对转让不动产、常设机构或固定基地的动产、从事国际运输的船舶或飞机的财产收益的征税权分配规则与两个范本的规定保持一致，但在股权转让收益、不动产公司转让收益及财产转让兜底条款的设计上，双边税收协定之间、双边税收协定与税收协定范本之间存在差异（见表5-6）。总体看，我国与各国缔结的双边税收协定中的财产转让条款设计可概括为如下几点。

（1）近年修订的双边税收协定与OECD范本及UN范本保持一致。

我国近年与法国、英国、比利时、德国、挪威、意大利等国修订的双边税收协定积极吸收了国际税收改革成果，对持股比例超过20%的股份转让、不动产价值超过50%的公司股份转让都规定了来源国的优先征税权。其中与比利时、德国、荷兰等国修订的税收协定对来源国征税设计了相应的免税情形：即使转让方转让前的持股比例达到相应要求或转让不动产公司，但通过证券交易所进行股票交易方式实现的转让所得应予以免税。但在较早时期与日本、泰国、波兰缔结的双边税收协定没有对来源国行使征税权设置转让方对转让标的公司持股比例或转让不动产公司的条件约束。

（2）对其他财产转让的兜底条款设计，双边税收协定之间存在明显差异。

除对不动产、常设机构或固定基地的动产、从事国际运输的船舶或飞机等特定财产的转让，以及对持股比例超过一定比值公司、不动产公司转让的特定情形外，OECD范本及UN范本对其他财产转让收益的征税权划分给了居民国。我国与大多数国家的双边协定在其他财产转让兜底条款设计了遵循了两个范本的规定，但与个别国家的双边税收协定并没有遵循两个范本的规定，即来源国可以对其他财产转让收益征税。如中日税收协定第13条第4款规定，“缔约国一方居民出让第1款至第3款所述财产以外的其他财产取得的收益，发生于缔约国另一方的，可以在该缔约国另一方征税”。有类似规定的还包括与马来西亚、澳大利亚、匈牙利、印度缔结的税收协定。

（3）2021年版UN范本新增的间接转让反避税条款没有被纳入双边税收协定。

应广大发展中国家及资本净输入国的要求，2021年版UN范本新增了来源国对间接转让财产收益征税的条款。该条款实质为反避税条款，即当转让方间接转让来源国财产时，若该转让行为满足一定条件，来源国就可以行使地域管辖权征税。需要说明的是，双边税收协定一般不创设征税权，我国国内法对非居民间接转让中国应税财产已有较为具体和完整的法律规定，即使双边协定不纳入该间接转让征税条款，我国亦可依据国内法中的反避税条款对非居民间接转让中国应税财产行为进行税务管理。目前，我国与其他国家缔结的双边税收协定还没有纳入该反避税条款。

表5-6 我国与其他国家缔结的税收协定中的财产转让条款设计

<table>
<tr><th colspan="3">条款</th><th>国家</th></tr>
<tr><td rowspan="3">转让不动产的收益，不动产所在国可以征税；转让常设机构或固定基地动产的收益，常设机构所在国可以征税；转让从事国际运输的船舶或飞机的收益，由转让方所在国征税</td><td colspan="2">无持股比例超过一定比值的公司股份转让及不动产公司股份转让的特殊规定。其他财产转让收益，来源国可以征税</td><td>日本、泰国、波兰</td></tr>
<tr><td rowspan="2">持股比例超过25%的公司股份转让，以及不动产公司股份转让，来源国可以征税</td><td>其他财产转让收益，来源国可以征税</td><td>美国、捷克斯洛伐克（适用于斯洛伐克）、瑞典、巴基斯坦、奥地利（持股比例无限制）</td></tr>
<tr><td>其他财产转让收益，由居民国征税</td><td>法国、英国、挪威、丹麦、新加坡、芬兰、新西兰、意大利、瑞士、塞浦路斯、蒙古国、马耳他、卢森堡、俄罗斯、越南、老挝、南非、巴巴多斯、毛里求斯（议定书2006）、卡塔尔、阿根廷（尚未生效）、比利时、德国、荷兰、西班牙、智利（持股比例无限制）</td></tr>
</table>

续表

条款			国家
	不动产公司股份转让收益，来源国可以征税	其他财产转让收益，来源国可以征税	马来西亚、澳大利亚、匈牙利、印度
		其他财产转让收益，由居民国征税	科威特、罗马尼亚、韩国、以色列、菲律宾、哈萨克斯坦，印度尼西亚、希腊

第五节　个人劳务所得征税的中国实践

一、独立劳务与非独立劳务

（一）我国税法对个人劳务所得的征税规定

根据《中华人民共和国个人所得税法实施条例》第 3 条，不论支付地点是否在中国境内，因任职、受雇、履约等在中国境内提供劳务取得的所得，均为来源于中国境内的所得。从规定中可以看出，**我国税法在界定个人劳务所得来源地时，并没有区分独立个人劳务和非独立个人劳务，对两者统一按照劳务发生地标准认定个人劳务所得的来源地**。《中华人民共和国个人所得税法》第 1 条规定，“在中国境内无住所又不居住，或者无住所而一个纳税年度内在中国境内居住累计不满 183 天的个人，为非居民个人”。对非居民个人来讲，只要其劳务活动发生地在我国境内，不论劳务所得由境内单位还是境外单位支付，该所得的来源地都应被认定为我国境内。相反，若我国居民被境内单位派遣到境外工作时，由于其提供劳务的地点在境外，即使其取得的报酬由我国境内企业支付，也应认定该笔所得来源于我国境外。当然，对该笔所得我国政府仍然可以行使居民管辖权征税。

对外籍无住所个人从中国取得的工资薪金所得征税一直以来都是我国个人所得税管理的难点和重点。随着全球经济一体化的推进和我国参与世界经济竞争程度的提升，越来越多的外籍人员到中国工作并取得相应的工资薪金所得。外籍无住所个人从我国境内取得的工资薪金所得的纳税义务大小既与其在中国居住时间的长短有关，亦与其在所任职公司的职位相关。**无住所外籍人员在中国的居住时间既是判定其是否构成我国税收居民身份的标准，也是判定其所得是否有资格享受《中华人民共和国个人所得税法》所规定的税收优惠的依据**（见表 5-7）。《中华人民共和国个人所得税法实施条例》第 5 条规定，“在中国境内无住所的个人，在一个纳税年度内在中国境内居住累计不超过 90 天的，其来源于中国境内的所得，由境外雇主支付并且不由该雇主在中国境内的机构、场所负担的部分，免予缴纳个人所得税”。《中华人民共和国个人所得税法实施条例》第 4 条同时规定，“在中国境内无住所的个人，在中国境内居住累计满 183 天的年度连续不满 6 年的，经向主管税务机关备案，其来源于中国境外且由境外单位或者个人支付的所得，免予缴纳个人所得税；在中国境内居住累计满 183 天的任一年度中有一次离境超过 30 天的，其在中国境内居住累计满 183 天的年度的连续年限重新起算”。换句话说，若无住所外籍个人不构成我国税收居民，则是否在我国境内居住满 90 天成为其境内所得适用税收优惠的时间标准。同样，若无住所外籍个人构成我国税收居民，则满足居民身份认定时间标准的年份达到 6 年成为其境外所得享受税收优惠的时间标准。

表 5-7　外籍无住所个人工资薪金所得纳税义务（适用于一般雇员）

纳税人税收属性		居住时间	境内所得		境外所得	
			境内支付	境外支付	境内支付	境外支付
非居民	情形 1	不超过 90 天	征税	免税	—	—
	情形 2	大于 90 天但不超过 183 天	征税	征税	—	—
居民	情形 3	累计满 183 天的年度连续不满 6 年	征税	征税	征税	免税
	情形 4	累计满 183 天的年度连续满 6 年	征税	征税	征税	征税

《财政部 国家税务总局关于非居民个人和无住所居民个人有关个人所得税政策的公告》（财政部 国家税务总局公告 2019 年第 35 号，简称 35 号公告）对表 5-7 中各种情形下无住所外籍个人的工资薪金收入额的计算确定了具体公式（见表 5-8）。此外，35 号公告对无住所外籍个人高管与无住所外籍一般雇员的纳税义务进行了区分。区分无住所外籍高管与一般雇员的税收意义在于，无住所高管的职位特性决定了其不需要长期在中国境内居住但却可能从受雇的中国境内企业取得高额收入，仅以居住时间标准界定无住所高管在我国的纳税义务会不合理地侵蚀我国税基。为此，35 号公告第 1 条规定，“对于担任境内居民企业的董事、监事及高层管理职务的个人（以下统称高管人员），无论是否在境内履行职务，取得由境内居民企业支付或者负担的董事费、监事费、工资薪金或者其他类似报酬（以下统称高管人员报酬，包含数月奖金和股权激励），属于来源于境内的所得。本公告所称高层管理职务包括企业正、副（总）经理、各职能总师、总监及其他类似公司管理层的职务。”由上述规定可以看出，**我国现行税法对无住所外籍高管纳税义务的界定同时采用了劳务发生地标准和支付地标准，如表 5-9 所示**。从表 5-9 中，我们可以看到，当无住所外籍个人为高管时，情形 1 和情形 2 下境外所得中的境内支付部分为应税所得，而当该个人为一般雇员时，则相同情形下的境内支付部分为非应税所得，不须履行个人所得税纳税义务。无住所外籍一般雇员与无住所外籍高管纳税义务的差异只存在两者都为非居民的情形，若两者都为我国税法下的税收居民，则其应履行的纳税义务是一致的。由于表 5-9 中情形 2 与情形 3 下高管人员的纳税义务一致，因此其工资薪金收入额的计算都适用表 5-8 中的公式 3。

《财政部 国家税务总局关于非居民个人和无住所居民个人有关个人所得税政策的公告》

表 5-8　外籍无住所个人工资薪金收入额计算公式

纳税人税收属性		收入额计算公式
非居民	情形 1（公式 1）	$\text{当月工资薪金收入额}=\text{当月境内外工资薪金总额}\times\frac{\text{当月境内支付工资薪金数额}}{\text{当月境内外工资薪金总额}}\times\frac{\text{当月工资薪金所属工作期间境内工作天数}}{\text{当月工资薪金所属工作期间公历天数}}$
	情形 2（公式 2）	$\text{当月工资薪金收入额}=\text{当月境内外工资薪金总额}\times\frac{\text{当月工资薪金所属工作期间境内工作天数}}{\text{当月工资薪金所属工作期间公历天数}}$
居民	情形 3（公式 3）	$\text{当月工资薪金收入额}=\text{当月境内外工资薪金总额}\times\left[1-\frac{\text{当月境外支付工资薪金数额}}{\text{当月境内外工资薪金总额}}\times\frac{\text{当月工资薪金所属工作期间境外工作天数}}{\text{当月工资薪金所属工作期间公历天数}}\right]$
	情形 4	当月工资薪金收入额 = 当月境内外工资薪金总额

表 5-9　外籍无住所个人工资薪金所得纳税义务（适用于高管人员）

纳税人税收属性		居住时间	境内所得		境外所得	
			境内支付	境外支付	境内支付	境外支付
非居民	情形 1	不超过 90 天	征税	免税	征税	—
	情形 2	大于 90 天但不超过 183 天	征税	征税	征税	—
居民	情形 3	累计满 183 天的年度连续不满六年	征税	征税	征税	免税
	情形 4	累计满 183 天的年度连续满六年	征税	征税	征税	征税

（二）无住所外籍个人适用税收协定的纳税义务

35 号公告对无住所外籍人员的受雇所得、独立劳务所得、特许权使用费所得适用税收协定时的纳税义务亦进行了明确。从这一层面看，35 号公告也可被视为税收协定相关条款的中国解释。无住所外籍个人工资薪金（即受雇所得）纳税义务的确定是个人所得税管理的重点和难点，这里主要阐述无住所外籍个人工资薪金所得适用税收协定时的纳税义务（见表 5-10）。依照 35 号公告第 4 条的规定，若无住所一般雇员因在中国居住时间超过 183 天而具有双重居民身份属性，依据税收协定加比规则判定其为对方国家居民，则其取得的境外所得可适用税收协定待遇，即境外所得免于缴纳中国个人所得税，按照表 5-8 中的公式 2 计算其工资薪金收入额；若无住所人员在中国的居住时间不超过 183 天，则作为我国的非居民个人，其来源于我国境内所得中的境外支付部分可享受协定待遇而免于缴纳中国个人所得税，按照表 5-8 中的公式 1 确定其工资薪金收入额。

表 5-10　无住所个人工资薪金所得适用税收协定时的纳税义务（适用于一般雇员）

纳税人税收属性		居住时间	境内所得		境外所得	
			境内支付	境外支付	境内支付	境外支付
非居民	情形 1	不超过90 天	征税	免税	—	—
	情形 2	大于 90 天但不超过 183 天	征税	免税	—	—
居民	情形 3	累计满 183 天的年度连续不满六年	征税	征税	免税	免税
	情形 4	累计满 183 天的年度连续满六年	征税	征税	免税	免税

与表 5-9 所示的无住所外籍一般雇员的纳税义务不同，无住所高管个人工资薪金所得适用税收协定时纳税义务确定的基本逻辑如图 5-10 所示。我国与对方国家缔结的税收协定中是否纳入了董事费条款，且董事费条款是否涵盖了高管人员，对于确定无住所高管个人工资薪金所得的纳税义务至关重要。根据 35 号公告第 4 条，对方税收居民个人为高管人员，该个人适用的税收协定未纳入董事费条款，或者虽然纳入董事费条款但该个人不适用董事费条款，且该个人取得的高管人员报酬可享受税收协定受雇所得、独立个人劳务或者营业利润条款规定待遇的，该个人取得的高管人员报酬按照无住所一般雇员工资薪金所得适用税收协定的规定进行税务处理。也就是说，若我国与对方国家缔结的税收协定无董事费条款，或虽有董事费条款但该条款没有涵盖无住所高管个人，则依照无住所一般雇员适用税收协定的规定界定该高管人员的纳税义务。

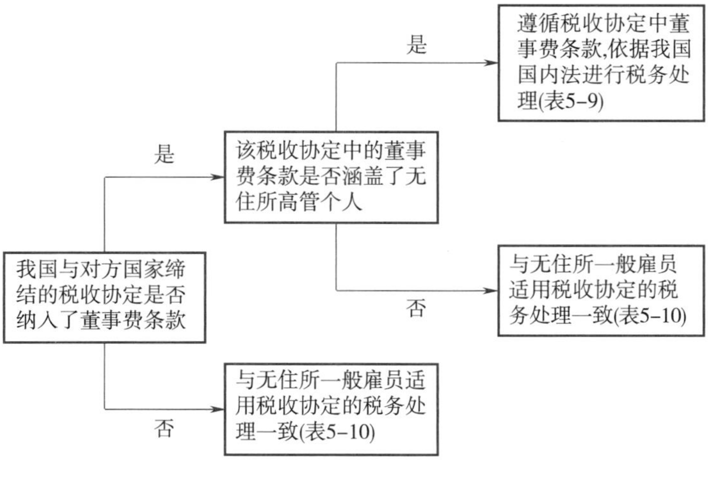

图 5-10　无住所个人工资薪金所得适用税收协定时的纳税义务（适用于高管人员）

反之，若我国与对方国家缔结的税收协定设计有董事费条款，且该董事费条款涵盖了无住所高管个人，则其取得的工资薪金所得依照税收协定中的董事费条款进行税务处理。

案例 5-8　无住所外籍人员个人所得税纳税义务的确定

新加坡人大卫是一名由新加坡母公司派遣到我国境内子公司工作的高管人员。大卫每月取得的工资薪金由境内外共同支付，当月工资当月发放。大卫大多数时间在中国境外履行职务，2022 年其在中国境内居住天数不足 90 天。2022 年 7 月，大卫在中国境外的工作天数为 24 天，当月取得的境内外发放的工资总额为 80 000 元人民币，其中境内子公司支付的部分为 20 000 元人民币，境外母公司支付的部分为 60 000 元人民币。

分析大卫 7 月在中国的纳税义务可从两个角度进行：一是从我国国内法角度看，界定其纳税义务应依据表 5-9，境内支付部分都应计税，因此其应税收入额为 20 000 元人民币；二是从适用税收协定角度看，依据图 5-10，应先考察中国和新加坡缔结的税收协定有关董事费条款内容，在此基础上确定其纳税义务。中新（新加坡）税收协定第 16 条规定，"缔约国一方居民作为缔约国另一方居民公司的董事会成员取得的董事费和其他类似款项，可以在该缔约国另一方征税。"从中可以看出，该董事费条款并不包含高管人员，因此对大卫的税务处理应与无住所外籍一般雇员适用税收协定待遇保持一致，依据表 5-10 界定大卫的纳税义务，即只对境内所得中的境内支付部分征税，按照表 5-8 中的公式 1 确定其应税收入额为 4 000 元人民币[80 000 ×（6 ÷ 30）×（20 000 ÷ 80 000）]。由此可以看出，大卫适用我国国内法与适用税收协定两种情形下的纳税义务具有明显差异。

思考题：

无住所外籍人员在我国纳税义务的轻重主要受哪些因素的影响？

（三）双边税收协定对个人劳务所得的征税规定

虽然目前的 OECD 范本已经删除独立个人劳务条款，但我国与绝大多数国家缔结的税收协定在个人劳务条款设计上与 UN 范本保持一致，即同时包含了独立个人劳务条款和非独立个人劳务（受雇所得）条款。我国与捷克、赞比亚、缔结的税收协定无独立个人劳务条款。我国内地与香港缔结的税收安排中也无个人劳务条款。我国与多数国家的税收协定中的独立个人劳务条款设计都遵循了 UN 范本的规定，即缔约国一方居民个人到缔约国另一方提供独立个人劳务时，只有该居民个人在缔约国另一方设有固定基地或在任何 12 个月中停留时间超过 183 天时，缔约国另一方才可以行使地域管辖权优先征收个人所得税。但我国与个别国家缔结的税收协定中的独立个人劳务条款设计没有完全遵循 UN 范本，如与马来西亚缔结的协定采用了 183 天的时间标准和固定数额标准（超过 4 000 美元），而与尼日利亚缔结的税收协定则只采用了固定基地标准。

我国与其他国家缔结的税收协定中的非独立个人劳务（受雇所得）条款规定了与OECD范本和UN范本一致的征税权分配的一般规则和来源国免税规则。一般规则即雇佣活动发生地所在国可以行使地域管辖权优先征税。免税规则就是同时满足以下条件，来源国对非居民个人取得雇佣所得应免于征税：❶ 雇佣所得不是由雇佣活动发生地所在国居民支付；❷ 雇佣所得不是由非居民设在来源国的常设机构负担；❸ 非居民个人在东道国从事雇佣活动的停留时间不满183天。

比较分析税收协定中的独立个人劳务条款和受雇所得条款可以发现，缔约国一方居民到缔约国另一方从事个人劳务活动，若该人在东道国既无提供劳务的固定基地，停留的时间亦没有达到183天，但其报酬由东道国的居民支付或非居民企业设在东道国的常设机构负担，则只有在该项劳务被界定为非独立个人劳务时，东道国才可以行使地域管辖权征税。实践中判定非居民个人在东道国从事的劳务属于独立劳务还是非独立劳务是界定其纳税义务的关键。《国家税务总局关于印发〈《中华人民共和国政府和新加坡共和国政府关于对所得避免双重征税和防止偷漏税的协定》及议定书条文解释〉的通知》（国税发〔2010〕75号，简称75号文）对如何判定独立个人劳务做了比较清晰的解释，该文规定，个人要求执行税收协定独立个人劳务条款规定时，应根据以下条件判断其是否具有独立身份：一是职业证明，包括登记注册证件和能证明其身份的证件，或者由其为居民的缔约国税务当局在出具的居民身份证明中就其现时从事职业的说明；二是与有关公司签订的劳务合同表明其与该公司的关系是劳务服务关系，不是雇主与雇员关系，具体包括：❶ 医疗保险、社会保险、假期工资、海外津贴等方面不享受公司雇员待遇；❷ 其从事劳务服务所取得的报酬，是按相对的小时、周、月或一次性计算支付；❸ 其劳务服务的范围是固定的或有限的，并对其完成的工作负有质量责任；❹ 其为提供合同规定的劳务所相应发生的各项费用，由其个人负担。

案例5-9　独立个人劳务所得还是雇佣所得？[①]

英国人A与中国甲公司签订了一份咨询顾问合同，劳务提供地点在我国境内，合同有效期为1年。合同主要内容如下：❶ 合同约定A履行设计总监职责；❷ 在合同期间，如果事先未取得甲公司批准，A不得直接或间接接受其他聘任，从事其他服务或工作。若A违反该项约定，需承担违约责任；❸ 甲公司配合A的工作，负责翻译及CAD制图等劳务，且设计费用（包括复印、传真、网络会议等）全部由甲公司承担；❹ A提供劳务的报酬按月由甲公司负责支付；❺ 甲公司负责以现金的形式补偿A在英国的保险费用，一年合计5 000英镑。假设A在从事劳务活动期间在中国的停留时间没有超过183天。

① 改编自雷霆：《国际税收实务与协定适用指南》（上），法律出版社2018年版。

对英国人A纳税义务判定的关键在于确定其取得的报酬为独立个人劳务所得还是受雇所得。判定劳务活动的税收属性需从合同内容入手，主要的法律依据为75号文。对合同各项内容的税收属性分析如下。合同第❶项：约定的职责范围较为宽泛，明显不符合75号文“劳务服务的范围是固定的或有限的”独立个人劳务特征。合同第❷项：A的工作自由受到了严格限制，合同同时约定了A的违约责任，显然已不符合独立个人劳务的税收属性要求。合同第❸项：A劳务的提供需甲公司的配合才能完成，且A提供劳务过程中所发生的费用由甲公司承担，有违75号文“由个人承担”的独立劳务的内容要求。合同第❹项：按月支付劳务报酬的支付形式更符合雇佣所得对支付方式的要求。合同第❺项：正常的独立个人劳务往往不涉及个人的保险补偿问题，即75号文中提供独立劳务的个人“医疗保险、社会保险、假期工资、海外津贴等方面不享受公司雇员待遇”。

综合上述分析，A取得的劳务报酬应属雇佣所得。即使A在我国境内没有设立固定基地且在中国境内停留的时间不满183天，但由于支付方为我国居民，依照中国和英国缔结的税收协定雇佣所得条款，中国政府也可对该项报酬征收个人所得税。

思考题：

如何区分个人独立劳务与非独立劳务？

二、其他特殊类型个人劳务

其他特殊类型个人劳务的条款涉及董事费、演艺人员和运动员、退休金、政府服务、学生、教师和研究人员。虽然我国国内法对上述各种特殊类型个人劳务仍归类为工资薪金所得或劳务报酬所得进行税务处理，但因这些劳务形式本身所具有的特殊性，税收协定对上述个人劳务分别制定了单独条款以在国家间划分相应的征税权。需要说明的是，在适用顺序上，其他特殊类型个人劳务条款优先于独立个人劳务条款和受雇所得条款。

（一）董事费

我国对外缔结的税收协定中都包含了董事费条款。在这些协定中，征税权分配基本规则为支付方所属居民国可以行使地域管辖权优先征税。但在我国对外缔结的税收协定中，董事费条款涵盖的范围有所不同，大致可以分为以下几种情形。❶ 多数协定中的董事费条款仅适用于董事会成员。❷ 少数协定中的董事费条款除适用于董事会成员外，还包括监事会等其他类似机构成员，如与法国、巴西、匈牙利等国缔结的税收协定。❸ 一些协定中的董事费条款适用范围既包含董事会成员或监事会成员，也涵盖了公司高管人员，如与加拿大、瑞典、泰国、巴基斯坦、牙买加、葡萄牙、科威特、卡塔尔、摩洛哥缔结的税收协定。与荷兰缔结的税收协定虽没有明确纳入高管人员，但实质上将高管人员纳入其中。中荷（荷兰）税收协定第16条第1款规定，“缔约国一方居民作为缔约国另一方居民公司的董事会成员取得的董事费和其他类似款项，可以在缔约国另一方征税”，第2款对第1款中的“董事会成员”的解释为：“董事会成员”一语包括任何负责公司全面管理的人和任何负责公司监管的人，事实上涵盖了高管人员。

（二）演艺人员和运动员

我国对外缔结的税收协定中的演艺人员和运动员条款所制定的征税权分配规则，大体上遵循了OECD范本和UN范本的规定，即演艺人员和运动员从事活动的所在地国家可以行使地域管辖权优先征税，不受停留时间等条件的限制。但与两个协定范本不同的是，为促进中外文化、体育交流与合作，我国与很多国家缔结的税收协定中的演艺人员和运动员条款都设计了相应的来源国免税情形，即演艺人员和运动员在来源国所从事的活动属于政府间文化、体育交流项目，或该活动由政府、地方当局公共基金赞助，则来源国应对演艺人员和运动员所得予以免税，而由演艺人员和运动员所属居民国独占征税权。如中法税收协定[①]第17条第3款规定，“虽有本条第1款和第2款的规定，缔约国一方居民作为表演者、运动员或模特在缔约国另一方从事个人活动取得的所得，包括未归属于表演者、运动员或模特本人，而归属于不论是否为缔约国一方居民的其他人的所得，如果在缔约国另一方的活动主要由该缔约国一方或其地方当局的公共基金赞助，应仅在该缔约国一方征税”。

（三）退休金

除了与加拿大等个别国家缔结的税收协定无退休金条款，我国与绝大多数国家缔结的税收协定都设计了退休金条款。关于该条款的征税权分配规则主要有三种模式。

（1）退休金收取人所属居民国独占征税权，即OECD范本模式。我国与日本、法国、英国、新加坡、新西兰、澳大利亚、瑞士、科威特等国缔结的税收协定都规定，除在政府部门提供服务所取得的退休金外，因以前的雇佣关系支付给缔约国一方居民的退休金和其他类似报酬，应仅在该缔约国一方征税。

（2）居民国独占征税权与支付国独占征税权并行模式，即UN范本中的退休金条款A方案。在该模式下，若退休金是缔约国一方政府或地方当局按照本国社会保险制度（公共福利计划）支付的退休金，应由支付国独占征税权；若基于以前的雇佣关系支付退休金，但退休金来源不是公共福利计划资金，则应由退休金收取人所属居民国独占征税权，我国与美国、比利时、德国、马来西亚、芬兰、瑞典、意大利、西班牙、巴基斯坦、阿根廷（尚未生效）等国缔结的税收协定就属此种模式。对该模式的一种扩展是，若退休金资金来源为已在缔约国另一方享受了税收优惠的薪资支付，则该另一方可以对退休金独

---

① 中法税收协定、中日税收协定、中美税收协定等较常用且无歧义简称不补充说明法、日、美所代指国家。

享或优先行使征税权，如中国与荷兰缔结的税收协定、中国内地与中国香港缔结的税收安排即属于此种情形。

（3）居民国独占征税权 + 支付国独占征税权 + 支付国分享征税权模式，即 UN 范本中的退休金条款 B 方案。在该模式下，若退休金资金来源是缔约国一方政府或地方当局依据本国社会保险制度（公共福利计划）进行的支付，应由支付国独占征税权；若基于以前的雇佣关系支付退休金，但退休金来源不是公共福利计划资金，则应由退休金收取人所属居民国独占征税权；若退休金由缔约国另一方的企业或位于缔约国另一方的常设机构负担，该另一方（支付国）也可分享征税权，如我国与巴西、丹麦、挪威、伊朗等国缔结的税收协定即属于该模式。

中巴（巴西）税收协定中退休金条款的应用

（四）政府服务

除了与南斯拉夫（适用于波斯尼亚和黑塞哥维那）缔结的税收协定无政府服务条款外，我国与其他国家缔结的税收协定都设计有政府服务条款，该条款内容与 OECD 范本及 UN 范本一致。以中国和新加坡缔结的税收协定为例，75 号文对政府服务条款的解释如下。

（1）为政府部门提供服务个人取得的工资薪金征税规定。政府部门支付给向其提供服务的个人的薪金报酬，支付国独占征税权。新加坡行政当局对向其提供服务的个人支付退休金以外的工资薪金或其他类似报酬，应仅在新加坡征税。但若新加坡政府在中国设立的办事机构雇佣中国居民员工，且该中国居民员工为中国国民或在该办事机构工作之前就已是中国居民，则中国居民员工取得的新加坡政府支付的报酬应仅在中国征税。

（2）为政府部门提供服务个人取得的退休金征税规定。政府部门向对其提供服务的个人支付的退休金，支付国应独占征税权。新加坡行政当局对向其提供服务的个人支付的退休金，应仅在新加坡征税。但若退休金收取人为中国税收居民且为中国国民时，则应由中国政府对该退休金独享征税权。

（五）教师和研究人员

虽然 OECD 范本与 UN 范本中并无教师和研究人员条款，但为了促进我国与境外国家的科技文化交流，我国与一些国家缔结的税收协定中引入了该条款，对符合一定条件的教师和研究人员取得的所得给予免税待遇。从缔结税收协定的历史看，我国在早期的一些税收协定中就给予了教师和研究人员优惠待遇，此种做法已延续多年。如 1983 年缔结的中日税收协定及 1984 年缔结的中美税收协定都包含了此条款。在纳入教师和研究人员条款的协定中，一个普遍的做法是对免税待遇规定了相应的适用条件，仅适用于缔约国一方居民到缔约国另一方教育机构从事出于教学、讲学或研究目的的活动，且施加了相应的时间限制。近年来新修订的税收协定中，中英（英国）协定取消了原有的教师和研究人员条款。中国内地与香港特别行政区于 2019 年的第五议定书中加入了第 18 条（教师和研究人员）条款。该条第 1 款规定，“任何受雇于一方的大学、学院、学校或政府认可的教育机构或科研机构的个人是、或者在紧接前往另一方之前曾是该一方居民，主要是为了在该另一方的大学、学院、学校或政府认可的教育机构或科研机构从事教学或研究，停留在该另一方，对其由于从事上述教学或研究取得的报酬中由其该一方的雇主支付或代表该雇主支付的部分，该另一方应在三年内免予征税，条件是该报酬应在该一方征税”，第3款规定，“本条第1款的规定不适用于不是为了公共利益而主要是为某人或某些人的私利从事研究取得的所得。”

（六）学生

为促进我国与其他国家的文化交流，照顾学生或实习人员的基本生活需要，我国和其他国家缔结的税收协定都设有学生条款，且规定了相应的减免税待遇。如中加（加拿大）税收协定第19条规定，“学生、企业学徒或实习生是、或者在紧接前往缔约国一方之前曾是缔约国另一方居民，仅由于接受教育、培训的目的，停留在该缔约国一方，其为了维持生活、接受教育或培训取得的款项，该缔约国一方不应征税。”与新西兰缔结的旧协定中的学生条款同中加（加拿大）税收协定，但2019年修订后的中新（新西兰）协定已采用OECD范本和UN范本的最新表述，即仅对为了维持生活或接受教育而收到的来源于东道国以外的款项，东道国才免予征税。

还有一些协定对免税待遇施加了时间或金额限制。如中美协定设置的额度限制为“任何纳税年度的相关所得不超过5 000美元或等值的人民币”。中瑞（瑞典）税收协定则同时施加了时间和额度限制。中瑞（瑞典）税收协定第20条第3款规定，“在该缔约国一方从事个人劳务的所得，在任何纳税年度中，该项所得不超过18 000瑞典克朗或等值的中国人民币。上述优惠仅延伸到为完成接受教育或培训所必要的合理时期，但以连续不超过七年为限。”除从东道国境外取得的所得在东道国享受免税待遇外，我国与澳大利亚、南非等国缔结的税收协定还对学生或实习人员在东道国从事个人劳务活动取得的所得规定了与东道国居民相同的减免税待遇，如中澳（澳大利亚）税收协定第21条第2款规定，“学生或实习人员从缔约国另一方（从事劳务活动的停留国）取得的赠款、奖学金和劳务报酬，在接受教育或培训期间，应与其所停留国居民享受同样的免税、优惠或减税。”

（七）其他所得

除与保加利亚缔结税收协定无其他所得条款外，我国与其他国家缔结的税收协定都包含了该条款。中国与法国、英国、瑞士、丹麦、德国、马耳他、韩国、科威特（OECD）等的税收协定基本遵循了OECD范本的规定，即居民国对其他所得有排他性的征税权。我国内地与澳门缔结的税收安排也规定居民属地政府对其他所得有排他性的征税权。例外情形是：若缔约国一方居民在缔约国另一方设有常设机构，且其他所得与该常设机构有实际联系，则常设机构所在的来源国也可对其他所得行使地域管辖权征税。需要指出的是，我国近年来与法国、英国、瑞士等国新修订的税收协定在遵循OECD范本的基础上还增加了相应的反避税规则，即取得其他所得的相关安排以利用其他所得条款为主要目的或主要目的之一，则不可适用本条，来源国可以对该所得征税。与美国、新西兰、挪威、新加坡等的税收协定则主要遵循了UN范本的规定。我国内地与香港缔结的税收安排也遵循了UN范本的规定。

习 题

一、单选题（请用手机扫描下方二维码作答）

二、改错题（就题中画线部分进行改正）

1. 在中美税收协定中，当美国居民公司从我国境内企业取得股息时，假设该居民公司持有我国居民企业的股份比例为 50%，且其具有受益所有人身份，则我国应对该笔股息征收 5% 的预提所得税。（ ）

2. 按照 UN 范本的规定，缔约国一方居民从缔约国另一方取得的设备租金，该缔约国另一方应适用协定中的营业利润条款征收预提所得税。（ ）

3. 中国香港 H 公司持有中国内地 C 公司 20% 的股份。若 H 公司欲转让 C 公司股权，按照中国内地与中国香港缔结的税收安排，中国内地税务机关应征收 10% 的预提所得税。（ ）

4.《中华人民共和国个人所得税法》规定，纳税人从事非独立劳务活动取得的所得应依照支付地标准判定来源地。（ ）

5. 巴西公民路易斯退休以前在巴西受雇于某企业。路易斯退休后定居于中国，并成为中国的税收居民。在此情形下，按照中巴（巴西）税收协定，应由巴西政府对路易斯取得的退休金征税。（ ）

三、简答题

1. 以中国内地与中国香港缔结的税收安排为例，中国香港企业从中国内地取得股息时应满足哪些条件才可以适用 5% 的优惠税率？

2. 简述 OECD 范本与 UN 范本特许权使用费征税权分配规则上的差异。

3. 请从适用税收协定角度简述自然人非居民在我国境内提供劳务的个人所得税处理［以中新（新加坡）税收协定为例］。

四、案例分析题

X 集团是一家从事服装设计、生产及销售的跨国公司。由于其所销售的服装时尚性较强，更新较快，市场上很受年轻人的欢迎，在国际市场上也有一定的知名度。X 集团的总部是位于新加坡的 X 股份有限公司（简称 X 公司）。X 公司主要履行本集团全球业务的管理职能，员工人数为 260 人。X 公司在全球多地设立有子公司。考虑到中国市场庞大，年轻人数量居多，X 集团 2010 年就进驻中国市场，并在深圳全资设立中国地区总部 XC 投资有限公司（简称 XC 公司）。XC 公司全面管理 X 集团在中国的业务。X 集团在中国的业务主要为服装的生产和销售，在昆山和成都分别设立了 XC_1（中国）制造有限公司（简称 XC_1 公司，100% 持股）和 XC_2（中国）销售有限公司（简称 XC_2 公司，100% 持股）。XC_1 公司和 XC_2 公司每年向中国税务机关缴纳企业所得税后逐级向上分配股息。截至 2023 年年底，X 集团涉及中国的投资架构如图 5-11 所示。

服装行业为当今世界上潮流改变极快的行业之一。现代人对于服饰的要求已不局限于御寒遮体，更希望时尚与美。X 集团在业内的优势正是对时尚与美的极致追求。中国市场规模大，但拥有独特设计理念、深谙市场、能够进行原创设计的服装设计师却较为紧缺。为指导 XC_1 公司和 XC_2 公司的业务开展，X 集团 2024 年 7 月派新加坡居民 M 到中国地区总部 XC 公司担任技术总监职务（属于高管），负责对中国区设计师的培训业务。在华工作期间的工资由 XC_1 公司和境外 X 公司共同支付。预计 2024 年在中国停留 3 个半月，日后预计不再来华。

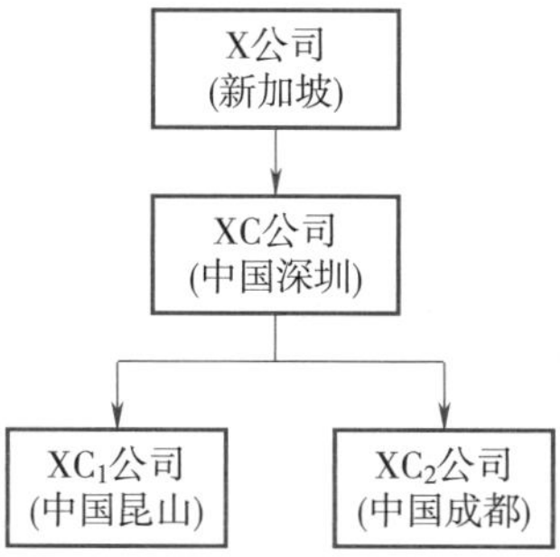

图 5-11　X 集团涉及中国的投资架构

问题：

1. 试从股息分配角度分析 X 集团在中国的企业所得税税负。

2. 请分别从我国相关法规和中新（新加坡）税收协定角度分析 M 所涉的中国个人所得税处理。

第六章 国际重复征税的消除

学习目标

1. 掌握免税法、抵免法、扣除法、低税法的概念，并理解各种方法之间的异同。

2. 掌握抵免法中抵免范围的划定、抵免法应用步骤、税收饶让概念及其应用场景。

3. 熟悉我国税法及双边税收协定中对抵免法应用的规定。

4. 在理解消除国际重复征税方法所蕴含的政策内涵基础上，引导学生领悟习近平总书记提出的“全球命运共同体”理念。

引例 从越南分回利润的税收抵免：如何享受税收协定中的饶让待遇？①

注册于宁波的B公司是一家高新技术企业，经营范围包括纺织品、纺织服装、工艺玩具、体育用品生产等，可适用15%的企业所得税优惠税率。2013年，B公司在越南设立全资海外生产基地C公司，投资总额7亿美元，主营色纺纱的生产与销售。2016年1月1日起，越南企业所得税法定税率为20%，C公司可享受“四免九减半”税惠政策，即自企业获得应税收入起4年内免征企业所得税，9年内减半征收企业所得税。2013年至2016年为C公司免税期。

由于越南原材料、能源和人力成本价格具有一定优势，加之当地税收优惠政策支持，C公司经营状况良好，自2015年起获利。截至2016年12月31日，C公司累计未分配利润约4 876亿越南盾。2021年5月14日，C公司董事会作出利润分配决议，从2016年的未分配利润中提取约1 814亿越南盾，分配给宁波B公司，汇回约784万美元，按当期汇率折合成人民币约4 993万元。查找中国和越南缔结的税收协定可知，两国政府都相互给予对方税收饶让待遇。

---

① 改编自陆文棋：《越南子公司缴纳税款，境内母公司可以适用饶让抵免？》，《中国税务报》，2024年4月19日。

宁波B公司从越南C公司分回利润时面临的较为重要的税务挑战是如何计算确定税收抵免额。

思考题：

1. 消除国际重复征税的方法有哪些？如何理解抵免法及税收饶让概念？
2. 我国抵免税制的主要内容是什么？
3. 税收协定中所规定的税收饶让待遇有哪些模式？

第一节　消除国际重复征税的方法

本章主要针对不同类型税收管辖权发生交叉重叠所导致的国际重复征税，阐述相应的解决方法。不同类型税收管辖权的交叉重叠在法律性国际重复征税和经济性国际重复征税中都有体现。本书第四章和第五章站在非居民国的立场，介绍了各类所得征税权在国家间的分配规则，解决的核心问题是非居民国能否及如何行使地域管辖权优先征税。本章则是站在居民国的立场，分析居民国政府如何履行消除国际重复征税的义务，即采取何种方法消除本国居民境外所得同时被居民国与非居民国征税而形成的国际重复征税。各国国内法中采用单边方式消除国际重复征税的方法主要包括扣除法、减税法、免税法和抵免法。

一、扣除法

扣除法（deduction method）是指一国政府对本国居民来自境外所得已缴纳或负担的税款允许从其境外所得总额中进行扣除，就其扣除后的余额按照居民国税法规定计税，以消除国际重复征税的一种方法。在扣除法下，居民国仍对本国居民的全球所得征税，但是出于消除国际重复征税的考虑，将本国居民的境外所得已缴纳的境外税款视为一种成本、费用，并允许在税前扣除。下面是扣除法的一个应用示例（见表6-1）。

表6-1　扣除法示例

国别	税前所得/万元	税率	税款/万元
甲国（居民国）	1 000	25%	350
乙国（非居民国）	500	20%	100

假设：甲国与乙国税法对税前所得的核算口径一致。

A公司为甲国的税收居民，B公司为其设在乙国的一个分公司。B公司当年在乙国缴纳的企业所得税为100万元，该款项允许从B公司的税前所得中予以扣除，甲国只就其余额400万元征税。由于A公司为甲国居民，因此A公司需就其全球所得向甲国政府履行纳税义务，甲国政府所征税款为350万元[（1 000+500-100）×25%]。

在表6-1中，若完全消除国际重复征税，则甲国只对A公司的境内所得征税，所征税款为250万元，若不考虑消除国际重复征税，则甲国对A公司所征税款为375万元（1 500×25%）。两者相比可知，国际重复征税数额为125万元。在扣除法下，被消除的国际重复征税数额只有25万元（375-350）。很明显，扣除法在解决国际重复征税时的力度过小。基于此，OECD范本及UN范本都不推荐扣除法以消除国际重复征税。对扣除法的利弊应辩证地看待。虽然扣除法更好地维护了居民国的税收主权，但由于扣除法消除国际重复征税的力度过小，从长期看，采用扣除法不利于本国企业走出国门开拓境外市场及居民国税制竞争力的提升。

从世界范围看，目前单边采用扣除法来消除国际重复征税的国家很少，但该方法在实践中并没有消失。一些国家在采用抵免法消除国际重复征税的同时将扣除法作为备用方法，即境外已缴税款不符合抵免要求时允许作为费用进行税前扣除。如德国税法规定，除适用参与免税法的股息、红利所得外，其他所得适用抵免法时发生的超限额不允许向以前年度或以后年度结转，但允许作为费用从境外税前所得中进行扣除。有些国家在对本国居民来自境外的股息所得征税时，若不符合相应的抵免条件（如持有境外子公司的股权比例没有达到要求），则只对扣除境外税款后的净所得征税，事实上就是采用了扣除法以消除国际重复征税。我国2008年之前的税法也曾有扣除法的规定，《中华人民共和国外商投资企业和外国企业所得税法实施细则》第28条规定，“外国企业在中国境内设立的机构、场所取得发生在中国境外的与该机构、场所有实际联系的利润（股息）、利息、租金、特许权使用费和其他所得已在境外缴纳的所得税税款，除国家另有规定外，可以作为费用扣除”，该规定即体现了扣除法的基本逻辑。

二、减税法

减税法（reduction method）亦称低税法，是指居民国政府对本国居民的境内所得与境外所得区别对待，境内所得适用基本税率，境外所得适用低于基本税率的优惠税率征税，以消除国际重复征税的一种方法。从逻辑上看，境外所得适用的税率越低，消除国际重复征税的力度就越大。通常情况下境外所得适用的税率相对于境内所得的适用税率，不会相差悬殊，从而不会完全消除国际重复征税。此外，对境内所得与境外所得区别对待亦有违税收公平，OECD范本与UN范本亦不推荐减税法。

表6-2中，为消除国际重复征税，甲国税法规定，本国居民境内所得的适用税率为25%，但对本国居民来自境外的所得适用低税率15%。在减税法下，A公司当年需向甲国政府缴纳的企业所得税为325万元（1 000×25%+500×15%）。若甲国政府不对本国居民的境外所得征税，A公司对甲国的纳税义务为250万元。若不考虑消除国际重复征税，则A公司应向甲国政府缴纳375万元的企业所得税。两者相比可知，重复

征税的数额为125万元(375-250)。由于减税法下A公司对甲国政府的纳税义务为325万元,意味着只有50万元(375-325)的重复征税得到了消除。减税法消除国际重复征税的力度有限,虽然历史上曾有国家(如比利时)单边采用减税法消除国际重复征税,但从目前实践看,已无国家采用该方法。

表6-2　减税法示例

国别	税前所得/万元	税率	税款/万元
甲国(居民国)	1 000	境内所得:25% 境外所得:15%	325
乙国(非居民国)	500	20%	100

假设:甲国与乙国税法对税前所得的核算口径一致。

三、免税法

免税法(exemption method),是指居民国政府对本国居民取得的全部或某些类型的境外所得在一定条件下不予征税以消除国际重复征税的方法。在免税法下,居民国政府对本国居民的境外所得放弃行使居民管辖权,只由来源国对相关所得行使地域管辖权征税,因此在消除国际重复征税上较为彻底。OECD范本和UN范本都推荐采用免税法以消除国际重复征税。但必须指出的是,为符合收入与费用配比的原则要求,在对境外所得免税的情况下,与产生境外所得相关的成本、费用亦不允许从纳税人的境内所得中进行扣除。免税法是资本输入中性理论的题中之义与内在要求。资本输入中性理论主要站在资本输入国的立场,要求无论境外资本还是境内资本在本国投资都应该享受相同的税收待遇。只有资本输出国对本国居民企业的境外所得不予征税,该企业才可能与资本输入国的当地企业享受平等的税收待遇,与当地企业站在同一起跑线上进行公平的税收竞争。但从资本输出国角度看,在境外税率低于本国税率的情形下,免税法使得本国居民投资于境外的税负低于境内,从而违背了资本输出中性原则。由此可见,资本输入中性与资本输出中性往往不可"兼得"。

免税法可以分为全额免税法(full exemption method)和累进免税法(exemption method with progression)。全额免税法,是指居民国政府对本国居民的境外所得不予征税,且在确定本国居民境内所得的适用税率时不考虑境外所得。累进免税法,是指居民国政府对本国居民的境外所得不予征税,但以境外所得与境内所得的合计数确定本国居民的适用税率,合计数越高适用税率越高,即境外所得数额会影响境内所得的适用税率。表6-3中,假设甲国政府采用全额免税法以消除国际重复征税,即对A公司征税时对其通过分公司B在乙国实现的500万元利润予以免税。A公司当年应向甲国政府缴纳的企业所得税为250万元。由于全额免税法下,B公司在乙国实现的500万元所得只由乙国政府行使地域管辖权征税,因此完全消除了国际重复征税。

表 6-3　全额免税法示例

国别	税前所得 / 万元	税率	税款 / 万元
甲国（居民国）	1 000	境内所得：25%	250
乙国（非居民国）	500	20%	100

假设：甲国与乙国税法对税前所得的核算口径一致。

表 6-4 中，假设甲国规定的企业所得税税率为超额累进税率且采用累进免税法以消除国际重复征税。此种情形下，A 公司全球所得的平均税率为 26.67%［（1 000×25%+500×30%）÷（1 000+500）］，因此累进免税法下 A 公司应向甲国缴纳税款为 266.7 万元（1 000×26.67%）。

表 6-4　累进免税法示例

国别	税前所得 / 万元	超额累进税率	税款 / 万元
甲国（居民国）	1 000	不超过 1 000 万元（含）的部分：25% 超过 1 000 万元的部分：30%	325
乙国（非居民国）	500	20%	100

注：适用累进免税法的纳税人主体为个人的居多。假设：甲国与乙国税法对税前所得的核算口径一致。

很明显，相比于表 6-3 中的全额免税法，累进免税法下的境外所得抬高了境内所得的适用税率，从而居民国所征税款高于全额免税法下的数额。

从征管实践看，累进免税法的应用更为复杂，客观上要求居民国税务机关掌握本国居民境外所得的财务信息。比利时、芬兰、德国和荷兰等国都采用了累进免税法以消除国际重复征税。

免税法虽然在消除国际重复征税上较为彻底，但其实践应用往往会附加多种约束条件。设置这些约束条件的主要目的是防止双重不征税现象的出现。这些限制条件主要包括以下几点。

（1）对于从低税地国家或避税地国家取得的境外所得一般不予免税。从低税地国家取得的所得在来源国缴纳的所得税数额本就很低，居民国政府对本国居民取得的上述境外所得不予免税亦符合国际税收“单次征税”基本原则。如奥地利税法规定，海外子公司在当地的有效税率不低于 15% 是从海外子公司分得的股息、红利享受免税待遇的必要前提。意大利税法规定，参股免税的海外子公司在当地适用的税率不能低于意大利公司所得税税率的 50%。卢森堡税法中参股免税规定的海外子公司在东道国的名义税率不得低于 9%。西班牙、葡萄牙、土耳其等国的参股免税制度中都有类似规定。

（2）给予免税待遇的境外所得类型限于境外分公司利润或从境外从事积极生产经营活动的子公司分回的股息、红利。从境外分回的利息、租金、特许权使用费等往往不能享受免税待遇。通常情形下，两者在来源国承担的税负有较大差异。股息、红利形式的投资所得被分配给位于居民国的母公司时，已在东道国缴纳或负担了当地的企业所得税，分配环节又被东道国征收预提税，总体上在东道国负担的税款较多。与之相反，利息、租金、特许权使用费等投资所得在分配之前已由位于来源国的子公司作为成本或费用项目进行了税前扣除，即使在分配环节来源国可能会依据税收协定征收数额不大的预提所得税，但总体上在来源国承担的税负较轻，若居民国对这些所得予以免税，则很可能导致双重不征税问题的产生。

（3）"参股免税"（participation exemption）中对海外子公司的持股比例或持股期限达到一定标准时，母公司分回的股息、红利才可免于征税。参股免税，是指居民国政府对本国居民从境外持股比例达到一定要求的子公司分回的股息、红利予以免税的税收优惠待遇。在税收协定中，来源国往往只有在非居民持有本国企业的股权比例及持股时间达到要求时才会征收预提所得税。与此相对应，居民国只有在来源国征税的情况下对本国居民取得的股息、红利所得予以免税才会避免双重不征税现象的发生，其内在的逻辑就是居民国的免税规定的适用范围只能局限于从持股比例及持股时间达到要求的境外子公司分回的股息、红利。很多国家，如澳大利亚、日本、俄罗斯等都有参与免税的规定，但这些国家对持股比例的规定有所不同：俄罗斯为50%，日本为25%，奥地利、丹麦、芬兰、比利时、德国、挪威、希腊、卢森堡、瑞典、瑞士、土耳其、英国、美国、新西兰、澳大利亚为10%，2017年实施"参与免税"的美国亦为10%，而法国、西班牙、荷兰则都为5%。

资料 6-1　美国参股免税制度简介[①]

2017年12月20日，美国国会参、众两院经过两次投票，通过了《减税与就业法案》（简称"税改法案"），确立了属地征税原则，标志着美国的国际税收规则和治税理念发生了重大转变，因而引发了各方的普遍关注。

美国参股免税制度的实施背景

"内外失衡"是美国转向属地征税的背景与动因。2017年之前，美国采用的是全球征税制：对美国企业的境内、境外所得一律适用最高35%的企业所得税税率，但可就其已在境外缴纳的税额进行抵免。由于美国企业所得税名义税率在全球处于较高水平，加上美国出台了对海外利润"不汇回就不征税"的延迟纳税规定，因此许多跨国企业都采用"税收倒置"的方法，来规避美国高昂的企业所得税。

美国公共利益研究组织（PIRG）发布的研究报告显示，2015年，美国前500强中有362家企业在避税地建立了共10 366家子公司。截至2015年，这362家企业在海外留存的利润合计高达2.6万亿美元。这种税收扭曲现象导致了美国

① 李万甫、梁若莲：《美国属地征税新政评析》，《财政科学》，2018年第4期。

对外投资过度而低效；同时，国内投资不足，税基遭到侵蚀。实行属地征税，并配合采取大幅降低企业所得税税率和鼓励海外利润汇回等措施，就是为了有效解决这一“内外失衡”的问题。

美国实行属地征税实为“步人后尘”。OECD范本和UN范本推荐的消除国际重复征税的方法包括抵免法和免税法。在全球经济一体化的背景下，随着跨国公司的发展，以及国际竞争的加剧，各国政府往往要鼓励本国企业到海外投资，实行免税法显然更有助于提高一国企业海外投资的税收竞争力。历史上，一些欧洲大陆国家比较早地实行了免税法，如荷兰（1914年）、芬兰（1920年）、瑞士（1940年）、比利时（1962年）、奥地利（1972年）。英、美、澳等国家则长期坚持全球所得课税原则，并采用抵免法解决双重征税问题。如此一来，在国际竞争面前，欧洲大陆国家的跨国公司就处于比较有利的税收地位。有研究表明，跨国公司总部设在抵免法的国家比设在免税法的国家更容易迁移；当子公司所在国税率比总部所在国税率低时，这一趋势更加明显。外国子公司的有效税率每降低1个百分点，总部迁移的可能性就增加0.22个百分点[①]。

为扭转这一局面，原本实行抵免法的一些国家纷纷转而实行免税法。目前，在34个OECD成员国中，国内法和税收协定中都采用抵免法的国家只有美国、智利、墨西哥、韩国、以色列和爱尔兰6国。其中，美国朝野要求实行免税法的呼声一直不断，2005年和2014年都分别提出过相关动议，但未能成功实施。可见，美国由全球征税制转向属地征税制，并非一时兴起，而是酝酿已久。而且，美国也绝非属地征税潮流的“引领者”，只是迫于现实压力而不得不转型的“追随者”。

美国参股免税制度的主要内容

税改法案规定，对美国母公司在2017年12月31日以后从持股比例在10%以上、持股时间超过1年的海外子公司取得的股息予以免税。这一免税待遇仅适用于美国股份有限公司，不适用于个人、小企业和不动产信托。相比于税改前“属人＋属地”的全球征税制，**参股免税制度**是一个显著的变化。

美国2017年引入的参股免税制度是美国税收制度的重要变革。其经济动因是吸引海外资本回流美国，促进美国的产业发展，增强美国经济竞争力。美国的参股免税制度改革也对我国“走出去”企业税制的完善提供了相应借鉴，如何在国际风云变幻的国际政治、经济情势中提升我国税制竞争力和经济竞争力值得研究和关注。

① 朱青：《鼓励企业“走出去”与改革我国避免双重征税方法》，《国际税收》，2015年第4期。

第二节 抵免法原理及应用

一、抵免法

抵免法(credit method),是指居民国政府对本国居民的境外所得所缴纳或负担的外国税款,允许从其全球应纳税额中按照一定的条件进行抵免,以消除国际重复征税的一种方法。抵免法也是OECD范本和UN范本推荐的消除国际重复征税的方法之一。从世界范围看,除避税地国家(地区)外,一国对境外所得的征税制度主要包括属地征税(territorial taxation)和全球征税(global taxation)两种类型。免税法反映了属地税制的内涵,抵免法则是属人税制下消除国际重复征税的最有效方法。从消除国际重复征税的效果看,抵免法与免税法具有内在的关联。在境外国家税率高于居民国税率时,免税法与抵免法在消除国际重复征税上的效果一致。若境外国家税率低于居民国税率,由于抵免法下居民国政府还可针对本国居民境外所得依据境内外税率差进行税款的补征,居民纳税人向居民国政府缴纳的税款相对于免税法更多。也就是说,在后一种情况下,虽然抵免法与免税法都可消除国际重复征税,但相对于免税法,抵免法下居民国所征的税款更多,跨国纳税人的税负更重。世界上最早采用抵免法消除国际重复征税的国家是美国。1918年美国国会通过立法首次在国际上建立了外国税收抵免制度[①]。2017年虽然美国引入了参股免税制度,但其适用范围有限,抵免法仍有其特定的适用情景。目前包括中国在内的多国都采用抵免法以消除国际重复征税。

从理论上考察,抵免法符合资本输出中性的内涵要求。居民国纳税人到境外低税地国家投资时,在抵免法下,该居民从境外低税地国家取得的所得还需依照居民国与投资所在国的税率差向居民国补缴税款,也就是说,其在境外低税地国家的投资所得承担的税负与境内投资所得一致,这一税收后果正是资本输出中性理论的题中之义。但实践中抵免法的经济后果表现可能更为复杂。居民国采用抵免法消除国际重复征税时,可能会激发来源国将该国居民境外所得所承担的税负提高到居民国税法所规定的水平,即出现吸收税(soap-up taxes)效应[②]。由于吸收税效应下,纳税人的全球纳税义务并没有变化,但其应纳税款却发生了由居民国向来源国转移的国别间流动。即使来源国征收了吸收税,也不会抑制税率较高国家的居民向来源国投资。从逻辑上讲,免税法不会导致吸收税的产生。从这一视角看,免税法更有利于居民国税制竞争力的提升和境外资本向本国的回流。

---

① 易奉菊:《国际税收:理论、实务与案例》,立信会计出版社2022年版。

② [美]布莱恩·J.阿诺德著,《国际税收基础》翻译组译:《国际税收基础》,中国税务出版社2020年版。

二、全额抵免和限额抵免

全额抵免(full credit),是指居民国政府对本国居民境外所得已缴纳或负担的外国税款允许从其全球纳税义务中全额扣除。限额抵免(ordinary credit),则是指居民国政府对本国居民境外所得已缴纳或负担的外国税款允许依据一定的条件从其全球应纳税额中进行部分或全部扣除,限额抵免法也称一般抵免法。表 6–5 中,B 公司在乙国实缴税款为 150 万元,在全额抵免法下,该笔税款允许从 A 公司的全球纳税义务中全额扣除,因此 A 公司应向甲国政府缴纳的所得税为 225 万元[(1 000+500)×25%–150]。若采用全额免税法,居民国可征税款为 250 万元,也就是说,即使只对 A 公司的境内所得征税,甲国政府也可征得 250 万元的税款,但在全额抵免法下 A 公司的纳税义务却只有 225 万元。显然,在境外税率高于居民国税率的情况下,全额抵免法不合理地侵蚀了居民国税基。

表 6–5　全额抵免法示例

国别	税前所得 / 万元	税率	税款 / 万元
甲国(居民国)	1 000	25%	225
乙国(非居民国)	500	30%	150

假设:甲国与乙国税法对税前所得的核算口径一致。

表 6–6 为限额抵免法示例。该方法应用的关键是要对境外所得先行确定一个抵免限额,再将抵免限额与境外所得已缴的外国税款进行比较,选其中较小者作为实际可以抵免的税额。抵免限额的政策含义是居民纳税人的境外所得按照居民国税法规定应在居民国缴纳的税额。抵免限额即抵免的最高限额,为境外税款从居民纳税人全球纳税义务中扣除设定了上限,防止对居民国税收主权形成不合理的侵害。

表 6–6　限额抵免法示例

国别	税前所得 / 万元	税率	税款 / 万元
甲国(居民国)	1 000	25%	250
乙国(非居民国)	500	30%	150

假设:甲国与乙国税法对税前所得的核算口径一致。

表 6–6 中,抵免限额为 125 万元(500×25%),由于 B 公司在乙国的实缴税款 150 万元已超过抵免限额,因此在甲国实际可以抵免的税额只有 125 万元。A 公司在限额抵免法下应向甲国缴纳的税款为 250 万元[(1 000+500)×25%–125]。考虑到全额抵免法会侵害自身税收主权,美国于 1921 年在抵免法中引入了抵免限额,将全额抵免法改为了限额抵免法。目前世界上已很少有国家采用全额抵免法,我国税法中对“走出去”企业境外所得已纳税款的抵免采用的也是限额抵免法。

抵免限额应基于居民国税法中对抵免法的具体规定依据不同维度来确定。比较常见的维度包括国别、所得类型等。如美国的抵免法就对境外所得区分了积极所得和消极所得。分国别确定的抵免限额为分国抵免限额，不分国别确定的抵免限额则为综合抵免限额。抵免限额的计算公式如下：

$$\text{分国抵免限额}=\begin{matrix}\text{按居民国税法确定的}\\\text{全球所得应纳税总额}\end{matrix}\times\frac{\text{来源于境外某国的所得额}}{\text{按居民国税法确定的全球所得}}$$

$$\text{综合抵免限额}=\begin{matrix}\text{按居民国税法确定的}\\\text{全球所得应纳税总额}\end{matrix}\times\frac{\text{来源于境外的全部所得额}}{\text{按居民国税法确定的全球所得}}$$

在居住国税率为比例税率的情况下，上述公式可以简化为：

$$\text{分国抵免限额}=\text{来源于境外某国的所得额}\times\text{居民国税率}$$

$$\text{综合抵免限额}=\text{来源于境外的全部所得额}\times\text{居民国税率}$$

区分不同所得类型的抵免限额（如分项抵免限额和不分项抵免限额）的计算也可参照上述公式。在理解和确定抵免限额的基础上，可将抵免法应用的具体步骤总结如图 6-1 所示。

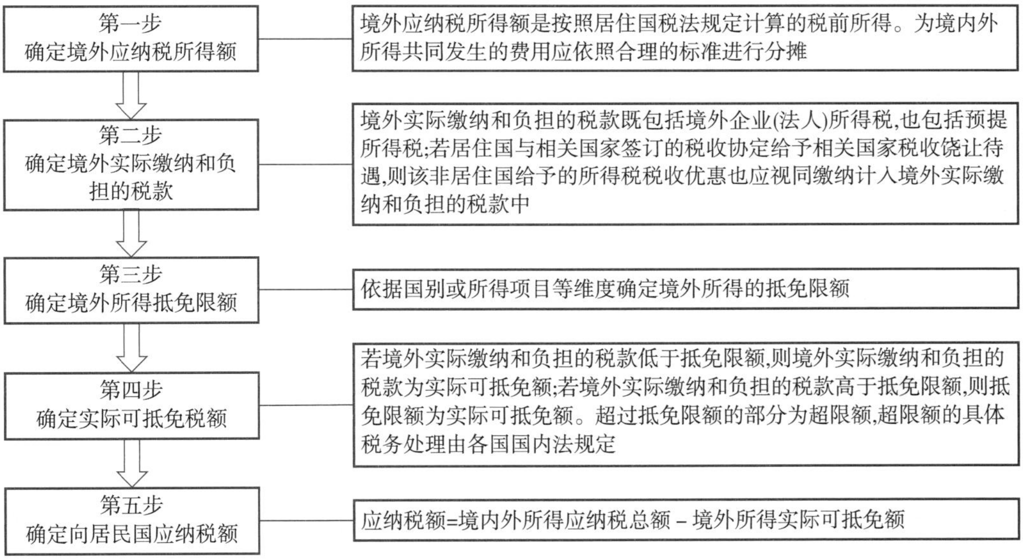

图 6-1　抵免法的应用步骤

三、分国抵免和综合抵免

分国抵免（per-country credit），是指居民国政府对本国居民从境外多国取得的所得，区分国别分别计算抵免限额，并在此基础上计算居民纳税人向所属居民国的应纳税额。综合抵免（overall credit）则是指居民国政府对本国居民从境外多国取得的所得，不区分国别，综合计算境外所得抵免限额，并据此确定居民纳税人向所属居民国的应纳税额。税收主权是国家主权的重要体现,基于各国国情不同,由此决定了各国税法制度设计亦是千差万别。若相对于居民国税率,境外各国税率有高有低时,分国抵免与综合抵免的计算结果会有明显差异,对居民纳税人亦具有不同的政策引导。

表 6-7 中,A 公司(甲国居民公司)在乙国和丙国分别设有分支机构 B 公司和 C 公司。在分国抵免下,需要就乙国和丙国分别确定抵免限额。依据上文公式,来自乙国和丙国所得的抵免限额分别为 125 万元(500 × 25%)和 75 万元(300 × 25%),在两国实际缴纳的税款分别为 150 万元和 60 万元,配对比较后确定的可以抵免的税额分别为 125 万元和 60 万元。据此,A 公司应向甲国政府缴纳的所得税为 265 万元[(1 000+500+300)× 25%-125-60]。在综合抵免下,境外所得的抵免限额为 200 万元[(500+300)× 25%],境外所得在乙国和丙国实际缴纳的税款合计为 210 万元,因此可抵免税额为 200 万元。据此,A 公司应向甲国政府缴纳的所得税为 250 万元[(1 000+500+300)× 25%-200]。比较分国抵免和综合抵免可以发现,综合抵免下 A 公司向甲国政府缴纳的税款更少。究其原因在于综合抵免下,乙国发生的一部分超限额在丙国不足限额的余额中得到了抵补,从而增加了 15 万元(75-60)的可抵免额。综上所述,当居民纳税人从境外多国取得所得,且相对于居民国税率,境外国家税率有高有低时,综合抵免法下纳税人的税负更轻。

表 6-7　分国(综合)抵免法示例

国别	税前所得 / 万元	税率	税款 / 万元
甲国(居民国)	1 000	25%	265(250)
乙国(非居民国)	500	30%	150
丙国(非居民国)	300	20%	60

假设:甲国与乙国、丙国税法对税前所得的核算口径一致。

四、直接抵免和间接抵免

直接抵免(direct credit),是指居民国政府对本国居民纳税人直接缴纳的境外所得税从其全球所得应纳税款中进行抵免。**直接抵免的适用对象为同一法律实体或同一跨国纳税人**。主要适用于同一跨国自然人、同一跨国法人的总分支机构(总分支机构属于同一个法人)。当居民国母公司从境外子公司分回股息时,虽然子公司要就所分配的股息代扣代缴预提所得税,但该笔预提所得税的真正纳税人为获取股息的居民国母公司,因此母公司就所缴纳的预提所得税在居民国进行的税收抵免也属于直接抵免。表 6-8 中,A 公司通过分支机构 B 公司从乙国取得 500 万元所得,在乙国缴纳的税款为 100 万元。由于 B 公司只是 A 公司设在境外的一个分支机构,A 公司与 B 公司同属于一个法律实体,因此只能适用直接抵免法。由于抵免限额为 125 万元(500 × 25%),与在乙国缴纳的税款相比之后确定可以直接抵免的税额为 100 万元。据此,A 公司应向甲国政府缴纳的所得税为 275 万元[(1 000+500)× 25%-100]。

表 6-8　直接抵免法示例

国别	税前所得 / 万元	税率	税款 / 万元
甲国（居民国）	1 000	25%	275
乙国（非居民国）	500	20%	100

假设：甲国与乙国税法对税前所得的核算口径一致。

间接抵免（indirect credit），是指居民国政府对本国居民纳税人间接负担的境外所得税从其全球所得应纳税款中进行抵免。**间接抵免的适用对象为两个或两个以上的法律实体。**当居民国母公司从境外子公司分回股息时，该股息已经负担子公司在当地已缴纳的企业所得税。居民国就母公司分得的股息征税时允许抵免该股息所负担的由子公司缴纳的境外所得税，则该抵免就属于间接抵免，即"用别人缴的税来抵自己应缴的税"。并不是所有从境外子公司分回股息所得的情形都可进行间接抵免。从各国税法规定看，间接抵免一般要求母公司对境外子公司的持股比例达到相应要求。美国 1976 年的税收改革法案将间接抵免下的本级公司对下一级境外子公司的持股比例规定为至少 10%，且美国母公司对所有层级境外子公司的间接持股比例不得低于 5%。目前我国税法规定的间接抵免下境内母公司对境外子公司的最低持股比例为 20%。

表 6-9 中，A 公司当年在甲国从事经营活动取得 1 000 万元境内所得，此外，还从位于乙国的子公司分回股息 200 万元。此例中，A 公司从 B 公司分回的股息已负担乙国的所得税，但所负担的乙国所得税是由 B 公司缴纳的，A 公司和 B 公司分属于不同的法律实体，因此适用的抵免法应为间接抵免。分回的股息还原为税前所得是 250 万元［200 ÷（1−20%）］，负担的乙国税款为 50 万元（250 × 20%），抵免限额则是 62.5 万元（250 × 25%），两者相比确定可以间接抵免的税额为 50 万元。据此，A 公司应向甲国政府缴纳的所得税是 262.5 万元［（1 000+250）× 25%−50］。

若考虑 A 公司从 B 公司分回股息时在乙国缴纳的预提所得税（假设乙国对非居民从本国取得的股息征收 10% 的预提所得税），则 A 公司收到的净股息为 180 万元［200 ×（1−10%）］。此种情景下需还原两次才能算出净股息对应的税前所得为 250 万元［180 ÷（1−10%）÷（1−20%）］，收到的净股息直接缴纳和间接负担的税款总计为 70 万元（50+20），而抵免限额仍为 62.5 万元，因此实际可抵免的税额为 62.5 万元。据此，在本例中，考虑股息预提所得税的情形下，A 公司向甲国政府缴纳的所得税是 250 万元［（1 000+250）× 25%−62.5］。

表 6-9　间接抵免法示例

国别	税前所得 / 万元	税率	税款 / 万元
甲国（居民国）	境内所得 1 000； 从B公司分回股息200	25%	262.5（250）*
乙国（非居民国）	—	20%	—

假设：甲国与乙国税法对税前所得的核算口径一致。

注："*" 表示括号中的数字为考虑预提所得税抵免情况下 A 公司向甲国政府缴纳的所得税数额。

需要说明的是，在实践中，跨国公司在世界各国投资所搭建的股权架构往往非常复杂，由此导致消除国际重复征税必须实施多层间接抵免。目前美国间接抵免中允许层级最多为 6 层，而我国税法规定的最多层级为 5 层。

下面以三层间接抵免为例介绍多层间接抵免的具体应用，多于三层的间接抵免则可借鉴三层间接抵免的基本原理。从控股关系看，三层间接抵免中涉及三个层次的跨国纳税人：母公司、子公司和孙公司。从股息分配顺序看，孙公司向子公司分配股息，再由子公司向母公司分配股息。母公司层面考虑抵免境外税款时需要注意，子公司向母公司分配的股息已包含部分或全部孙公司向子公司所分配的股息。确定相应层次公司承担的境外税款的公式如下：

$$\text{子公司承担的孙公司所得税} = \text{孙公司所得税总额} \times \frac{\text{子公司分得的股息}}{\text{孙公司税后所得总额}}$$

$$\text{母公司承担的子公司和孙公司所得税} = \left(\text{子公司所得税} + \text{子公司承担的孙公司所得税}\right) \times \frac{\text{母公司从子公司分得的股息}}{\text{子公司税后所得总额}}$$

表 6-10 多层间接抵免法示例

国别	税前所得 / 万元	税率	税款 / 万元
甲国（居民国）	1 000	25%	290
乙国（非居民国）	500	20%	130
丙国（非居民国）	300	10%	30

假设：（1）甲国、乙国、丙国税法对税前所得的核算口径一致。

（2）B 公司和 C 公司分别为 A 公司的全资子公司和全资孙公司。

（3）下一级公司的税后利润全部向上一级公司进行分配。

（4）不考虑预提所得税影响。

表 6-10 中，B 公司与 C 公司分别为 A 公司设在乙国的子公司和丙国的孙公司。在三层间接抵免中，间接抵免法需运用两次才能计算出最终控股母公司向居民国缴纳的税额。第一，计算确定 B 公司向乙国政府缴纳的税额。B 公司从 C 公司分得股息所负担的丙国所得税为 30 万元（300×10%），抵免限额是 60 万元（300×20%），因此 B 公司从 C 公司分得股息可间接抵免的税额为 30 万元。据此，B 公司应向乙国政府缴纳的所得税为 130 万元［（500+300）×20%−30］。第二，计算确定 A 公司向甲国政府缴纳的税额。此例中，A 公司从 B 公司分回的股息同时负担了乙国和丙国的税款，依据上列公式可得 A 公司分得股息负担的两国税款为 160 万元$\left[(130+30)\times\frac{(500-130+270)}{(500+300)\times(1-20\%)}\right]$，A 公司分得股息的抵免限额为 200 万元［（500−130+270+160）×25%］，两者比较后确定可以抵免的税额为 160 万元。据此，A 公司当年应向甲国政府缴纳的所得税为 290 万元［（1 000+500−130+270+160）×25%−160］。

五、超限额结转

超限额结转（carryforward of excess limitation），是指居民国政府对本国居民境外所得所缴纳的境外国家税款超过抵免限额的部分，允许从发生当期之前年份或之后年份进行结转，以实现跨国纳税人税负年度间的平衡。这里需要明确或回答的一个问题是：超限额是否意味着国际重复征税没有得到消除？一些学者认为抵免中若出现超限额就意味着国际重复征税没有被彻底消除，因而必须对出现的超限额进行结转。这一认识有失不妥之处。居民国政府采用抵免法消除国际重复征税若出现超限额，需对产生超限额的根源进行剖析。境外国家税率超过居民国税率是超限额产生的根本原因，这种国家间的税率差导致纳税人跨国投资取得境外所得承担的税负高于其在所属居民国境内所得承担的税负。运用限额抵免法形成的此种税负分布格局只是体现了纳税人的境内外所得承担的税负不一致的事实，但并不意味着对该纳税人的国际重复征税没有消除。

以表6-6为例，由于乙国税率高于甲国税率，因此A公司位于乙国的分支机构B公司所缴纳的乙国税款超过了抵免限额，从而产生了相应的超限额25万元[500×（30%-25%）]。在此例中，可以完全消除对A公司国际重复征税的税务后果是，甲国采用免税法只对A公司的境内所得征税，所征税款为250万元（1 000×25%）。在甲国采取限额抵免法情况下，虽然出现了超限额25万元，但甲国对A公司所征的税款仍为250万元，与免税法下的征税效果一致，表明了超限额的产生与消除国际重复完全可以兼容。超限额的出现并不意味着国际重复征税没有得到消除。但必须指出，当境外国家税率高于居民国税率时，超限额的产生表明了居民纳税人境外投资所承担的税负高于境内投资，明显违背了资本输出中性原则。对于税制设计中推崇资本输出中性原则的国家来讲，需对超限额进行相应的结转。可以说，资本输出中性原则为超限额结转提供了相应的理论基础。美国1958年技术性修正案通过后，允许对美国居民境外所得已缴的超限额部分以前转5年（向发生当期以前年度结转）和后转2年（向发生当期以后年度结转）的方式进行结转。日本等国税法也有类似的规定。我国目前的税法只允许对超限额进行后转，即我国居民境外所得已缴的超限额外国税款可以向发生当期以后年度结转5年。需要说明的是，超限额结转是在结转年度存在结转空间（即境外实缴税款小于抵免限额）的情形下才会发生，除非在结转年度东道国的所得税税率或实际税负出现明显下降，否则超限额结转的现实可能性较小。

六、税收饶让

税收饶让（tax sparing），是居民国政府对本国居民境外所得因享受东道国税收减免待遇而少缴纳的税款视同为已缴税款而进行抵免的一种税收优惠措施。显然，税收饶让是抵免法在特定情景下的一种应用，不能将其视为一种独立的消除国际重复征税的方法，但可以认为是居民国与非居民国相互协作给予跨国纳税人的一种特定税收优惠。从居民国角度看，是否承认东道国给予跨国纳税人的税收优惠并给予对方税收饶让待遇往往具有较强的针对性，需要双方国家协商确定税收饶让的优惠范围及实施方式，因此，税收饶让待遇一般没有体现在各国国内法中，而是在双边税收协定中予以反映。虽然目前的 OECD 范本和 UN 范本中没有税收饶让条款，但实践中很多双边税收协定中都加入了税收饶让的规则设计。

税收饶让的具体实施方式主要有两种：差额税收饶让和定率税收饶让。差额税收饶让，是指居民国政府对本国居民纳税人的境外所得在非居民国实际缴纳的税额与没有享受税收减免待遇时的应缴税额之间的差额，视同已缴税款准予抵免。差额税收饶让也称普通税收饶让，主要适用于对积极营业所得课征的一般意义的企业所得税抵免。定率税收饶让，是指居民国政府对本国居民的境外所得在非居民国实际缴纳的税额与按税收协定中规定的固定税率计算的应缴税额之间的差额，视同已缴税款准予抵免。定率税收饶让主要适用于来源国对非居民投资所得课征的预提所得税抵免。

表 6-11 中，乙国税法所规定的企业所得税税率为 20%。为吸引外资，该国对外国投资者实施 10% 的优惠税率。假设甲国与乙国缔结的税收协定约定：甲国给予乙国税收饶让待遇，即 B 公司由于享受乙国税收优惠而减免的税款 50 万元［500×（20%-10%）］被视为已缴税款进行税务处理。此例中，A 公司境外所得的抵免限额为 125 万元（500×25%），在乙国的实缴税款与视同缴纳税款合计为 100 万元（500×20%），因此可以抵免的税额可以确认为 100 万元。据此，差额税收饶让下 A 公司境外所得只需向甲国政府补缴 25 万元［500×（25%-20%）］的税款。若甲国与乙国缔结的税收协定中并没有约定税收饶让条款，则甲国政府只能按照 B 公司在乙国享受减免优惠后的实缴税款进行抵免，即没有差额税收饶让下 A 公司境外所得需向甲国政府补缴 75 万元［500×（25%-10%）］的税款。相对于有税收饶让情形，没有税收饶让情形下 A 公司多缴了 50 万元（75-25）的税款，该多缴的税款正好为 B 公司在乙国享受税收优惠得到减免的税额 50 万元［500×（20%-10%）］。也就是说，在抵免法下，若双边税收协定中甲国政府没有给予乙国政府税收饶让待遇，乙国因对 B 公司实施优惠而放弃的税款转化成了甲国的税收收入，但并不会使跨国纳税人实际受益。税收饶让待遇若要达到激励投资者的目的，需要居民国和非居民国的相互配合，才会达到预期的激励效果。

表 6-11 差额税收饶让示例

国别	税前营业所得 / 万元	税率	税款 / 万元
甲国（居民国）	—	25%	25
乙国（非居民国）	500	20%（优惠税率 10%）	50

假设：（1）甲国与乙国税法对税前所得的核算口径一致。

（2）甲国与乙国的双边税收协定中约定了甲国给予乙国税收饶让待遇。

表 6-12 为定率税收饶让示例。定率税收饶让的分析思路与差额税收饶让类似，不同之处是居民国政府按照税收协定中所约定的固定比率进行抵免，而不是东道国税法中所规定的名义税率。此例中，乙国的名义税率虽然为 20%，但双边税收协定中规

定，乙国对非居民从本国取得的特许权使用费只能按照10%的税率征收预提所得税。该协定同时规定，甲国对本国居民从乙国取得的特许权使用费按照20%的固定比率进行抵免。在定率税收饶让方式中，甲国政府可补征的税款为25万元[500×(25%-20%)]。若协定中无对特许权使用费的定率税收饶让条款，则甲国政府补征税款为75万元[500×(25%-10%)]。两种情形相比可以发现，无定率税收饶让下乙国所给予纳税人的减免税款为50万元[500×(20%-10%)]亦转化成了甲国的税收收入。甲国政府依据其国内法中的名义税率与协定中所规定的固定比率之差所补征的税款25万元[500×(25%-20%)]也构成了补征税款总额的一部分。

表6-12 定率税收饶让示例

国别	特许权使用费所得/万元	税率	税款/万元
甲国(居民国)	500	25%	50
乙国(非居民国)	—	20%(协定优惠税率10%)	50

假设:(1)甲国与乙国税法对税前所得的核算口径一致。

(2)甲国与乙国的双边税收协定中约定:甲国对本国居民从乙国取得的特许权使用费所得按照20%的固定比率进行抵免。

作为资本净输入国，很多发展中国家长期以来通过制定税收优惠政策，对外商在本国的投资所得进行税收减免，以促进本国的经济增长。资本净输出国中则以发达国家居多。因此，税收饶让主要存在于发达国家和发展中国家的税收协定。一些发展中国家传统上将税收饶让作为对外缔结双边税收协定的原则之一。

作为资本净输出国的发达国家，在与发展中国家缔结税收协定时是否给予对方税收饶让待遇，各国做法具有明显差异。有些发达国家为鼓励本国企业拓展境外市场，无论对方是否给予本国居民税收饶让待遇，在与发展中国家缔结税收协定时自愿给予对方税收饶让待遇，但有些发达国家则持相反立场。美国传统上与其他国家缔结税收协定时坚决反对给予对方税收饶让待遇，因此美国与发展中国家缔结的税收协定数量并不多。美国之所以反对税收饶让，理由是其违反了资本输出中性原则。若给予对方税收饶让，则美国居民到境外投资与在境内投资的税收待遇会有明显差异，明显与资本输出中性原则不符。对在境外没有实际缴纳的税款进行税收抵免，会鼓励发展中国家通过税收优惠制度进行“以邻为壑”式的税收竞争。此外，税收饶让还可能为跨国纳税人滥用税收协定避税创造条件，鼓励第三国居民通过在给予税收饶让的国家设立导管公司从目的地国家获取低税所得并降低其全球税负。税收饶让日渐式微的另一个重要原因是，随着参股免税制度的流行，从居民国角度看，是否给予东道国税收饶让待遇已无太大的实践意义。OECD于1998年发表了《税收饶让：再思考》报告。该报告认为实施税收饶让并不具有令人信服的合理性。近年来，许多发展中国家关于税收饶让的强硬态度有所软化，一些发达国家与发展中国家缔结或修订税收协定时不再给予税收饶让待遇，或者对税收饶让施加了更加严格的约束。

资料 6-2　**中美税收协定谈判：税收饶让，绕不开的结**[①]

中美税收协定谈判始于1982年，其中饶让抵免条款是反复讨论的内容。税收饶让是第二次世界大战后发展中国家吸引外资需求与发达国家对外输出资本意愿结合的产物。在协定中纳入饶让的规定，在当时的经济背景下对渴望吸引外资的发展中国家和亟待输出资本的发达国家而言是双赢的结果。

在协定谈判中，我方提出纳入饶让抵免条款，美方表示理解，但解释该条款在其国内争议较大。美国曾是世界上很早就同其他国家在协定中纳入饶让条款的国家之一。1957年，美国同巴基斯坦缔结的双边税收协定包含了饶让抵免条款，但在呈送国会批准时引起轩然大波，美参议院极力反对，最终美巴（巴基斯坦）税收协定遭到否决，这导致之后美国同任何国家缔结税收协定时都未纳入饶让抵免条款。印度尼西亚、斯里兰卡、泰国等国坚持在与美国的税收协定中纳入饶让抵免，但由于美方无法接受，这些国家便中断了同美国的税收协定会谈。

美方坚决反对加入税收饶让条款主要是出于以下考虑：第一，资本输出中性是当时美国国际税收政策的主导原则，饶让抵免条款显然有悖于这一原则，将导致海外投资的税收负担低于国内投资，其带来的资本外流可能造成本国产业空心化和就业机会的减少；第二，美国实行综合抵免制，纳税人在一些国家因为税收优惠而降低的税负可以部分或全部冲抵在其他国家的较高税负，一定程度上起到了与饶让抵免类似的效果；第三，美国认为税收协定的主要作用是避免双重征税，饶让抵免导致所得来源国和企业居民国对相关所得不征税或少征税，超出了税收协定的作用范围；第四，饶让抵免可能造成美国税收收入的减少。

在中方多次提出纳入饶让抵免条款的情况下，美方虽表示其国会在税收饶让抵免问题上的坚决态度短期内应不会改变，但最终同意在税收协定的换文中纳入了如未来其修改有关饶让抵免立场，则协定也应相应修改的内容。具体表述为："双方同意，协定第22条暂不规定税收饶让抵免。但是，如果美国今后修改有关税收饶让抵免规定的法律，或者美国同任何其他国家对税收饶让抵免的规定达成协议，本协定即应修改列入税收饶让抵免的规定。"

---

① 中国国际税收研究会：《与改革开放同行：中国国际税收40年》，中国税务出版社2018年版。

第三节　消除国际重复征税的中国实践

一、消除国际重复征税的中国实践：企业所得税视角

目前我国税法主要采用了抵免法以消除企业境外所得的国际重复征税。抵免法中的税收饶让待遇则主要体现在我国与相关国家缔结的双边税收协定中。2008 年两税合并之后，为进一步完善境外所得税收抵免制度，《财政部 国家税务总局关于企业境外所得税收抵免有关问题的通知》（财税〔2009〕125 号，以下简称 125 号文）发布，该文件奠定了我国消除对企业境外所得重复征税的制度基础。2010 年国家税务总局发布的《企业境外所得税收抵免操作指南》为企业申报境外所得税收抵免提供了具体的操作指引。为响应国家行政审批制度改革，有效释放审批改革红利，《国家税务总局关于公布已取消的 22 项税务非行政许可审批事项的公告》发布，该文规定企业就境外所得适用简易抵免和转让抵免时不再需要经企业申请、主管税务机关核准的管理程序。为进一步鼓励我国企业参与国际市场竞争，《财政部 税务总局关于完善企业境外所得税收抵免政策问题的通知》（财税〔2017〕84 号，以下简称 84 号文）对 2009 年的 125 号文进行了重要调整①，为境内企业"走出去"创造了更为宽松的税务环境。

《财政部 国家税务总局关于企业境外所得税收抵免有关问题的通知》

《财政部 税务总局关于完善企业境外所得税收抵免政策问题的通知》

（一）抵免主体

依据现行《中华人民共和国企业所得税法》的规定，可以适用境外所得税收抵免的纳税人包括两类：

（1）居民企业。其包括依据境外法律设立在境外，但实际管理机构被判定在我国境内的企业。居民企业可以就其取得的境外所得直接缴纳和间接负担的境外企业所得税性质的税额进行抵免。

（2）在我国境内设立机构（场所）的非居民企业。非居民企业（外国企业）在中国境内设立的机构（场所）可以就其取得的发生在境外，但与其有实际联系的所得直接缴纳的境外企业所得税性质的税额进行抵免。**但需注意，对此类在我国境内设立机构（场所）的非居民企业的境外税收抵免仅涉及直接抵免，不涉及间接抵免。**

（二）可抵免境外所得税额和抵免限额

1. 可抵免境外所得税额

允许抵免税额取决于可抵免境外所得税额和抵免限额的相对大小。可抵免境外所得税额主要是指企业来源于中国境外的所得依照境外税收法律，以及相关规定计算而

① 虽然 84 号文等规范性文件对 125 号文进行了修订和完善，但 125 号文作为境外所得税收抵免基础制度的地位并没有动摇，除个别条款外，该文仍然整体有效。

实际缴纳的税额，但不得超过境外所得按照我国税法规定计算出来的抵免限额。境外国家税法对所得税的名称有不同的表述，如法人所得税、公司所得税等。从范围看，可抵免境外所得税额应为在境外实际缴纳的所得税性质的款项，不拘泥于名称，只要缴纳的属于所得税性质的税额，都可归属于境外所得税额。判定是否属于企业所得税性质的税额，主要看其是否针对企业净所得征收的税额。需要注意的是，税收抵免旨在解决重复征税问题，除协定中的税收饶让或其他特殊规定外，可抵免境外所得税额仅限于企业应当缴纳且已实际缴纳的税额。

125号文特别列示了不可视为可抵免境外所得税额的款项支付：

（1）按照境外所得税法律及相关规定属于错缴或错征的境外所得税税款；

（2）按照税收协定规定不应征收的境外所得税税款；

（3）因少缴或迟缴境外所得税而追加的利息、滞纳金或罚款；

（4）境外所得税纳税人或者其利害关系人从境外征税主体得到实际返还或补偿的境外所得税税款；

（5）按照《中华人民共和国企业所得税法》及其实施条例规定，已经免征我国企业所得税的境外所得负担的境外所得税税款；

（6）按照国务院财政、税务主管部门有关规定已经从企业境外应纳税所得额中扣除的境外所得税税款。

从上述规定可以看出，若出于企业自身原因而多缴的境外税款，或享受境外国家优惠而得到补偿的境外税款不得抵免，即不应由国家为企业的失责或境外国家的税收优惠买单。此外，若境外所得已享受免税待遇或境外所得已扣除境外所得税款，意味着国际重复征税已得到全部或部分消除，不得再次抵免境外税款也在情理之中。

《国家税务总局关于哈萨克斯坦超额利润税税收抵免有关问题的公告》

资料6-3 **《国家税务总局关于哈萨克斯坦超额利润税税收抵免有关问题的公告》**

部分“走出去”企业反映，哈萨克斯坦针对签订地下矿藏使用合同的企业的所得，除征收企业所得税外，还征收超额利润税。由于超额利润税未直接命名为所得税，是否可以作为企业所得税性质税款抵免，目前没有明确的政策规定。

125号文第4条规定：**可抵免境外所得税税额，是指企业来源于中国境外的所得依照中国境外税收法律以及相关规定应当缴纳并已实际缴纳的企业所得税性质的税款。**据哈萨克斯坦财政部提供的官方材料，哈萨克斯坦超额利润税是针对签订地下矿藏使用合同的企业的所得征收的税种。《国家税务总局关于发布〈企业境外所得税收抵免操作指南〉的公告》第15项规定：**“判定是否属于企业所得税性质的税额，主要看其是否是针对企业净所得征收的税额”**。

为贯彻落实党的十九大精神，鼓励企业“走出去”，减轻企业税负，提高企业国际竞争力，进一步完善税收政策，根据《中华人民共和国企业所得税法》及其实施条例、125号文、《国家税务总局关于发布〈企业境外所得税收抵免操作指南〉的公告》和84号文的有关规定，《国家税务总局关于哈萨克斯坦超额利润税税收抵免有关问题的公告》发布。该公告规定："企业在哈萨克斯坦缴纳的超额利润税，属于企业在境外缴纳的企业所得税性质的税款，依据企业所得税法及其实施条例、财税〔2009〕125号文件、国家税务总局公告2010年第1号和财税〔2017〕84号文件等有关规定，应纳入可抵免境外所得税税额范围，计算境外税收抵免。"

2. 抵免限额

125号文所规定的抵免方式还只限于分国抵免，因此抵免限额的确定应依照国别分别确定，但分国抵免方式具有较为突出的弊端。实践中发现，分国抵免计算复杂，操作难度高，且对涉及境外多国投资的纳税人很可能造成抵免不足的情况，提高纳税人的财务成本和遵从成本。2011年财政部、国家税务总局联合颁布《关于我国石油企业在境外从事油（气）资源开采所得税收抵免有关问题的通知》（财税〔2011〕23号，以下简称23号文），允许石油企业选择综合抵免法汇总计算来源于境外的应纳税所得额。84号文则将该项优惠政策推广至所有"走出去"企业。该文第1条规定，"企业可以选择按国（地区）别分别计算（即'分国（地区）不分项'），或者不按国（地区）别汇总计算（即'不分国（地区）不分项'）其来源于境外的应纳税所得额，并按照财税〔2009〕125号文件第8条规定的税率，分别计算其可抵免境外所得税税额和抵免限额。上述方式一经选择，5年内不得改变。"基于此，企业既可以分国确定抵免限额，亦可结合自身实际情况，选择将境外所得汇总以综合确定抵免限额。

除抵免方式外，相关费用在境内外之间的分摊亦会影响抵免限额的大小。从企业角度看，在核算境外应纳税所得额时，若将本应由境外分支机构承担的费用转移至境内企业，则会虚增境外所得，很可能会导致抵免限额及允许抵免税额的增加，从而损害我国的税收主权。为防止企业通过不合理地在境内外分摊费用而避税，根据125号文第3条规定，在计算境外应纳税所得额时，企业为取得境内、境外所得而在境内、境外发生的共同支出，与取得境外应税所得有关的、合理的部分，应在境内、境外应税所得之间，按照合理比例进行分摊后扣除。《企业境外所得税收抵免操作指南》进一步指出，这里所称的共同支出，是指与取得境外所得有关但未直接计入境外所得应纳税所得额的成本费用支出，通常包括未直接计入境外所得的营业费用、管理费用和财务费用等支出。企业应对在计算总所得额时已统一归集并扣除的共同费用，按境外每一国（地区）别数额占企业全部数额的下列一种比例或几种比例的综合比例，在每一国（地区）别的境外所得中对应调整扣除，计算来自每一国（地区）别的应纳税所得额：❶ 资产比例；❷ 收入比例；❸ 员工工资支出比例；❹ 其他合理比例。上述分摊比例确定后应报送主管税务机关备案，无合理原因不得改变。当然，若企业选择采用综合抵免，则相关费用分摊只需在境内与境外之间分摊，不必按国别进行。

案例 6-1　用准税收优惠 降低税务风险[①]

随着我国企业"走出去"的形式日趋多样、复杂，"走出去"的纳税人须充分、全面了解税收政策，才能妥善处理好境外所得在中国的税收抵免问题，以免产生税务风险。

厦门市某集团有限公司成立于2000年6月14日，主要从事果（蔬）汁及果（蔬）汁饮料等各种饮料、罐头食品及以上产品的塑料包装、容器、餐饮具的制造、加工。该公司根据企业的发展策略，在香港设有全资子公司。厦门国税局2017年在对该集团公司2014年度企业所得税申报表进行案头分析时发现，该企业2014年取得境外股息红利所得18 150 712.6元，却未填报境外所得税收抵免明细表和境外所得纳税调整后所得明细表，因而决定对其进行境外风险分析。

纳税人观点：本企业为厦门市高新技术企业，按照《财政部　国家税务总局关于高新技术企业境外所得适用税率及税收抵免问题的通知》的规定，应适用15%的优惠税率计算境内外应纳税总额，并在此基础上确定境外所得抵免限额。由于相关股息所得已在香港按照16.5%的税率缴纳当地企业所得税，高于按15%税率计算的中国内地抵免限额，因此无须在中国内地补缴税款，从而未填报前述申报表栏目。

厦门国税观点：《财政部　国家税务总局关于高新技术企业境外所得适用税率及税收抵免问题的通知》所规定的"可按照15%的优惠税率计算境内外应纳税总额和境外抵免限额"的高新技术企业必须是"以境内、境外全部生产经营活动有关的研究开发费用总额、总收入、销售收入总额、高新技术产品（服务）收入等指标申请并经认定的高新技术企业。"据此，不是所有高新技术企业在境外设立的企业分回的利润都可按15%的税率计算抵免限额，符合享受优惠税率待遇条件的情形必须是居民企业从境外设立的不具有独立法人资格的分支机构取得的境外所得。该企业的境外所得不应适用优惠税率（15%），而应按法定税率（25%）计算抵免限额，并相应补缴2014年度的境外所得税款，加收滞纳金。

思考题：

高新技术企业境外所得已纳税款抵免中的税务风险主要是什么？

（三）间接抵免范围

依据我国现行税法规定，居民企业境外所得已纳境外税款的抵免既包括直接抵免，也允许间接抵免。《中华人民共和国企业所得税法》第23条与第24条分别对我国居民企业境外所得适用直接抵免和间接抵免做出了基本规定。间接抵免相对于直接抵免更为复杂。**间接抵免的适用对象是我国居民企业从境外非居民企业分回的股息（红**

---

① 改编自钱颜：《"走出去"高新企业需用准税收优惠》，《中国贸易报》，2017年11月23日。

利）所得。精准把握间接抵免范围是理解和应用间接抵免法的基础。《中华人民共和国企业所得税法实施条例》第80条规定，“企业所得税法第24条所称直接控制，是指居民企业直接持有外国企业20%以上股份。企业所得税法第24条所称间接控制，是指居民企业以间接持股方式持有外国企业20%以上股份，具体认定办法由国务院财政、税务主管部门另行制定。”

现实中，我国一些居民企业基于融资、上市或拓展境外市场等正常的商业考量而在境外设置多层控股公司或中间层公司。125号文所规定的三层间接抵免无法满足纳税人境外投资架构搭建的合理需求，一定程度上阻碍了“走出去”企业参与国际市场竞争。基于此，23号文针对在境外从事油（气）资源开采的石油企业允许其将境外股息所得抵免层级扩大至五层。在石油行业获得了良好的试点效应并积累实践征管经验后，为进一步提升我国税制竞争力，给所有“走出去”企业创造更为宽松的税务环境，84号文将抵免层级由三层扩展至五层。84号文第2条规定，“企业在境外取得的股息所得，在按规定计算该企业境外股息所得的可抵免所得税额和抵免限额时，由该企业直接或者间接持有20%以上股份的外国企业，限于按照财税〔2009〕125号文件第6条规定的持股方式确定的五层外国企业，即：第一层：企业直接持有20%以上股份的外国企业；第二层至第五层：单一上一层外国企业直接持有20%以上股份，且由该企业直接持有或通过一个或多个符合财税〔2009〕125号文件第6条规定持股方式的外国企业间接持有总和达到20%以上股份的外国企业。”

“符合本条规定持股条件”是指，各层企业直接持股、间接持股，以及为计算居民企业间接持股总和比例的每一个单一持股，均应达到20%的持股比例。从逻辑上看，判定相关外国企业（即非居民企业）是否可以纳入我国居民企业的抵免范围，需逐层进行分析。对第一层外国企业的判定直观、明了，主要看居民企业对其持股比例是否达到20%，而对第二层及以上外国企业的判定就较为复杂。为此，《企业境外所得税收抵免操作指南》特别进行了示例说明。图6-2为二层持股的判定。

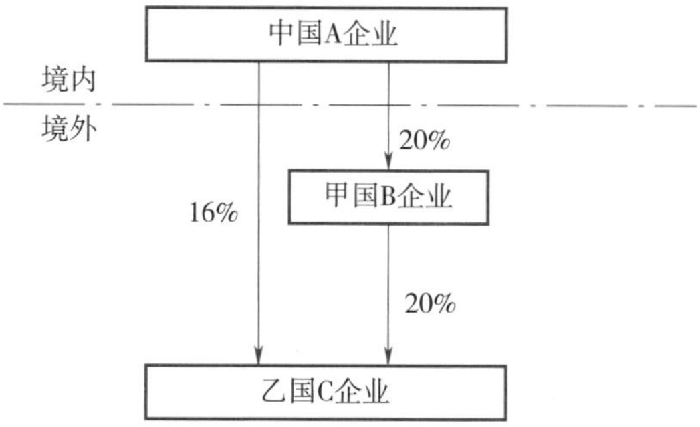

图6-2　二层持股

图6-2中，A企业（中国居民企业）直接持有甲国B企业20%股份，直接持有乙国C企业16%股份，并且B企业直接持有C企业20%股份。第一，判定第一层外国企业B企业是否可以纳入A企业的抵免范围。由于A企业直接持有甲国B企业20%股份，满足直接持股20%（含20%）的条件，因此B企业可以直接纳入A企业的抵免范围。

第二，判定第二层外国C企业是否可以纳入A企业的抵免范围。A企业直接持有乙国C企业16%股份，间接持有乙国C企业股份为4%（20%×20%），由于A企业直接持有C企业的股份不足20%，故不能计入A企业对C企业直接持股或间接持股的总和比例。因此，C企业未满足居民企业通过一个或多个符合规定持股条件的外国企业间接持有总和达到20%以上股份的外国企业的规定。若A企业对C企业的直接持股比例为20%，则可将该直接持股比例计入直接持股或间接持股的总和比例中，即达到了24%（20%+20%×20%），就可将C企业纳入A企业的抵免范围。

图6-3为二层以上持股的判定。

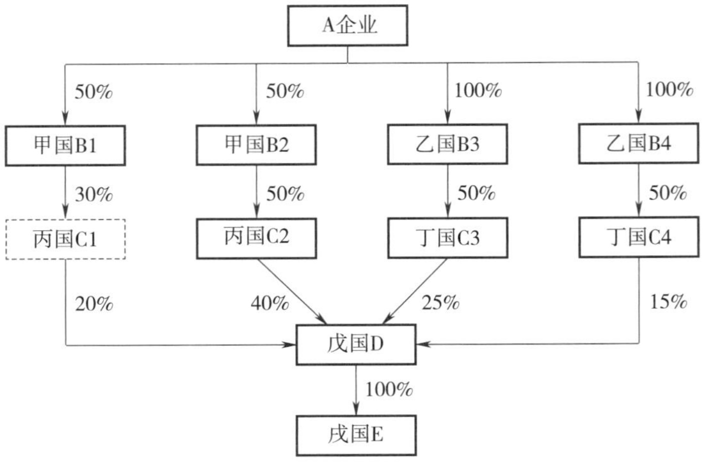

图6-3 多层持股

图6-3中，A企业（中国居民企业）分别控股了四家公司甲国B1、甲国B2、乙国B3、乙国B4，持股比例分别为50%、50%、100%、100%；B1持有丙国C1公司30%股份，B2持有丙国C2公司50%股份，B3持有丁国C3公司50%股份，B4持有丁国C4公司50%股份；C1、C2、C3、C4分别持有戊国D公司20%、40%、25%、15%股份；D公司持有戊国E公司100%股份。

首先，判定B层各个外国公司是否可以被纳入A企业的抵免范围。由于B1、B2、B3、B4公司分别直接被A公司控股50%、50%、100%、100%，均符合间接抵免第一层公司的持股条件，因此B1、B2、B3、B4公司均可纳入A企业的抵免范围。

其次，判定A公司是否可以将C层公司纳入抵免范围。C1公司虽然被符合条件的上一层公司B1控股30%，但仅受A企业（居民企业）间接控股15%（50%×30%），因此，属于不符合间接抵免持股条件的公司（但如果协定的规定为10%，则符合间接抵免条件）；C2公司被符合条件的上一层公司B2控股50%，且被A企业间接控股达到25%（50%×50%），因此，属于符合间接抵免持股条件的公司；C3公司被符合条件的上一层公司B3控股50%，且被A企业间接控股达到50%（100%×50%），因此，属于符合间接抵免持股条件的公司；C4公司情形与C3公司相同，属于符合间接抵免持股条件的公司。

最后,判定第三层及以上层外国公司D和E是否可以被纳入抵免范围。虽然D公司被C1公司控股达到了20%,但由于C1公司属于不符合持股条件的公司,所以,C1公司对D公司的20%持股也不得再计入D公司间接抵免持股条件的范围,来源于D公司20%部分的所得的已纳税额不能进入A企业的抵免范畴;D公司被C2公司控股达到40%,但被A企业通过符合条件的B2、C2公司间接持股仅10%,未达到20%,因此,还不能由此判定D公司是否符合间接抵免条件;D公司被C3公司控股达到25%,且由A企业通过符合条件的B3、C3公司间接控股达12.5%(100%×50%×25%),加上A公司通过B2、C2公司的间接控股10%,间接控股总和达到22.5%。因此,D公司符合间接抵免条件,其所纳税额中属于向C2和C3公司分配的65%股息所负担的部分,可进入A企业的间接抵免范畴。D公司被C4公司控股15%,虽然C4公司身为符合持股条件的公司,但其对D公司的持股不符合直接控股达20%的持股条件。因此,该C4公司对D公司15%的持股,不能计入A企业对D公司符合条件的间接持股总和;同时,D公司所纳税额中属于向C4公司按其持股15%分配的股息所负担的部分,也不能进入A企业的间接抵免范畴。由于D公司对E公司持股100%,且E公司处于5级抵免层级之内,因此可将E公司纳入抵免范围。

(四)简易抵免的适用

为了在维护国家税基的基础上提升征管效率,125号文还制定了特定情形下的简易抵免。以下两种情形适用简易抵免。

1. 纳税人无法取得有效凭证下的简易抵免

125号文第10条第1项规定,“企业从境外取得营业利润所得以及符合境外税额间接抵免条件的股息所得,虽有所得来源国(地区)政府机关核发的具有纳税性质的凭证或证明,但因客观原因无法真实、准确地确认应当缴纳并已经实际缴纳的境外所得税税额的,除就该所得直接缴纳及间接负担的税额在所得来源国(地区)的实际有效税率低于我国企业所得税法第4条第1款规定税率50%以上的外,可按境外应纳税所得额的12.5%作为抵免限额,企业按该国(地区)税务机关或政府机关核发具有纳税性质凭证或证明的金额,其不超过抵免限额的部分,准予抵免;超过的部分不得抵免。”实践中,有些“走出去”企业无法或较难取得在境外向税务机关缴税的凭证,或者企业取得的缴税凭证无法区分所缴纳的所得税款。此种情形下,为了在维护国家税基的同时兼顾企业利益,企业只能适用简易抵免,即境外应纳税所得额只能按照12.5%的比率计算抵免限额,在此限额内确定可以抵免的境外所得税税额。若企业境外所得计算缴纳外国税款时的适用税率高于12.5%,则上述简易抵免无疑会加重企业的财务负担。

事实上,为鼓励企业“走出去”参与国际市场竞争,抵免政策已开始进行一些必要调整。近年来,由于境外施工资质和招投标主体限制,一些工程中标主体与施工实施主体存在差异,造成海外施工缴税凭证上的纳税人主体与真正负担并缴税的主体错位,回国纳税申请税收抵免主体往往不是应抵免主体,应抵免主体由于无法取得合法抵免凭证而不得不放弃抵免。为消除企业的后顾之忧,国家税务总局发布了《关于企业境外承包工程税收抵免凭证有关问题的公告》(2017 年第 41 号)。该文件遵循“实质重于形式”的原则明确:“走出去”企业以总分包或联合体方式在境外实施工程项目,其来源于境外所得已在境外缴纳的企业所得税税额,可将总承包企业开具的境外承包工程项目完税凭证分割单作为境外所得完税证明或纳税凭证予以税收抵免。在分割单可以作为有效抵免凭证的情况下,企业可以按照标准的抵免法应用程序进行抵免,不必承担境外税款无法得到充分抵免的额外负担。

2. 来源于“白名单”国家所得的简易抵免

由抵免法基本原理可知,若东道国税率高于居民国税率,则抵免限额即允许抵免的境外税额。我国企业“走出去”到境外东道国投资,当东道国的税率高于《中华人民共和国企业所得税法》所规定的税率时,我国作为居民国,适用免税法和抵免法所征的税款是相同的。125 号文第 10 条第 2 项规定,“企业从境外取得营业利润所得以及符合境外税额间接抵免条件的股息所得,凡就该所得缴纳及间接负担的税额在所得来源国(地区)的法定税率且其实际有效税率明显高于我国的,可直接以按本通知规定计算的境外应纳税所得额和我国企业所得税法规定的税率计算的抵免限额作为可抵免的已在境外实际缴纳的企业所得税税额。具体国家(地区)名单见附件[①]。财政部、国家税务总局可根据实际情况适时对名单进行调整。”上述规定中所提及的国家即“白名单”国家。按照上述规定,“走出去”企业在“白名单”国家进行投资而取得的境外所得,可采用以所确定的抵免限额作为允许抵免的境外税额的简易抵免方法,简言之,就是对符合条件的境外所得采用免税法以消除国际重复征税。需要说明的是:❶ 由于该项简易抵免在企业采用分国抵免的方式下才有效,若“走出去”企业一旦选用综合抵免,则“白名单”国家所得的简易抵免就失去了有效性;❷ 我国居民企业从未达到持股比例要求的境外子公司取得股息所得,以及从境外取得的利息、租金、特许权使用费、转让财产所得,向来源国缴纳的预提所得税,不适用上述简易抵免方法。

(五)我国缔结的双边税收协定中抵免法的应用

1. 税收协定中的间接抵免

OECD 范本和 UN 范本所推荐的抵免法都只涉及直接抵免,即缔约国一方居民从缔约国另一方取得的营业所得所缴纳的企业所得税,以及股息、利息、特许权使用费所缴纳预提所得税适用该方法。从两个范本的叙述看,都侧重于解决涉及同一个法律实体的法律性国际重复征税,而对解决涉及多个法律实体的经济性国际重复征税间接抵免的应用采取了回避态度。由于一些国家对间接抵免可能会助长偷税和避税的担忧,两个范本没有推荐间接抵免方式,是否采用此种抵免方式由相关国家或在各自国内法中自行规定,或在双边税收协定谈判中协商确定。

上文已述及,目前我国税法允许“走出去”企业在符合条件下,采用间接抵免法以消除涉及多个法律实体的经济性国际重复征税。从税收协定适用角度看,我国与一些

① 附件指 125 号文的附件。

国家缔结的双边税收协定允许采用间接抵免，而与另一些国家缔结的双边税收协定则不允许采用（见表 6-13）。

表 6-13　双边税收协定中我国居民境外所得适用间接抵免概况

<table>
<tr><th colspan="2">条款</th><th>国家</th></tr>
<tr><td rowspan="3">允许间接抵免</td><td>对非居民公司的持股比例要求达到 10%</td><td>日本、美国、马来西亚、挪威、加拿大、瑞典、泰国、捷克斯洛伐克（适用于斯洛伐克）、波兰、澳大利亚、保加利亚、巴基斯坦、科威特、塞浦路斯、奥地利、巴西、蒙古国、匈牙利、阿联酋、卢森堡、韩国、巴布亚新几内亚、印度、毛里求斯、克罗地亚、白俄罗斯、斯洛文尼亚、以色列、越南、土耳其、乌克兰、牙买加、冰岛、立陶宛、孟加拉国、苏丹、葡萄牙、爱尔兰、印度尼西亚、特立尼达和多巴哥、墨西哥、阿尔及利亚、赞比亚、叙利亚、津巴布韦、柬埔寨、安哥拉、阿根廷（尚未生效）</td></tr>
<tr><td>对非居民公司的持股比例要求达到 20%</td><td>法国、英国、比利时、德国、丹麦、新加坡、芬兰、新西兰、意大利、荷兰、瑞士、西班牙、罗马尼亚、马耳他、俄罗斯、拉脱维亚、爱沙尼亚、巴巴多斯、巴林、塔吉克斯坦、埃塞俄比亚、土库曼斯坦、捷克、乌干达（尚未生效）、博茨瓦纳、厄瓜多尔、智利、肯尼亚（尚未生效）、加蓬（尚未生效）、刚果（布）（尚未生效）、卢旺达</td></tr>
<tr><td>对非居民公司的持股比例无具体要求</td><td>突尼斯</td></tr>
<tr><td>无间接抵免规定</td><td colspan="2">南斯拉夫（适用于波斯尼亚和黑塞哥维那）、亚美尼亚、乌兹别克斯坦、塞尔维亚、黑山、马其顿、埃及、老挝、塞舌尔、菲律宾、南非、摩尔多瓦、卡塔尔、古巴、委内瑞拉、哈萨克斯坦、尼泊尔、阿曼、尼日利亚、伊朗、希腊、吉尔吉斯斯坦、摩洛哥、斯里兰卡、阿尔巴尼亚、文莱、阿塞拜疆、格鲁吉亚、沙特阿拉伯</td></tr>
</table>

资料来源：根据国家税务总局网站税收协定资料整理。

从表 6-13 中我们可以看到，除了与南斯拉夫（适用于波斯尼亚和黑塞哥维那）、亚美尼亚、乌兹别克斯坦等少数国家的税收协定无间接抵免条款，我国与绝大多数国家缔结的税收协定都规定，我国居民从对方居民公司取得的股息所得可以适用间接抵免，但所要求的持股比例有所不同：与日本、美国等国家的税收协定要求至少持有非居民公司 10% 的股权比例，而与法国、英国等国的税收协定则为至少 20%。与突尼斯缔结的税收协定中虽允许进行间接抵免，但并没有明确地对境外非居民公司持股比例的要求，此种规定较为罕见。需要注意的是，我国近年来与新加坡、瑞士、西班牙、罗马尼亚、马耳他、俄罗斯、拉脱维亚、爱沙尼亚新修订的税收协定或议定书将持股比例要求由原来的 10% 提高到了 20%，与新西兰、巴巴多斯、巴林新修订的协定或议定书则由以前不允许间接抵免修订为允许持股比例 20% 条件下的间接抵免。

2. 税收协定中的税收饶让抵免

虽然目前的 OECD 范本和 UN 范本都没有税收饶让条款，但实践中一些双边税收协定经缔约国商定后加入了税收饶让的条款设计。改革开放初期为吸引外资，并实现税收优惠惠及外资企业本身的经济效果，我国传统上在与其他国家缔结税收协定时一直比较坚持税收饶让原则。但随着参股免税制度在世界的逐渐流行，税收饶让的实践意义已大打折扣，国际上对税收饶让的态度亦由“热”转“冷”。在这一情势影响之下，我国与其他国家新修订的税收协定或缔结的议定书对税收饶让条款做出了相应调整。总体看，我国税收协定中关于税收饶让的规定主要有以下三种模式。

（1）一方单方给予另一方税收饶让待遇。

这一模式的主要表现形式是对方国家单方给予我国税收饶让待遇。唯一的例外是我国与安哥拉缔结的税收协定（2022 年 6 月生效），在此协定中，我国单方给予了对方税收饶让待遇。我国与日本、加拿大、澳大利亚、新加坡、牙买加、冰岛、葡萄牙等国缔结的税收协定或议定书中，对方国家都单方给予了我国税收饶让待遇。如我国与日本缔结的税收协定既包含了针对营业所得征收的企业所得税的差额税收饶让，亦纳入了针对投资所得征收的预提所得税的定率税收饶让。我国与法国、英国、比利时、西班牙、德国、挪威、丹麦、芬兰、新西兰、荷兰等国缔结的原有协定中都设计有对方国家单方给予我国的税收饶让条款，但近年来与上述国家修订的新协定已取消了税收饶让条款。由于上述很多国家目前都实施了参股免税制度，其给予我国税收饶让待遇的意义已大大减弱，况且我国与其中一些国家原有协定中的税收饶让条款已过 10 年的有效期（如英国），新修订协定取消税收饶让条款亦在情理之中。

（2）相互给予税收饶让待遇。

相互给予税收饶让待遇模式主要存在于我国与一些发展中国家缔结的双边税收协定。我国与马来西亚、泰国、毛里求斯、巴基斯坦、塞浦路斯、马耳他、阿拉伯联合酋长国、印度、越南、南斯拉夫、牙买加、马其顿、塞舌尔、古巴、尼泊尔、阿曼、苏丹、突尼斯、摩洛哥、斯里兰卡、特立尼达和多巴哥、文莱、沙特阿拉伯、埃塞俄比亚、柬埔寨、卢旺达等国缔结的税收协定都规定，缔约双方相互给予税收饶让待遇。在上述协定中，涉及的税收饶让类型主要为差额税收饶让，个别协定约定的税收饶让同时包含了差额税收饶让和定率税收饶让。如中越（越南）税收协定第 23 条第 3 款规定，“在越南或者中国缴纳的税额，按照上下文，应视为包括假如没有按照缔约国为促进经济发展的法律给予减税、免税而本应缴纳的税额。在第 10 条第 2 款、第 11 条第 2 款和第 12 条第 2 款情况下，该税额应视为股息、利息和特许权使用费总额的 10%”，且中越（越南）税收协定中所约定的税收饶让待遇没有有效期限制。

（3）相互没有给予税收饶让待遇。

此外，我国与很多国家缔结的税收协定没有税收饶让条款，即相互没有给予对方税收饶让待遇。这些国家主要包括：美国、塞尔维亚、黑山、克罗地亚、白俄罗斯、斯洛文尼亚、以色列、土耳其、乌克兰、亚美尼亚、立陶宛、拉脱维亚、乌兹别克斯坦、孟加拉国、苏丹、埃及、爱沙尼亚、老挝、菲律宾、爱尔兰、南非、巴巴多斯、摩尔多瓦、卡塔尔、委内瑞拉、哈萨克斯坦、印度尼西亚、尼日利亚、伊朗、巴林、希腊、吉尔吉斯斯坦、阿尔巴尼亚、阿塞拜疆、格鲁吉亚、墨西哥、阿尔及利亚、塔吉克斯坦、土库曼斯坦、捷克、赞比亚、叙利亚、乌干达（尚未生效）、博茨瓦纳、厄瓜多尔、智利、津巴布韦、肯尼亚（尚未生效）、加蓬（尚未生效）、刚果（布）、阿根廷（尚未生效）。

案例 6-2 **违规抵免境外税收 企业付出高昂“学费”**[①]

甲公司为青岛一家建筑施工企业。该公司在2015—2017年为非洲某国某炼油厂承揽扩建项目（以下简称“扩建项目”）。根据甲公司与该国建设方签订的合同规定，自合同生效之日至扩建系统完工、试运行并移交扩建项目期间，免除为扩建项目工作的甲公司在东道国的企业所得税。甲公司办理2015—2017年的企业所得税汇算清缴时，将该国政府给予的免税优惠视同已缴企业所得税进行申报并抵免，分别抵免所得税167万元、1万元、182万元，合计抵免所得税350万元。

甲公司观点：甲公司财务总监认为，本企业在境外所享受的免税待遇为东道国给予的税收优惠。来自该非洲国家的免税所得在计算我国纳税义务时，应将在东道国享受的免税视同缴纳进行抵免。甲公司财务总监道出了自己的疑惑：若中国政府对该部分免征的税款予以补征，则企业实质上就不会享受到所在国所给予的税收优惠，“我们在境外享受的免税待遇还有什么意义”？

税务机关观点：税收饶让是来源于税收协定的一种税收抵免方式。目前《中华人民共和国企业所得税法》中没有税收饶让的相关规定，但是我国与一些国家缔结的税收协定中存在税收饶让的相关规定。如果居民企业从与我国政府订立税收协定或安排的国家（地区）取得的所得，按照该国（地区）税收法律享受了免税或减税待遇，且该免税或减税的数额按照税收协定规定应视同已缴税额（即税收饶让）在中国的应纳税额中抵免，则该免税或减税数额可作为企业实际缴纳的境外所得税额，用于办理税收抵免。经查实，我国与该非洲国家缔结的税收协定中并没有税收饶让条款。最终，税务机关对甲公司做出了“补缴税款1 300万元、加征滞纳金800万元”的税务处理。

思考题：

我国“走出去”企业若要切实享受到东道国提供的税收优惠应满足哪些条件？

二、消除国际重复征税的中国实践：个人所得税视角

除企业所得税外，居民个人从境外取得所得的情况亦会涉及个人所得税抵免问题。伴随着我国企业“走出去”步伐日益加快，越来越多国人从境外获取各种形式所得，居民个人境外所得税收抵免愈加普遍。居民个人境外所得税收抵免规则与我国个人所得税制度模式密切相关。2019年之前，我国个人所得税税制模式为分类所得税制，居民个人境外所得税收抵免方式为分国分项抵免。2019年新的《中华人民共和国个人所得税法》实施后，之前的分类所得税制已变革为分类与综合相结合的所得税制。

---

① 改编自胡海啸：《违规抵免境外税收 企业付出高昂‘学费’》，《中国税务报》，2020年10月20日。

为适应个人所得税制度变革，2020 年 1 月 17 日发布的《财政部　税务总局关于境外所得有关个人所得税政策问题的公告》（财政部　税务总局公告 2020 年第 3 号，以下简称 3 号公告），将之前的分国分项抵免优化为分国综合抵免。分国综合抵免的计算步骤如下。

第一步：计算综合所得、经营所得及其他所得的应纳税额。

2019 年实施的《中华人民共和国个人所得税法》规定，居民个人的综合所得适用 7 级超额累进税率，经营所得适用 5 级超额累进税率。3 号公告第 2 条第 1 项规定，“居民个人来源于中国境外的综合所得，应当与境内综合所得合并计算应纳税额”。也就是说，若居民个人当期同时从境内和境外取得综合所得，则应合并适用较高税率计算应纳税额，以体现新税法更大程度上实现税收公平的立法精神。3 号公告第 2 条第 2 项规定，“居民个人来源于中国境外的经营所得，应当与境内经营所得合并计算应纳税额。居民个人来源于境外的经营所得，按照个人所得税法及其实施条例的有关规定计算的亏损，不得抵减其境内或他国（地区）的应纳税所得额，但可以用来源于同一国家（地区）以后年度的经营所得按中国税法规定弥补”。依据该项规定，若居民个人当期同时从境内和境外取得经营所得，亦应合计并适用较高税率计算应纳税额，且境外发生的亏损不得跨国弥补。3 号公告第 2 条第 3 项规定，“居民个人来源于中国境外的利息、股息、红利所得，财产租赁所得，财产转让所得和偶然所得（以下称其他分类所得），不与境内所得合并，应当分别单独计算应纳税额。”对于上述其他所得，由于都适用比例税率，单独和汇总计税的效果一致，因此单独计算应纳税额即可。

第二步：计算居民个人境外所得的抵免限额和可抵免的境外税额。

按照 3 号公告的基本规定，**抵免限额分国别但不区分项目确定，即分国综合抵免**。从下述公式可以看出，我国对居民个人境外所得税收抵免限额为来源于某国（地区）的综合所得抵免限额、经营所得抵免限额及其他所得抵免限额之和。以国别为单位的抵免限额汇总数与来自某国（地区）实际缴纳的该国税额进行比较，依据孰低原则，选取两者中较小值为可抵免的境外税额。**上述计算逻辑意味着某一类所得（如综合所得）产生的超限额有可能从其他类别所得（如经营所得或其他所得）不足抵免限额的余额中进行抵补，通过增加抵免额减轻居民个人税负，这正是分国综合抵免的“综合性”体现。**分国综合抵免下，居民个人在境外某国（地区）的实际缴纳税额仍大于抵免限额而产生的超限额部分，则只能从该国以后年度中不足抵免限额的余额中进行抵免，但最长不得超过 5 年。

$$\begin{matrix}\text{来源于一国（地区）}\\ \text{所得的抵免限额}\end{matrix}=\left[\begin{matrix}\text{来源于该国（地区）}\\ \text{综合所得抵免限额}+\text{来源于该国（地区）}\\ \text{经营所得抵免限额}+\text{来源于该国（地区）}\\ \text{其他分类所得抵免限额}\end{matrix}\right]$$

其中，

$$\begin{matrix}\text{来源于该国（地区）}\\ \text{综合所得抵免限额}\end{matrix}=\begin{matrix}\text{境内境外综合所得}\\ \text{合计应纳税额}\end{matrix}\times\frac{\text{来源于该国（地区）的综合所得收入额}}{\text{境内境外综合所得收入额合计}}$$

$$\text{来源于该国(地区)经营所得抵免限额}=\text{境内境外经营所得合计应纳税额}\times\frac{\text{来源于该国(地区)的经营所得应纳税所得额}}{\text{境内境外经营所得应纳税所得额合计}}$$

$$\text{来源于该国(地区)其他所得抵免限额}=\text{来源于该国(地区)其他所得应纳税额}$$

此外，为了在保护我国税基的基础上激励纳税人加强内部管理提升税务合规水平、遵守东道国税法、积极适用双边税收协定优惠待遇，3号公告第4条特别指出，可抵免的境外税额不包括以下情形：

（1）按照境外所得税法律属于错缴或错征的境外所得税税额；

（2）按照我国政府缔结的避免双重征税协定以及内地与香港、澳门缔结的避免双重征税安排规定不应征收的境外所得税税额；

（3）因少缴或迟缴境外所得税而追加的利息、滞纳金或罚款；

（4）境外所得税纳税人或者其利害关系人从境外征税主体得到实际返还或补偿的境外所得税税款；

（5）按照《中华人民共和国个人所得税法》及其实施条例规定，已经免税的境外所得负担的境外所得税税款。

第三步：确定居民个人向我国政府实际应缴税额。

计算得出居民个人境外的抵免限额和可抵免的境外税额后，最后一步就是确定该个人当期需向我国政府实际应缴的税额。实际应缴税额为居民个人全球所得应纳税额减去可抵免的境外税额，即第1步计算结果减去第2步计算结果后的余额。

案例 6-3　居民个人境外所得已纳税额如何进行抵免？①

居民个人王某2024年度取得在中国境内工作期间的工资薪金收入30万元，假设可以扣除基本减除费用6万元、专项扣除6万元、专项附加扣除3.6万元，以及其他扣除0.24万元；另取得在境外A国工作期间的工资薪金收入20万元，特许权使用费收入20万元，股息收入4万元；同时在境外B国取得利息收入5万元。除上述外，王某无其他所得。王某根据A国和B国税法规定，在A国缴纳个人所得税8万元，同时在B国缴纳预提所得税0.8万元。王某在2024年个人所得税年度汇算时应如何处理？（假设只考虑综合所得基本扣除，不考虑税收协定和预缴因素。）

---

① 改编自杨昌睿、宋哲、周优，等：《居民个人境外所得税收抵免案例解析》，《中国税务》，2020年第5期。

解析：

第一步：计算王某综合所得、股息所得及利息所得的应纳税额。

（1）综合所得应纳税额。

依据《中华人民共和国个人所得税法》的规定，王某综合所得应纳税所得额为 50.16 万元［30+20+20×（1−20%）−6−6−3.6−0.24］，适用综合所得 7 级超额累进税率，可得王某综合所得应纳税额为 9.756 万元（50.16×30%−5.292）。

（2）股息所得应纳税额。

王某来源于 A 国股息所得应纳税额为 0.8 万元（4×20%）。

（3）利息所得应纳税额。

王某来源于 B 国利息所得应纳税额为 1 万元（5×20%）。

第二步：计算王某各类境外所得的抵免限额和可抵免境外税额。

依据《中华人民共和国个人所得税法》的相关规定，王某各类境外所得抵免限额的计算应分国别进行。

（1）综合所得抵免限额。

王某来源于A国的综合所得抵免限额为5.321 万元$\left[9.756\times\frac{20+20\times(1-20\%)}{30+20+20\times(1-20\%)}\right]$。

王某来源于 A 国的股息所得抵免限额为 0.8 万元（4×20%）。

王某来源于 A 国的抵免限额合计为 6.121 万元（5.321+0.8）。

王某来源于 B 国的利息所得抵免限额为 1 万元（5×20%）。

（2）可抵免境外税额。

根据《中华人民共和国个人所得税法》第 7 条和《中华人民共和国个人所得税法实施条例》第 21 条等规定，居民个人取得的境外所得实际抵免税额按照抵免限额和可抵免的境外所得税税额孰低原则确定。由于王某已在 A 国缴纳个人所得税 8 万元，大于抵免限额 6.121 万元，按照孰低原则，其 2024 年来源于 A 国所得的可抵免额为 6.121 万元，超额的 1.879 万元（8−6.121）可以在以后五个纳税年度从 A 国取得的境外所得抵免限额的余额中结转抵免。王某 2024 年来源于 B 国的利息所得抵免限额为 1 万元，大于在 B 国实际缴纳的个人所得税 0.8 万元，故可抵免额为 0.8 万元。

第三步：确定王某向我国政府实际应缴税额。

综上所述，王某来自 A 国的综合所得和股息所得不需向我国政府补缴税款，其来自 B 国的利息所得则需向我国政府补缴税款 0.2 万元（1−0.8）。

思考题：

我国 2019 年 1 月 1 日开始实施的新《中华人民共和国个人所得税法》关于境外所得已纳税额抵免采用什么方法？运用该方法的关键是什么？

习 题

一、单选题(请用手机扫描下方二维码作答)

二、改错题(就题中画线部分进行改正)

1. 在中美税收协定中,美国政府<u>单方给予</u>我国税收饶让待遇。 ( )

2. 我国目前税法规定,"走出去"企业来自境外的所得<u>应适用不分国不分项方式</u>进行抵免。 ( )

3. 居民国政府针对本国居民设在境外子公司分回的股息<u>适用直接抵免法</u>进行抵免。 ( )

三、简答题

1. 全额免税法与累进免税法有何差异?

2. 简述分析直接抵免法与间接抵免法的联系与区别。

3. 以中日税收协定为例,分析我国对外缔结的双边税收协定中对税收饶让条款的应用。

四、案例分析题

A集团是世界知名的小家电企业集团,其总部设在甲国(法定企业所得税税率为30%),同时在欧洲、美洲、亚洲等多个国家设有下属公司。A集团在中国香港已设立一家香港控股公司(H公司,持股比例100%),控股一家设立在中国上海的生产销售企业(C公司,持股比例100%)。H公司拥有员工3人,主要从事联络辅助性工作,除此之外,没有从事其他经营活动。2023年,C公司实现应纳税所得额为150万元人民币,该公司适用的企业所得税税率为25%。2024年7月,C公司将相应的税后利润以股息的形式向股东进行分配(不考虑提取法定盈余公积及公积金的要求)。H公司收到股息后当年就将利润汇回A集团在甲国的总部。假设我国和甲国缔结的税收协定与中新(新加坡)税收协定一致。

问题:在抵免法下,A集团2024年整体税负是多少?

第七章 国际避税概述

学习目标

1. 掌握国际避税与国际逃税概念的异同。

2. 掌握国际避税的主要方式及其实现逻辑。

3. 了解国际避税地类型及典型国际避税地经济、税制概况。

4. 结合我国外资企业及“走出去”企业避税问题，理解我国推进高水平对外开放的基本含义。

引例 外资企业倒挤确定关联交易商品采购价格，将利润转移至境外①

D公司是外资企业A集团在中国某市独家投资设立的外商独资企业，经营期限为15年，主要承担母公司A集团产品在我国的分销业务。E公司为A集团设立在境外某国的贸易公司，该国的企业所得税的实际税负为零。作为分销商，D公司独立承担市场营销风险、存货管理风险、信用风险和外汇风险，具有市场开发、价格决策、采购运输、仓储管理等常规分销商功能。税务机关检查发现，D公司从E公司采购商品的价格，是根据商品在我国实际销售取得的净销售价格（净销售价格＝销售价格－关税－运费及仓储费用）扣除8%后倒挤形成的。如A产品在我国实际取得的净销售价格100元/吨，从E公司采购A产品的价格为92元/吨［100×（1−8%）］。此关联交易转让定价存在两方面问题：一是倒挤货物采购价格定价模式不符合功能风险与利润相匹配的独立交易原则。作为常规经销商，D公司在中国市场销售A集团产品，承担与之对等的商品采购风险、仓储风险、推广风险、财务风险、销售定价风险等经营风险。在倒挤定价模式下，D公司只能获取净销售价格8%的固定收益，承担的营销风险与实

① 改编自李维勤:《利用关联交易控制转让定价避税》,《财政监督》, 2023年第11期。

际获得的收益水平严重脱节，造成D公司作为常规分销商，功能等同于承担单一销售风险的分销商。二是由于D公司分销业务获得的收益恒定为净销售收入的8%，使得D公司分销业务大部分收益转移至E公司，导致D公司获得的收益不足以补偿常规经销商在经营活动中发生的实际成本费用，形成息税前利润连续亏损。连年亏损正是外资企业避税的显著特征之一。

思考题：

1. 转让定价是最常见的国际避税方式之一，除转让定价外，还有哪些国际避税方式？
2. 国际避税地有哪些类型？国际避税地一般有哪些非税特征？
3. 国际避税地在跨国公司避税中扮演何种角色？

第一节 国际避税的相关概念

一、避税的概念

避税（tax avoidance）概念有广义和狭义之分。广义上，**纳税人在不违反税法规定的前提下，所采取的所有减轻或免除税负的行为都被视为避税行为。**在广义视角下，可进一步将避税分类为正当避税和不正当避税[①]。正当避税也被称为节税（tax savings）。在正当避税下，纳税人所采取的减轻自身税负的措施是符合税法立法精神并被税法所鼓励。不正当避税则是指纳税人利用税法漏洞并违背税法立法精神，通过人为安排减轻自身税负的行为。由于不正当避税违背了税法的立法意图，因此又将其称为恶意避税（abusive tax avoidance）或激进的税收筹划（aggressive tax planning），也可称为激进的税务合规计划。**狭义上的避税则仅指不正当避税。**如荷兰国际财政文献局在1988年版《国际税收词汇》中认为："在税收中，避税是一个用来描述纳税人为减轻其纳税义务所作的法律上的安排。该用语通常含有贬义，如用来阐明纳税人利用税法的漏洞、模糊、不规范或是其他缺陷，对个人或商业事务进行人为的安排，以实现规避税收的目的。"不正当避税往往意味着纳税人已经行走在法律的"边缘"，离偷税可能仅有"一步之遥"。虽然从理论上讲，可以将避税区分为正当避税和不正当避税，但实践中两者之间的界限却往往是模糊的，包括纳税人和税务机关在内的不同当事人站在不同的立场，对同一经济事件的税务属性判定可能截然相反。

与避税相对应的概念是偷税（tax evasion）。与避税不同，国内外对偷税概念存在较为一致的认识，即纳税人故意采取欺骗、隐瞒等手段，违反法律规定以减轻或逃避纳税义务的行为。欧盟委员会在其打击税务欺诈和逃税的网站上给出了以下定义："逃税通常包括隐藏或忽视纳税义务的非法安排，即纳税人通过向税务机关隐瞒收入或信

---

① 刘剑文、丁一：《避税之法理新探》，《涉外税务》，2003年第8期。

息而缴纳的税款少于他/她应缴纳的税款。”我国现行税法对偷税进行了明确界定，《中华人民共和国税收征收管理法》第63条规定，“纳税人伪造、变造、隐匿、擅自销毁账簿、记账凭证，或者在账簿上多列支出或者不列、少列收入，或者经税务机关通知申报而拒不申报或者进行虚假的纳税申报，不缴或者少缴应纳税款的，是偷税。对纳税人偷税的，由税务机关追缴其不缴或者少缴的税款、滞纳金，并处不缴或者少缴的税款50%以上5倍以下的罚款；构成犯罪的，依法追究刑事责任。”通观国内外对偷税概念的界定可以发现，偷税行为一般由以下三要素构成：一是纳税人采取了隐瞒、欺诈、伪造等非法手段；二是相关行为违反了法律规定；三是达成了不缴税或少缴税的后果。

二、国际避税的概念

国际避税（international tax avoidance），一般是指跨国纳税人利用国家间的税制差异、当事国税法漏洞或税收协定条款间的不同，在从事跨境经济活动中通过事先的人为安排，以不违法手段延迟、减轻或规避其纳税义务的行为。相对于国内纳税人，跨国纳税人从事国际避税活动具有“相对优势”，形成了新的税负不公，违背了当事国的立法意图，侵蚀了相关国家税基，因此除个别避税地国家外，绝大多数国家政府都对跨国纳税人的国际避税行为持积极治理态度，以维护本国的税收权益。事实上，各国对跨国纳税人避税活动的治理及立法会形成隐性的制度竞争。当一国采取措施积极立法对跨国纳税人的避税行为进行治理时，纳税人可能会将更多利润转移至该国以降低税务风险，其他国家相应税收权益就可能受损。一国对跨国纳税人避税行为的治理很可能会对其他国家产生相应的“外溢效应”。

理解国际避税的概念，需要将其与国际逃税行为相区分。两者的区别主要体现在以下三个方面：❶ 性质不同。在国际避税活动中，跨国纳税人所采取的避税措施并没有从根本上违反法律规定，而国际逃税活动中的纳税人所进行的逃税行为明显违反税法规定。❷ 税务后果不同。对于国际避税活动，纳税人需要向一国税务机关对其避税行为进行解释和举证，避税行为认定后需对其利润水平进行纳税调整并补缴税款。一些国家除要求纳税人补缴税款外，还需对其避税行为而占用财政资金的时间价值向国家进行补偿，即支付税款利息。而对于国际逃税活动，纳税人除了向有关国家补缴税款，当事国还会对纳税人加收滞纳金或进行经济处罚，情节严重的还需承担刑事责任。❸ 政策应对不同。对于国际避税，一国政府往往会通过完善国内法、修订双边税收协定或进行多边税收合作以堵塞避税漏洞。针对国际逃税活动，一国政府则主要通过完善和强化本国税收征管机制以提升征管效率，有效打击国际逃税，维护本国税收主权。

三、国际避税的产生机制

（一）各国对税收管辖权的选择和运用差异

税收管辖权是一国主权在税收领域的体现。从世界范围看，税收管辖权主要包括三种类型：居民管辖权、公民管辖权和地域管辖权。税收管辖权的模式选择决定了一国政府对哪些人征税、征哪些税及征多少税。一国采取何种税收管辖权模式受多种因素的影响，如本国人口规模及市场大小、历史文化传统、经济发展水平、在参与世界经济竞争中的位置等都会影响税收管辖权的模式选择。一般来说，经济发展水平较低，在世界经济竞争格局中处于生产要素净输入国位置的国家强调地域管辖权。与之相反，属于生产要素净输出国的发达国家则更加注重居民管辖权的行使。避税地国家（地区）则通过“放弃税收管辖权”的模式不征所得税或征收极少的所得税，吸引外国生产要素流入以促进本国（地区）的经济发展。国家间税收管辖权模式选择的差异，以及各种类型税收管辖权内涵的差异既可能导致重复征税，亦会产生相应的征税“真空”，为跨国纳税人避税创造条件。

（二）各国税法规定的差异

从税收实体法角度看，一国税制要素中的税基、税率、税收优惠三个要素综合决定了纳税人的税负轻重。税收制度的设计及税法的颁布实施是一国主权在经济领域的重要体现。实践中，国家之间的税制设计差异极大，决定了相同所得在各国承担的税负差距悬殊，跨国纳税人从而存在将利润从高税国转移至低税国的避税动机。从世界范围看，不论发达国家还是发展中国家都以税收优惠为工具吸引外资以促进本国经济增长。OECD 于 2023 年发布的《税收优惠与全球最低税》报告依据 2018 年收入超过 7.5 亿欧元的跨国公司的国别报告数据发现，这些跨国公司在境外很多国家的成员实体（包括子公司和常设机构）的有效税率远低于其所在国家的法定税率。从具体区域看，在跨国公司成员实体所在的亚太国家中，法定税率低于 15% 的占比为 10%，但在税收优惠的作用下，有效税率低于 15% 的占比将近 60%。在非洲国家中，法定税率低于 5% 的国家占比为 0，而有效税率低于 15% 的占比却超过了 15%。欧洲及北美区域也不例外，法定税率低于 15% 的比例大约为 22%，但有效税率低于 15% 的比例达到了惊人的 65%。

（三）双边税收协定条款的差异

目前世界流行的 OECD 范本和 UN 范本的框架结构大体一致，但具体条款内容却存在诸多差异。前者侧重维护资本输出国特别是发达国家的税收权益，后者所持立场正好相反。立场的差异决定了两个范本之间的条款差异。自身经济发展水平及在跨国投资中的竞争格局是各国缔结税收协定时的基本出发点。每个国家的国情差异极大，所制定的经济发展策略不同，每个协定所侧重维护的税收管辖权类型就存在相应差异。从纳税人角度看，协定间为纳税人提供的优惠待遇有大有小，这就为跨国纳税人择协避税或滥用税收协定避税提供了客观条件。

（四）各国税收征管效率的差异

税收征管效率一般受两方面因素的影响：一是征管技术条件在提高税收征管，特别是所得税征管效率方面扮演着至关重要的角色。随着现代信息及通信技术的发展，税收征管工作逐渐向信息化、数字化转变，利用计算机网络技术、大数据分析等手段，可以极大地提升税收征管效率。二是各国在特定的历史时期的经济发展策略会有所不同,从而人为地调整税收征管强度。各国税收征管效率的不同往往会导致纳税人实际承担的税负差异悬殊,从而为跨国纳税人进行国际避税创造空间。

第二节　国际避税的主要方式

一、通过纳税人的国际转移避税

纳税人的国际转移(taxpayer's international migration)避税,是指纳税人通过采取各种手段使其税收居民身份所在地由一国转移至另一国,或不成为任何一国的税收居民,将自身取得的海外所得脱离原居民国管辖而成为无国籍所得(stateless income),从而实现其避税目标的跨境移动。纳税人通过相应的国际转移,其原来所属的居民国就会变为非居民国,所履行的纳税义务自然由无限纳税义务变更为有限纳税义务。其海外所得就可脱离原居民国的税收监管,纳税人所承担的整体税负就会大幅减轻。

从国际避税的实践看,自然人通过改变居民身份实现避税目标一般有两种途径。❶ 改变自己的住所或国籍。例如,某人属于税率较高的 A 国公民,可以通过移民等方式使自己变为税率相对较低的 B 国公民。一个比较知名的案例是:2012 年身为美国亿万富翁的 Facebook 联合创始人萨维林为了避税放弃美国国籍,成为新加坡永久居民。新加坡缴纳税制是按照收入来源地征税,个人所得税税率为 3.5% 至 20%,远远低于欧美国家。根据美国《福布斯》杂志的统计,放弃美国国籍的人有四成选择移居新加坡。❷ 人为安排停留在某国的时间,以避免成为该国居民。如甲国税法规定,临时离境超过 30 日,就不构成该国税收居民,若自然人 A 通过恰当地安排自己的离境时间超过 30 日,就可以变为甲国非居民纳税人,其境外所得就无须向甲国政府履行纳税义务。国际上一些媒体将这些为避税而逃离祖国的人称为税收难民(tax refugee)。

资料 7-1　法国富豪移民,成就比利时富人小镇[①]

埃斯坦皮是比利时一个不起眼的小镇,全镇仅有 1 万名居民、6 个村庄、2 个咖啡馆,甚至没有一家电影院。已为俄罗斯籍的法国著名影星、欧尚超级市场集团和迪卡侬连锁运动用品量贩店拥有者及法国超级名模都已移民该镇。

埃斯坦皮镇在吸引法国富豪方面具有其自身的独特优势。这里距离比利时

① 侯隽:《法国"平均一天有一富豪外逃"欧美富豪上演财产保卫战》,《中国经济周刊》,2013 年第 10 期。

和法国边境只有23公里，前往边界线只需几分钟车程。根据1964年法比协议，允许这里居住的法国人免于缴市政税、富人税和高额的财政税，以及遗产税、资本利得税等，这里的生活开销相比较法国也低得多。

为了使自己的财富“不外流得太远”，法国富豪大都选择在周边国家“曲线生活”。比利时经济稳定、政府财政状况良好，且实行自由主义经济政策，以及对外国人采取宽松的税收政策，再加上比利时有传统的法语区，成为法国社会精英青睐的财富“避难所”。仅在2012年，来埃斯坦皮定居的法国人就超过200人。截至2012年镇上居住着大约2 800名法国人，占全镇人口总数的27%，极大地抬高了当地的房价。

此外，瑞士和新加坡也是富豪移民的乐园。据瑞士媒体报道，在300位瑞士最富有的居民中，有44位是法国人。

二、通过转让定价避税

转让定价（transfer pricing），是指公司集团内部各成员实体之间进行业务往来所制定的内部交易价格。该交易价格往往与非关联方之间进行的公允市场交易价格发生了偏离，此种偏离若被相关国家认定为不合理地侵蚀了本国税基，则该国就会采取相应的措施对公司集团内部成员实体之间进行的转让定价进行反避税调整。从地域看，转让定价既会跨国发生，亦会局限于一国内部。从某一具体国家角度看，对于发生于本国境内公司集团成员实体间的内部交易，即使该转让定价与市场交易价格发生了明显偏离，但考虑到税基并没有流至境外，该国税务机关可能不会予以重点关注。与之相反，为积极维护本国税收权益，一国税务机关可能会对侵蚀到本国税基的跨国关联交易予以特别关注。

转让定价是国际上最基本、最常见的避税形式。跨国公司利用转让定价避税的基本原理是将利润从高税国转移至低税国或国际避税地，从而实现跨国公司整体税负的最小化。从实践看，跨国纳税人的转让定价避税可以发生在所有领域，涵盖了产品交易、服务提供、无形资产转让、资金融通等交易行为。从利润输出国角度看，纳税人通过与境外关联方进行“高进低出”交易，从而将利润转移至境外关联方；从利润输入国角度看，则是与境外关联方进行“低进高出”交易而将利润转移至该低税负输入国。自20世纪初以来，独立交易原则已然成为各国对纳税人转让定价避税行为进行有效治理所遵循的基本规范。在独立交易原则之下，衍生出可比非受控价格法、再销售价格法、成本加成法、交易净利润法、利润分配法等转让定价调整方法①。

① 对转让定价避税及其税务管理更为详尽的分析见本书第八章。

三、通过滥用税收协定避税

滥用税收协定(international tax treaties abusing)是指第三国居民利用其他国家之间所缔结的税收协定中的优惠待遇,以获取自身本不应得到的税收利益。也就是说,滥用税收协定的避税方式导致了协定待遇被不适当地授予了没有享受资格的纳税人。滥用税收协定避税方式,主要是减轻或规避来源国针对股息、利息、特许权使用费等消极所得征收的预提所得税。由于各国国内法对企业所得税居民纳税人的认定标准存在不同,加之税收协定相关条款中的优惠待遇享受资格规定存在"灰色地带",各国对税收协定条款的解释各异,从而为跨国纳税人通过滥用税收协定避税创造了空间。滥用税收协定避税最常见的方式就是第三国居民通过在税收协定当事国设立导管公司以享受协定优惠待遇。20 世纪 90 年代和 21 世纪初,OECD 发布了一系列报告,开始注重解决纳税人滥用税收协定的避税问题。2015 年 OECD 发布的 BEPS 第 6 项行动计划(防止税收协定优惠的不当授予)对解决滥用税收协定避税问题提出了体系化的对策建议[①]。

四、通过无形资产的跨境转移避税

在数字经济时代,高科技跨国公司创造价值的主要工具逐渐变为了商标权、专利权、软件等无形资产,其在跨国公司价值创造中所占的份额越来越大。由于无形资产具有范围模糊、虚拟化、流动性强、价值评估难等特点,依照传统的税收规则处理无形资产涉税问题困难重重,极易引发税企争议。无形资产跨境转移避税方式主要包括以下几种。

(一)在跨国公司集团内部人为配置无形资产法律所有权,搭建特定避税架构

相对于商品和服务,无形资产在跨国公司集团内部成员实体之间的流动更易实现。通过将无形资产法律所有权赋予避税地成员实体,搭建特定的避税架构,结合跨国公司所属居民国特定的 CFC 规则中的豁免条款,即可实现大幅降低集团总税负的避税目标。世界诸多跨国公司都利用无形资产流动性强的特点,通过搭建双层爱尔兰或双层爱尔兰夹荷兰"三明治"避税架构成功实现了国际避税。案例 7-2 以谷歌公司避税为例说明了双层爱尔兰夹荷兰"三明治"避税架构的实现逻辑。

资料 7-2　谷歌公司"三明治"避税架构解读

谷歌公司是全球知名的跨国互联网巨头和高科技公司。据澎湃新闻 2018 年 1 月 4 日报道,荷兰商会(Dutch Chamber of Commerce)公布在网上的文件披露,

① 对滥用税收协定避税及其税务管理更为详尽的分析见本书第九章。

2016年谷歌公司通过将159亿欧元(约192亿美元)的收入在爱尔兰、荷兰和百慕大群岛之间转移规避了37亿美元的税款。该公司2016年转移到百慕大群岛壳公司的资金比2015年高出7%。在谷歌公司的避税策略中,“三明治”海外投资架构的搭建发挥了至关重要的作用。

在谷歌公司的“三明治”投资架构(见图7-1)中,设立在爱尔兰的谷歌控股公司为第一级海外子公司。该公司虽然注册地在爱尔兰,但其实际管理机构却设置在百慕大群岛。由于美国和爱尔兰对企业居民身份的认定分别采用注册地标准和实际管理机构标准,因此谷歌爱尔兰控股公司既不是爱尔兰居民公司,也不属于美国居民公司。谷歌爱尔兰控股公司在爱尔兰又设立了谷歌运营公司。由于谷歌爱尔兰运营公司的注册地和实际管理机构都位于爱尔兰,因此其为爱尔兰税收居民公司。此外,谷歌爱尔兰控股公司还在荷兰设立了子公司,即谷歌荷兰公司,该公司为荷兰居民公司。

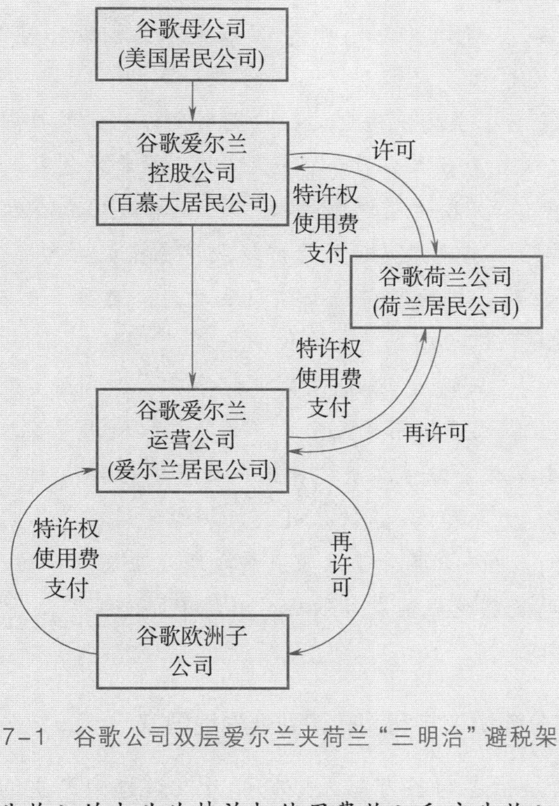

图7-1　谷歌公司双层爱尔兰夹荷兰“三明治”避税架构

谷歌公司营业收入的大头为特许权使用费收入和广告收入。这两类收入都主要依靠无形资产取得。从无形资产所有权在谷歌集团内部的配置看,设在爱尔兰的一级子公司即谷歌爱尔兰控股公司通过与谷歌美国母公司签订成本分摊协议,前者以“加入支付(buy-in payment)”的方式与后者共同获得谷歌公司无形资产所有权。谷歌爱尔兰控股公司再依序将相关无形资产许可给谷歌荷兰公司、谷歌爱尔兰运营公司及欧洲其他子公司使用。从收益的流向看,谷歌欧洲子公司将收入以特许权使用费的形式支付给谷歌爱尔兰运营公司，该运营公司再将收到的收入的绝大部分以相同的形式支付给谷歌荷兰公司。谷歌荷兰公司以相同的手法将特许权使用费支付给无形资产的法律所有者谷歌爱尔兰控股公司。在上述支付链条中，由于支付方与收取方均为欧盟成员，因此支付方所在国免于征收特许权使用费的预提所得税。谷歌爱尔兰运营公司与谷歌荷兰公司则因为留在当地的所得均为特许权使用费差价收入，数额较少，税负很低。谷歌爱尔兰控股公司虽然获得了巨额的特许权使用费收入，但因其为百慕大群岛税收居民公司，美国和爱尔兰均不能对其行使居民管辖权征税。

至此，谷歌公司“三明治”避税架构能够成功还有两点需要说明。一是在谷歌爱尔兰控股公司与谷歌爱尔兰运营公司之间“夹入”谷歌荷兰公司的必要性分析。若由谷歌爱尔兰运营公司直接向谷歌爱尔兰控股公司支付特许权使用费，则该所得会被认定为来源于爱尔兰，即使谷歌爱尔兰控股公司不为爱尔兰税收居民公司，爱尔兰政府也可行使地域管辖权征税。“夹入”谷歌荷兰公司后，则相应所得被“包装”为爱尔兰境外所得，谷歌爱尔兰控股公司作为非居民公司，不需就该所得向爱尔兰政府缴税。二是谷歌公司海外子公司所得被美国现行CFC归责豁免的分析。美国税法中的打勾规则允许纳税人自由选择符合条件的实体类型，可以选择作为独立公司（即纳税实体）或者穿透实体（a pass-through entity）（即纳税虚体）。在此案中，谷歌爱尔兰运营公司和谷歌荷兰公司均被选择为纳税虚体，其向上层股东支付的特许权使用费被视为内部分支机构间交易，从而谷歌爱尔兰控股公司的所得被美国税法视为来自独立第三方的积极所得，免于被现行CFC规则进行相应的反避税调整。

总结：谷歌公司“三明治”避税架构中的每层子公司在实现避税目标中都扮演着特定的“角色”。由于依附于无形资产的特许权使用费收入是谷歌公司收入的大头，因此通过成本分摊协议使境外第一级子公司共享无形资产的法律所有权是其避税“妙手”。总体看，谷歌公司避税架构既利用了各国对企业居民纳税人认定标准的差异，也充分享受了欧盟成员之间发生交易时的税收优惠，居民国反避税条款中的特定豁免规则在谷歌公司避税中亦发挥了至关重要的作用。

（二）利用成本分摊协议将利润转移到低税地国家

成本分摊协议，是指参与各方对无形资产开发过程中产生的成本与风险进行分摊，以获得在自身业务中独立使用无形资产权利的协议。利用成本分摊协议避税的基本思路是：位于高税国与避税地的跨国公司不同成员实体通过协议方式共同参与无形资产的开发，由此形成的无形资产所有权或使用权收益由参与各方分享。位于避税地的成员实体通过参与所属集团无形资产的开发过程，合法地享有无形资产的所有权及由此带来的经济收益。若跨国公司集团人为地安排避税地成员实体承担无形资产开发中的大部分风险并据此享有无形资产带来的大部分收益，则可成功实现将利润由高税国转移至避税地的避税目标。成本分摊协议最早出现在美国,但美国对成本分摊协议的避税管理却相对宽松,实践中也鲜见对成本分摊协议的反避税案例。美国诸多跨国公司都通过成本分摊协议方式成功避税。谷歌、苹果、亚马逊、星巴克等跨国公司无一例外都通过成本分摊协议方式将无形资产所有权赋予海外避税地成员实体,从而将无形资产产生的大量利润滞留在境外。

(三)利用无形资产的虚拟化特征而避免构成另一国常设机构

依据OECD范本及UN范本的规定,一国居民到另一国从事经营活动取得营业利润,只有在另一国存在常设机构的前提下,该另一国作为来源国才可对跨国纳税人征收所得税。但在数字经济快速发展的时代背景下,跨国公司商业模式创新速度加快,无形资产的虚拟化特征使得跨国公司无须在来源国或市场国设立物理性常设机构即可源源不断获取营业利润。以谷歌公司为例,该公司是全球最大的搜索引擎,广告收入和特许权使用费收入是其收入的两大来源。在其全球业务配置中,谷歌爱尔兰公司负责处理英国市场及其他市场的广告业务。若谷歌在英国市场的客户有刊登广告的需求,则该客户需联系谷歌爱尔兰公司。在英国的客户只需通过网络即可自主完成所有交易。由于谷歌爱尔兰公司并没有在英国设立场所型常设机构,因此英国政府并不能依据常设机构对谷歌爱尔兰公司征税。

五、资本弱化避税

资本弱化(capital weakening)[①],是指在公司的资本结构中债务融资的比重大大超过了股权融资比重,即向国外关联企业的债务融资大于正常水平以增加税前扣除,从而降低企业税负。由于加快经济发展的内在需求使得不同国家和地区在资金的需求上存在差异,进而在资金的引进、利用方式和方法上存在差异,这就为投资者选择不同的投资方式提供了条件。跨国公司往往是通过位于避税地的关联方向位于高税国的企业提供大量贷款,由高税国企业向避税地关联方支付大量利息的方式实现资本弱化避税。位于高税国的企业在进行利息税前扣除的同时,避税地关联方收到的利息只负担很低税负甚至不缴纳所得税。在上述情形下,利息所得成为无国籍所得,纳税人则实现了国际双重不征税的避税目标。

六、利用纳税人或征税对象的混合错配安排避税

混合错配安排(hybrid mismatch arrangement),是指不同国家对某些类型纳税人的税收居民身份属性及某些金融工具的税收属性认定上存在差异,跨国纳税人利用这些差异达成跨国所得的双重不征税或相关成本费用双重扣除,从而实现其避税目标的避税方式。混合错配安排主要包括混合实体和混合金融工具两种模式。

---

① 资本弱化避税的内涵及其反避税管理的更详尽分析见本书第九章。

（一）混合实体

混合实体（hybrid entities），是指税务上被一国视为独立的纳税实体，而另一国则将其界定为税收透明体的组织或业务单元。如英国、荷兰、中国等国将合伙企业视为纳税透明体，即合伙企业本身不需独立缴纳企业所得税，“穿透”合伙企业后由合伙人就其取得的所得缴纳所得税。印度尼西亚、西班牙、比利时等国则将合伙企业视为独立的纳税实体，合伙人从合伙企业取得的分红视同股息分配处理。再如，英美法系国家将信托或类似的信托关系视为纳税实体，而大陆法系国家则视信托为税收透明体。不同国家对同一组织或单位在税收上的定位差异为跨国纳税人避税创造了条件。图 7-2 中，甲国 A 公司通过设立在乙国的混合实体 H 投资于 B 公司。H 从乙国的 C 银行借入资金用于向 B 公司增资，利息则由 H 支付给 C 银行。甲国税法将 H 视为税收透明体，其向 C 银行支付的利息可以由 A 公司进行税前扣除。乙国税法则将 H 视为独立的纳税实体，所支付的利息由 H 进行税前扣除。由此，同一笔利息进行了两次扣除，跨国纳税人通过混合实体税收属性的错配达成其国际避税目标。当然，若 H 本身盈利很少甚至亏损，则其避税效果会大打折扣，此时，若乙国允许 H 与 B 公司进行集团合并报税，则相应的利息扣除会抵减 B 公司税负，仍可在一定程度上实现其避税目标[①]。同理，若 H 具有甲国与乙国的双重居民身份属性，也可以通过双重扣除实现国际避税。

（二）混合金融工具

混合金融工具（hybrid financial instruments），是指税务上被一国视为债权，而另一国视其为股权的金融工具。常见的混合金融工具主要包括可转换债券、优先股、永续债、附认股权证债券、利润分享贷款等。金融业的发展丰富了企业的融资手段，但却带来了对其税收属性认定的困难和挑战。对上述所列的各种形式的混合金融工具，有的国家认定为债券融资，而有的国家则认定为股权融资，税收属性的认定差异为跨国纳税人应用混合金融工具避税创造了条件。图 7-3 中，位于甲国的 A 公司通过某种混

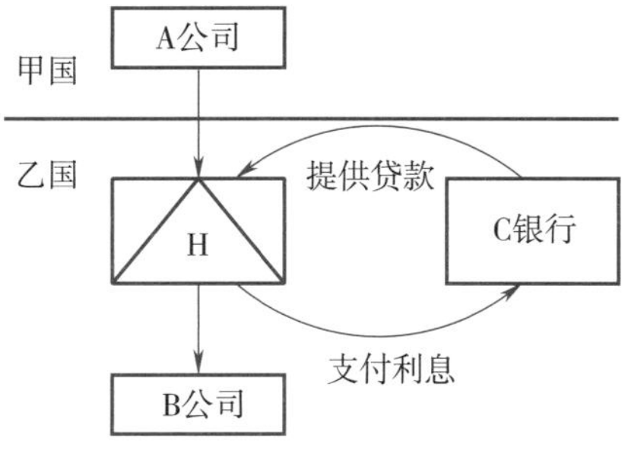

图 7-2　混合实体避税示意图

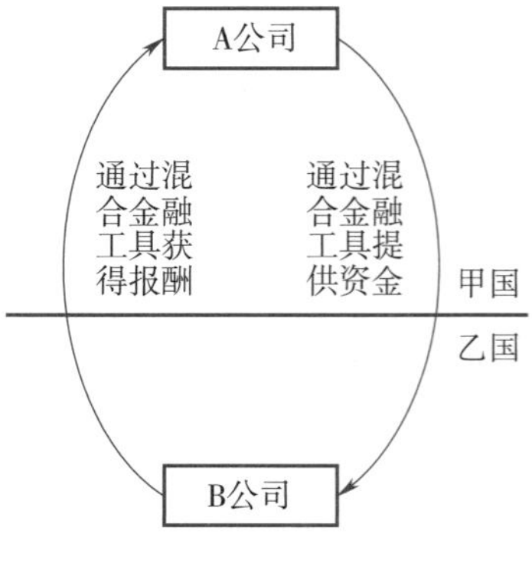

图 7-3　混合金融工具避税示意图

① 如新加坡税法有集团合并纳税的相关规定。在满足特定条件的前提下，集团内某企业当年未使用的损失、折旧免税额和捐赠额可转让给同一集团内的其他企业。集团通常包括一个在新加坡注册成立的母公司及其所有在新加坡境内注册成立的子公司。若两家在新加坡注册成立的企业中一家拥有另一家 75% 以上的股份或均被同一第三家在新加坡注册成立的企业控股 75% 以上，则其属于同一集团。

合金融工具向位于乙国的B公司提供了资金，并据此从B公司获得了相应的资金使用报酬。若乙国认定该项混合金融工具的税收属性为债权融资，从而相应的支付允许从B公司的税前所得中进行扣除，而甲国认定为股权融资，且甲国对本国居民境外股息所得实行免税法以避免国际重复征税，就会形成“一国税前扣除，另一国不确认收入”的局面，跨国纳税人即成功实现了国际避税。

七、通过在避税地设立受控外国公司避税

受控外国公司（controlled foreign corporation，CFC），是指一国居民在低税地或避税地国家（地区）设立的受其控制的公司或类似法律实体（如信托），以该公司或实体为中心归集和积累利润，从而实现延迟纳税的避税目标[①]。跨国公司在避税地设立受控外国公司后，运用转让定价、资本弱化等具体避税手段将全球利润转移至该受控外国公司。通常情况下，若被投资的受控外国公司不宣布进行利润分配，则股东所属的居民国就不会将该股东的海外投资收益视为当期计税所得。当设立在避税地的受控外国公司出于避税目的而迟迟不作利润分配时，即可成功实现其避税目标。

实践中，跨国公司在避税地设立的受控外国公司主要包括以下具体形式：❶ 中转销售公司；❷ 控股公司；❸ 收付代理公司；❹ 海运公司；❺ 信托公司；❻ 内部保险公司或集团财务公司等。百慕大群岛、巴哈马、巴拿马、开曼群岛、瑙鲁、列士敦士登、瑞士等国（地区）是跨国公司设立受控外国公司的热门地点。

八、通过选择有利的公司组织形式避税

当一国居民欲扩大海外市场，积极参与国际市场竞争时，不同“出场”形式对其税负的影响存在显著差异。“出场”形式由低到高可以分为办事处、分公司、子公司等。若在境外设立不具有公司形式的办事处，且该办事处只从事准备性、辅助性活动，则不需负担来源国的所得税税负，但此种形式对企业拓展境外市场的限制较大，效率较低。若在境外设立分公司，由于分公司不具有独立的法人地位，设立简便。与居民国的总公司属于同一法人实体，境外分公司的亏损一般可以用境内总公司的盈利来弥补，从而减轻跨国公司的整体税负。但在境外设立分公司的商业弊端是缺乏来源国当地股东的支持，且在结束运营或撤离东道国时，其资产处置方式受到严格限制。分公司只能出售实物资产，而不能出售股权或与其他公司合并，导致其在资产变现和战略调整上有局限。若在东道国设立具有独立法人地位的子公司，母公司对海外子公司的生产经营不负直接的法律责任，可以有效隔离海外经营风险，且子公司属于独立的法人实体，其一般可以享受当地制定的各项税收优惠政策。在母公司所在国税负较高时，设立在境外的子公司还可以通过延迟分配利润达至延迟纳税目标。但在海外设立子公司的手

① 对受控外国公司概念及反避税管理的更详尽分析见本书第九章。

续较为繁杂，且子公司在当地缴纳企业所得税后，向母公司进行利润分配时还需代扣代缴预提所得税。综上所述，一国企业拓展境外市场，决定“出场”形式时，将各种形式下的节税收益与商业利益综合考量才为明智之举。

第三节　国际避税地

一、国际避税地的概念

目前各国对国际避税地并没有统一的定义。习惯上，不同国家对国际避税地的称谓也不同，如英国称之为“国际避税港”，德国称之为“税收绿洲”，法国等国则称之为“税收天堂”。避税地国家（地区）通常情况下自称为“离岸金融中心”。国际社会公认的国际避税地在20世纪60年代都已发展为离岸金融中心，因此国内外很多专家对国际避税地与离岸金融中心两个概念都不加区分。OECD在1998年《有害的税收竞争：一个新兴的全球性问题》报告中概括了识别国际避税地的4个标准：**❶ 在所得税方面实施零税率或很低的名义税率；❷ 与其他国家缺乏有效的信息交换；❸ 在信息披露方面缺乏透明度或透明度不足，基本规则的制定及实施不明确、不规范；❹ 经济活动缺乏实质性，在当地的投资或贸易纯粹出于税收目的。**美国税法中也没有对国际避税地的明确定义，但规定了识别国际避税地的特征：当某一国家或地区符合所得税率明显低于美国税率、实行严格的银行保密制度、具有高度发达的现代通信设施、外汇进出自由等特征时，该国家（地区）就会被美国税法认定为国际避税地。日本和法国则将所得税税率相较于本国过低的国家（地区）视为国际避税地。

虽然对国际避税地的认定并没有取得国际共识，但OECD和欧盟都列有“不合作税收管辖区”名单，以为成员国的反避税管理提供指引。需要指出的是，“黑名单”会随着上榜国家（地区）与国际社会进行税务合作意愿的变化或相应的税制改革进展而发生变动。如欧盟截至2023年年底更新后的避税地“黑名单”包括了美属萨摩亚、安提瓜和巴布达、安圭拉、巴哈马、伯利兹、斐济、关岛、帕劳、巴拿马、俄罗斯、萨摩亚、塞舌尔、特立尼达和多巴哥、特克斯和凯科斯群岛、美属维尔京群岛和瓦努阿图。英属维尔京群岛在修订其信息交换框架后被移出该名单，马绍尔群岛则基于其在实施经济实质标准方面取得显著进展而被撤销“不合作税收管辖区”标签。一国（地区）一旦被OECD或欧盟列入避税地“黑名单”和“灰名单”，就意味着OECD或欧盟基本确定了它们避税地的地位，通常会给“上榜”国家政府带来较大的政治压力。其他国家及国际组织通常会在税法及其他法律方面对避税地“上榜”国家（地区）进行区别对待，直接影响避税地国家（地区）的外商直接投资（FDI）流入，长期来看很可能会削弱其在金融与税收领域的离岸优势。

二、国际避税地的类型

（一）不征收所得税的国家（地区）

不征收所得税的国家（地区）也称为纯国际避税地，以加勒比海和太平洋地区的一些岛国（地区）为代表，如巴哈马、开曼群岛、瑙鲁、百慕大群岛、汤加等。这些国家（地区）地域狭小，人口规模和市场规模都很小，在当地不需要通过开展多元化经营以发展国民经济。这些国家（地区）一般不征收所得税，其财政收入主要来源于在当地成立公司的注册费和许可费等相关费用。虽然此类避税地人口、市场、国土范围受限，但注册在其境内的离岸公司数量却非常庞大。为给大量的离岸公司提供财务服务，这些避税地的金融、会计、财务、法律等服务行业都较为发达。由于这些国家（地区）属于世界公认的国际避税地，为避免给跨国纳税人提供反向激励，因此其他国家一般都不会与其缔结双边税收协定。

（二）所得税税率较低的国家（地区）

所得税税率较低的国家（地区）虽然征收所得税，但其税率明显低于其他国家。与纯国际避税地不同的是，这些国家的经济模式与其他非避税地国家一样，需要开展多元化经营以带动本国经济发展。通常情况下，世界其他国家（地区）都不会将这些国家视为纯国际避税地，因此往往会与其缔结双边税收协定，为跨国公司来当地投资经营提供协定优惠待遇。属于此种类型的国际避税地国家主要为一些欧洲国家，如瑞士、爱尔兰、列支敦士登、海峡群岛等。以瑞士为例，联邦公司税加地方公司税的税率为11.5%~24.2%，且地方政府对新办企业给予10年免税期的优惠待遇。由于瑞士不属于纯国际避税地，因此很多国家都与其缔结了税收协定。此外，瑞士吸引跨国纳税人投资的另一大优势是其曾经实行的银行保密制度。瑞士的银行保密制度产生于1713年，该项制度助力瑞士银行吸收了世界各地的巨额财产，瑞士也成为世界上吸收离岸财富最多的国家。

（三）仅实行地域管辖权的国家（地区）

从世界范围看，绝大多数国家实施的税收管辖权模式为“地域＋居民”。实施单一地域管辖权模式的国家（地区）实施有限的属地管辖税制，虽然征收税率较低的所得税，但对其境内居民取得的境外所得不征税，因此该类国家（地区）居民承担的税负往往很低，从而为跨国纳税人避税提供了便利条件。中国香港、巴拿马、哥斯达黎加、塞浦路斯等都属于上述情形。以中国香港为例，低税率和设计简单是其税收制度的两大特点。香港税制中的直接税仅包含个人所得税（薪俸税）、公司所得税（利得税）和物业税，不征收增值税或其他流转税。无论个人所得税还是公司所得税都仅实行属地管辖，境外所得不需纳税。公司所得税税率为16.5%，个人所得税实行累计税率，最高边际税率为17%。尤其是我国香港对汇往境外的股息不征预提所得税，并对银行及一部分金融公司支付给境外的利息亦免征预提所得税。此外，虽然很多国家都没有与国际知名的避税地国家（地区）缔结税收协定，但我国香港特区截至 2023 年 3 月 31 日已与 46 个国家（地区）缔结了双边税收协定（安排），为跨国纳税人在港投资提供了便利条件。

（四）对特定公司实行特殊税收优惠的国家（地区）

对特定公司实行特殊税收优惠的国家（地区），对境内一般公司征收正常的所得税，但一些特定公司却可以适用特殊税收优惠承担较低税负。属于此种情形的国家（地区）主要有卢森堡、巴巴多斯、库拉索岛等。以卢森堡为例，该国与其他绝大多数国家一样，实施"地域 + 居民"的税收管辖权模式。卢森堡税负水平在欧盟国家中较低，企业所得税税率通常为 17%，但对符合条件的控股公司实行特殊的免税政策。巴巴多斯的公司所得税标准税率为 25%，但对离岸的国际商业公司（IBC）和国际金融公司依据其计税收入的大小征收 0.25% 至 2.5% 的公司税。库拉索岛是位于加勒比海南部，靠近委内瑞拉海岸的一座岛屿，原为荷属安的列斯群岛的一部分，2010 年 10 月 10 日荷属安的列斯解体后纳入荷兰王国管辖，但实行高度自治。自 2020 年 1 月起，库拉索岛只实施单一的地域管辖权，公司所得税的标准税率为 22%，但一些特定的投资实体如投资资金或数据中心可以适用 3% 的优惠税率。

（五）拥有广泛税收协定网络的国家（地区）

税收协定最主要的功能之一就是为跨国纳税人提供协定优惠待遇。一国若与绝大多数国家（地区）缔结了大量的双边税收协定，可以大幅度地降低跨国所得在国别间流转的预提所得税税负，从而为吸收境外资本及鼓励本国企业"走出去"提供税收上的便利，提升本国税制竞争力。拥有广泛税收协定网络的国家（地区）通常会成为第三国居民滥用税收协定避税的"载体"，国际上有人主张将此类国家（地区）也列入国际避税地范围。荷兰是这些国家中的典型代表。荷兰是欧盟成员国中的重要经济体，有"欧洲贸易门户"之称。该国的公司所得税为超额累进税率，但税率较低，具体规定为：应税收入不超过 20 万欧元的部分，适用税率为 19%；应税收入超过 20 万欧元的部分，适用税率为 25%。荷兰在税收领域的一大优势就是拥有广泛的税收协定网络，该国与近 100 个国家（地区）缔结了双边税收协定。根据税收协定或欧盟母子公司指令，荷兰公司向境外股东支付股息、利息、特许权使用费时，可以按照极低的税率缴纳预提所得税或享受免税待遇。此外，荷兰税务机关还特别注重提升纳税服务水平，允许企业申请"税务事先裁定"和"价格事先裁定"，为跨国公司到荷兰投资经营提供稳定、可预期的税收环境。据荷兰外商投资局（NFIA）数据，截至 2024 年年初，已有 1.5 万余家外资公司在荷兰投资运营，荷兰吸收外商直接投资存量居欧洲首位。

三、国际避税地的非税特征

国际避税地留给世界民众的大概形象是：低税收，政局稳定，治理良好，人口少，人均 GDP 高，服务业在 GDP 中占有很高份额。除了具有显著的税收竞争优势，其他一些非税特征也是成为国际避税地的必要条件。考察当今世界知名的国际避税地实际情况，本书将国际避税地的非税特征总结如下。

（一）政局稳定

稳定的政局是吸引外资、调动国内资源发展经济的政治基础。若一国（地区）政局动荡，社会秩序较为混乱，则无法为投资者提供稳定的经营环境，吸引外资也就无从谈起。如今，比较知名的国际避税地基本都分布在加勒比海、西欧及亚太地区，非洲及中东地区则鲜见国际避税地。主要原因在于非洲及中东地区的很多国家政局不稳，缺乏井然的社会秩序，无法为跨国投资者提供稳定的经营预期。如黎巴嫩曾经实施单一的地域管辖权，且对设在本地的控股公司和离岸公司免税，但长期战火导致其“避税天堂”地位逐渐消失。近年来巴拿马和直布罗陀的政局动荡也削弱了其对跨国公司的投资吸引力。

（二）银行保密制度严格

跨国公司利用转让定价等避税手段将利润转移至避税地的成员实体，既会损害到跨国公司所属居民国的税收权益，也可能侵蚀实际开展业务的市场国税基，各国对跨国公司的利润转移都非常关注，并可能基于本国税法对其展开反避税调查甚至进行纳税调增。非避税地税务部门进行反避税调查的基础工作就是掌握跨国纳税人境外经营及财务信息。若避税地无法为跨国纳税人提供银行信息保密服务，则其避税意图必然落空。通常情况下，国际避税地的金融业非常发达，所在地银行亦能提供资金存管、流通及信息保密服务，且在国家（地区）层面对上述保密服务进行立法。如瑞士 1934 年就将银行保密义务置于刑法保护之下，任何向其他国家披露客户银行账户信息的行为都将被监禁[①]。开曼群岛、巴哈马等国（地区）亦制定有相应的银行保密法。对银行保密服务没有进行立法的避税地一般也不允许所在地银行未经客户同意将信息透露给任何第三方。

（三）现代化的交通、通信基础设施

拥有现代化的交通、通信基础设施是成为国际避税地的必要条件之一。跨国公司将利润转移至避税地，或将避税地作为利润中转站，客观上需要频繁往返于避税地办理各种手续，发达的交通、通信基础设施为跨境人员往来提供了充分的便利条件。观察国际避税地的地理位置分布可以发现，知名国际避税地都背靠发达的资本输出国或人口市场大国，这为跨国公司通过国际避税地向目的地市场投资搭建了便利的桥梁。如百慕大群岛距离美国纽约只有 1 247 公里，从百慕大群岛到纽约每隔 2 小时就有一个航班，飞行时间不到 2 小时。开曼群岛到美国的迈阿密飞行时间仅为 1 小时，每天都有几个航班。同样，泽西岛和根西岛到伦敦的飞行时间也仅有 1 小时。相反，安道尔虽然位于法国和西班牙之间，也不征收所得税和遗产税，但其交通较为落后，到安道

① Mara, Ramona E. Determinants of tax havens.Procedia Economics and Finance, 2015, 32.

尔没有航班，较为落后的交通基础设施严重弱化了其国际避税地的地位。

（四）资金汇入及汇出自由

跨国公司利用国际避税地实现避税目标通常需要向避税地成员实体汇入或汇出资金。可以说，设在避税地的成员实体在跨国公司通过“倒腾资金”以降低集团整体税负的过程中扮演着至关重要的角色。通常情况下，国际避税地对设在本地的离岸公司的资金汇入及汇出都不会加以限制。资金来去自由也意味着避税地政府不会对跨国公司的出入境资金进行外汇管制。有些避税地出于历史原因，本身并不发行货币，而是以发达国家货币作为流通货币，如特克斯和凯科斯群岛与英属维尔京群岛以美元、列支敦士登以瑞士法郎、瑙鲁以澳大利亚元作为自身的流通货币。中国香港虽然拥有自身货币港元，但与美元的联系汇率机制亦保证了货币的稳定性。中国香港作为国际金融中心，资金流动和进出自由，亦没有严格的外汇管制措施。资金自由流动及稳定的货币体系为跨国公司在避税地留存利润实现财富保值增值奠定了相应的财务基础。

（五）成熟、专业的服务体系

通常情况下，跨国公司虽然在避税地设立成员实体以享受税收优惠，但并不会派出大量人员在当地驻留。所需的审计、税务、金融、法律、咨询、评估等专业服务一般都寻求当地中介服务公司来完成。因此，避税地的专业服务体系都非常发达，服务业在GDP中所占份额一般都较高。

资料 7-3　英属国际避税地简介

世界上有多种类型的国际避税地，公认的避税地名单包括大约60个税收管辖区。很多活跃和著名的避税天堂都与英国联系在一起。英国的14个海外领地（overseas territories）中有7个通常被认为是“避税天堂”，如百慕大群岛、开曼群岛、英属维尔京群岛（BVI）。泽西岛、根西岛和马恩岛是英国的三个皇家属地（crown dependencies），亦称自治领地，这些地区虽然属于英国的一部分，但在内政、税收和法律事务方面都享有较大的自治权，也被国际社会公认为国际避税地。

英属维尔京群岛（BVI）位于大西洋和加勒比海之间，背风群岛北端，距波多黎各东海岸100千米，与美属维尔京群岛毗邻。BVI名义上征收所得税，但目前规定的税率为零，实际上不用缴纳所得税和财产税。BVI虽然不征收所得税和财产税，但向设在本地的离岸公司征收注册费，由于注册的离岸公司数量庞大，政府收取的注册费占到政府收入的一半以上。BVI没有任何外汇管制措施，资金来去自由，政府监管非常宽松。BVI拥有全球40%~45%的离岸公司，大约有50万家公司活跃在BVI，这意味着每个BVI居民平均“拥有”超过16家公司。

开曼群岛位于加勒比海西部，由大开曼岛、开曼布拉克岛和小开曼岛组成。开曼群岛是全球知名的潜水及旅游度假胜地，风景优美。开曼群岛没有开征任何形式的个人或公司税。开曼群岛具有非常完备的公司法制度，但对离岸公司的监管宽松，公司并购方面的遵从成本较低，诸多在开曼群岛注册的离岸公司在美国和中国香港上市。开曼群岛是世界领先的全球金融中心之一。开曼群岛拥有250家银行，其中包括全球最大的50家银行中的40家的分支机构。作为全球60%的对冲基金注册地，开曼群岛已经发展成为全球对冲基金的设立中心。正是基于开曼群岛税负极低、融资便利、信息保密及监管宽松等特点，诸多的中国企业境外上市主体都选择在开曼群岛注册，如百度、阿里巴巴、新浪、腾讯、京东等企业集团。

第四节　我国外资企业及“走出去”企业避税问题

一、我国外资企业避税问题

（一）吸引外资取得巨大成就

随着经济全球化的推进和我国对外开放水平的不断提升，越来越多外资企业到我国投资。庞大的人口和市场规模、完整的产业链体系、现代化的基础设施水平、较为廉价的资源等都是吸引外资的重要因素。改革开放以来，党中央和政府高度重视外资引进工作。为吸引外资，我国曾特为外资企业制定《中华人民共和国外商投资企业和外国企业所得税法》，相对于内资企业，该法给予了外资企业较大的税收优惠待遇。进入21世纪后，我国改革开放进入新的历史阶段。特别是加入世界贸易组织后，国内市场更加开放，内资企业承担比外资企业更高的税负，既违背了平等竞争，也不符合世界贸易组织规则的要求，我国遂于2008年统一内外资企业所得税法，对不同所有制企业适用同一套税制征收企业所得税。客观地讲，两税合并之前针对外资企业所制定的优惠政策在我国吸引外资及促进国民经济发展中扮演了重要角色。十八届三中全会以来，我国对外开放进入新的历史阶段。为适应对外开放新形势，改变以往对外资管理的法规分散状态，与国际法律体系接轨，在整合“外资三法”① 并结合新形势的基础上，我国于2020年开始实施《中华人民共和国外商投资法》。该法的实施为我国推进高水平对外开放战略保驾护航，为保护外商投资合法权益，营造法治化、国际化、便利化的营商环境奠定了相应的法律基础。

在内外因素共同作用下，我国吸引外资工作取得了巨大成就，外资也成为推动我

① “外资三法”指的是《中华人民共和国中外合资经营企业法》《中华人民共和国外资企业法》《中华人民共和国中外合作经营企业法》。

国国民经济发展的重要力量。改革开放至今，我国吸引外资的数量及质量都得到了大幅提升。据统计，我国 2022 年实际使用外资 1 891.3 亿美元，为 1983 年实际使用外资金额的 83.67 倍。从质量角度看，我国高新技术产业吸引外资金额占比出现明显的提升。据统计，我国 2023 年高新技术产业实际使用外资 609.8 亿美元，占实际使用外资的比重由 2019 年的 28.3% 提升至 37.4%。从国际视野看，我国实际使用外资金额占全球 FDI 的比重也从 2000 年的 3% 提升到 2022 年的 14.6%。外资企业在推动我国经济发展、增加财政收入、解决城乡居民就业等方面也发挥着重要作用。据统计，外商投资企业带动了全国约 1/10 的城镇就业，贡献了约 1/5 的工业增加值、1/6 的税收收入、1/3 的进出口总值，为我国国民经济持续健康发展提供了有力支撑。大数据分析显示，2021 年 1 月至 2022 年 6 月，社会公众对《中华人民共和国外商投资法》贯彻实施情况的舆论平均满意度达到 98.2%。

（二）外资企业避税概况

虽然改革开放以来我国引进外资取得巨大成就，但外资企业避税是我国引进外资进程中一个不容忽视的问题。目前社会各界对外资企业避税规模测算的系统研究还比较缺乏，但征管部门及相关新闻媒介透露的数据间接表明了外资企业避税问题较为严重。近年来中国税务机关加强对跨国企业的反避税调查，成功对外资企业进行多起特别纳税调整案例。据报道，中国反避税对税收的直接贡献不断提高，从 2005 年的 4.6 亿元人民币上升至 2013 年的 469 亿元人民币。外资企业在我国避税的一个普遍现象是“长亏不倒”，通过转让定价、资本弱化等避税方式将利润转移至境外。一家于 1995 年在中国北京成立的某国际知名企业为外商独资，除个别年度微利外，该企业多年来一直处于亏损状态，2004 年至 2010 年累计亏损达 20 多亿元人民币。税务机关调查发现，2006 年至 2009 年北京市该行业的平均利润率在 12% 以上，而这家企业的平均利润率却只有 −18%。进一步调查发现，这家企业累计亏损巨大，并不是因为产品在市场上销售差，而是由于销售管理费用率很高，销售收入不足以弥补高额的销售管理费用。费用高的原因则是要向境外母公司支付高额的特许权使用费。此外，母公司对子公司向其提供的研发服务和技术支持服务，给予的报酬明显偏低，也是该企业利润率低、连续亏损的重要原因。经税务机关 3 年多的调查和税企双方 4 轮艰苦谈判，最终外资企业补缴税款近 10 亿元人民币，成为截至 2013 年我国反避税调整金额最大的案件。

考察外资企业在我国的避税现象可以发现：一部分外资企业避税符合跨国公司避税的一般逻辑，即将利润从我国转移至境外税负更低的国家（地区）。除此之外，还存在相当一部分外资企业将利润从我国转移至境外税负更高国家（地区）的反常现象，业界称之为逆向避税。逆向避税一般是跨国公司出于非税动机而实施，这一人为安排虽然减轻了跨国公司在某国的税负，但其全球总税负却是不变或增加的。

外资企业在我国逆向避税的主要动机主要有以下几种。❶ 意图独享外资企业税后利润。对于设在我国的中外合资经营企业，其通过各种避税方式将利润转移至境外后，境外合作方即可独享税后利润，而不需按照投资比例与我国合资方分享。❷ 降低境外纳税调整风险。若外资企业境外股东所在国采用抵免法消除国际重复征税，且我国与该国税收协定中无税收饶让条款，即使外资企业将更多利润转移至境外也不会增加其全球税负。在境外国家反避税处罚较为严厉情形下，外资企业所属跨国公司将外资企业一部分利润转移至境外可以大大降低其境外的税务风险。❸“落袋为安”，降低在我国的投资风险。若我国境内的外资企业所从事行业竞争激烈，甚至外方股东受到所在国某种程度的政治压力，都可能将在我国实现的利润转移至境外以降低投资风险。❹ 规避我国外汇管制。外资企业通过各种避税方式将利润转移至境外是规避我国外汇管制的一种有效方式。❺ 弥补境外关联企业亏损。若外资企业的境外关联方处于初创期且存在亏损情形，将利润转移至该关联方改善盈利状况，就可树立其良好的财务形象，提高信用等级，获取其他非税利益。

二、“走出去”企业避税问题

改革开放以来，我国对外开放取得瞩目成就。一方面，外资在我国的投资总量及质量都创新高，另一方面我国企业积极走出国门参与国际市场竞争，对外投资流量和存量目前已位居世界前列。2015 年我国对外投资流量 1 456.7 亿美元，而当年实际使用的外资额为 1 356 亿美元，首次成为资本净流出国。近 20 年来我国对外投资飞速增长。据统计，2022 年对外投资流量与存量分别为 1 631.2 亿美元和 27 548.1 亿美元，为 2002 年的 60.41 倍和 92.13 倍。横向看，2022 年我国对外投资流量与存量则分列世界第 2 位和第 3 位。虽然我国对外投资近年来呈现出了迅猛增长的态势，但还存在着企业“走出去”的诸多涉税问题。税务“盲走”和国际避税在这些涉税问题中较为突出。税务“盲走”主要指的是企业在“走出去”的过程中没有进行预先的税务风险控制而导致在境外多缴税或没有充分利用双边税收协定优惠以获取节税利益。

国际避税问题在企业“走出去”过程中也日益凸显。虽然目前社会各界有关“走出去”企业对外投资中的避税规模问题缺乏系统性研究，但已经出现的避税案例及数据揭示，我国“走出去”企业的避税问题应引起重视。在我国实践中，相关部门对国有企业的主要考核因素为企业的业绩及盈利状况，税收因素不是主要因素，因此“走出去”国有企业一般不具有明显的避税动机，而非国有企业的避税动机可能更为明显。从所有制形式看，我国对外投资存量中的非国有企业所占份额已由 2006 年的 19% 上升到 2022 年的 47.6%，上涨趋势明显，意味着控制涉外税务风险的压力也在增加。此外，从对外投资存量所在国家（地区）来看（见表 7-1），前 10 位中除澳大利亚外，其余国家（地区）的企业所得税税率均低于我国。其中不乏英属维尔京群岛（BVI）、开曼群岛等国际知名避税地，也包含了新加坡、荷兰、卢森堡、中国香港等低税地国家（地区）。从比重看，到前三位国家（地区）的投资存量占比合计达到了 78.7%。这三个国家（地区）可能并非“走出去”企业从事实质经营的最终投资目的地，而是将其作为汇聚全球利润的控股公司所在地以实现其避税目标。总之，我国的税制改革既要为“走出去”企业创造宽松的税收环境，助力其提升国际市场竞争力，亦要重视对“走出去”企业的反避税管理，引导企业防范税务风险，提升税务合规水平。

表 7-1　2022 年年末中国对外直接投资存量前 10 位国家（地区）

序号	国家（地区）	存量 / 亿美元	比重 /%	所在国（地区）税率 /%
1	中国香港	15 886.7	57.7	16.5%
2	英属维尔京群岛（BVI）	3 672.8	13.3	0
3	开曼群岛	2 115.1	7.7	0
4	美国	791.7	2.9	21%
5	新加坡	734.5	2.7	17%
6	澳大利亚	357.9	1.3	30%
7	荷兰	283.0	1.0	19%
8	印度尼西亚	247.2	0.9	22%
9	卢森堡	205.5	0.7	15%
10	英国	193.5	0.7	19%

资料 7-4　“走出去”企业 VIE 投资架构解读①

VIE 投资架构是我国企业（个人）走出国门在境外上市所采用的一种特殊的投资结构。该投资架构的搭建充分考量了税务影响。VIE（variable interest entity）即可变利益实体，也称协议控制，是指我国境内企业的创始人通过在境外注册成立且在境外上市的实体公司，以签订一系列协议的方式控制境内运营公司股权，并获得境内运营公司经营成果的一种投资结构。VIE 架构起源可追溯至 20 世纪 90 年代。当时中国的互联网企业如新浪、网易等在发展初期急需大量资金，但国内资本市场尚不发达，且此类企业所在行业面临诸多外商投资的限制。在此背景下，VIE 投资架构应运而生。通过 VIE 架构，从事实质经营的运营实体仍留在我国境内，但通过境外注册实体公司在境外上市，在规避国内相关法规限制的同时，搭建了境外融资平台，满足了其发展初期融资的客观需求，提升了企业的国际知名度和品牌形象，为其在全球范围内拓展业务创造了有利条件。

国际税务影响是 VIE 投资架构搭建中的重要考量因素。图 7-4 为典型的 VIE 投资架构图。BVI 公司 1 为 VIE 架构中的顶层公司。在 BVI 设立 BVI 公司 1 的考量为：在 BVI 注册公司程序简单便捷，维续成本低，保密性高。BVI 对外汇管制非常宽松，且不征所得税，公司股东变化无所得税风险，转让时直接处理 BVI 公司 1 的股权，无须交易上市公司股票。设立开曼群岛公司的原因为：香港联交所接受注册在中国香港、开曼群岛、中国内地、百慕大群岛、BVI 的公司挂牌上市。相对于 BVI，在开曼群岛注册的公司接受的监管更为严格，资本市场接受度高，因此一般选择在开曼群岛注册的公司作为境外上市主体。设立 BVI 公

① 改编自李利威：《一本书看透股权架构》，机械工业出版社 2019 年版。

司2的必要性在于：若上市的开曼群岛公司出于商业需要欲转让中国香港公司股权，转让BVI公司2的股权即可实现其商业目标。若无BVI公司2这层架构而直接转让香港公司股权，买卖双方都需向中国香港特区政府缴纳1‰的印花税。间接转让可避免履行香港印花税纳税义务。设立中国香港公司的主要目的是享受境内经营实体公司的经营成果向境外股东分配时的税收安排优惠待遇。内地与香港税收安排中制定有股息分配适用5%征收预提所得税的特定优惠。此外，将中国香港公司作为股东在中国内地设立外资企业时，对股东进行公证时的费用和时间成本相比BVI公司或开曼群岛公司明显要低。中国香港公司在中国内地设立外商投资企业后，由该外资企业与境内实体运营企业签订一系列控制协议，包括但不限于独家服务协议、独家购买权协议、股权质押协议等。通过这些协议，实现对境内运营企业的财务、经营和利润分配等方面的有效控制。按照我国现行税法规定，境内运营公司向外资企业分配利润时可享受免税待遇。

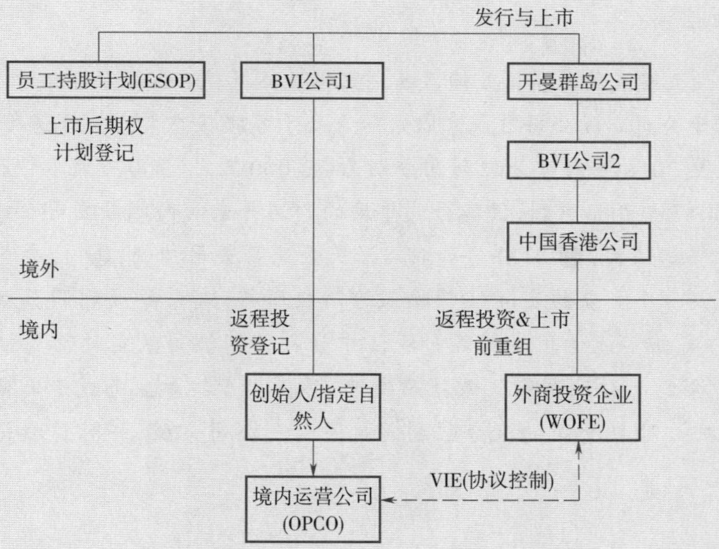

图7-4　VIE架构图示

习　题

一、单选题（请用手机扫描下方二维码作答）

二、改错题（就题中画线部分进行改正）

1．依据《中华人民共和国税收征收管理法》的规定，对纳税人避税行为的税务处理，除了在税务机关通知的期限内补缴税款，还应对纳税人加收滞纳金。（　　）

2．国际避税地一般是指所得税税负为零的国家（地区）。（　　）

3．通常情况下，自然人纳税人通过改变国籍即可变为原籍国的非居民纳税人。（　　）

三、简答题

1．对跨国纳税人的国际避税行为进行调整时，除了补缴税款，往往还要对其加收利息。如何理解利息与滞纳金的区别？

2．从我国税务实践看，比较常见的国际避税方式主要包括哪些？

3．在境外上市的中国企业中，很多境外上市主体都选择设立在开曼群岛，主要的考量是什么？

四、案例分析题

C公司为设立在我国苏州工业园区的一家投资公司。H公司为C公司在我国香港注册成立的全资子公司。H公司自成立以来一直处于亏损状态，直到2017年才扭亏为盈。其中，2016年至2018年的可分配利润分别为–2 000万元、700万元和3 500万元。虽然H公司自2017年开始盈利，但其盈利年度的利润并未向内地母公司C进行分配。内地税务机关经查证认为：❶ H公司受我国居民企业C公司控制；❷ H公司在中国香港的实际税负为零，且主要的实际经营收入为消极所得，部分年度利润总额高于500万元，因此，H公司并不能适用我国现行税法中受控外国公司认定的豁免情形；❸ H公司近年来所积累的未分配利润仅做挂账处理，并未用于拓展业务或者其他再投资。据此，内地税务机关对H公司的未分配利润视同向C公司分配，并对C公司征收企业所得税。

问题：

1．此案中C公司的避税方式是什么？

2．内地税务机关对C公司征收企业所得税的依据是什么？

第八章　转让定价税务管理

学习目标

1. 掌握转让定价概念及关联方关联关系的认定标准。

2. 理解独立交易原则的内涵及各种转让定价调整方法的应用场景。

3. 了解可比性分析的应用步骤。

4. 结合我国提出的成本节约理论及市场溢价理论，了解我国对转让定价理论创新的贡献。

引例　葛兰素史克转让定价案，税务机关的处理依据是什么？[①]

葛兰素史克公司转让定价案具有较为重要的历史意义，对之后各国转让定价税制完善及演变产生了深远的影响。

葛兰素威康公司与史克必成公司均为总部设在英国的世界知名药企。GSK 公司是葛兰素威康公司设在美国的子公司。2000 年 12 月，葛兰素威康公司与史克必成公司强强联合成立葛兰素史克公司，GSK 自然成为成立后的葛兰素史克公司的子公司。GSK 主要负责装药、成品工作，以及在美国市场上营销、分销传统医药产品的工作。GSK 从英国母公司处得到许可证，并向英国母公司支付特许权使用费。此外，GSK 还做了一些和产品有关的临床试验，费用都从英国母公司处得到了补偿。

1999 年 12 月，英、美两国税务当局就 GSK 与英国母公司关联交易提出的双边预约定价安排（APA）进行双边磋商。2004 年 1 月，双方税务当局间的谈判破裂，美国国内收入局（IRS）认为 GSK 与其英国母公司之间存在转让定价问题，把大部分利润转移到了英国，因此向 GSK 发出了欠税追缴通知单。纳税人不服，同年 4 月，GSK 向法院提起第一次诉讼。双方争议主要体现在以下两点。

① 改编自贺连堂、王晓悦和孙毅敏：《美国葛兰素史克公司转让定价案分析》，《涉外税务》，2007 年第 10 期。

（1）GSK是分销商还是全功能子公司。对GSK功能的定位不同，认定其获取的利润水平就会有明显差异。GSK认为，英国母公司研究开发了传统医药产品，且拥有这些产品的商标和专利权，所有的技术、营销平台和策略都是母公司开发并拥有的，因此，英国母公司是所有无形资产法律意义上的所有权人。GSK的功能仅为营销、分销，应使用再销售价格法确定GSK利润。IRS认为，GSK是一个全职能子公司，不仅承担营销、分销功能，还承担一定的研发和制造功能。英国母公司的功能则类似于合约制造商，不应该享有大部分利润，而只能用成本加成法获取一个符合独立交易原则的加成。

（2）GSK具有无形资产法律意义上的所有权，还是经济意义上的所有权。GSK认为，英国母公司是所有无形资产的法律所有权人，因此，无形资产带来的收益都应归其所有。IRS经过调查认为，GSK自1989年以来进行的市场营销活动价值很高，市场营销型无形资产和商标的高价值是市场营销活动的结果，体现在传统医药产品的销售价格上。GSK是这些无形资产的经济所有权人，因此，超额利润应归其所有。

最终，IRS对GSK运用了剩余利润分割法确定其应得利润。IRS与GSK达成庭外和解，GSK向IRS支付34亿美元的税金，还放弃18亿美元的应得退税款。作为回应，IRS撤销了对该公司的逃税指控。

思考题：

1. 转让定价避税的基本逻辑是什么？

2. 转让定价调整方法有哪些？各种方法的优缺点是什么？

3. 在转让定价调整中，如何对当事方企业进行功能分析？法律所有权与经济所有权有何差异？

第一节　转让定价反避税概况与关联关系认定

一、转让定价反避税概况

转让定价是最普遍、最常用的避税工具，也是各国政府最早着手进行反避税管理的专业领域。美国是最早对跨国公司转让定价行为进行反避税治理的国家，其1917年的《战争减轻法案》（War Relief Act）就试图对企业的转让定价行为进行管理，该法案允许税务机关要求企业提供合并财务报表以了解整个企业集团的运营状况。1935年美国税法首次引入独立交易原则来认定企业转让定价行为在税务上是否合理。独立交易原则已成为当今世界各国对企业转让定价行为税务合理性认定的基本原则。1968年美国国内收入局颁布了系统的转让定价规则，制定了可比非受控价格法、再销售价格法和成本加成法。上述三种方法统称为价格法，被各国借鉴引入并成为世界通行的转让定价调整方法。1994年美国税法又引入了可比利润法和利润分割法两种转让定价调整方法,这两种方法统称为利润法。

OECD为发达国家讨论国际税收合作的重要平台,该组织20世纪70年代起就开始关注转让定价税收问题,先后发布了《转让定价与跨国企业》(1979年)、《转让定价和跨国企业:三个税收问题》(1984年)和《跨国公司与税务机关转让定价指南》(1995年),其推荐的转让定价调整方法与美国基本相同,差异主要在于用交易净利润法替代了美国税法中的可比利润法。OECD发布的最新版转让定价指引为《跨国企业与税务机关转让定价指南(2022)》(简称OECD《指南》),该文件在吸收BEPS第8项至第10项行动计划(确保转让定价结果与价值创造相一致)、第13项行动计划(重新审视转让定价文档资料)成果和以前历次修订的基础上,主要对OECD《指南》第1至第9章的部分内容进行了更新,进一步强调"各国针对跨国企业的转让定价规则不能孤立地加以对待,而需将其放在广阔的国际背景下进行研究"。

联合国是各国进行国际税收合作的另一个重要平台,其也发布了相应的转让定价文件用以指导各国的税务实践。2013年UN国际税收专家委员会出版了《发展中国家转让定价实务手册》。2017年修订及增补后的第二版出版,新增了无形资产、集团内服务和成本分摊协议等新内容。最新版为UN于2021年发布的《发展中国家转让定价实务手册》(以下简称UN《手册》)。UN《手册》旨在为发展中国家转让定价规则的制定和实施提供技术支持,并考虑了发展中国家的特殊需求和较低的国际税收管理能力的现实。UN《手册》的思想和主要内容与OECD《指南》保持了一致,如转让定价调整方法、文档管理、可比性分析等内容,但两者间最大区别体现在UN《手册》的第10章上,该章介绍了一些发展中国家如中国、巴西、印度、南非等国的转让定价实践探索。特别需要指出的是,我国近年提出的成本节约理论及市场溢价理论①为丰富转让定价理论贡献了中国智慧,在世界范围内产生了广泛的影响力,并被纳入UN《手册》。

目前世界上已有100个左右的国家建立了转让定价税制。我国第一个针对外资企业避税问题制定的反避税文件,是1987年深圳政府制定的《深圳特区外资企业与关联公司交易业务税务管理暂行办法》。1991年原《中华人民共和国外商投资企业和外国企业所得税法》及其实施细则引进了转让定价概念,国家税务总局于1998年发布实施了《关联企业间业务往来税务管理规程》,标志着我国转让定价法规的基本形成。2008年两税合并后,我国的国际反避税立法进程加快,税务机关的国际反避税水平亦快速提高。2009年国家税务总局出台的《特别纳税调整实施办法(试行)》系统制定了包括转让定价税务管理在内的反避税治理法律体系。2015年OECD发布了系列BEPS行动计划成果。从约束力看,其中涉及的转让定价行动计划成果属于"最低标准"范畴,对参与国的约束力最强。为落实BEPS行动计划成果,履行大国责任并与国际接轨,2016—2017年颁布的《国家税务总局关于完善关联申报和同期资料管理相

① 成本节约理论指出,外资企业到中国投资,其所使用的劳动力、土地等生产要素远低于母国,由此获得了更多的相对利润,这部分利润理应在中国贡献税收。市场溢价理论认为,在中国庞大和富有活力的市场上,外资企业销售或提供相同产品或服务所制定的价格远高于境外市场定价,由此获得的超额利润理应在中国纳税。

关事项的公告》《国家税务总局关于完善预约定价安排管理有关事项的公告》及《国家税务总局关于发布〈特别纳税调查调整及相互协商程序管理办法〉的公告》，对《特别纳税调整实施办法（试行）》《国家税务总局关于完善关联申报和同期资料管理相关事项的公告》的转让定价税务管理相关内容进行了修订。

二、关联关系认定

关联关系的认定，是税务机关对跨国纳税人转让定价进行税务管理的基础和前提。若交易双方不存在关联关系，则税务机关不应对纳税人的转让定价进行纳税调整。OECD 范本和 UN 范本第 9 条对关联关系的界定是，**"若缔约国一方企业直接或间接参与缔约国另一方企业的管理、控制或资本，或同一人直接或间接参与缔约国一方企业和缔约国另一方企业的管理、控制或资本"**。由此看出，两个税收协定范本对关联关系的认定包括两个维度：纵向维度（父子关系）和横向维度（兄弟关系）。

《中华人民共和国公司法》第 265 条对关联关系的定义是："公司控股股东、实际控制人、董事、监事、高级管理人员与其直接或者间接控制的企业之间的关系，以及可能导致公司利益转移的其他关系。但是，国家控股企业之间不因同受国家控股而具有关联关系"。在一般的商事行为中，交易主体之间的法律地位平等，双方遵循市场竞价原则，根据各自真实的意思表示进行交易，达到双方认可的公平成交价格。而关联交易中双方当事人地位很有可能并不平等，如一方对另一方的经营决策能够直接或间接控制或施加影响，因而关联交易具有"受控交易"特征。从税法角度看，《特别纳税调整实施办法（试行）》《国家税务总局关于完善关联申报和同期资料管理相关事项的公告》对关联关系的认定是，企业与其他企业、组织或者个人具有下列关系之一的，构成关联关系。

（一）股份控制

股份控制指一方直接或间接持有另一方的股份总和达到 25% 以上，或者双方直接或间接同被第三方所持有的股份达到 25% 以上。如果一方通过中间方对另一方间接持有股份，只要其对中间方持股比例达到 25% 以上，则其对另一方的持股比例按照中间方对另一方的持股比例计算。一方对中间方的持股比例超过 25%，就可以"穿透"中间方，将中间方对另一方的持股比例视为一方对另一方的持股比例。两个以上具有夫妻、直系血亲、兄弟姐妹，以及其他抚养、赡养关系的自然人共同持股同一企业，在判定关联关系时持股比例合并计算。

图 8-1 中，甲公司持有乙公司 30% 的股份，甲乙双方形成关联关系。同时，乙公司拥有丙公司 40% 的股份。因为甲公司持有乙公司的股份超过 25%，所以视同甲公司对丙公司的持股比例为 40%。由此，甲公司和丙公司构成关联关系。

图 8-2 中，由于持股比例已达到相应要求，因此甲公司与乙公司、甲公司与 A 公司、乙公司与 B 公司都构成关联关系。由于甲公司对乙公司（中间层公司）的持股比例已达到 25%，因此甲公司"穿透"持有 B 公司的股份为 25%，甲公司与 B 公司亦构成关联关系。

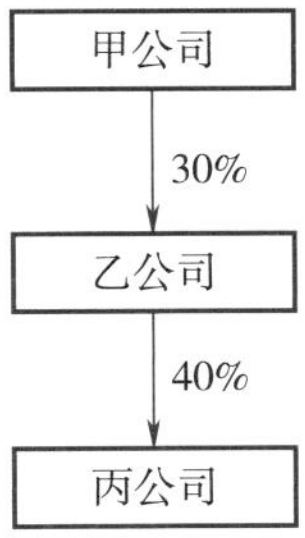

图 8-1 关联关系认定 1

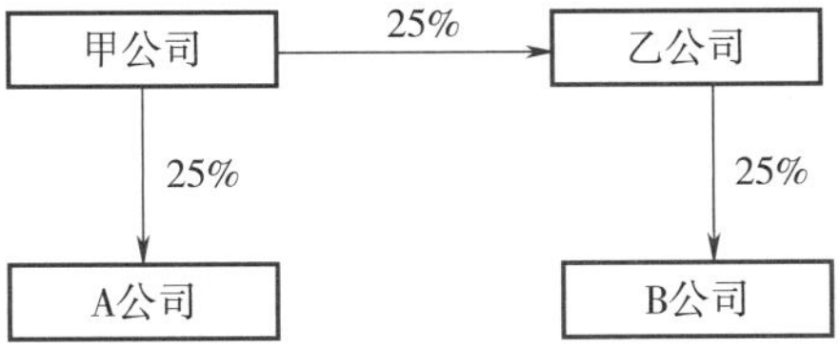

图 8-2 关联关系认定 2

（二）债权控制

债权控制指双方存在持股关系或者同为第三方持股，虽持股比例未达到股份控制比例规定，但双方之间借贷资金总额占任一方实收资本比例达到 50% 以上，或者一方全部借贷资金总额 10% 以上由另一方担保（与独立金融机构之间的借贷或者担保除外）。具体计算公式如下：

借贷资金总额占实收资本比例 = 年度加权平均借贷资金 ÷ 年度加权平均实收资本

其中：

年度加权平均借贷资金 =i 笔借入或者贷出资金账面金额 ×i 笔借入或者贷出资金年度实际占用天数 ÷365

年度加权平均实收资本 =i 笔实收资本账面金额 ×i 笔实收资本年度实际占用天数 ÷365

需要注意的是，上述公式中的借贷资金及实收资本均以年度为计算期。借贷资金包括企业直接或间接从关联方获得的，需要偿还本金和支付利息或者需要以其他具有支付利息性质的融资。其中间接融资包括：❶ 关联方通过无关联第三方提供的债权性投资。❷ 无关联第三方提供的，由关联方担保且负有连带责任的债权性投资。其他间接从关联方获得的具有负债实质的债权性投资。❸ 其他间接从关联方获得的具有负债实质的债权性投资。例如，甲企业持有乙企业 15% 的股份，乙企业 2023 年 1 月 1 日实收资本为 900 万元，2023 年 11 月 1 日乙企业实收资本增加 600 万元，乙企业在 2023 年 2 月 1 日向甲企业借款 500 万元，2023 年 11 月 30 日，乙企业再次向甲企业借款 1 000 万元。乙企业向甲企业借款的年度加权平均值为 545.21 万元（500 × 334 ÷ 365 + 1 000 × 32 ÷ 365），乙年度加权平均实收资本值为 1 000.27 万元（900 × 365 ÷ 365 + 600 × 61 ÷ 365）。因此，甲企业和乙企业构成关联关系。

（三）经营控制

经营控制指双方存在持股关系或者同为第三方持股，虽持股比例未达到股份控制比例规定，但一方的生产经营活动必须由另一方提供专利权、非专利技术、商标权、著作权等特许权才能正常进行；双方存在持股关系或者同为第三方持股，虽持股比例未达到股份控制比例规定，但一方的购买、销售、接受劳务、提供劳务等经营活动由另一方控制。上述控制是指一方有权决定另一方的财务和经营政策，并能据以从另一方的经营活动中获取利益。

（四）管理控制

管理控制指一方半数以上董事或者半数以上高级管理人员（包括上市公司董事会秘书、经理、副经理、财务负责人和公司章程规定的其他人员）由另一方任命或者委派，或者同时担任另一方的董事或者高级管理人员；或者双方各自半数以上董事或者半数以上高级管理人员同为第三方任命或者委派。例如，乙公司有10名董事和高管人员，其中有6名董事和高管由甲公司委派，那么根据法规可以判断出甲乙公司构成税法上的关联关系。

（五）其他控制

其他控制指具有夫妻、直系血亲、兄弟姐妹，以及其他抚养、赡养关系的两个自然人分别与双方具有股权控制、债权控制、经营控制与管理控制情形的；或双方在实质上具有其他共同利益的。图8-3及图8-4中，丈夫、妻子分别与A公司、B公司因为股权持有关系和资金借贷关系构成关联关系，因此A公司与B公司也构成关联关系。

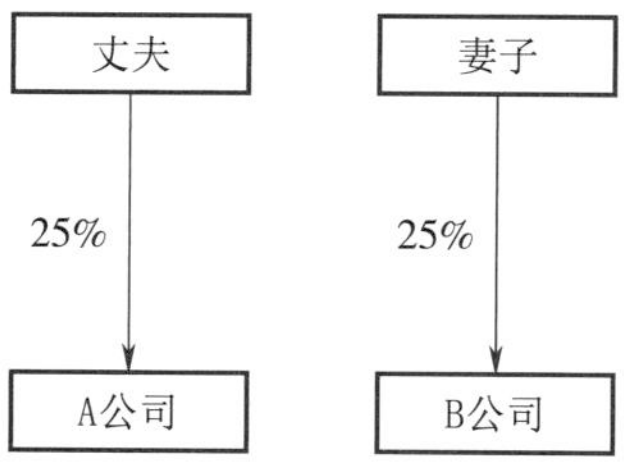

图8-3　关联关系认定

图8-4　关联关系认定

特别需要注意的是，仅因国家持股或者由国有资产管理部门委派董事、高级管理人员而存在上述关系的，不构成税法意义上的关联关系。

第二节　独立交易原则与转让定价调整方法

一、独立交易原则

独立交易原则（arm's length principle），是各国对跨国公司转让定价行为进行纳税调整所遵循的根本原则，该原则已成为世界大多数国家制定转让定价法规的基础。英文“arm's length”一词的原意是指某物体在保持与另一物体相联系或靠近的状态下，又尽可能地远离后者。独立交易原则正是取自“arm's lenth”的基本含义，是《英国合同法》的基本原则。各国转让定价反避税领域中最早引入独立交易原则的是美国。在美国的影响下，独立交易原则逐步成为各国转让定价税制所遵循的基本原则。

OECD 范本和 UN 范本对独立交易原则的权威表述为，**"若缔约国一方企业直接或间接参与缔约国另一方企业的管理、控制或资本，或同一人直接或间接参与缔约国一方企业和缔约国另一方企业的管理、控制或资本，并且，在上述任何一种情况下，两个企业之间在商业或财务关系中达成或施加的交易条件不同于独立企业之间达成的交易条件，此时，本应由其中一个企业获得，但由于这些条件而没有取得的利润，可以计入该企业的利润，并据以征税"**。由此定义可知，**独立交易原则是对关联企业之间的转让定价按照不具有关联关系的独立企业之间进行交易所获得的利润进行调整以确定关联企业应获得的利润，并据此对关联企业征税的基本原则**。该定义意味着，关联企业的转让定价即使出于反倾销、市场营销策略等非避税动机，但该转让定价没有反映独立企业在可比条件下的非受控交易形成的价格，侵蚀了相关国家税基，该国税务机关就可对关联企业的转让定价行为进行纳税调整。

我国税法亦有对独立交易原则的相关规定，与两个税收协定范本所界定的独立交易原则内涵基本吻合。《中华人民共和国企业所得税法》第 41 条规定，"企业与其关联方之间的业务往来，不符合独立交易原则而减少企业或者其关联方应纳税收入或者所得额的，税务机关有权按照合理方法调整。企业与其关联方共同开发、受让无形资产，或者共同提供、接受劳务发生的成本，在计算应纳税所得额时应当按照独立交易原则进行分摊。"《中华人民共和国企业所得税法实施条例》第 110 条对独立交易原则做出了进一步解释，"企业所得税法第 41 条所称独立交易原则，是指没有关联关系的交易各方，按照公平成交价格和营业常规进行业务往来遵循的原则。"《中华人民共和国税收征收管理法》亦有相应的独立交易原则的表述，该法第 36 条规定，"企业或者外国企业在中国境内设立的从事生产、经营的机构、场所与其关联企业之间的业务往来，应当按照独立企业之间的业务往来收取或者支付价款、费用；不按照独立企业之间的业务往来收取或者支付价款、费用，而减少其应纳税的收入或者所得额的，税务机关有权进行合理调整。"《中华人民共和国税收征收管理法实施细则》第 52 条进一步指出，"税收征管法第 36 条所称独立企业之间的业务往来，是指没有关联关系的企业之间按照公平成交价格和营业常规所进行的业务往来。"

二、转让定价调整方法

独立交易原则是税务机关对关联企业转让定价进行纳税调整时所遵循的根本原则，转让定价调整方法则是税务机关对关联企业转让定价进行纳税调整时采用的具体方法。转让定价调整方法的选择必须遵守独立交易原则。目前世界上流行的转让定价调整方法主要包括价格法和利润法两类。前者主要包括可比非受控价格法、再销售价格法和成本加成法，后者主要包括交易净利润法和利润分割法。转让定价调整方法的应用场景主要有：**❶ 税务机关对纳税人的避税行为进行特别纳税调整时应用转让定价调整方法；❷ 纳税人依税法规定针对跨境关联交易准备同期资料而进行可比性分析时应用转让定价调整方法；❸ 纳税人与税务机关签订的预约定价安排中应用转让定价调整方法对关联交易进行定价**。转让定价调整分析框架如图 8-5 所示。

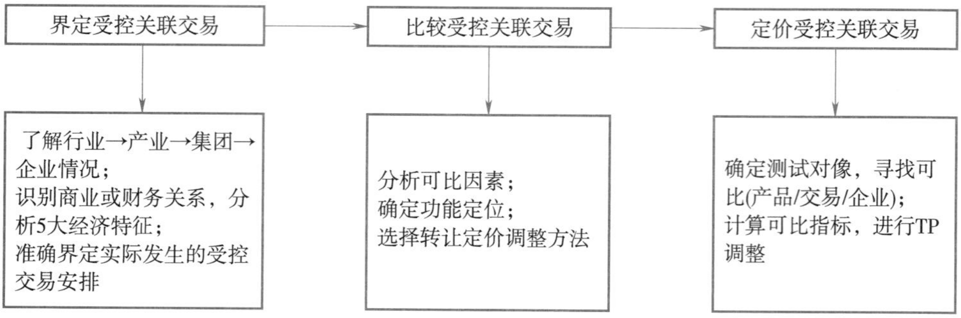

图 8-5　转让定价调整分析框架

目前的 OECD《指南》、UN《手册》及我国税法都没有对各种转让定价调整方法的优先使用进行排序，而是根据实际情况选择最适当的方法。具体调整方法的选择需考虑的因素主要包括：❶ 各种转让定价调整方法的优缺点；❷ 根据受控关联交易的性质，考虑功能风险分析；❸ 所选的方法是否能够取得可靠的信息（尤其是可比非受控交易信息的可靠性）；❹ 受控关联交易与非受控独立交易之间的可比程度，包括用来消除两者之间的重大差异的可比性调整的可靠性。转让定价调整方法的总体概括如表 8-1 所示。

表 8-1　转让定价调整方法概括

方法	验证对象	公式	适用范围	受测试方
可比非受控价格法（CUP）	关联购销价格	= 可比交易的价格	所有类型关联交易	—
再销售价格法（RPM）	关联采购价格	= 再销售给独立第三方的价格 ×（1−可比交易毛利率）	仅适用于未对商品进行实质性增值、加工的购销交易（分销型企业）	销售企业
成本加成法（CPLM）	成本加成率（毛利水平）	= 可比交易成本加成率	不适用于无形资产相关的交易	生产企业
交易净利润法（TNMM）	净利润率指标	= 可比交易的净利润率指标	一般不适用于资金融通交易	功能相对简单一方
交易利润分割法（TPSM）	关联交易利润	= 各关联方的合计可分割利润 × 本企业的合理贡献率 + 本企业应得的基础利润	交易方均对利润创造具有独特贡献，业务高度整合且难以单独评估各方交易结果的关联交易	关联交易的全部参与方

（一）价格法

1. 可比非受控价格法

可比非受控价格法（comparable uncontrolled price method，CUP[①]），是指以非关联方之间进行的与关联交易相同或类似业务活动所收取的价格确定关联交易公平成交价格的方法。可比非受控交易就是指两个独立企业之间发生的，与受测受控交易（需要分析的关联交易）可比的交易。可比非受控交易可能存在于两种情况：一种是受控关联交易中的某个交易方与独立企业之间进行的可比交易，即内部可比交易（图 8-6）；另一种是两个独立企业之间进行的可比交易，即外部可比交易（图 8-7）。一般来讲，内部可比交易相对于外部可比交易更为可靠。

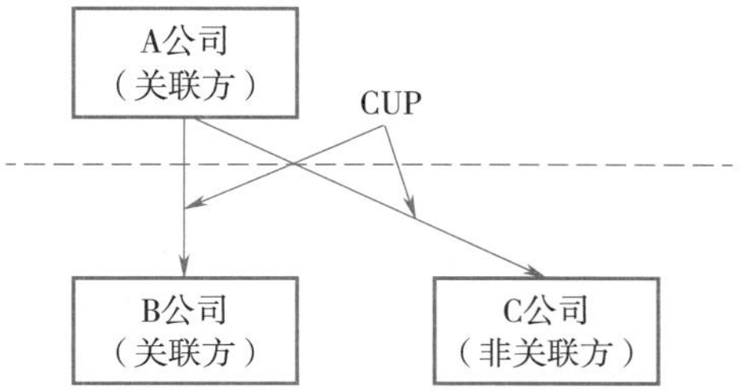

图 8-6　内部可比交易

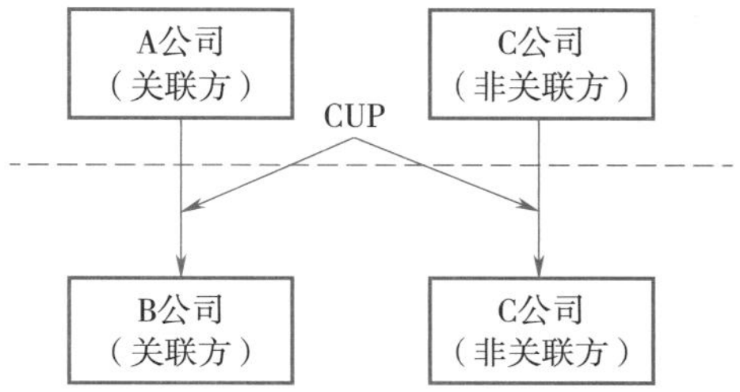

图 8-7　外部可比交易

在使用可比非受控价格法时，应特别关注关联交易与非关联交易在交易资产或劳务上的特性、合同条款及经济环境上的差异。可比非受控价格法主要针对关联方之间在销售商品（或提供劳务）时所收取的价格和非关联方之间在销售（或提供）相同或类似的商品（或劳务）时所收取的价格进行比较。因此，**产品或劳务是否相似是决定该方法是否适用的关键因素。**

根据 OECD《指南》，如能找到可比非受控交易，那么可比非受控价格法应优先于其他方法。在满足以下两个条件之一的情况下，某个非受控交易与受控交易可以被认为是可比的：

（1）该受控交易与非受控交易间无差异，或者虽然有差异，但这些差异并不足以对需要分析比较的条件产生实质性影响；

（2）该受控交易与非受控交易间有实质差异，但这些差异所产生的影响可以通过合理的量化调整来消除。

可比非受控价格法下，不同交易类型进行可比性分析时，考量的因素有所不同。

（1）针对有形资产所有权或使用权的转让，应当考量的可比性因素包括：

❶ 交易的环境，如地域、政府情况、市场情况；❷ 交易的环节，如采购、批发、零售、出口；❸ 有形资产的物理特征及质量等；❹ 交易合同条款，如交易数量、安排期限、交付时间、运输、保险及外汇条款。

---

① 按行业惯例，可比非受控价格法简称为 CUP 而非 CUPM。

（2）针对劳务交易，应当考量的可比性因素包括劳务性质、提供人员资质、承担责任、合同条款及经济环境等。

（3）针对金融资产的转让，应当考量的可比性因素包括金融资产性质、实际持有期限、流动性、收益性等。

（4）针对无形资产使用权或所有权的转让，应考量的可比性因素包括无形资产的类别、开发阶段、独占程度、授权范围、地理位置、使用年限等。

案例 8-1　CUP 应用

应用 1

一家中国居民公司向位于马来西亚的关联企业出口茶叶，假设受控交易的转让价格是 10 美元 / 千克，且茶叶无品牌。中国企业可能以相同的价格向日本的非关联方销售类似数量的此种茶叶，如果合同条件与地区市场都相同，那么，日本买方支付的价格可以作为马来西亚企业所支付的转让价格的可比非受控价格。如果涉及茶叶的数量，合同条件或地区市场之间存在差异，那么可能需要对可比非受控价格进行调整，如果所作的调整无关大局，还是可靠的。如果需要重大调整，可比非受控价格就变得不可靠了。在实际工作中，很难给非有形商品找到可比非受控价格。

应用 2

中国境内 A 公司主要从事大宗商品贸易，其产品主要销售给同一企业集团的内关联方，且其定价主要根据国际惯例参考上海期货交易所或伦敦金属交易所同类商品的期货合约交易价格。那么在使用 CUP 进行分析时，交易所公开信息可以作为非受控交易，考量的因素应包括：合同签订日期、交货时间、商品类型、商品数量、交易币种、升贴水情况等。此外，不同商品会因品牌、产地、生产工艺的差异存在不同的市场报价。例如，同为电解镍产品，中国金川的电解镍品质优于产地为俄罗斯的产品，两个不同产地的产品在报价上存在差异，在使用 CUP 时，也需对标产地或质量选择合适的电解镍报价进行比对。

思考题：

应用 CUP 的关键及优势分别是什么？

2. 再销售价格法

再销售价格法（resale price method，RPM），以关联方购进商品再销售给非关联方的价格减去可比非关联交易毛利后的金额作为关联方购进商品的公平成交价格。公平成交价格是独立购买方为购买该产品支付的价格，减去再销售方为履行其功能应取得的适当毛利。该毛利包括：❶ 再销售方用来弥补销售成本和经营费用的部分；❷ 根据企业执行的功能应取得适当利润。图 8-8 中，A 公司与 B 公司为关联方，且后者从前者购入产品或服务后再销售给非关联方 C 公司。A 公司与 B 公司交易的公平成交价格为 B 公司销售给 C 公司的价格减去 B 公司在该交易中获得的毛利。

图 8-8　再销售价格法

RPM 中的公平成交价格计算公式如下：

公平成交价格 = 再销售给非关联方的价格 ×（1- 可比非关联交易毛利率）

其中：

$$可比非关联交易毛利率 = \frac{可比非关联交易毛利}{可比非关联收入净额} \times 100\%$$

RPM 所使用的毛利率是独立再销售方为弥补其经营费用，以及对其履行的功能、使用的资产和承担的风险给予适当回报的毛利率。RPM 通常适用于再销售者未对商品进行改变外形、性能、结构或更换商标等实质性增值加工的简单加工或单纯购销业务。再销售者对商品（通过履行功能或使用无形资产）进行实质性增值加工或转换为另一商品，则最初转让的货物对最终产品价值的贡献程度则较难评估，RPM 将难以适用。在运用 RPM 时，需要特别关注受控关联交易与非受控交易各方在使用的资产、执行的功能，以及承担的风险上存在的差异。例如，再销售方仅仅以分销商的身份提供最基础的分销服务，还是需承担资产所有权的全部风险和责任，进行了诸如广告、市场营销、分销、对货物提供担保等相关事项。在后者情况下，销售利润率可能会较高。此外，再销售方购入货物到实现再次销售的时间间隔越短，其再销售利润率越准确。最初购入到再次销售之间间隔的时间越长，还需要额外考量其他因素，如市场、汇率、成本的变化。

案例 8-2　RPM 应用

一家韩国公司向设在新西兰的关联公司 B 销售洗碗机，由于洗碗机的独特之处，未能找到可靠的 CUP，B 公司以 1 000 美元 / 台的价格向独立购买方销售洗碗机，并提供两年担保。可以把类似交易的经销商（如厨房用品经销商）与受控关联交易进行比较。假设厨房用品经销商取得的毛利率为 30%，但独立经销商不为其产品提供担保，在这种情况下，需要针对受控交易中再销售方提供的担保进行调整。假设产品非常可靠，仅仅只有 2% 的产品被退回，这种情况下，新西兰企业适当的毛利率可能是 35%，受控交易中为产品支付的公平成交价格应为 650 美元［1 000 ×（1-35%）］。

思考题：

相对于 CUP，RPM 应用应特别关注哪一指标？

3. 成本加成法

成本加成法(cost plus method,CPM),是指以关联交易发生的合理成本加上可比非关联交易毛利确定关联交易公平成交价格的方法。成本加成法通常适用于分析生产或服务功能,因为生产成本(或服务成本)通常被认为是评价增值业务的合理指标。CPM 以产品的合理成本为基础,该方法的使用依赖于受控交易中所取得的成本加成额与一项或多项可比非受控交易所取得的成本加成额之间的比较。OECD《指南》指出,最适合 CPM 的场景包括:关联企业之间销售半成品、关联企业之间签订合作协议或长期购销合同,或者受控交易为提供服务。

CPM 中的公平成交价格计算公式如下:

$$\text{公平成交价格}=\text{关联交易的合理成本}\times(1+\text{可比非关联交易成本加成率})$$

其中:

$$\text{可比非关联交易成本加成率}=\frac{\text{可比非关联交易毛利}}{\text{可比非关联交易成本}}\times 100\%$$

通常地,企业的成本与费用大致可以分为三大类:第一类是生产产品或提供服务的直接成本,如原材料成本;第二类是生产的间接成本,这些成本尽管与生产环节紧密相关,但可能为几种产品或服务所共有,如为生产不同产品的设备提供修理服务的修理部门成本;第三类是企业作为一个整体发生的营业费用,如监管费用、一般费用和行政管理费用。**运用 CPM 时合理的毛利是指:企业的销售收入扣除直接与间接成本后计算得来的利润。毛利应当能够弥补产品的期间费用并使企业获得合理的利润。**应用 CPM 特别需要注意的两点是:❶ CPM 中的合理成本为生产成本不包括营业费用,营业费用被包含在毛利中;❷ 在实际使用 CPM 时,应该使用可比会计方法。需要注意不同国家(地区)企业运用的会计准则与确认方法的不同对成本归集的影响,若受控交易与非受控交易的会计处理方法不同,则需要对财务数据做出适当调整以确保成本归集的一致性。

应用 CPM 在确定可比的成本加成率(毛利率)时应主要考虑以下因素:

(1)生产或者组装的过程的复杂性;

(2)生产或者工艺的实际应用;

(3)采购和存货控制;

(4)实验功能;

(5)销售费用、一般费用及管理费用;

(6)外汇风险;

(7)合同条款,诸如担保、销售量、贸易信用和运输成本。

案例 8-3 CPM 的应用

A 集团分别在甲、乙两国设立了 B 和 C 两家子公司(图 8-9)。其中,甲国人力成本远低于乙国。为此,A 集团安排 B 公司作为合约制造商,为 C 公司提供合约制造服务。在服务交易中，B 公司依据 C 公司对产品需求的质量和数量，使用 C 公司提供的专有技术进行生产制造。产品通过质检验收后，C 公司会进一步将产品交付 A 集团的其他销售实体进行销售。该案例中，B 公司提供的是较为纯粹的合约制造服务，其所有与组装活动相关的成本即构成使用 CPM 的基础。若同期没有内部可比交易发生，根据功能、风险分析，找到与 B 公司的可比企业后，在可比对象所在国与 B 公司所在国会计政策基本保持一致的条件下，综合考虑上文所述 7 项因素后可确定可比非关联交易成本加成率，并在此基础上最终确定 B 公司与 C 公司受控关联交易的公平成交价格。

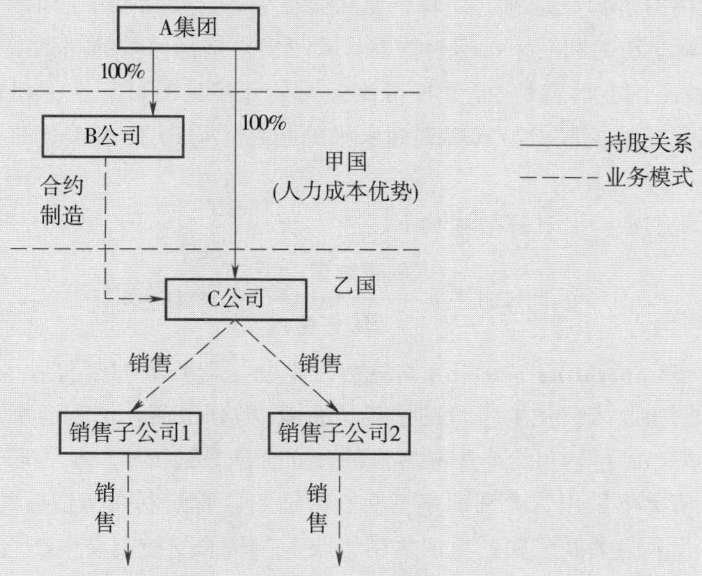

图 8-9　CPM

思考题：

CPM 应用的理想场景是什么？

（二）利润法

1. 交易净利润法

CUP，RPM，CPM 是转让定价最直接的方法，但税务实践中经常会出现无法获得可比资料或可比资料不可靠的情况。在此种情形下，跨国公司及税务机关亦可使用利润法寻找或确定受控关联交易应获得的利润水平。利润法主要包括交易净利润法和利润分割法。**交易净利润法（transactional net margin methods，TNMM），是指以可比非关联交易的利润指标确定关联交易利润的方法。该方法考察企业从一笔或可以合并的数笔受控交易中实现的相对于一个适当基数（如成本、销售收入、资产数额）的净利润率。**与可比非受控价格法运用的价格相比，净利润受交易或产品差异的影响较小。与以毛利作指标的方法相比，净利润更能包容受控和非受控交易之间某些功能的差别。因此，**相对于传统的价格法，TNMM 对可比性的要求不高。**需要指出的是，这里的净利润口径并没有剔除财务费用，因此可将其理解为息税前利润。

若受控关联交易中所涉及的所有独特且有价值的贡献都由交易一方做出，而另一方没有做出任何独特且有价值的贡献，应用 TNMM 较为合适。若受控关联交易中各方都作出了独特且有价值的贡献，TNMM 就不可靠，此种情形下，利润分割法更为合适。在应用 TNMM 时，受测方应当为功能风险较为简单的一方。此外，若交易一方做出的贡献并不是独特且唯一的，如使用非独占性质的无形资产等，则使用价格法或交易净利润法均可能达到可比性的要求。

TNMM 应用的落脚点是确定关联企业从受控关联交易活动中应取得的净利润，它是以可比非关联交易的利润率指标为依据计算得出。选择何种利润率指标需要考量多种因素，包括被测试方的特性、非受控可比公司公开信息的可靠性。理想的利润率指标就是能够充分反映关联交易真实利润水平的指标。应用 TNMM 时的利润率指标主要包括以下几个。

（1）营业利润率。其计算公式如下：

$$营业利润率=\frac{息税前营业利润}{销售收入}\times 100\%$$

营业利润率（operating margin）侧重衡量企业经营收益与销售收入的关系，较适合用来分析以销售收入为主要考量的销售型企业，如分销商。该利润率通常被用来确定从关联方购买产品再转售给非关联客户的独立合理采购价格。从关联方采购而向非关联方销售的情况下采用营业利润率指标较为适当。营业利润率指标的计算公式中，分母中的销售收入为关联采购产生的再销售收入。从非受控交易中产生的收入（即从非关联方采购的产品所产生的非关联销售收入）不应当被包含在受控交易报酬的确定或测试中，除非该非受控交易对可比分析不产生实质性影响，或非受控交易与受控交易紧密联系以至于不能合理准确地单独分析。

（2）完全成本加成率。其计算公式如下：

$$完全成本加成率=\frac{息税前营业利润}{销售成本+销售费用+管理费用}\times 100\%$$

完全成本加成率（markup on total cost）适用于被分析企业发生的完全成本与企业利润水平高度相关的情形。由于该指标以完全成本为基础，因此客观上要求被分析企业的成本不应受到关联交易影响或影响很小。这里的完全成本涵盖的范围较广，包括了生产成本（销售成本）及期间费用中的销售费用和管理费用。完全成本加成率通常适用于分析以关联销售为主的常规制造企业和劳务提供企业，取得的利润是否符合独立交易原则，而以关联采购为主的企业。分销企业通常不适宜使用该指标。

（3）贝里比率。其计算公式如下：

$$贝里比率=\frac{营业毛利}{营业费用+管理费用}\times 100\%$$

贝里比率（Berry ratio）用于衡量营业毛利和营业费用及管理费用的关系。贝里比率与其他利润水平指标不同之处在于其分子是营业毛利而不是营业利润。这里的营业毛利就是营业利润与营业费用及管理费用（不含财务费用）之和。由于贝里比率衡量了单位营业费用和管理费用所产生的营业毛利，因此，在营业费用及管理费用反映增值部分价值时，贝里比率是最合适的方法，尤其是在分销商主要从事简单行政管理功能，但不包括物流或仓储的情形下。例如，分销商在日常销售活动中其所执行的销售功能并不重大，那么贝里比率可能是适当的利润水平指标。贝里比率对成本及期间费用的划分十分敏感，需要特别关注被分析方和可比公司是否在同一会计标准下界定营业成本与期间费用。此外，如果可比公司的营业成本有可能包括与增值活动相关的费用，那么使用贝里比率的基础则被大大削弱。

（4）资产收益率。其计算公式如下：

$$资产收益率 = \frac{息税前营业利润}{营运资产} \times 100\%$$

当资产能更好地体现受让方增值部分的价值时，资产收益率（return on total asset）就是确定净利润更好的基准，如在某些生产密集型或资产密集型的活动和资本密集型的营业活动中。这里的营运资产即企业经营资产，数值上等于总资产减去金融资产（现金和投资），具体包含企业不动产、机器设备、交易中使用的无形资产、存货和应收账款等项目。

案例 8-4 TNMM 的应用

中国C公司从事镍氢电池制造业务的外资企业，主要原材料从国内第三方采购，产品全部向海外母公司销售，母公司以其自有品牌向非关联方客户销售，没有其他关联交易。2020—2023年C公司年均销售额为3亿美元，其间为亏损状态，但电池行业平均销售利润率在5%以上。为验证C公司2021—2024年实现的利润率是否符合独立交易原则，选择适当的转让定价调整方法是关键。母公司以其自有品牌向独立客户销售产品，C公司主要功能是为其母公司提供加工劳务，C公司不拥有该产品品牌的所有权和使用权。C公司加工的产品与其母公司销售的产品的区别在于，后者拥有品牌，前者不拥有品牌，品牌此类无形资产对产品价格的影响较大且较难衡量，因此CUP很难适用。RPM一般适用于产品分销，而C公司的主要功能是加工制造，显然RPM也很难适用。由于很难取得足够信息以保证销售成本的一致性，适用CPM的基础也不满足。主管税务机关最后选择了TNMM，采用的利润率指标为完全成本加成率。

思考题：

应用TNMM采用完全成本加成率的依据是什么？

案例 8-5 四分位法在 TNMM 中的应用[①]

国家税务总局发布的《特别纳税调查调整及相互协商程序管理办法》第 25 条规定，“税务机关采用四分位法分析评估企业利润水平时，企业实际利润水平低于可比企业利润率区间中位值的，原则上应当按照不低于中位值进行调整。”由此可知，理解四分位法在转让定价纳税调整中的应用逻辑是非常重要的。

四分位数（quartile）是一种统计描述分析方法，用于描述任何类型的数据，尤其是偏态数据的离散程度，即将全部数据从小到大排列，正好排列在下 1/4 位置上的数就叫作下四分位数（即位于 25% 位置上的数），也叫作第一四分位数，排在上 1/4 位置上的数就叫上四分位数（即位于 75% 位置上的数），也叫作第三四分位数，同样排列在中间位置的数就是中位数，也叫作第二四分位数，四分位数间距就是指上下四分位数之间的差值。四分位法将多个可比对象的利润率排序后界定一个利润区间，考察被分析企业关联交易的利润水平是否落在该区间内，并以此为依据对关联交易的利润进行调整。

W 公司为我国境内的一家外资企业，假设按 USSIC（美国标准行业分类）检索 S&P 之 COMPUSTAT 数据库，得到全球与 W 公司从事同行业业务的 350 家公司的详细数据资料，在按交易资产特性、交易各方功能和风险、合同条款、经济环境、经营策略等五方面进行详细可比性分析后，得到与 W 公司高度可比的公司 9 家，经过合理调整后计算得到 9 家可比公司的三年平均营业利润率，如表 8-2 所示。

表 8-2 可比对象公司利润率排序

公司名称	国家	三年平均营业利润率
G	Sweden	0.90%
C	US	1.35%
E	Finland	1.41%
I	Japan	2.49%
D	US	6.87%
H	US	7.22%
B	US	7.32%
A	US	7.82%
F	US	10.16%

① 张学斌:《四分位法在转让定价调整中的应用分析》, 2010 年 4 月 4 日，中国转让定价网。

由于选取的可比对象公司总数为9家，因此下四分位数为第3家公司[INT(9×25%)[①]+1]，其营业利润率为1.41%；中位数为第5家公司[(9+1)÷2]，其营业利润率为6.87%；上四分位数为第7家公司[INT(9×75%)+1]，其营业利润率为7.32%。由此可知，W公司营业利润率的四分位数区间为[1.41%，7.32%]，中位值为6.87%。

通过调查，得知W公司被税务机关调整的三个纳税年度的营业利润率分别为1.12%、2.13%、3.54%，由于其均低于可比企业利润率区间中位值6.78%，因此，税务机关原则上将会按照不低于中位值6.78%的营业利润率水平对W公司进行特别纳税调整。如果W公司认为其关联交易的利润水平确实低于同行业利润水平的四分位区间的中位值，则有必要进行详细的特殊因素分析以确定影响关联交易利润水平的因素（包括外在和内在因素），并归纳总结这些特殊因素对关联交易利润水平的影响，就关联交易的利润水平与税务机关进行沟通谈判后才有可能调整到低于中位值的水平。但是，调整结果不得低于下四分位数水平。

思考题：

应用四分位法时如何确定可比对象的利润区间？

2. 交易利润分割法

交易利润分割法（transactional profit split methods，TPSM），是指根据企业与其关联方对关联交易合并利润的贡献计算各自应该分配的利润额的转让定价调整方法。利润分割法通常适用于以下几种情况。

（1）若交易双方都作出独特且有价值的贡献（比如创造了独特且有价值的无形资产），则使用TPSM更为适合。此外，贡献具有独特性，其价值难以估计，也就没有可靠的可比企业信息，通过其他方法为整个交易过程合理定价，TPSM的优越性就会凸显。

（2）若交易涉及的业务运营整合度非常高，这意味着在交易中一方执行的功能、使用的资产和承担的风险都与另一方互相关联且无法被可靠地单独评估。此时，单边转让定价方法将不再合适，TPSM更合适。

（3）若根据准确划定的交易，受控交易各方共同承担与该交易相关的一个或多个存在重大商业影响的风险，或者与交易相关的各种具有重要商业影响的风险由各方单独承担，但这些风险密切相关或相互关联，以至于各方风险无法单独发生，那么TPSM也可能被认为是最合适的分析方法。

在应用TPSM时，可比性分析包括交易各方执行的功能、承担的风险和使用的资产。此外，还需分析交易各方在成本、费用、所得和资产方面的分摊，统一会计处理方式，以及确定交易各方对剩余利润的贡献所使用的信息和假设条件。

---

① “INT( )”为向下取整函数。

按照分割利润的具体方法不同，TPSM 可进一步划分为一般利润分割法和剩余利润分割法。

（1）一般利润分割法。

一般利润分割法根据关联交易各参与方所执行的功能、承担的风险，以及使用的资产，确定各自应取得的利润。具体而言，可以根据对独立企业从所涉及可比交易中可能期望实现的利润分配，来合理估算合并利润在各关联企业之间的划分。如难以获得独立企业信息，则可以进一步考量交易各方所使用的资产和承担的风险的情况下，由使用跨国企业集团内部信息，确定企业贡献的相对价值，以达到与独立经营企业相同的利润划分结果。

（2）剩余利润分割法。

剩余利润分割法第一步，是确定参与受控交易中的关联企业各方就其所涉受控交易中所作的常规贡献取得的公平合理的回报。这个回报通常是运用某个传统交易法或交易净利润法，参考独立企业从事可比交易所获得的回报来确定。因此，基本回报并不包含参与各方任何独特、有价值的贡献所产生的回报。第一步，所分配的利润即基础利润。第二步，是将经过第一阶段分割后留存的剩余利润（或亏损），根据各方对剩余利润的贡献程度进行分配，即分配剩余利润。

案例 8-6　TPSM 的应用

一家美国居民公司与一家马来西亚居民公司是关联企业，从事某种独特的运动软饮料的生产和销售。该产品含有具有重大意义的营销性无形资产，比如认同程度极高的国际性商标。这种运动饮料的原浆由美国公司生产，出售给马来西亚公司，马来西亚公司进行饮料的调剂和装瓶，然后销售给马来西亚零售商。受控交易产生的净利润是 1 亿美元。具体采用剩余利润分割法在关联方之间分配利润。

第一步，进行功能分析。美国公司拥有秘密的原浆配方，并拥有大部分商标。马来西亚公司进行制剂、装瓶、分销和推广工作。运用可比资料，确定马来西亚公司应取得基本回报 4 000 万美元，美国公司因生产原浆分配获得 1 500 万美元利润。

第二步，剩余利润分割。净利润总额减去 5 500 万美元的常规利润后，尚余 4 500 万美元剩余利润有待于在此环节分配。由于美国公司有秘密配方而且开发了大部分商标价值，因此决定以 80%∶20%的比例在美国公司与马来西亚公司之间分配剩余利润，美国公司获得 3 600 万美元。马来西亚公司对商标的价值提升也有贡献，获得 900 万美元。

思考题：

TPSM 应用的场景及难点是什么？

第三节　可比性分析

一、影响可比性的五大因素

税务实践中,选择具体转让定价调整方法的基本标准是非受控交易的确定能够最大程度地体现独立交易原则。可比性分析是独立交易原则应用的核心。可比,指的是关联受控交易与非关联独立交易的差异对所考察的因素不产生实质性影响,或该实质性影响可通过合理可靠的调整予以消除。**1995 年 OECD《跨国企业与税务机关转让定价指南》(简称 OECD《指南》)首次提出了成功识别商业或财务关系的若干要素,其中对受控交易与非受控交易的可比性做出了详细说明,提出了影响可比性的五大因素**。这些因素得到了大多数国家的认可,并体现在各国转让定价税制设计上。这五大因素包括:财产或服务的性质、功能分析、合同条款、经济情形和商业策略。我国的转让定价税制中的可比性分析亦包含了此五大因素,根据国家税务总局发布的《特别纳税调查调整及相互协商程序管理办法》第 15 条,税务机关实施转让定价调查时,应当进行可比性分析,可比性分析一般包括以下五个方面,税务机关可以根据案件情况选择具体分析内容:交易资产或者劳务特性;交易各方执行的功能、承担的风险和使用的资产;合同条款;经济环境;经营策略(见表 8-3),与 OECD《指南》的规定基本吻合。

《国家税务总局关于发布〈特别纳税调查调整及相互协商程序管理办法〉的公告》

表 8-3　我国税法规定的可比性影响因素

序号	因素	内容
1	交易资产或者劳务特性	包括有形资产的物理特性、质量、数量等;无形资产的类型、交易形式、保护程度、期限、预期收益等;劳务的性质和内容;金融资产的特性、内容、风险管理等
2	交易各方执行的功能、承担的风险和使用的资产	功能包括研发、设计、采购、加工、装配、制造、维修、分销、营销、广告、存货管理、物流、仓储、融资、管理、财务、会计、法律及人力资源管理等;风险包括投资风险、研发风险、采购风险、生产风险、市场风险、管理风险及财务风险等;资产包括有形资产、无形资产、金融资产等
3	合同条款	包括交易标的、交易数量、交易价格、收付款方式和条件、交货条件、售后服务范围和条件、提供附加劳务的约定、变更或者修改合同内容的权利、合同有效期、终止或者续签合同的权利等。合同条款分析应当关注企业执行合同的能力与行为,以及关联方之间签署合同条款的可信度等
4	经济环境	包括行业概况、地理区域、市场规模、市场层级、市场占有率、市场竞争程度、消费者购买力、商品或者劳务可替代性、生产要素价格、运输成本、政府管制,以及成本节约、市场溢价等地域特殊因素
5	经营策略	包括创新和开发、多元化经营、协同效应、风险规避及市场占有策略等

二、可比性分析的实现步骤

OECD《指南》第3章描述了实现可比性分析的典型过程,该过程被视为一种可接受的较好做法,但不具有强制性。若采用的可比性分析实现步骤与OECD《指南》的描述有差异,但能够更可靠地识别可比对象、更充分地体现独立交易原则,则所采用的实现步骤就是可接受的。正如OECD《指南》所指出的,“结果的可靠性比过程更重要”。具体步骤有以下几点。

(一)确定涉及的年份

从原则上讲,与纳税人进行受控交易相同经济环境下的独立企业的交易行为最为可比,如与受控交易在同一时期进行或完成的非受控交易,即同期非受控交易。可比交易年份的选择取决于受控交易发生的事实和环境。若无法从数据库中搜索到当年度可比公司数据,但当年企业所处的行业宏观环境与上年相比没有发生显著变化,则可以使用上一年度及之前2年的多年度数据。一般选取数据库中受控交易发生之前的3个年度作为可比年度。

(二)对受控交易进行功能风险分析

功能风险分析的主要目的是通过对企业关联交易性质、各关联企业履行功能、使用资产、承担风险的事实及特点分析,以确定受测方应取得的回报。首先,分析纳税人所处行业、竞争对手、经济环境和政策监管等环境因素,从经济环境角度理解纳税人受控交易情况和待比较的非受控交易情况。第二,从功能分析角度出发理解受控交易,从而选择受测方,并确定最合适的转让定价方法及受测的财务指标,并确认必要的重大可比性影响因素。

功能风险分析结论的基本遵从是:履行的功能越多、使用的资产数额越高、承担的风险越大,受测方得到的价格或获取的预期利润就应越多,反之相反。

1. 履行的功能

功能分析涉及各个阶段的产品或服务流的追踪,涵盖从概念产品到其最终销售的整个过程。对于涉及有形商品的交易,功能分析的内容主要包括研究和开发;产品设计与工程;制造、生产和工艺过程;产品制作、提取和组装;采购与材料管理;营销和分销,包括存货管理、质保管理和广告活动;技术开发和营销分析;运输与仓储;管理、法律、会计和财务、信贷和收款、培训,以及人事管理服务。

2. 使用的资产

相关交易中使用的资产主要包括有形资产、无形资产。有形资产和无形资产的非穷尽列举如下两点。

(1)有形资产。土地和建筑物、厂房和机械、研发设备、办公设备、家具和固定装置、车辆、计算机、测试设备。

(2)无形资产。专利,专有技术和商业秘密,商标、商业名称和品牌,合同和政府许可项下的权利，无形资产的许可及类似的有限权利。

需要指出的是，转让定价语境下的无形资产范畴比会计准则中所确认的无形资产范围更广。转让定价语境中的无形资产主要包括非实物资产或金融资产，这些资产能够被企业拥有或控制，并用于商业活动，假设此类资产交易发生于非受控交易中，其使用或转让会得到相应的价值补偿。

3. 承担的风险

风险分析的目的是识别出各种风险，并将风险分配给控制此等风险，并具有承担此种风险的财务能力的交易方。转让定价领域中的风险分析与交易方在交易合同中对各方承担的相关风险的说明无直接联系。一般来讲，企业风险主要包括研发风险、采购风险、存货风险、生产风险、分销风险、市场推广风险、管理及财务风险等。不同行业或不同类型的企业承担的风险有较大差异。以制造行业为例，不同类型制造企业的功能风险分析如表 8–4 所示，预期获取的利润水平比较如图 8–10 所示。

表 8–4　制造业不同类型实体的功能风险分析 [①]

企业类型	功能及风险
来料加工商	来料加工企业不拥有原材料所有权，不需承担原材料价格波动风险。此类企业主要承担与生产相关的功能风险、产品质量风险，不承担因产品市场萎缩或扩张而带来的市场风险。因承担的风险有限，因此预期获得的利润也较低，但利润水平相对稳定
进料加工商	进料加工企业需要承担原材料价格波动及质量风险、生产风险及产品质量风险，因承担的风险相比来料加工企业更大，因此预期获得的利润更高
合约制造商	合约制造企业不拥有与产品有关的专有技术，而是由委托方授权使用该专有技术，并按委托方要求控制产品生产进度和产品质量，承担较小的生产风险。除产品质量风险外，其承担的生产风险主要体现在存货风险。合约制造企业一般要投入大量资金购置专门的生产设备，用以生产委托方所需产品。若委托方的订单量不足，就会导致合约制造企业产能利用率低下从而影响其盈利能力，甚至可能出现亏损。基于此，在独立交易中，合约制造商通常期望在合同条款中将产能不饱和的风险转移给委托方。总体看，合约制造企业一般行使常规功能、承担有限风险，因此获取稳定、有限的利润，不可能获得超额利润
特许制造商	特许制造企业不拥有与产品有关的专有技术，而是由许可方授权使用该专有技术，并向许可方支付技术使用费。特许制造企业可以自主安排产品的生产进度，控制产品质量，并进行市场开拓和营销活动。特许生产企业承担采购风险、生产风险和市场风险，预期获得的利润相对较高
全功能制造商	全功能制造企业拥有产品的自主知识产权，可以自主安排产品的生产进度，控制产品质量，并进行市场开拓和营销活动。此类企业承担研发风险、采购风险、生产风险及市场风险等。全功能制造企业行使的功能多，承担的风险大，预期获取的利润就高，特别是可以获得因拥有无形资产所有权而带来的超额利润

① 国家税务总局教材编写组：《转让定价调查与调整实务问答》，中国税务出版社 2017 年版。

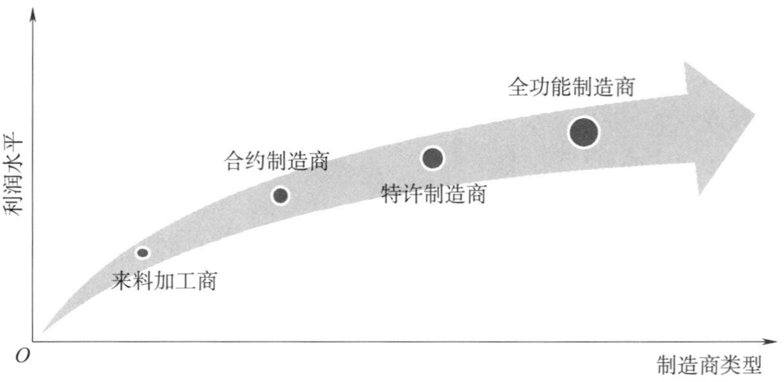

图 8-10　不同功能制造商利润水平比较

（三）确定受测方

采用本章第二节介绍的 RPM、CPM、TNMM 时，需要选择受测方以及对应的财务指标（如成本加成率、毛利率或利润率）。受测方的选择应与所进行的功能风险分析保持一致。通常情况下，所选择的受测方应当能够可靠应用选择的转让定价方法，且基于该受测方能找到最可靠的可比对象。

例如，A 公司生产 P_1 和 P_2 两种产品，然后销售给 B 公司（另一税收管辖区的关联企业）。假设 A 公司使用 B 公司所拥有的有价值的、独特的无形资产并遵循 B 公司设定的技术规范生产 P_1 产品。若在 P_1 的交易中，A 公司只执行简单的功能，没有任何有价值的、独特的贡献，则 P_1 交易的受测方应为 A 公司。若 A 公司使用属于自己的有价值、独特的无形资产生产 P_2 产品，如有价值的专利权和商标权，B 公司在此过程中担任其经销商。假设 B 公司在 P_2 交易中仅执行简单的功能，没有任何有价值的、独特的贡献，则 P_2 交易的受测方应为 B 公司。

（四）审查可比交易，选择转让定价方法

通过功能风险分析确定受测方后，审查内部可比交易或外部可比交易数据并确认其可靠性，就可以在此基础上选择最适当的转让定价方法，并确定相应的可比财务指标，如毛利率、成本加成率、净利润率。

（1）内部可比交易可靠性确认。相较于外部可比交易，内部可比交易更加直接且更具相似性。交易的财务数据更容易获取，结果也更加可靠。因此，如果某个受控交易存在可靠的内部可比交易，则内部可比交易将是更为简便的选择。但需注意的是，内部可比交易与外部可比交易都必须通过上文提及的可比性分析五大因素审查。

（2）外部可比交易可靠性确认。通常情况下，企业可能并不存在可靠的内部可比交易，因此需要进一步寻找外部可比交易。商业数据库是常用的外部信息来源，运用时需要注意数据库信息的真实性和可靠性，即需要根据实际使用情况进一步利用其他公开信息，如上市公司年报、官方网站内容对数据库信息进行验证并判断其真实性。常用的商业数据库来源主要有：彭博财经交易及相关信息；BVD 数据库，如 Orbis、

Osiris、Amadeus；Dun & Bradstreet 数据库，如 Company360；Moody' s Risk Calc，用于金融交易、国家风险调整等信用评分；标准普尔的 Capital IQ、Compustat 等；汤森路透社专注于金融交易的 Dealscan（Loanconnector）数据库。

在确定外部可比交易信息时，可比交易对象所在地区也是重要考量因素之一。在确定地区范围时，需要根据受测方及其行业市场所处的经济环境分析区域性搜索是否可靠。在实际搜索中，有时可能很难在某个可靠区域内取得足够的样本量，为此需要扩大地区范围的方式来解决。如 A 公司在中国境内从事某专项服务，但从数据库样本中无法找到足够从事相同专项服务的中国可比公司，此时可以将区域范围扩大至亚洲市场，以获得足够的可比数据。

（五）对可比性进行调整，确定独立交易结果

在可比性分析进行过程中，所确定的可比对象通常不能直接用于比较。在很多情况下，若不进行必要的可比性调整，就永远无法得到独立交易价格或利润。即使进行相应的功能风险分析后，在受控交易与非受控交易大致可比的情形下，亦可能需要调整非关联方交易的价格或利润，以尽可能消除受控关联交易与非受控独立交易的差异。

总体看，可比性调整主要包括以下几种情况：❶ 会计准则差异调整；❷ 使用部分财务数据，以排除重大的非可比交易；❸ 对资本、功能、资产和风险等项目的调整。在调整过程中，应对调整的过程进行记录及测试。这包括：调整是否恰当、财务数据调整的计算过程、调整过程对结果产生的影响，以及如何提高可比性。在某些情况下，通过运用独立交易原则可能得到一个单一、具体的数据（如价格或利润率），能够可靠地确认交易是否符合独立交易原则。但在实际运用时，更普遍的情况是应用一个或多个最合适的转让定价方法会产生一个数据区间，区间中的所有数据都是同等可靠的。区间中的不同点表明在可比条件下从事可比交易的独立企业可能存在不同的价格。在这种情况下，如果该区间包括了相当数量的观测值，通常采用四分位统计方法确定价格或利润区间，以消除极端值影响并提高分析的可靠性。

案例 8-7　我国居民企业准备同期资料中的可比性分析

A 公司为我国境内一家从事啤酒生产、销售的居民企业。2022 年，该公司与境外关联方的关联交易金额达到同期资料准备要求的门槛。初步判定采用 TNMM 确定转让定价，可比分析的主要过程如下几点。

1. 确定可比公司

由于 TNMM 对企业功能和风险可比性的要求高于对产品可比性的要求，同时 A 公司缺乏内部交易可比数据，因此以 2022 年 3 月更新的 BVD 数据库资料为基础，对潜在的与 A 公司承担相似功能和风险，且经营业务类似的公司进行搜索，并通过相关证券交易所和公司官方网站获取信息进行可比性分析筛选。

基于对公司功能和风险的理解，可比性分析过程中选取 NAICS（北美产业分类体系）代码：312120 – Breweries（啤酒业）。通过搜索，BVD 数据库中该行业共有 191 家公司。基于 191 家公司的财务信息、业务描述，采用下列标准来进一步缩小可比公司范围。一般来说，符合以下标准的公司将被剔除：

（1）注册地不在远东和中亚地区，剔除 160 家；

（2）2019—2021 年三年财务数据不完整，剔除 2 家；

（3）2019—2021 年中连续三年亏损，剔除 3 家；

（4）存在明显大额研发费支出的公司，剔除 3 家；

（5）存在大额并购的公司，剔除 2 家。

最终选择包括中国、印度、菲律宾、日本、韩国、新加坡、马来西亚等的 21 家啤酒公司作为可比公司，如表 8–5 所示。

表 8–5　可比公司列表

编号	公司名称	国家 / 地区	三年完全成本加成平均值
1	BeiJing YanJing Brewery co., LTD	China	11.29%
2	Carslberg Brewery Malaysia Berhad	Malaysia	11.71%
3	Chongqing Brewery co., LTD	China	13.76%
4	United breweries limited	India	7.86%
…	…	…	…
21	Sapporo holdings Limited	Japan	3.46%

2. 根据可比公司财务数据指标，测算得出可比利润率四分位区间

根据公司具体情况，采用完全成本加成率指标。完全成本加成率的计算过程如表 8–6 所示。通过统计和计算过去三年的可比公司完全成本加成率指标平均数，从小到大依序排列，应用四分位法得出相应的四分位统计值，如表 8–7 所示。

表 8–6　A 公司 2022 年完全成本加成率计算

科目	公式	人民币 / 元
营业收入（1）	—	600 273 549.16
减：营业成本（2）	—	367 246 150.25
税金及附加（3）	—	46 846 408.02
销售费用（4）	—	36 421 990.70
管理费用（5）	—	47 312 961.43
财务费用（6）	—	（12 707 620.02）

续表

科目	公式	人民币 / 元
资产减值损失（7）	—	（849 789.07）
营业利润（8）	—	116 003 447.85
营业利润率（9）		19.33%
完全成本加成率（10）	[（6）+（8）]/[（1）-（8）-（6）]	20.78%

表 8-7　可比公司四分位值区间

类型	2021 年	2020 年	2019 年	平均值
下四分位值	8.49%	10.96%	8.77%	9.4%
中位值	12.07%	12.35%	10.57%	12.96%
上四分位值	19.07%	17.42%	15.38%	15.32%

3. 测试结果

A 公司采用交易净利润法对本公司 2022 年度关联交易进行测试，确定的财务指标为完全成本加成率。A 公司使用公开数据库选择了 21 家与该公司承担相似功能与风险，并销售相同产品的可比公司，建立了完全成本加成率的四分位区间。通过独立交易四分位区间的比较和对公司 2021 年度财务数据的分析，A 公司的完全成本加成率为 20.78%，远高于以可比公司数据为依据建立的四分位区间，且高于上四分位值 15.32%。因此，A 公司认为：本公司 2021 年度关联交易转让定价政策符合独立交易原则。

思考题：

如何理解企业同期资料准备中可比性分析的重要性？

第四节　转让定价文档

一、转让定价文档的概念与标准化

转让定价文档（transfer pricing document，TPD），是指根据各国（地区）税法规定，税务机关在进行转让定价税务管理时，要求纳税人准备、保存并提供的与关联交易相关的证明文件和相关资料。OECD《指南》将转让定价文档的目标概括为：❶ 确保纳税人在制定关联企业之间交易价格和其他交易条款，以及在其纳税申报表中报告从此种交易获得所得时，能够合理考虑转让定价合规性要求；❷ 为税务机关进行有信息依据的转让定价风险评估提供必要信息；❸ 当税务机关对其管辖范围内企业的转让定价行为进行合理的全面调查时，为税务机关提供有用的信息。当然，随着调查的进行，企业可能被要求提供其他额外信息作为转让定价文档的补充。

21 世纪以来，随着国际上对转让定价文档要求的标准化程度越来越高，转让定价文档的重要性在各国转让定价税务管理中的重要性愈发突出。很明显，转让定价文档标准化程度的提高会降低纳税人的遵从成本，提高各国税务机关对跨国纳税人转让定价行为是否遵循独立交易原则判断标准的一致性。多年来，国际上协调各国转让定价文档标准化的努力一直在进行。1994 年，美国率先针对跨国公司集团内部的转让定价制定了文档法规，并对不遵守文档要求的纳税人实施处罚。美国设置的处罚措施引发了其他国家的担忧，即跨国公司在美国压力下倾向于在美国披露和申报更多利润以满足美国税务机关的要求。1995 年，OECD《指南》敦促所有 OECD 成员遵守比例原则，即“文档方面的要求不应给纳税人造成与其具体情形不成比例的成本和负担”，试图消除上述担忧。

2010 年 OECD《指南》单设第 5 章论述了对转让定价文档的要求，虽然该论述并没有直接的法律效力，但对很多国家完善转让定价税制起到了相应的引导作用。OECD 认识到，对文档要求采取通用型做法对企业和税务机关都是有利的。2015 年 10 月，OECD 发布的 BEPS 第 13 项行动计划（重新审视转让定价文档资料）最终报告建议各国对转让定价文档实施 3 层标准化方法，或称为转让定价文档 3 层结构。该部分内容亦被引入 OECD《指南》（2022 年版）。该标准化方法具体包括：主体文档，其中包含与所有跨国企业成员相关的标准化信息；本地文档，具体涉及本地纳税人的关联交易；国别报告，要求跨国企业说明全球状况，其中包含特定税收管辖区的员工配置、设施、税前利润（亏损）和已缴税款等数据。

为给“走出去”企业与“引进来”企业（即外资企业）创造良好的税收环境和营商环境，激励纳税人提升税务合规水平，我国转让定价税制设计亦比较注重对纳税人的转让定价文档管理。特别是 2015 年 OECD 第 13 行动计划最终成果发布后，为履行大国责任并与国际转让定价文档标准接轨，国家税务总局发布了一系列转让定价规范性文件，大幅提高了我国转让定价文档管理水平。其中，《国家税务总局关于完善关联申报和同期资料管理相关事项的公告》（国家税务总局公告 2016 年第 42 号，简称 42 号公告）就境内企业（包含居民企业和在我国境内设立机构、场所的非居民企业）与关联方业务往来的关联申报和同期资料管理做出了全新规范，用以替代《特别纳税调整实施办法（试行）》中的转让定价管理相关内容。

二、转让定价文档的三层结构

现行 OECD《指南》规定了转让定价文档的标准化设计为 3 层结构，即主体文档、本地文档和国别报告。

（一）主体文档

主体文档（master file）概括跨国企业集团业务，主要包括其全球业务活动的性质、整体转让定价政策及全球收入和经济活动的分配情况，以协助税务机关确定是否存在重大转让定价风险。主体文档的目的是提供高度的概述，以便将跨国企业集团的转让定价风险置于其全球经济、法律、财务和税收背景中。纳税人在准备主体文档时应注意该文档目的是向税务机关提供关于跨国企业集团的全球运营及政策的高度概括，因此需要审慎决定所提供信息的适当详细程度。在OECD《指南》中，主体文档的内容包括：❶ 跨国企业集团的组织架构；❷ 跨国企业集团的业务描述；❸ 跨国企业集团的无形资产；❹ 跨国企业集团内部公司间财务活动；❺ 跨国企业集团的财务及税务情况。

（二）本地文档

与主体文档不同的是，本地文档（local file）提供有关具体受控交易的详细信息。本地文档所要求的信息可以作为主体文档的补充，有助于确保纳税人在特定税收管辖区的主要转让定价安排政策符合独立交易原则。本地文档侧重对本地企业与其他辖区关联企业之间发生的对当地税收管辖而言较为重大的受控交易进行转让定价分析。本地文档所含信息包括具体交易的相关财务信息、可比性分析，以及最合适的转让定价方法的选择与应用。

（三）国别报告

国别报告（country-by-country report）要求提供跨国企业集团运营所在的所有辖区范围内与全球收入分配、纳税情况及相关辖区经济活动指标相关的信息。该报告还需列示跨国企业集团所有成员实体的名单及其财务信息、所属辖区、注册地，以及主要经济活动的性质。国别报告有助于对转让定价风险进行初步评估，协助税务机关评估与BEPS相关的其他风险，适当的情况下还可用于经济及数据统计分析。然而，对于具体交易的详细转让定价分析应基于完整的功能分析及可比性分析，国别报告所披露的信息并不能取代上述分析。此外，国别报告所披露的信息也不能单独构成认定转让定价安排是否合理的结论性证据，税务机关不能以此作为使用全球公式分配法进行转让定价调整的依据。

三、关联申报与同期资料准备

（一）关联申报

关联申报，是企业年度关联业务往来报告的简称，企业向税务机关报送企业年度所得税纳税申报表时，应当就其与关联方的业务往来附送《中华人民共和国企业年度关联业务往来报告表》（简称《关联业务往来报告表》）。企业保存足够的关联交易记录并通过《关联业务往来报告表》的形式向税务机关申报关联交易信息，有助于税务机关对其转让定价行为符合独立交易原则的认定。

42号公告第1条规定,“实行查账征收的居民企业和在中国境内设立机构、场所并据实申报缴纳企业所得税的非居民企业向税务机关报送年度企业所得税纳税申报表时,应当就其与关联方之间的业务往来进行关联申报,附送《中华人民共和国企业年度关联业务往来报告表(2016年版)》。”需要指出的是,42号公告将BEPS第13项行动计划最终报告提出的转让定价文档中的国别报告也纳入了关联申报的内容范围。国别报告要求企业列示跨国公司集团所有成员实体名单及财务信息、所属税收管辖权、注册地、主要经营活动的性质。企业关联申报义务的认定如图8-11所示。关联申报的时间与纳税人企业所得税的申报和汇算清缴时间保持一致,通常在下一年度5月31日前申报上年度的关联交易。

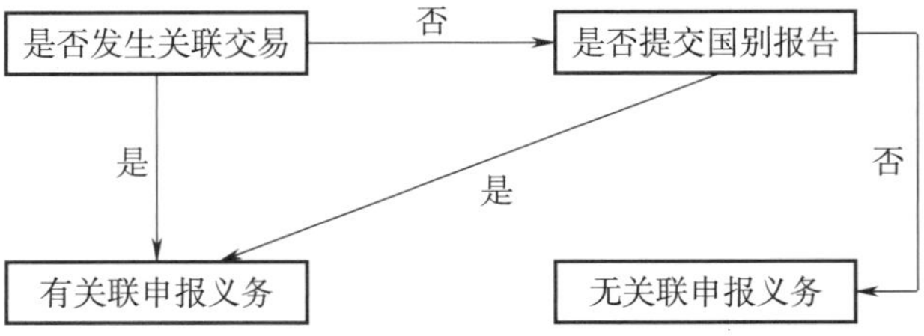

图8-11 企业关联申报义务认定

42号公告第5条规定了需要在关联申报中报送国别报告的居民企业范围。

(1)该居民企业为跨国企业集团的最终控股企业,且其上一会计年度合并财务报表中的各类收入金额合计超过55亿元。最终控股企业是指能够合并其所属跨国企业集团所有成员实体财务报表的,且不能被其他企业纳入合并财务报表的企业。

(2)该居民企业被跨国企业集团指定为国别报告的报送企业。

该文同时规定了报送国别报告的豁免情形:最终控股企业为中国居民企业的跨国企业集团,其信息涉及国家安全的,可以按照国家有关规定,豁免填报部分或全部国别报告。

42号公告同时规定了触发国别报告提交义务的其他机制,即居民企业所属跨国集团按照其他国家规定负有准备国别报告义务时,该居民企业亦应向我国提交国别报告。该公告第8条规定,企业虽不属于填报国别报告的范围,但其所属跨国企业集团按照其他国家有关规定应当准备国别报告,且符合下列条件之一的,税务机关可以在实施特别纳税调查时要求企业提供国别报告:

(1)跨国企业集团未向任何国家提供国别报告;

(2)虽然跨国企业集团已向其他国家提供国别报告,但我国与该国尚未建立国别报告信息交换机制;

(3)虽然跨国企业集团已向其他国家提供国别报告,且我国与该国已建立国别报告信息交换机制,但国别报告实际未成功交换至我国。

(二)同期资料

1. 同期资料的概念

同期资料(contemporaneous documentation)又称转让定价同期文档,是指根

据各国（地区）税法规定，纳税人对于关联交易发生时按时准备、保存、提供的转让定价相关资料或证明文件。“同期”意味着相关资料的准备时间与关联交易的发生时间保持在同一纳税年度，但与纳税人关联申报资料必须于纳税申报时提交给税务机关不同，同期资料不必当年提交给税务机关，只有在税务机关当年或以后年度对纳税人进行转让定价调查时才按税法规定及时提交。同期资料准备、保存和提供是企业转让定价文档管理的重要内容。

20 世纪 90 年代初期，美国首先提出同期资料概念。**同期资料与处罚条款相配套，将转让定价交易符合独立交易原则的举证责任与税务合规成本转移给了纳税人。**与上文所述的关联申报主要披露关联交易基本数据信息不同，同期资料则要求纳税人在阐述基本业务情况、关联交易情况基础上进行行业分析、功能风险分析和经济分析，以阐述企业集团内部发生的关联交易是否符合独立交易原则。关联申报主要呈现定量数据，而同期资料既有定量数据又有定性分析，内容更广泛。**关联申报中填报的数据和事实与同期资料中陈述的数据和事实应保持一致，两者具有互相比对和查证关系。**

美国是最早建立要求纳税人准备同期资料及相应处罚机制的国家。美国财政部 1988 年发布的白皮书在推动转让定价程序的改革上具有深远影响。当时包括美国财政部和国内收入局在内的官方部门认为，在转让定价纳税调整中纳税人拥有天然的信息不对称优势。转让定价案件的处理需要以事实为证据，纳税人可轻松获得证据，而国内收入局需要经过烦琐的程序才能获得相关证据。该白皮书针对转让定价中征纳双方信息不对称问题提出的解决方案是，要求纳税人将其转让定价政策记录在案并在提交纳税申报表之前就其定价政策是否符合独立交易原则进行说明。美国国会接受了白皮书建议，经过 1990—1993 年的一系列立法活动后，美国税法纳入了同期资料及相应处罚机制的内容。国际社会对美国的做法也经历了由反对到认可的过程。最初的反对是因为担心美国做法会导致跨国公司为满足美国法规要求而过度向美国转移利润。但 1995 年 OECD《指南》已纳入美国做法，并获得成员的普遍认可。此后，有更多国家在转让定价税制中增加了要求纳税人准备同期资料的内容，并设置了相应的惩罚条款，具体时间如表 8-8 所示。

表 8-8　部分国家（地区）立法要求纳税人准备同期资料的时间

年份	国家（地区）	年份	国家（地区）
早于 1996 年	美国	2007 年	多米尼加、爱沙尼亚、芬兰、格陵兰岛、乌拉圭
1998 年	加拿大、阿根廷	2008 年	中国、墨西哥、韩国、罗马尼亚、西班牙
2000 年	波兰	2009 年	法国
2001 年	印度	2010 年	日本、意大利、印度尼西亚、匈牙利
2002 年	葡萄牙	2012 年	希腊

续表

年份	国家（地区）	年份	国家（地区）
2004 年	德国、中国台湾、哥伦比亚	2013 年	澳大利亚
2005 年	厄瓜多尔	2014 年	俄罗斯
2006 年	越南、丹麦	—	—

2. 同期资料内容

42 号公告第 10 条规定："企业应当依据企业所得税法及其实施条例第 114 条的规定，按纳税年度准备并按税务机关要求提供其关联交易的同期资料。"我国 42 号公告依据 OECD《指南》的指引并结合我国国情，**规定的同期资料内容包括主体文档、本地文档及特殊事项文档**。相关文档资料的准备门槛如表 8-9 所示。需要指出的是，42 号公告第 18 条规定了**同期资料准备的豁免情形：企业执行预约定价安排的，可以不准备预约定价安排涉及关联交易的本地文档和特殊事项文档，且关联交易金额不计入关联交易金额范围；企业仅与境内关联方发生关联交易的，可以不准备主体文档、本地文档和特殊事项文档**。第一种豁免情形是因为征纳双方通过预约定价协议已对纳税人的转让定价进行了有效约束，第二种豁免情形则意味着税务机关重点关注和监控纳税人与境外关联方的关联交易。

表 8-9　我国税法规定的同期资料各文档准备门槛

转让定价文档	准备门槛
主体文档	1. 年度发生跨境关联交易，且合并该企业财务报表的最终控股企业所属企业集团已准备主体文档； 2. 年度关联交易总额超过 10 亿元人民币
本地文档	1. 年度有形资产所有权转让金额（来料加工业务按年度进出口报关价格计算）超过 2 亿元； 2. 年度金融资产转让金额或无形资产所有权转让金额超过 1 亿元人民币； 3. 年度其他关联交易金额合计超过 4 000 万元人民币
特殊事项文档	1. 企业签订或者执行成本分摊协议的，应当准备成本分摊协议特殊事项文档； 2. 企业关联债资比例超过标准比例需要说明符合独立交易原则的，应当准备资本弱化特殊事项文档

（1）主体文档内容。

主体文档内容包括组织架构、企业集团业务、无形资产、融资活动及财务与税务状况。主体文档旨在披露跨国企业集团全球业务的基本情况，如全球业务概要、整体转让定价政策及全球收入和经济活动的分布情况等，有助于税务机关有效分析评估是否存在重大转让定价风险。例如，C 公司是 G 公司（德国某集团公司）设在中国的全资子公司。2022 年，C 公司与 G 公司之间仅发生一起关联交易 1 000 万元，与我国境内其他关联企业之间发生的关联交易金额为 5 亿元。在此种情形下，若 G 公司已准备主体文档，则 C 公司只需将该主体文档翻译成中文，完成准备义务；若 G 公司没有准备主体文档，则 C 公司亦没有准备主体文档的义务。若改变上述情形，C 公司与 G 公司之间的关联交易仍为 1 000 万元，但 C 公司与境内其他关联方之间的关联交易超过了 10 亿元，则此种情形下，即使境外 G 公司没有准备主体文档，C 公司亦必须承担自行准备主体文档的义务。

42 号公告主体文档具体内容

（2）本地文档内容。

42 号公告本地文档具体内容

与主体文档介绍跨国企业集团整体情况不同，本地文档提供与具体关联交易相关的更为详细的信息。本地文档所要求的信息可以作为主体文档的补充，有助于确保纳税人在特定国家（地区）的主要转让定价政策符合独立交易原则。本地文档侧重针对本地企业与其他国家（地区）关联企业之间发生的对当地税收管辖而言较为重大的受控关联交易进行转让定价分析。本地文档所含信息主要包括：具体交易的相关财务信息、可比性分析，以及最合适的转让定价方法的选择与应用。若本地文档要求的某项信息可以通过对主体文档的引用获得，则这样的引用是允许的。

（3）特殊事项文档内容。

42 号公告特殊事项文档具体内容

特殊事项文档包括成本分摊协议特殊事项文档和资本弱化特殊事项文档。企业签订或者执行成本分摊协议的，应当准备成本分摊协议特殊事项文档。企业关联债资比例超过标准比例需要说明符合独立交易原则的，应当准备资本弱化特殊事项文档。

3. 转让定价文档遵从

转让定价文档要求纳税人对其转让定价进行合理、统一及充分的阐述，从而有利于形成遵从的纳税氛围。准备充分的文档能确保税务机关在某种程度上相信，纳税人在纳税申报时已对其转让定价安排进行分析，已对可获取的可比数据进行考量，并已证明其转让定价政策在自身的转让定价制定中得到切实体现。此外，同期资料的要求有助于确保纳税人转让定价安排的真实性，并限制纳税人在事后为其转让定价安排寻求辩护理由。可以说，同期资料的准备过程即纳税人“自我检视”转让定价行为是否符合独立交易原则的过程，虽然是否符合独立交易原则仍需得到税务机关的最终认定。

OECD《指南》指出，遵从性的目标达成可以通过两个重要途径来实现。❶ 税务机关要求转让定价文档以同期资料的形式准备。这意味着转让定价文档应当在受控关联交易进行时准备，或不晚于受控关联交易所属会计年度的纳税申报完成时准备就绪。同期资料“准备”的含义是指纳税人对自身关联交易的记录及转让定价安排符合独立交易的阐述应于关联交易发生所属纳税年度完成，但与关联申报资料必须于当年提交给税务机关不同，同期资料一般无须当年提交给税务机关。按照 42 号公告的规定，准备完成的同期资料应当自税务机关要求的准备完毕之日起保存 10 年。❷ 建立相应的转让定价处罚机制，以奖励及时、准确地准备转让定价文档的行为，激励纳税人及时、慎重地规划其转让定价安排。税务机关调查纳税人以前年度的关联交易时，纳税人应按税法规定及时将同期资料提交给税务机关，否则会给纳税人带来较大的税务风险。

总结我国现行税法规定，若纳税人未按规定准备同期资料将会面临以下税务风险。

（1）被税务机关列为特别纳税调整重点调查对象，转让定价审查调整追溯期最长可达 10 年。

法律依据：《特别纳税调查调整及相互协商程序管理办法》第 4 条、《中华人民共和国企业所得税法实施条例》第 123 条。

（2）对纳税人核定征收，补征税款。被调查企业不提供特别纳税调查相关资料，或者提供虚假、不完整资料的，由税务机关责令限期改正，逾期仍未改正的，税务机关按照《中华人民共和国税收征收管理法》及其实施细则有关规定进行处理，并依法核定其应纳税所得额。

法律依据：《中华人民共和国企业所得税法》第 44 条、《特别纳税调查调整及相互协商程序管理办法》第 14 条。

（3）行政处罚。

企业未按规定向税务机关报送企业年度关联业务往来报告表、未准备同期资料或者未按照规定向税务机关提供同期资料的，由税务机关责令限期改正，可以处 2 000 元以下的罚款；情节严重的，可以处 2 000 元以上 10 000 元以下的罚款。法律依据：《中华人民共和国税收征收管理法》第 62 条。

企业拒绝提供同期资料等关联交易的相关资料，或者不提供与其关联方之间业务往来资料，或者提供虚假、不完整资料，未能真实反映其关联业务往来情况的，由税务机关责令改正，可以处 10 000 元以下的罚款；情节严重的，处 10 000 元以上 50 000 元以下的罚款。法律依据：《中华人民共和国税收征收管理法》第 70 条、《中华人民共和国税收征收管理法实施细则》第 96 条。

（4）税务机关可以拒绝企业提交预约定价谈签意向。

法律依据：《国家税务总局关于完善预约定价安排管理有关事项的公告》第 6 条。

（5）加收利息。

未按规定提供同期资料的，利息率按照税款所属纳税年度 12 月 31 日公布的与补税期间同期的中国人民银行人民币贷款基准利率（简称基准利率）加 5 个百分点计算，并按照一年 365 天折算日利息率；按照有关规定提供同期资料及有关资料的，或者按照有关规定不需要准备同期资料但根据税务机关要求提供其他相关资料的，可以只按照基准利率加收利息。

法律依据：《特别纳税调查调整及相互协商程序管理办法》第 44 条。

四、预约定价安排

（一）预约定价安排的概念

预约定价安排（advance pricing arrangements，APA），是指税务机关和纳税人之间为了解决潜在的转让定价争议而做出的一种程序性安排。通过安排为关联交易预先确定适当的标准，包括转让定价方法、可比对象的确定及适当调整、未来事件的关键假设，以此解决未来一段时间内这些交易的转让定价问题。APA 一般由纳税人主动向税务机关提出申请，需要纳税人、一个或多个关联企业，以及一个或多个国家（地区）税务机关协商达成。

根据参与国家税务主管当局数量，可以将APA分为单边、双边和多边三种类型。 企业与一国税务机关达成的APA为单边APA。单边APA只能为企业提供所在国国内关联交易定价原则、方法及结果的确定性，但不能有效避免企业境外关联方被其所在国家税务机关进行转让定价调整的风险，因此单边APA不能有效规避国际重复征税。企业与两个或多个国家税务机关达成的APA为双边或多边APA。在双边和多边APA中，由于需要两个或多个国家税务机关就关联交易的转让定价方法达成一致，为跨国纳税人的转让定价税务问题解决提供了双方或多方确定性，从而可以有效避免国际重复征税。以单边APA为例，APA简易程序谈签流程如图8-12所示。

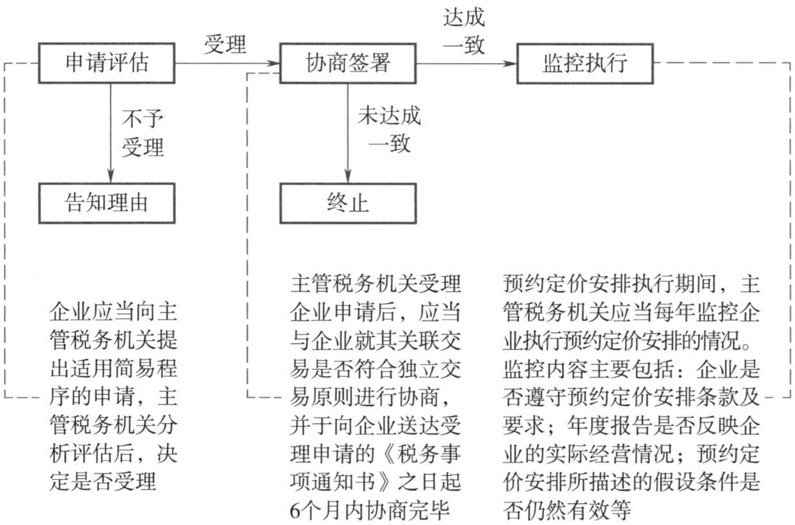

图8-12　单边APA简易程序谈签流程

相对于传统的转让定价调整方法，APA有其明显优势。应用传统的转让定价方法解决纳税人的转让定价避税问题往往会引发税企争议，且纳税人和税务机关双方都需要投入大量的精力、物力和时间，给双方带来了较为沉重的遵从成本和管理成本。APA则将传统转让定价方法对纳税人转让定价行为的事后调整转变为事前安排，提升了纳税人对APA规定时间内转让定价税务处理的确定性，纳税人能够更好地预测其未来一定期间内的纳税义务，也为税务机关带来了稳定的收入预期。传统的转让定价调整方法一般都为单边方法，关联交易中的境外关联方所在国不认可或忽视对方国家税务机关的调整结果时，通常会导致对跨国企业集团的国际重复征税。但在双边和多边APA中，多个税务机关参与其中，从而使跨国纳税人在两个或多个国家（地区）消除被转让定价调查的风险，有效避免国际重复征税。20世纪90年代以前，跨国公司只能通过税收协定中的相互协商程序解决转让定价实践中的国际重复征税问题，但随着越来越多国家开始实施APA制度，APA已成为跨国纳税人用来解决国际重复征税越来越普遍的工具。

美国、日本、澳大利亚、加拿大、法国等国是较早应用APA解决企业转让定价税收治理问题的国家。我国自20世纪90年代末开始APA应用实践。1998年，《关联企业间业务往来税务管理规程（试行）》第 28 条首次引入了 APA 概念。我国税务机关与企业的首例单边 APA 于 1998 年达成。2002 年，《中华人民共和国税收征收管理法实施细则》第 53 条正式列明预约定价制度，预约定价由一种方法上升为一种制度。其后，国家税务总局相继颁布实施了多个规范性文件，以完善我国 APA 制度，快速扩大了 APA 的应用范围，大幅提升了我国 APA 管理水平。2005 年 4 月 19 日，中国与日本签署了我国历史上第一例双边 APA。随后，中国分别于 2007 年 4 月 20 日和 11 月 17 日与美国、韩国相继达成了双方历史上的首例双边 APA。2016 年，为落实 BEPS 行动计划成果、完善 APA 工作流程，《国家税务总局关于完善预约定价安排管理有关事项的公告》发布 2021 年 7 月，为便利企业获得转让定价税收确定性，助力其在华持续经营，《国家税务总局关于单边预约定价安排适用简易程序有关事项的公告》发布。截至 2022 年，我国税务机关与企业累计签署单边和双边 APA 260 个，提高了对跨国纳税人的服务水平，优化了税收营商环境，助力构建高水平对外开放新格局。

（二）我国预约定价安排签署概况①

20 世纪 90 年代末我国开始预约定价安排实践以来，已历时二十余年。早年，税务机关囿于办案经验和案例数量支撑，APA 谈签历时较长，达成率不高。当前我国税务机关工作人员的纳税服务水平明显提高，税务机关至今已处理相当多的 APA 案件，无论是办案效率，还是签署速度，均已大幅提升。从国家税务总局公布的 2022 年预约定价安排报告统计数据来看，从 2005 年至 2022 年，我国共签署了 144 例单边 APA 和 116 例双边 APA。其中，2022 年我国签署单边 APA19 例，双边 APA15 例，相较 2021 年度，分别增长了 111.11% 和 36.36%，如图 8-13 所示。

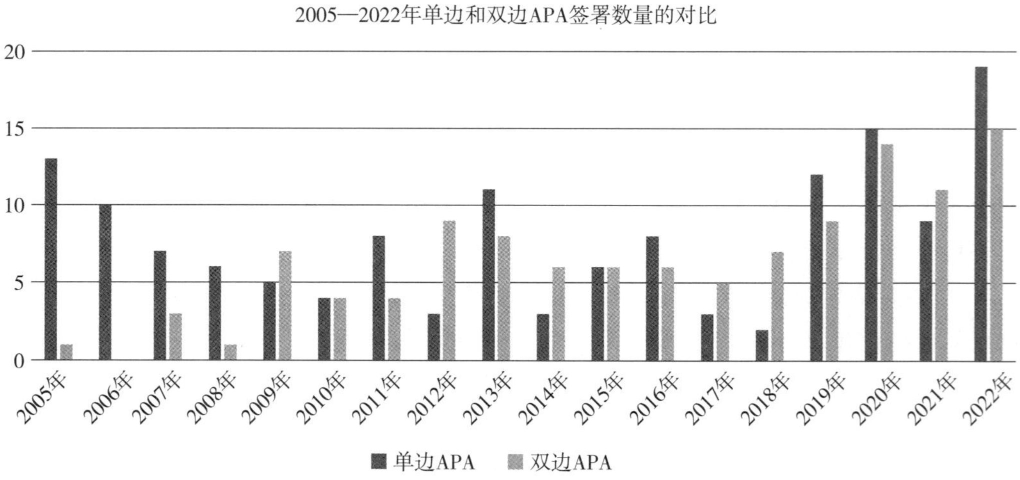

图 8-13　我国 2005—2022 年签署单边 APA 和双边 APA 概况

① EY 安永：《走进企业的预约定价安排》，2024 年 1 月 11 日；国家税务总局：《中国预约定价安排年度报告 2022》。

从签署完成时间上看，2005年至2022年，我国单边APA绝大部分在24个月内完成，耗时24个月以上完成的比例仅为10.42%，其中，2022年签署的单边APA全部在24个月以内完成。2022年签署的双边APA中，10例在24个月以内完成，5例耗时24个月以上完成。就转让定价方法而言，2005年至2022年，交易净利润法是最常用的方法，使用258次，占全部方法的83.5%。数据显示，企业通过APA寻求税收确定性的意愿越来越强。

习　题

一、单选题（请用手机扫描下方二维码作答）

二、改错题（就题中画线部分进行改正）

1. 在制造业不同类型实体中，使用资产最多、承担风险最大、预期获得高利润水平的是来料加工商。（　　）

2. 在各种转让定价调整方法中，再销售价格法最能充分地体现独立交易原则。（　　）

3. 在OECD《指南》所规定的可比性分析主要包含5大要素：财产或服务的性质、功能分析、合同条款、经济情形和营销策略。（　　）

4. 对纳税人来讲，没有发生关联交易，就没有关联申报义务。（　　）

5. 按照我国现行税法的规定，同期资料内容包括主体文档、本地文档及国别报告。（　　）

三、简答题

1. 请查找OECD《指南》查证，跨国纳税人出于非避税动机产生的关联交易价格扭曲，相关税务机关可否对该转让定价进行调整？

2. 转让定价调整方法主要有哪些？

3. 转让定价调整方法所遵循的基本原则为独立交易原则。除独立交易原则外，还有一些专家推荐采用全球公式分配法以应对转让定价避税行为。全球公式分配法与独立交易原则有何差异？

4. 按照我国现行税法规定，若跨国纳税人没有按时准备同期资料而被税务机关进行转让定价特别纳税调整时，除补缴税款外，还会面临哪些税务风险？

5. 预约定价安排主要包括哪些类型，各类预约定价安排的优缺点是什么？

四、案例分析题

C公司为设立在中国某市的一家外商独资企业，主要从事运动鞋生产销售业务，位于日本的J公司（C公司的母公司）持有C公司50%的股权。C公司运动鞋的实际生产成本为每双31.5元，现以成本价格销售给J公司，共销售36 000双。J公司最后以每双60元的价格在市场售出这批运动鞋。中国主管税务机关认为C公司与境外母公司的转让定价行为侵蚀了中国税基。根据中国税务机关掌握的市场资料，日本J公司销售运动鞋的毛利率为30%。

问题：

（1）中国税务机关对C企业与境外母公司的转让定价行为进行调整依据的原则是什么？

（2）采用何种方法调整较为适当？如何调整？

第九章　其他避税方式税务管理

学习目标

1. 掌握受控外国公司的概念及相关的反避税规则。
2. 掌握资本弱化概念及相关的反避税规则。
3. 理解一般反避税概念，厘清其与特别反避税法规的关系。
4. 熟悉中国对其他避税方式的反避税实践，领悟立足中国研究国际税收问题的重要性。

引例　间接转让中国境内居民企业股权被追缴税款①

2023年4月，深圳市福田区税务局国际税收部门开展非居民企业间接股权转让专项风险应对工作，税务人员利用大数据技术对香港证券交易所公告等第三方公开信息进行筛选和提取，并将其与辖区内外资企业信息进行比对分析，发现辖区内一家居民企业股权被境外股东间接转让，并最终追缴税款达1.69亿元人民币。

B公司通过C公司持有中国深圳福田区S公司100%的股权，B公司与C公司的注册地分别在BVI和中国香港。M公司是对B公司全资控股的母公司，且其注册地也位于BVI。具体控股结构如图9-1所示。

福田区税务局国际税收部门收集的信息显示，M公司于2023年年初与中国香港上市的W公司签订了股权转让协议，将其下属B公司100%股权，以及4 500万港币债权，作价23.8亿港币，打包转让给了W公司。W公司的注册地在开曼群岛。BVI与开曼群岛为国际知名避税地，对该笔股权转让所得均不征所得税。税务人员的进一步调查发现，B公司2022年营业收入为零，资产总额仅为8 780港币，当年的管理费用仅为2.2万港币，而且这些管理费用均为企业办理年审和资质审核等费用支出。从企业经营情况看，B公司是一家无实际经营活动的企业。

① 改编自林建荣：《识破“导管”安排 追征境外企业股权交易税款》，《中国税务报》，2024年2月6日。

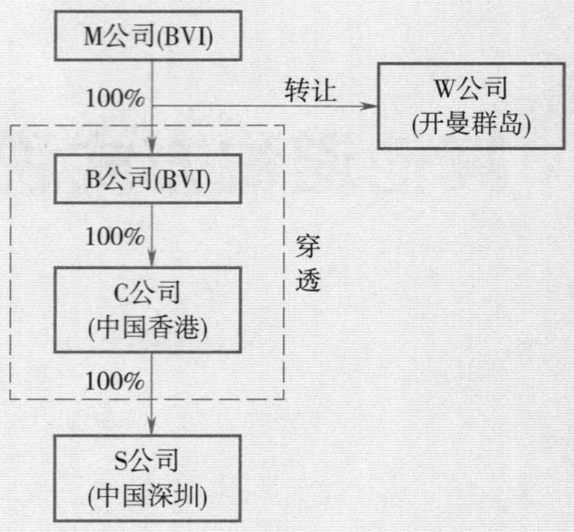

图 9-1　间接转让股权架构图

随后，税务人员分析C公司的财务报表资料。报表显示，C公司主要从事产品销售和品牌推广等业务。2022年度获得营业收入22万港币，发生期间费用约220万港币，其中管理费用117万港币，销售费用60万港币。此外，M公司还提供C公司员工雇佣合同、销售门店租赁合同，以及产品销售情况等相关资料。但税务人员对C公司以前年度营运和利润情况进行核查后却发现，这家公司2021年度营业收入也为零，企业仅发生管理费用5 570港币，此外企业均无其他成本费用支出。这一情况表明，该公司2021年并无实质性经营活动。C公司大多数经营活动的发生时间，都在B公司与M公司签订股权转让合同之后，避税嫌疑非常明显。

综合调查中发现的各种问题和证据，税务人员认为，M公司此次交易的B公司及其下属位于中国香港的C公司均不具有实质性经营活动，M公司此次间接转让我国境内居民企业S公司股权的商业行为，应重新定性为直接转让中国居民企业股权。依据我国现行税法规定，最终确认该项交易归属于我国境内的转让收入为17.29亿元人民币，M公司应缴纳企业所得税1.69亿元人民币。

思考题：

1. 非居民间接转让我国境内居民企业股权避税的基本逻辑是什么？

2. 从反避税角度看，非居民间接转让我国居民企业股权属于一般反避税范畴，如何理解一般反避税措施？

3. 受控外国公司规则与资本弱化规则都属于特别反避税法规，如何理解其与一般反避税的关系？

第一节 受控外国公司税务管理

一、受控外国公司的概念

受控外国公司（controlled foreign company，CFC），是指一国居民在低税地或避税地国家（地区）设立的受其控制的公司或类似法律实体（如信托），以该公司或实体为中心归集和积累利润，从而实现延迟纳税的避税目标。通常情况下，CFC是一个独立的法人实体。居民纳税人通过在境外避税地设立CFC，并通过适当的税务筹划将利润转移至CFC，且对其实现的利润长期不进行分配，上述居民纳税人就成功规避了居民国的纳税义务。税收居民通过CFC归集境外所得从而将利润滞留在境外是避免其全球所得被居民国政府征税的重要方式。很明显，从居民国角度看，本国居民在境外设立CFC并将利润滞留在境外缩小了居民管辖权的行使范围。美国于1962年在国内收入法典中加入了F分部，在全球范围内首次提出CFC概念，并基于CFC设计出相应的反避税规则，即CFC规则。通常情况下，一国政府不会对其他国家居民在境外取得的所得行使居民管辖权征税，但CFC规则却突破了这一限制。

图9-2中，甲国的税收居民A在避税地乙国设立子公司B，并对B实行某种形式的控制。在A公司及其下属公司A1、A2、A3等通过各种避税方式将利润转移至B公司的情形下，B公司扮演了整个企业集团"利润积累中心"的角色。若B公司长期不进行利润分配，则甲国很难确认A公司投资收益的实现，跨国纳税人即可实现延迟纳税的避税目标。但甲国若制定了CFC规则且B公司被认定为CFC，即使B公司对A公司长期不进行利润分配，甲国政府依然可以依据CFC规则对乙国B公司的所得"视同分配"而即时征税。从某种程度上讲，居民国（甲国）实施的CFC规则意味着本国居民税收管辖权行使范围的扩大，为维护本国税收利益而导致了对别国税收居民的"长臂管辖"。

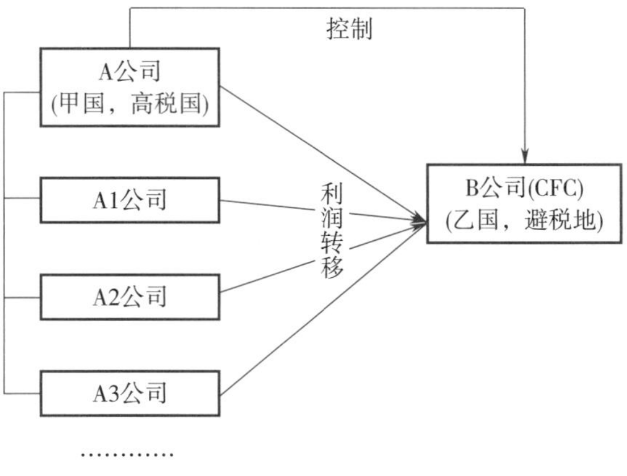

图9-2 CFC延迟纳税示意图

从逻辑上讲，CFC 规则旨在维护居民税收管辖权的完整性，其理论基础为资本输出中性原则。该原则认为，一国居民在选择进行境外投资或本国投资时不应被税收因素所左右。很多国家的税法都规定，本国居民在境外设立的子公司只有向本国居民分配利润时才会对本国居民的收益征税，而对境内设立的子公司当期实现的利润即时征税。此规定意味着居民国对本国居民设立在境外的子公司所实现的利润采取了延迟纳税的态度，但对境内子公司却没有同等对待。CFC 规则可以确保资本输出中性原则得以体现。推崇和奉行资本输出中性原则的国家都乐于实施 CFC 规则以维护本国居民管辖权的完整性。自美国 1962 年实施 CFC 规则以来，越来越多的国家开始制定 CFC 规则以维护本国税收主权。2015 年出台的 BEPS 行动计划 3 最终成果试图为全球范围内 CFC 规则的协调与统一提供建议，以更有效地解决 BEPS 问题。欧盟委员会于 2016 年 6 月出台的反避税指令，要求所有成员国从 2019 年起有义务实施最低标准的 CFC 规则。截至 2018 年，已有超过 30 个国家颁布实施了 CFC 规则。表 9-1 列示了一些国家制定 CFC 规则的具体时间。

表 9-1　部分国家 CFC 规则立法时间

国家	年份
美国	1962
德国	1972
法国	1980
西班牙	1995
中国	2008
英国	2012
哥伦比亚	2016

二、受控外国公司反避税法规内容

（一）控制标准的确定

1. 法律控制

一国居民可以成功控制境外子公司是 CFC 规则的核心内容之一。**根据对 CFC 规则立法国家的相关规定，法律控制是一国居民对海外子公司进行控制的主要表现方式。法律控制通常着眼于考察某个居民企业对其海外子公司的持股比例，该持股比例决定了其在子公司的表决权和控制程度。**可以说，法律控制标准是一种相对比较容易被税务机关和纳税人运用的机械测试标准。通俗地讲，法律控制就是一国居民对海外子公司拥有足够多的投票权，并使该居民有权选举 CFC 董事会或其他类似控制机构的成员，以确保 CFC 按照居民国股东企业的指示行动。通常情况下，持股比例达到或超过 50% 就意味着已达到控制标准的要求。如美国 CFC 规则规定，单一美国股东对海外子公司的持股达到 10%，且符合条件的美国股东合计持股达到或超过 50%，才可满足法律控制的要求。也有一些国家的 CFC 规则并没有机械地遵循 50% 的持股比例要求，如澳大利亚和新西兰的税法规定，若非居民不拥有对 CFC 的表决权控制，则本国居民对 CFC 的持股比例达到或超过 40% 即可视为实现了对 CFC 的法律控制。

为满足法律控制的内涵要求及出于反避税考量，在考察法律控制标准中的持股比例时应特别关注以下三点。

（1）间接持股应考虑在内，且特定情形下的间接持股应适用“穿透原则”。CFC 规则下的“穿透原则”，是指当一国居民对中间方的持股比例已达到法律控制标准时，中间方对目标企业的持股比例即被视为上述居民企业对目标企业的持股比例。例如，A 公司（A 国居民公司）通过 B 国的 B 公司间接持有避税地 C 公司的股份。若 A 公司持有 B 公司的股权比例为 60%，则意味着 A 公司已实现对 B 公司的控制。在此情形下，假设 B 公司对 C 公司的持股比例为 50%，则 A 公司对 C 公司的持股比例应被视为 50%，而不是上述两个比例相乘下的计算结果 30%（60% × 50%）。也就是说，在“穿透原则”下，C 公司已被 A 公司间接控制而成为 A 公司的 CFC。

（2）所有权集中要求（concentrated-ownership requirement）应满足。所有权集中要求，是指只有在居民国少数居民集中持有外国公司的股权时，该外国公司才可能被认定为 CFC。假设居民国股东持有外国公司的股权比例总和虽然达到了最低要求，但若股权分散在数量众多的居民股东手中，每一股东都无法对该外国公司的运营产生重要影响，则显然有违“控制”的内涵。澳大利亚、加拿大和新西兰的 CFC 规则都要求对外国公司的控制必须集中在 5 个或更少的居民股东。美国的 CFC 规则要求本国居民持有外国公司的股权达到 10% 时才有资格纳入持股总额的计算。

（3）居民国关联方股东的持股比例应合并计算。此规定主要是防止纳税人通过将持有的外国公司股份分散在关联方之间以规避 CFC 规则。如 R 国居民 R_1 和 R_2 持有外国公司股权的比例分别为 40% 和 20%，若 R_1 和 R_2 具有关联关系，两者合计持有上述外国公司的股权比例为 60%，从而可以判定该外国公司为 R 国的 CFC。

2. 实际控制

在有些情形下，即使一国居民对外国公司的持股比例和持股数量微乎其微，但居民国企业可以通过特定途径实现对外国公司经营事务的控制，如居民国企业与外国公司签订特殊协议实现对该外国公司的控制，此种情形下的外国公司亦被视为 CFC，居民国政府从而可以对其适用 CFC 规则进行反避税管理。此种情形下的控制即实际控制。实际控制标准发挥反避税作用以确保 CFC 规则不会被纳税人规避，具有某种程度的“兜底”性质，因此被视为法律控制标准的辅助标准。实践中，实际控制标准的应用往往需要税务机关做出一定程度的主观判断，会带来相应的不确定性，增加了纳税人遵从成本，在 CFC 规则立法中采用实际控制标准的国家较少。

（二）可归属所得的范围划定

一旦某外国公司被其股东所属的居民国认定为 CFC，则该居民国政府就可能依据 CFC 规则对 CFC 的可归属所得（attributable income）计税以实现反避税目标。从世界各国 CFC 规则的立法实践看，可归属所得范围的划定一般有实体法和交易法两种方法。

1. 实体法

实体法（entity approach），是指居民国政府依据本国制定的 CFC 规则认定某外国公司为 CFC 时，除适用豁免情形外，对该 CFC 实体的全部所得都视为可归属所得计税。通常情况下，若 CFC 主要从事生产经营活动而取得相应的积极所得，则其可以适用豁免情形。在适用豁免情形下，CFC 取得的包括积极所得和消极所得在内的全部所得都可免于缴税。反之，在 CFC 实体不满足豁免条件，即主要取得消极所得时，则其取得的包括积极所得和消极所得在内的全部所得都要纳入可归属所得计税。在确定可归属所得时的"非黑即白"是实体法最明显的特征。这一特征决定了一国采用实体法界定 CFC 的可归属所得的管理成本和纳税人的遵从成本都相对较低。中国、法国、丹麦、意大利、日本、韩国、瑞典等国都采用实体法来划定可归属所得范围。

采用实体法界定 CFC 可归属所得的关键，是判定 CFC 所在地是否为低税地国家。某外国公司是否为某一避税地国家的税收居民对于判定该外国公司的 CFC 身份及划定相应的可归属所得至关重要。但无论在学术界还是实务界，目前国际上对低税地国家的界定并没有取得共识。很多国家的通常做法是，国内税法首先对避税地的概念和性质做出一般性规定，再由税务行政机关发布被视为低税地的国家名单（"黑名单"）或不被视为国际避税地的国家名单（"白名单"），通过列举"黑名单"或"白名单"对国际避税地进行辅助定义。

从逻辑上讲，一国对低税地国家的认定依据是本国居民税负与境外某国居民税负的相对大小，其他国家对低税地国家的认定或罗列可以进行参考，但不是一国认定低税地国家的决定性因素。最直接的比较依据是名义税率。当境外某国的税率显著低于居民国税率时，该居民国就可能将该境外某国认定为低税地国家。法国和挪威将税率低于本国税率 66% 的国家认定为低税地国家，中国、瑞典、芬兰、西班牙、英国的 CFC 规则中认定避税地的相应比例分别为 50%、55%、60%、75%、75%。个别国家的 CFC 规则直接依据境外国家税率的大小认定其是否为低税地国家，如德国和日本将税率低于 25% 的国家认定为低税地国家，而韩国采用的标准是 15%。

采用名义税率认定低税地国家存在显而易见的局限。一国名义税率的确定是法定的、公开的，确认某国的名义税率极为方便，但却忽略了该国可能为纳税人提供的扣除、豁免、抵免、减计税基、实际适用低税率等税收优惠。

事实上，绝大多数国家为吸引投资往往都会出台力度较大的税收优惠政策进行国际税收竞争，税收优惠的实施导致一国实际税率明显低于名义税率。从理论上看，采用实际税率认定低税地国家更符合 CFC 规则的内涵要求。但当 CFC 规则落实到实际操作层面时，采用实际税率认定 CFC 所在国又会面临新的问题：如何量化实际税率？从居民国角度看，只能以设在外国的 CFC 在当地实际缴纳的税款与按照居民国税法口径计算的 CFC 所得的比值来衡量其他国家的实际税率，若居民企业在境外多个国家投资经营时，需要对境外多个国家的实际税率进行动态监控，导致居民国政府面临极高的管理成本。因此,绝大多数国家CFC规则采用名义税率指标对境外国家是否为避税地进行测试。

需要指出的是,居民国政府采用名义税率确定低税地"白名单"或"黑名单"时,依据境外国家的税制改革动态对名单进行定期修订是必要的。

2. 交易法

交易法(transaction approach),是指居民国政府依据税法规定将本国居民设在境外的CFC取得的属于特定类型的污点所得(tainted income)纳入可归属所得计征税款。在交易法下,需逐项分析CFC实现的各项交易,以确定CFC是否取得了污点所得及其数额的大小。显然,相对于实体法,交易法可将CFC取得的积极生产经营所得从征税范围中轻易剔除,只针对消极所得征税,在划定可归属所得范围时更为精准。美国、澳大利亚、新西兰等国采用交易法划定可归属所得范围,但对污点所得低于总所得特定比例的CFC提供了相关豁免。**污点所得主要包括消极所得和基地公司所得(base company income)**。从具体形式看,消极所得包含了股息、利息、租金、特许权使用费及财产转让所得。当然,只从所得形式界定污点所得有时会出现偏差,如纳税人若为金融机构,其取得的利息所得就可归属于积极的经营所得。因此,还需结合纳税人所从事的业务活动性质认定某项所得是否为污点所得。

基地公司所得,是指基于CFC规则反避税目的被认定为除消极所得外的其他所有污点所得。划定基地公司所得范围相对较为复杂。从形式看,基地公司所得虽然为积极的经营所得,但此类交易的发生从CFC规则的视角看却是出于避税动机。基地公司所得的形式特征较为明显:通过跨境交易取得或者通过关联交易取得。总结相关国家CFC规则的立法实践,基地公司所得主要包括以下三种类型。

(1)CFC从其控股股东所在的居民国取得的所得。

此类所得可进一步划分为CFC从其控股股东企业取得的关联交易所得和CFC从其控股股东所在国取得的非关联交易所得。在第一种情形下,很明显,CFC与其控股股东属于关联关系,当跨国纳税人通过包括转让定价在内的各种避税方式将利润从CFC股东企业转移至CFC时,CFC股东企业所属居民国一般会认为上述行为侵蚀了本国税基。在第二种情形下,虽然与CFC发生交易的为其控股股东所在国的非关联方,但仍无法完全排除CFC递延纳税的避税动机。从实践看,加拿大CFC规则中对基地公司所得的界定属于上述第一种情形,而澳大利亚、新西兰CFC规则中对基地公司所得的界定则属于第二种情形。

(2)CFC从关联交易中取得的所得。

一些国家的CFC规则将CFC从关联交易中取得的所得都划入基地公司所得。事实上,上述做法将CFC规则视为转让定价规则的强化方式,某种程度上扮演了一国转让定价反避税的"兜底"角色。即使跨国企业集团通过转让定价方式将利润从关联方成员实体"成功"转移至CFC,但在CFC控股股东所属居民国仍将CFC从关联交易中取得的所得视为基地公司所得的情况下,被转移的利润并没有"逃脱"该居民国的税收管辖范围。德国、韩国、日本等国的CFC规则都将CFC从关联交易中取得的所得划入基地公司所得。

（3）CFC 从其所属居民国之外的交易中取得的所得。

CFC 从其所在的当地市场交易中取得的所得，从 CFC 控股股东所在居民国角度看，与通常情形下该国居民从境外取得的所得并无二致。此种情形下，若对 CFC 从当地市场取得的交易所得即时征税，不利于控股股东所属居民国税制国际竞争力的提升，阻碍本国企业“走出去”参与国际市场竞争。但 CFC 从其所属居民国之外交易中取得的所得，无论是关联交易所得还是非关联交易所得，都无法完全排除 CFC 转让定价及递延纳税的避税动机，因此从其所属居民国之外取得的交易所得应划入基地公司所得。如美国的 CFC 规则将 CFC 从所属居民国市场以外取得的交易所得视为基地公司所得，但仅限于关联交易所得。葡萄牙和日本的 CFC 规则将 CFC 从所属居民国市场以外取得的所有交易所得都视为基地公司所得，而不论其为关联所得还是非关联所得。

（三）豁免

1. 积极经营活动所得豁免

对于主要或专门从事真实营业活动的 CFC 取得的经营所得，绝大多数国家在其 CFC 规则中都给予了豁免待遇。前文虽然述及，CFC 规则的理论基础为资本输出中性理论，但从实践看，一国秉持资本输出中性理论并不意味着其一定会完全放弃资本输入中性理论。若居民国政府对本国居民来自境外的具有经济实质支撑的积极所得施行免税或允许其递延纳税，则本国居民在境外就可以与东道国居民同场竞技、公平竞争，同时也有利于居民国税制竞争力的提升，这一做法正是资本输入中性理论的具体体现。实践中，很多国家都在寻求资本输出中性与资本输入中性兼容的基础上设计税收政策，CFC 规则的立法亦不例外。在实体法下，若 CFC 主要或专门从事真实的营业活动，则 CFC 全部所得都可获得豁免待遇；在交易法下，针对 CFC 的每一笔交易，只对 CFC 实现的污点所得征税，而对于不属于污点所得范围的积极经营所得亦可获得豁免待遇，如 CFC 在其所属居民国当地市场进行交易取得的所得。

2. 分配豁免

CFC 规则的立法本意是防止居民纳税人将利润转移和积累在境外，长期不作利润分配而递延纳税。若一国居民在外国设立的公司虽然被认定为 CFC，但该 CFC 当年度及时向其所有股东分配了税后利润，此种情形下 CFC 并没有递延纳税，其控股股东所在的居民国自然没有理由对其适用 CFC 规则进行反避税管理。虽然分配豁免有其理论意义，但目前世界上没有国家在 CFC 规则立法中设计分配豁免情形。主要的理由是，一些国家对本国居民的境外所得本来就给予免税。此外，适用分配豁免时，需要将 CFC 分配的所得既在年度间清晰划分，亦根据所得性质划分适用分配豁免的所得比例和数量，管理异常复杂，历史上曾有国家采用分配豁免后又取消。英国 2013 年之前的 CFC 规则中曾存在分配豁免规定。

3. 最低豁免

最低豁免针对 CFC 实现的总所得低于一定数额，或 CFC 总所得中的污点所得低于特定的比例，则该 CFC 就可适用最低豁免。在 CFC 所得非常有限的情况下，最低豁免可明显减少纳税人的合规成本和税务机关的管理成本。澳大利亚 CFC 规则规定,污点所得占 CFC 总所得低于 5%,或污点所得低于 50 000 澳元时,该 CFC 即可适用最低豁免。中国 CFC 规则中的最低豁免是,CFC 所实现的年度利润总额低于 500 万元人民币。加拿大 CFC 规则中的最低豁免则具有更多的象征意义:CFC 的污点所得低于 5 000 加元才给予豁免。

4. 动机豁免

若 CFC 的设立不是以规避或延迟缴纳居民国税款为主要目的,则可以适用动机豁免。若纳税人能够证明 CFC 不是被人为安排用以避税,则 CFC 的全部所得都可以免于被其控股股东所在的居民国征税。很明显,在动机豁免下税务机关的自由裁量权更大。

资料 9-1　打勾规则和 CFC 豁免"助力"苹果公司成功避税[①]

苹果公司产品畅销世界,该公司以其创新精神而闻名全球。毫无疑问,苹果公司全球投资架构的搭建亦充分考虑了税务因素。虽然苹果公司的全球投资架构没有采用美国跨国公司通常采用的"爱尔兰—荷兰—爱尔兰"三明治模式,但融合了其独特、高明的避税意图,并为其带来了非常可观的财务利益。从 2009 年到 2012 年,苹果公司的国际税务结构成功地使其 440 亿美元的收入,在全球范围内实现了避税。苹果公司的 CEO 在美国国会举行的听证会上声称,他的公司"完全遵守了法律条文和立法精神。无论是在美国,还是在海外,苹果公司都缴纳了其应该缴纳的税款"。虽然苹果公司行为可能是合法的,但其行为导致的巨额收入在来源国及居民国双重不纳税的后果还是在世界范围内引起了巨大争议。

厘清苹果公司的全球投资架构(图 9-3)是理解其避税方案的前提。苹果公司在爱尔兰注册成立的第一层爱尔兰公司为苹果国际运营公司(Apple Operations International, AOI),但 AOI 核心的管理和控制机构却位于美国。AOI 是一个没有雇员的空壳公司。爱尔兰税法主要依据公司核心管理和控制的所在地来确定公司的税收居民身份,因此 AOI 并非爱尔兰的税收居民。而美国税法则仅仅根据公司注册成立地来确定居民身份,所以 AOI 也不是美国的税收居民。从避税角度看,爱尔兰与美国税法对公司税收居民身份的界定几乎是"梦幻组合"。苹果欧洲运营公司(Apple Operations Europe, AOE)是第二层爱尔兰公司。苹果国际销售公司(Apple Sales International, ASI)是第三层爱尔兰公司。2012 年之前 ASI 并无雇员,2012 年其母公司 AOE 向其调配了 250 名雇员。与 AOI 类似,AOE 与 ASI 都不属于爱尔兰及美国的税收居民。ASI 在中国雇佣了非关联的合约

① 丁家辉著,陈新译:《iTax- 苹果公司的国际避税结构和双重不征税问题》(上、中、下),《国际税收》2015 年第 2 期、第 3 期和第 4 期,编入本书时做了适当的修改与取舍。

制造商[①]以组装产品，并将产成品出售给欧洲和亚洲的分销子公司。在大多数情况下，产品并没有以实物的形态从爱尔兰过境，销售行为发生时，苹果公司产品直接空运到全球各分销公司或专卖店。此外，ASI与设在美国的苹果最终母公司签订了成本分摊协议。根据该协议，虽然美国母公司拥有苹果知识产权的法律所有权（the legal ownership），但ASI却拥有除美国外的世界其他国家（地区）经济权力（economic rights）。依据该经济权力，ASI可分得苹果公司全球税前收益的60%，从而将绝大部分利润变为无国籍所得。

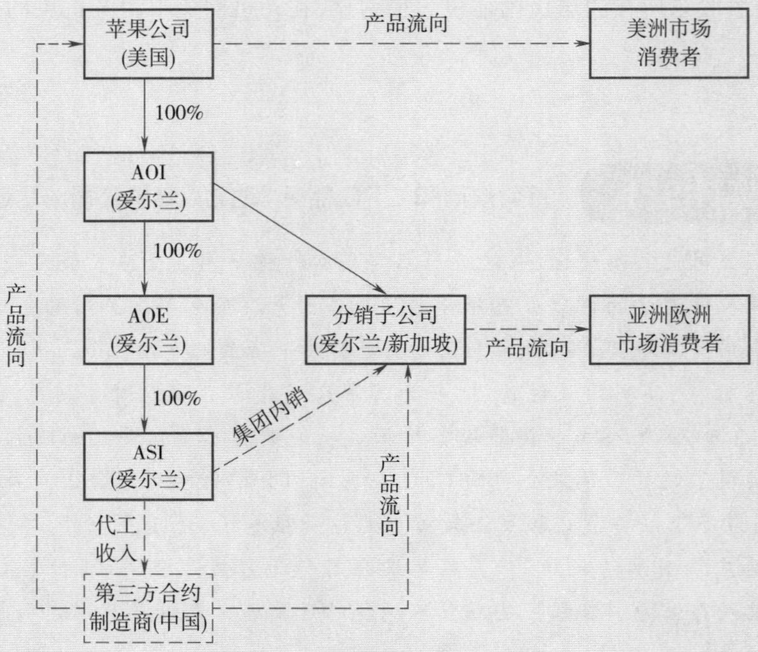

图9-3　苹果公司避税示意图

注：图中实线表示苹果集团内部的持股架构；虚线表示交易关系及产品流向

从逻辑上讲，即使ASI通过成本分摊协议将大部分收益留在境外，且巧妙利用爱尔兰税法与美国税法对居民纳税人界定的差异使留在境外的所得变为无国籍所得，但若美国政府行使CFC规则对苹果公司滞留在境外的利润征税，其海外利润仍会“无处藏身”。

需要指出的是，美国CFC规则中的制造豁免及税法所规定的打勾规则却成为助攻苹果公司避税的“利器”，使得苹果公司可以顺利实现避税目标。美国CFC规则中有“制造豁免”的相关规定，即美国居民设立在海外的CFC若为制造商，且为产品增值做出了实质性的贡献，则对该CFC取得的收入免于当期征收所得税。这一豁免的理由是CFC制度的设计不应抑制跨国公司在境外从事

① 苹果公司在中国的合约制造商主要是指代工企业富士康。

积极的生产经营活动。

2008年美国针对“制造豁免”做出了进一步扩大其内涵的重大改变，对在CFC所在辖区之外生产和销售产品，以及在交易中的一方为CFC的关联方时产生的基本销售所得都给予豁免。这一变动意味着CFC适用“制造豁免”的条件从“需要证明开展了生产活动”转变为“需要证明对所售商品做出了‘重大贡献’”。“重大贡献”的范畴包括诸如“监督和指导生产活动或生产流程”等活动。很明显，ASI雇佣位于中国的合约制造商生产苹果产品并对生产过程进行监督，意味着ASI可以适用美国CFC规则的“制造豁免”，从而免于当期向美国政府缴纳所得税。

此外，即使苹果公司设立在爱尔兰的子公司不适用“制造豁免”条款，采用美国税法中的打勾规则亦可实现“隐藏”海外所得的目的。打勾规则允许纳税人自由选择符合条件的实体类型，可以选择作为独立公司（即纳税实体）或者穿透实体（a pass-through entity）（即纳税虚体）。美国跨国公司利用打勾规则避税的通行做法是，先在避税地国家设立一级子公司CFC，然后在该CFC下再设立二级子公司，将层次较低的二级子公司CFC通过打勾规则勾选为纳税虚体，并通过该纳税虚体向一级子公司CFC支付各项消极所得，如：股息、利息或特许权使用费。在打勾规则下，层次较高的CFC与层次较低的CFC被视为“同一实体”，从而上述支付交易被视为内部交易而非独立实体之间的交易，从而将海外所得“隐藏”。在苹果公司的避税架构中，若苹果公司适用打勾规则将AOE及ASI勾选为纳税虚体，则可“隐藏”AOI的海外所得，从而免于当期向美国政府缴纳所得税。

美国政府虽然已经意识到现行的税法漏洞为跨国公司避税创造了有利条件，但当美国国内收入局和财政部1998年意图采取措施弥补税法漏洞时，遭到了跨国企业的游说阻挠。时至今日，美国税法为跨国企业提供的上述避税机会依然存在，可见美国跨国公司的政治影响力之大，当然也不排除美国政府和国会为提高美国企业的全球竞争力而“有意为之”，相关问题值得我们深思，并在推进我国的税制改革中予以借鉴。

（四）CFC规则与双边税收协定

CFC规则是否与双边税收协定相关条款兼容是一个需要关注和思考的问题。有观点认为，CFC规则违背了双边税收协定中第7条营业利润条款精神。在CFC规则下，即使一国居民在另一国并没有设立常设机构，居民国政府却可以对另一国居民（即CFC）的所得征税，从而侵蚀了另一国的税基。但也有观点认为，根据CFC规则的规定，居民国政府是针对CFC的控股股东征税，并没有直接要求CFC向其纳税，且双边税收协定中并无任何条款禁止一国政府对本国居民的征税权。事实上，除上文所述的基地公司所得外，绝大多数国家的CFC规则对CFC从事经营取得的营业利润都规定了相应豁免，且有些国家将双边税收协定中的对方居民从CFC规则的适用范围中予以排除，因此CFC规则与双边税收协定的冲突是有限和可控的。

第二节　资本弱化税务管理

一、资本弱化避税逻辑

本书第七章曾述及资本弱化概念，本节进一步阐释资本弱化的避税逻辑及各国对资本弱化进行反避税管理的政策内容。

跨国企业集团通过跨境债务融资安排来大幅降低其实际税负是国际社会反避税工作面临的长期挑战。与转让定价、设立 CFC 等避税方式的逻辑类似，只要国家（地区）间存在有效税率差异，就会产生资本弱化方式的避税空间。在跨国企业集团内部，位于低税地国家的成员实体通过向位于高税地国家成员实体提供更多贷款，并由后者向前者支付较多利息以实现企业集团税收利益的最大化。图 9-4 中，位于甲国的 A 公司从位于避税地的关联方 B 公司融入大量资金，并据此向后者支付了大量利息。在 A 公司对该笔利息进行税前扣除，而 B 公司对利息所得承担很低税负的情形下，该跨国公司集团即可实现避税目标。很明显，从甲国角度看，A 公司人为“弱化”自有资本而“强化”从关联方借入资金的行为侵蚀甲国税基，甲国制定相应的资本弱化反避税规则的必要性就会凸显。

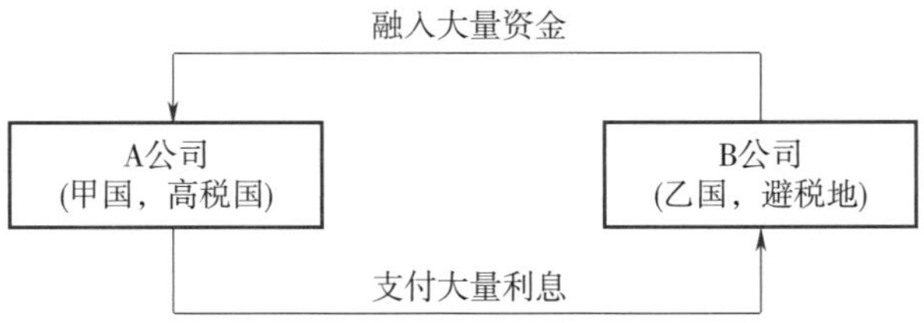

图 9-4　资本弱化避税示意图

从理论上讲，企业融资渠道无外乎两种：债务融资（debt financing）和权益融资（equity financing）。跨境债务融资中的资本弱化避税方式发挥效力的税制基础是各国税法对债务融资和权益融资税务处理的差异性规定。该差异性的主要表现是：在确定计税依据时，向投资者支付的利息可以进行税前扣除，但向投资者分配的股息却不得税前列支。这种差异性规定的主要理论依据为：利息被视为经营者营业活动中的“真实”开支，是对贷款方机会成本、潜在风险、再融资成本、常规利润，以及通货膨胀的补偿，而股息分配只是对净收益的分配行为。

从实践看，几乎所有国家（地区）都维持了基本一致的税务处理规则，即确定计税时可以扣除利息费用但却不允许扣除股息支付。这种差异化处理意味着一国政府对纳税人的债务融资进行了变相的财政补贴。也有人称之为税盾效应（tax shield），即利息的税前扣除相当于为纳税人提供了减轻其纳税义务的税盾。事实上，税盾效应的存在并不改变纳税人的息税前投资收益总额，只是在分配息税前总收益这块“蛋糕”时扩大了纳税人和债权人的份额。基于上述分析，在不考虑财务风险的情况下，纳税人进行融资选择时会有扩大债务融资而抑制权益融资的内在驱动。

从维护税收主权的角度看，一国政府一般会对不同范围内的资本弱化给予不同的关注。若关联方企业都位于该国境内，即使该国地区间存在有效税率差异导致关联方企业整体上可通过资本弱化获得更大的税收利益，但由于通过利息支付手段实现的利润转移仍在一国内部，该国税基并没有被侵蚀，即“肉烂在锅里”，因此一国政府一般不会对本国境内关联企业间的资本弱化给予特别关注。若一国居民跨境向低税地或避税地国家的关联方支付大量利息而发生资本弱化现象，此种交易很可能会侵蚀支付方所在国税基，该国政府一般都会制定相应的资本弱化规则进行反避税，以维护本国的税收权益。需要指出的是，虽然利息支付方所属的来源国可以通过对利息征收预提所得税的形式追回与被抵扣利息所产生的同等价值的税款，但对利息征收预提所得税并不是对资本弱化进行税务治理的主要方式。对利息征收过高的预提所得税会受到双边税收协定及国际税收竞争的约束。从各国立法实践看，特定的资本弱化规则是对跨国纳税人资本弱化避税行为进行有效治理的主要方式。

二、资本弱化反避税法规内容

（一）债资比资本弱化规则

传统的、典型的资本弱化反避税法规是债资比（debt-equity ratio）资本弱化规则。该规则通过设置固定的债务与自有资本比例（简称债资比）以限制过量的利息支付，超过该比例的利息支付部分不得进行税前扣除。固定的债资比设定了支付方所在国可接受的利息扣除的最大额度。债资比资本弱化规则的两个核心要素是跨境债务融资和关联方关系。也就是说，各国债资比资本弱化规则将反避税的重点聚焦于关联方之间进行的跨境债务融资交易，该交易类型很可能会侵蚀来源国税基。

世界主要的经济发达国家在20世纪七八十年代即开始实施债资比资本弱化规则，以限制本国纳税人对境外关联方的过量利息支付。加拿大和法国在20世纪70年代率先确立固定债资比测试的资本弱化规则，澳大利亚和美国则于20世纪80年代建立了类似的反避税规则。从具体比例看，各国所设定的固定债资比有较为明显的差异，大致范围为1.5∶1至5∶1不等。考虑到金融公司的业务特性，各国的普遍做法是对金融行业和非金融行业设定差异化的债资比，即金融行业可以适用较高的债资比，从而允许其扣除更多的利息费用。我国目前的资本弱化规则对非金融企业设定了2∶1的债资比，金融企业为5∶1，超过该比例向境外关联方支付的利息不得扣除。对于超过相应的债资比而不得税前扣除的利息费用，阿根廷、法国、意大利、韩国、西班牙、瑞士、中国等将其视为“股息分配”且要征收相应的预提所得税。其中多数国家规定，对“视同股息”征收预提所得税时不得适用税收协定优惠待遇。

如何精准区分债务和权益，是考察纳税人的债资比是否符合资本弱化规则要求的关键及难点。随着金融衍生品种类的丰富及跨国公司商业模式的创新和变化，界定一些特殊的金融工具税收属性的难度日益凸显。通常情况下，纳税人在符合相关法律法规的基础上开发的金融衍生工具，被合法地认定为债务而享受各种税收优惠待遇，但一国政府同样需要从维护税基的角度考虑通过精准立法，以防止纳税人通过滥用金融工具而避税，因此某一金融工具在被其他民事法律认定为债务的情况下，税法有可能并不认可其债务的税收属性。税法与其他民事法律对某一金融工具债务属性的认定可以实现“和而不同”的微妙平衡。从当前各国实践看，较难确定债务或权益属性的金融工具主要包括可转换债券、附认股权证公司债券[①]、强制转换证券、或有负债、参与贷款及永续债等（表 9–2）。不同国家对上述特定金融工具债务或权益属性的认定方式有所不同，有的国家采用判例法进行判定（如美国），也有国家通过成文法进行界定（如澳大利亚）。

表 9–2　债务与权益划分界限模糊的金融工具

名称	主要特征
优先股	虽然名义上属于股权，但交易双方所约定的权利与义务和债务合同类似。优先股对资产和收益的债权优先于普通股，有固定的期限但无投票权
可转换债券	可转换为权益
附认股权证公司债券	可转换为权益
强制转换证券	可转换为权益
或有负债	缺乏对主要投资收益的充分保证，但收益的确定性高于权益性投资
参与贷款	收益取决于借款方或被投资方的盈利状况
永续债	承担与企业经营风险密切相关的经营风险或违约风险

虽然债资比资本弱化规则在反避税中发挥了重要作用，但其在反避税中存在的固有缺陷也受到越来越多国家的关注。近年来债资比指标受到了一些欧美国家的质疑和批判，BEPS 第 4 项行动计划也提出了固定扣除率资本弱化规则，试图以该规则补充甚至替代债资比资本弱化规则。债资比资本弱化规则受到的质疑主要包括以下几点。

（1）违背了双边税收协定中的非歧视待遇原则。由于债资比资本弱化规则主要针对一国居民对境外非居民的利息支付进行约束和限制，而对向本国居民的利息支付（无论数量的大小）都不在该规则的调整范围之内，因此受到欧盟一些国家判例法下差别待遇的指控，与双边税收协定中第 24 条非歧视待遇条款精神不相容。

（2）对利率变动不敏感，不具有抑制纳税人避税的“自动稳定器”功能。BEPS 第 4 项行动计划提出的固定扣除率资本弱化规则基于纳税人所实现利润的一定百分比设

① 附认股权证公司债券是股份公司发行的附有优先认购该公司股份权利的公司债券。这种债券的购买者，可按预先规定的条件，在发行公司发行新股时享有优先认购权。“预先规定的条件”主要是指股票的购买价格、认购比例和认购期间。

定利息扣除限制,对利率变动比较敏感。如利率上升会导致纳税人利润减少,可扣除利息数额就会下降,纳税人自然会减少利息支付以满足税务合规要求。债资比资本弱化规则所设定的利息扣除限制并没有考虑利润因素,显然该规则并不会"自动约束"纳税人的避税意愿。

(二)固定扣除率资本弱化规则

为更有效地解决跨国纳税人通过人为增加利息扣除而侵蚀利息支付方所在国税基的问题,BEPS 第 4 项行动计划最终成果报告提出了以固定扣除率(fixed ratio)为指标的新的资本弱化规则,国际税收专家阿诺德也称之为收益剥离(earning-stripping)资本弱化规则[①]。由于该规则在考察纳税人的利息支付是否超额时,不仅针对收取利息的境外非居民,还包含了所有向利息支付方提供贷款的居民和非居民,因此该规则并不违反双边税收协定中的非歧视待遇原则。此外,固定扣除率资本弱化规则基于纳税人当期实现的利润来设定利息扣除上限,因此该规则与纳税人的经营活动和盈利状况直接挂钩,从而使得该规则具备了抑制纳税人避税的"自动稳定器"功能。即利润水平越高,允许扣除的利息数额越大,反之相反。需要指出的是,BEPS 第 4 项行动计划提出的固定扣除率资本弱化规则的采用或实施并不具有强制性,而是以"最佳实践"的方式提供给相关国家参考。

BEPS 第 4 项行动计划推荐的固定扣除率资本弱化规则推荐以息税折旧摊销前利润(earnings before interest, taxes, depreciation and amortization, EBITDA)为依据,按照其一定百分比计算的数值设定利息扣除限额。特别需要指出的是,EBITDA 应依照一国税法口径计算,非常接近企业所得税核算的直接依据即纳税所得额。剖析其设计逻辑可以发现,由于固定扣除率资本弱化规则与纳税人的应纳税所得额直接挂钩,从而压缩了纳税人的避税空间。虽然 BEPS 第 4 项行动计划推荐采用 EBITDA 指标,但从对参与国的约束力角度看,该项行动计划成果属于约束力最低的"最佳实践"范畴,因此对一些采用其他指标(如息税前利润,即 EBIT)设定利息限额的做法也予以认可。美国 2022 年后的资本弱化规则就改为了基于 EBIT 来计算利息扣除限额。从具体比例看,BEPS 第 4 项行动计划建议基于 EBITDA 的 10%~30% 设定利息扣除限额,各国可在此范围内选定具体比例设计本国的资本弱化规则。一般来讲,一国若将该扣除率设定过低,可能导致对纳税人一些满足正常商业需求的利息扣除承担过重税负,而扣除率设定过高,又可能使资本弱化规则无法起到预期的反避税效果。各国在制定或修订资本弱化规则中需要在提升本国税制竞争力与反避税治理间寻求平衡。

固定扣除率资本弱化规则意在限制纳税人通过支付大量利息避税的行为,但该规则也存在固有的局限。基于 EBITDA 的固定扣除率没有考虑不同行业营业活动对债务资金的需求强度,即使从事相同行业的不同跨国公司,其中一些跨国公司也可能在

---

① [美]布莱恩·J. 阿诺德著,《国际税收基础》翻译组译:《国际税收基础》,中国税务出版社 2020 年版。

无避税动机的情形下选择使用较多的债务资金。若将固定扣除率设定在一个可以充分解决税基侵蚀问题的水平上，则可能导致出于正常商业需求而更多地运用债务资金的跨国公司被双重征税。为避免给跨国公司造成额外的税务负担，在对资本弱化规则立法时，需要引入集团扣除率来辅助或配合固定扣除率。若纳税人实体所属跨国公司集团发生的独立交易利息费用与自身 EBITDA 的比值大于该纳税人实体所在国规定的固定扣除率，则应允许该纳税人实体扣除超出固定扣除率的利息。

上述规定的内在逻辑是，若跨国公司集团的某个成员实体的财务杠杆比率低于或接近该跨国公司集团的杠杆比率，则该成员实体所要求的利息扣除一般不会导致严重的税基侵蚀问题，因此可以说是可接受的。为降低资本弱化反避税中的管理和遵从成本，一国可以设定纳税人利息费用扣除最低阈值，发生的利息费用低于该数额的纳税人可不受固定扣除率资本弱化规则的约束。

需要说明的是，一些国家虽然根据 BEPS 第 4 项行动计划的建议采纳了固定扣除率资本弱化规则，但其并没有放弃传统的债资比资本弱化规则，即采取了多门槛规则以对资本弱化避税行为进行管理。如法国现行税法规定，支付给关联方的利息和由关联方担保的贷款利息的税前可扣除额不超过以下孰高者：❶ 债资比测试：不超过纳税人权益 1.5 倍数额贷款的应计利息；❷ 固定扣除率测试：不超过税务口径 EBITDA 的 25%；❸ 关联方测试：不超过向关联方收取的利息[①]。此外，一国资本弱化规则的制度设计与该国金融开放的程度亦息息相关。对于放开境外资本管制和实施较为宽松外汇管理的经济发达国家，其资本弱化规则在反避税治理中扮演了较为重要的角色。而对于实施较为严格的境外资本和外汇管制的发展中国家或新兴经济体，由于较为严格的金融管理制度限制了境内外资本的双向流动，一定程度上缩小了跨国纳税人通过境外债务融资避税的空间，特定的资本弱化规则在反避税中所承担的责任相对较轻。

第三节　一般反避税管理

一、一般反避税规则的概念及适用条件

一般反避税规则（general anti-avoidance rules, GAAR），是指一国政府对本国税法所规定的除转让定价、受控外国公司、资本弱化、成本分摊协议等特定避税安排以外的所有避税情形进行的反避税管理制度设计。一般反避税作为反避税管理的终极手段，属于一国反避税法律体系中的兜底条款，对纳税人的避税安排或筹划行为具有较强的威慑力，成为悬于纳税人头上的“达摩克利斯之剑”。与对特定避税安排的反避

① 从关联方收取的利息若高于向关联方支付的利息，则间接证明了纳税人向关联方的利息支付行为不会侵蚀来源国税基。

税管理不同,一国一般反避税条款的内容设计都较为抽象、概括,这是由一般反避税在一国反避税法律体系中所发挥的功能和作用所决定的。若一国纳税人的某项交易或商业安排具有明显的避税意图,不符合相关税法的立法精神,且导致了国家税款的不合理流失,但无法适用现有的针对特定避税情形的反避税法规时,该国政府就可能启动一般反避税程序对上述避税行为进行反避税管理。一般反避税法律条款往往具有概括性和抽象性的显性特征。但需要注意的是,一国对一般反避税的立法若过度强调概括性和抽象性,可能会扩大该国行政部门对一般反避税条款的解释权和自由裁量权,从而不合理地侵害纳税人权利。可以说,一国一般反避税法律的制定和完善总是在保障税收收入与维护纳税人权益间寻求微妙的平衡。

目前,很多国家除针对转让定价、资本弱化等情形制定了特别反避税规则外,亦基于自身国情设计了相应的一般反避税规则。但应该指出,各国应用一般反避税规则的侧重点有明显差异。传统上英美法系国家主要应用法院判例方法实施一般反避税规则。近年来有一个趋势值得关注,那就是依赖法院判例实施一般反避税规则的国家越来越看重成文法在一般反避税中扮演的角色。以英国为例,该国历史上关于一般反避税的两个著名案例是 1936 年的 Westminster 案和 1982 年的 Ramsay 案。前者秉持“形式大于实质”的判案原则,充分保护纳税人通过税务合规计划的节税权,而后者打破了这一判案原则,遵从了当今流行的“实质大于形式”的经济实质原则,以最大程度地维护国家税收主权。

令倚重判例法国家尴尬的是,随着纳税人避税安排的花样翻新,整合及借鉴以往法院判例所形成的反避税规则已不足以有效打击纳税人的所有避税行为。基于上述考虑,英国政府于 2013 年在其《财政法案》中单列了一般反避税条款,以改变过于依赖判例的不利局面。大陆法系国家则一直以来主要倚重税法条文中的一般反避税条款对纳税人除特定情形外的避税行为进行反避税管理,如德国、法国、西班牙、日本及中国等。

通观各国税收立法实践可以发现,一般反避税规则中的纳税人避税行为的构成往往包含三个要件。❶ 存在一个可识别的交易、计划或安排。该方案是人为设计的,且往往表现出形式复杂的特征。❷ 纳税人可从该方案中获得可观的税收利益,即减少了纳税人的应纳税收入或应纳税额。❸ 认定纳税人从该方案中获取税收利益是其主要目的,由该方案带来的税收利益是不符合立法意图或不被允许的。若上述三个要件同时满足,则可以认定纳税人设定的节税方案或从事的交易不具有合理的商业目的。合理商业目的的判定本质上属于主观判定。为降低合理商业目的运用中的主观判定侵害纳税人权利的可能性,各国对一般反避税规则的立法实践在合理商业目的的基础上衍生出实质大于形式原则,该原则主要基于客观经济事实对纳税人交易行为是否构成避税进行判定。当纳税人所从事的交易或人为设计的安排没有经济实质支撑时,税务机关很可能会依据一般反避税规则对纳税人的交易行为或避税安排进行税收属性的重新定性,并据此对纳税人征税。

二、滥用税收协定反避税管理

对滥用税收协定（treaty abusing）的反避税管理是一般反避税管理的重点和难点。近年来，国际社会对滥用税收协定的反避税管理越来越重视。OECD 于 2015 年发布的 BEPS 第 6 项行动计划（防止税收协定优惠的不当授予）提出了应对协定滥用的一系列建议，包括修改 OECD 协定范本标题和序言、制定若干具体的反避税规则、新增一般反滥用规则等。OECD 在 2003 年的范本注释修订中声明：税收协定的目的之一是防止避税。2017 年的 OECD 范本和 UN 范本将上述范本注释中的声明纳入了协定范本正文。2017 年版 OECD 范本的序言更新为："（A）国和（B）国为进一步发展两国经济关系，加强税收合作，愿意缔结协定，以避免对所得和财产双重征税，同时防止逃避税行为造成的不征税或少征税（包括通过择协避税安排，为第三国居民间接获取本协定下的优惠），达成协议如下……"这一修订反映了国际社会对滥用税收协定进行有效治理的共识和意愿。

准确理解滥用税收协定需将其与择协避税（treaty shopping）进行区分。滥用税收协定所涵盖的范围明显大于择协避税（图 9-5）。择协避税是实践中纳税人滥用税收协定的主要表现方式。除择协避税外，其他滥用税收协定形式还包括：纳税人利用税收协定规避国内税法的征税规定、协定缔约国一方居民滥用设在第三国的常设机构规避纳税义务、跨国纳税人利用协定中双重居民身份的加比规则等。择协避税主要是指并非为缔约国一方居民的纳税人通过在缔约国双方中的任一方设立公司或其他法律实体，作为从缔约国另一方获取所得的导管公司，以实现享受该协定优惠待遇的行为。择协避税主要涉及的是纳税人试图通过选择性地适用税收协定以降低或规避对股息、利息、特许权使用费、资本利得等消极所得征收的预提所得税。

图 9-6 揭示了择协避税的基本逻辑。图中，甲国 A 公司意欲投资于丙国 C 公司，后者经营实现的税后利润以股息的形式分配给前者，但甲国与丙国所缔结的税收协定并无股息分配方面的优惠待遇。经考察，A 公司决策层发现乙国与丙国缔结的税收协定在股息分配方面都设计有相应的优惠条款。假设甲国对本国居民从境外获得的股息

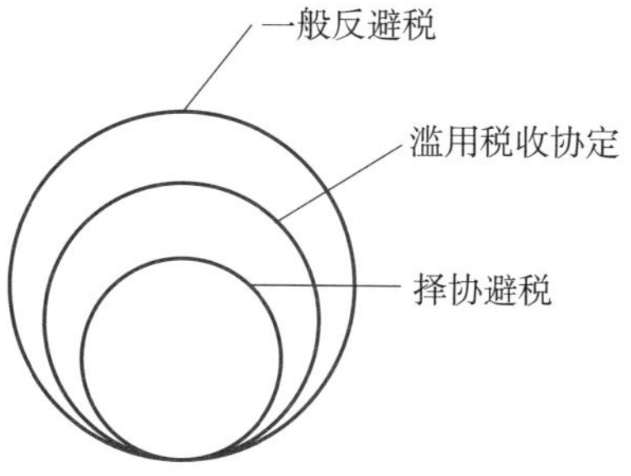

图 9-5　滥用税收协定、择协避税范围差异

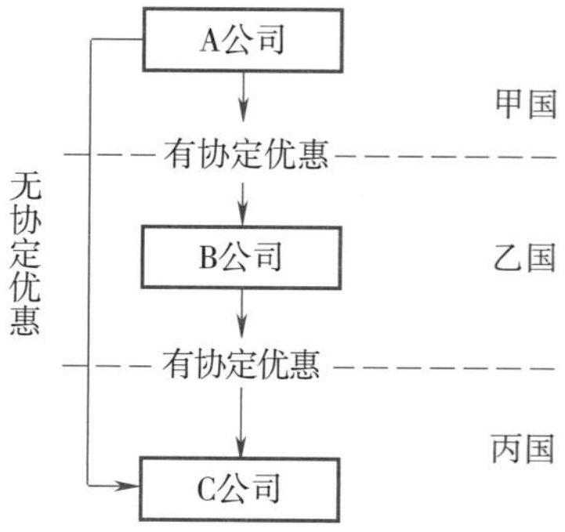

图 9-6　择协避税示意图

实施参股免税制度，乙国则只实施地域管辖权，且对本国居民向非居民进行的股息分配不征收预提所得税。A 公司遂决定先在乙国设立 B 公司，再通过 B 公司投资于 C 公司。在此种情形下，C 公司将股息通过 B 公司分配给 A 公司时，A 公司实际承担的税负相对于直接投资于 C 公司时更低，从而实现避税目标。

国际社会早就意识到择协避税所带来的税负不公和危害。OECD 1977 年首次引入受益所有人（beneficial owner）概念来应对和解决择协避税问题。可以说，受益所有人概念是利益限制条款（limitation on benefits，LOB）的早期体现。通常情况下，受益所有人为从事积极的生产经营活动或具有相应业务支撑的控股公司，其所执行的业务功能、使用的资产、雇佣的人员、承担的经营风险等与其取得的收入或所得相匹配。图 9-6 中，若位于乙国的 B 公司没有从事相应的生产经营活动，且丙国制定有相应的受益所有人反避税法规或乙国与丙国税收协定约定有受益所有人的条件限制，当 B 公司每年从 C 公司获得大量收入或所得，但其所雇佣的人员、使用的资产、承担的风险都非常有限时，丙国作为来源国就很可能否定 B 公司享受税收协定优惠待遇的资格，从而按照国内法规定对 B 公司取得的来源于本国的所得征收较高的预提所得税。

2015 年 OECD 发布的第 6 项行动计划（防止税收协定优惠的不当授予）针对择协避税推荐采用三管齐下的方法解决相应的避税问题。

（1）在税收协定标题和序言中阐明，税收协定缔结的目的是消除国际重复征税的同时竭力避免国际双重不征税。在协定标题和序言中强调反避税对于解释协定各条款尤为重要。修订协定标题和序言的目的在于为解释税收协定提供法律依据，以便于各国税务机关或法院在执行、解释税收协定具体条款时将防止避税考虑在内，在遵循协定宗旨基础上将协定反避税功能置于重要位置。

（2）在税收协定中纳入利益限制条款（即 LOB）。LOB 主要包括对跨国纳税人的一系列测试，若通过这些测试，则纳税人具备了享受税收协定优惠待遇的资格，反之相反。测试顺序包括以下几点。首先，LOB 条款列举了“合格的人”的范围（表 9-3）。这里的“合格的人”即受益所有人认定的安全港，若跨国纳税人在“合格的人”范围之内，即可享受税收协定优惠待遇。其次，LOB 条款设计了相应的实质经营测试。若纳税人不在“合格的人”范围之内，但纳税人在其所属的居民国从事积极的营业活动，且其跨国取得的所得关联或附属于上述营业活动，则该纳税人亦可享受税收协定优惠待遇。最后，LOB 条款界定了衍生利益情形。衍生利益（derived benefits）情形是指纳税人本身不属于“合格的人”范围，但其直接所有者为同等受益人（equivalent beneficiary），即该人根据税收协定的规定可享受相对于纳税人同等或更高的协定待遇，则可认定上述纳税人具有享受协定优惠待遇的资格。在衍生利益情形下，按照税收协定的规定，来源国即使“穿透”该纳税人也只能依据较低的协定税率征税。衍生利益情形中来源国的税基并没有被侵蚀，因此该情形下不属于“合格的人”的纳税人也应被赋予享受税收协定优惠待遇的资格。

表 9-3 “合格的人”范围

情形	范围
1	个人
2	缔约国一方、其行政区或地方当局，或由该缔约国、行政区或地方当局完全拥有的机构
3	特定的上市公司及其附属机构
4	慈善机构及养老基金
5	达到特定所有权要求的其他机构
6	特定集合投资工具

（3）在税收协定中纳入主要目的测试条款（principle purposes test，PPT）。主要目的测试就是通过考察纳税人相关商业交易或安排的主要目的以确定是否授予其税收协定优惠待遇，其基本含义为：若在考虑了所有的相关事实和情况的基础上，可以合理地认定任何直接或间接带来税收协定优惠待遇的安排或交易的主要目的之一就是获得税收协定优惠待遇，则不应将该待遇授予纳税人，除非可以确认，在这些情形下授予该待遇符合税收协定的宗旨和目的。可以说，主要目的测试条款是判定纳税人是否滥用税收协定的兜底条款。从主要目的测试条款的基本含义中可以看出，对双边税收协定宗旨和目的的解释对于 PPT 条款在实践中的合理应用极为重要，这正是 2017 年版 OECD 范本和 UN 范本修订序言的意图所在。新的序言强调了“防止纳税人滥用税收协定进行国际避税”是双边税收协定的宗旨和目的之一。

从逻辑上看，即使税收协定中引入了 LOB 条款，也不能完全排除从事积极经营活动的纳税人被作为导管公司进行避税的可能。如甲国居民 A 公司从乙国居民 B 公司取得股息所得，A 公司和 B 公司属于同一跨国企业集团，甲国与乙国缔结的税收协定规定：若缔约国一方居民通过 LOB 条款测试，则其从缔约国另一方取得的股息所得可以适用较低的税率缴税。假设 A 公司通过了税收协定中的 LOB 条款测试，因此 A 公司从 B 公司取得的股息适用低税率向乙国缴纳预提所得税。但是，若 A 公司将该笔股息转交给位于丙国的关联公司 C，且丙国与乙国缔结的税收协定规定的税率较高，此种情形下，虽然 A 公司满足了 LOB 条款的要求，但其却作为导管公司在避税中扮演了重要角色。此时，PPT 条款就可以发挥反避税的兜底功能，防止税收协定优惠的不当授予。PPT 条款主要由两部分测试组成：❶ 纳税人交易或安排的主要目的之一是获得税收协定优惠待遇，即主要目的测试；❷ 获得税收协定优惠待遇符合协定有关条款的宗旨和目的。在纳税人交易或安排的主要目的之一是获得税收协定优惠待遇被证实的情况下，纳税人有责任证明其获得税收协定优惠待遇符合协定有关条款的设定目的，否则仍然不能通过 PPT 测试。2017 年 OECD 范本和 UN 范本在充分吸收 BEPS 第 6 项行动计划成果的基础上对原有的协定条款进行了修订，以更有效地解决纳税人择协避税问题。

第四节　其他避税方式税务管理的中国实践

一、受控外国公司税务管理的中国实践

自美国1962年实施受控外国公司（CFC）规则以来，越来越多国家通过制定CFC规则以对本国居民境外所得的延迟纳税行为进行治理。我国借鉴国际上对延迟纳税避税行为治理的实践经验，于2008年首次在“两税合并”① 后的《中华人民共和国企业所得税法》第6章“特别纳税调整”中引入了CFC规则。该章第45条规定，“由居民企业，或者由居民企业和中国居民控制的设立在实际税负明显低于本法第4条第1款规定税率水平的国家（地区）的企业，并非由于合理的经营需要而对利润不作分配或者减少分配的，上述利润中应归属于该居民企业的部分，应当计入该居民企业的当期收入”。《中华人民共和国企业所得税法》中的第45条是我国CFC规则制度设计中的基础性规定。

《中华人民共和国企业所得税法实施条例》及《特别纳税调整实施办法（试行）》② 从多个角度对上述第45条CFC规则所涉重要概念和内容做了阐释。

《特别纳税调整实施办法（试行）》

（1）其中的“中国居民”是指根据《中华人民共和国个人所得税法》的规定，就其从中国境内、境外取得的所得在中国缴纳个人所得税的个人，即向中国政府履行无限纳税义务的自然人。

（2）CFC规则中的控制包括两种情形：❶ 中国居民企业或者中国居民直接或者间接单一持有外国企业10%以上有表决权股份，且由其共同持有该外国企业50%以上股份；❷ 居民企业，或者居民企业和中国居民持股比例没有达到第一种情形规定的标准，但在股份、资金、经营、购销等方面对该外国企业构成实质控制。显然，我国税法对CFC规则中“控制”含义的界定同时采用了国际上通行的法律控制和实际控制两个标准。其中的法律控制与美国CFC制度规定非常接近。

（3）采用名义税率界定CFC所在的低税地国家，指其实际税负明显低于《中华人民共和国企业所得税法》第4条第1款规定税率水平（50%）。由于《中华人民共和国企业所得税税法》所规定的基本税率为25%，因此我国居民设在境外税率低于12.5%③ 国家（地区）的子公司就可能成为我国税法意义上的CFC。借鉴国外一些国

① 2008年之前，我国内资企业与外资企业适用不同的所得税制履行纳税义务。为创造更为公平的竞争环境，使得内资企业与外资企业在同一起点进行竞争，2008年颁布实施的《中华人民共和国企业所得税法》取消了因企业所有者身份不同而导致的差别税收待遇，业界通常基于此将这一改革称为“两税合并”。

② 随着国际税收改革的深化及BEPS行动计划成果在各国的逐步落实，实现在符合国际惯例基础上更有效地维护我国税收主权的目标，需要与时俱进地对我国原有的国际反避税法规进行修订完善。《特别纳税调整实施办法（试行）》为我国“两税合并”后最早颁布实施的系统性国际反避税法规，为履行落实BEPS行动计划成果的义务，我国近年来已对《特别纳税调整实施办法（试行）》进行了大幅度的修订，但该文中对CFC规则的规定目前仍然有效。

③ 12.5%即25%×50%。

家的做法，我国目前通过“白名单”列举的方式将一些国家排除在 CFC 所在地认定之外。《国家税务总局关于简化判定中国居民股东控制外国企业所在国实际税负的通知》规定，“中国居民企业或居民个人能够提供资料证明其控制的外国企业设立在美国、英国、法国、德国、日本、意大利、加拿大、澳大利亚、印度、南非、新西兰和挪威的，可免于将该外国企业不作分配或者减少分配的利润视同股息分配额，计入中国居民企业的当期所得”。考虑到境外国家税制处于动态变化之中，依据实际情况适时调整上述“白名单”显然是非常必要的。

（4）依据实体法确定可归属所得。虽然我国税法对本国居民设在境外的 CFC 取得的所得依据何种方法归属于我国居民股东没有做出明确、清晰的规定，但由于现行 CFC 规则中并不存在依据交易所得性质逐笔确定可归属于我国居民股东所得的规定，更没有关于污点所得的内涵界定，由此基本可以推定现行税法采用了实体法以界定我国居民股东的可归属所得。若我国居民设在境外低税地国家的子公司被认定为我国税法意义上的 CFC，除非其适用于豁免情形，否则其全部所得都应按照相应的持股比例归属于我国居民股东征税。具体公式为：

$$\begin{matrix}\text{中国居民企业}\\\text{股东当期所得}\end{matrix}=\begin{matrix}\text{视同股息}\\\text{分配额}\end{matrix}\times\begin{matrix}\text{股东持股}\\\text{比例}\end{matrix}\times\frac{\text{实际持股天数}}{\text{CFC 纳税年度天数}}$$

其中，中国居民股东多层间接持有股份的，股东持股比例按各层持股比例相乘计算。若计入中国居民企业股东的当期所得已在境外缴纳企业所得税，则已缴税款可按照我国税法或税收协定的相关规定进行抵免。

（5）遵循国际通行惯例，我国 CFC 规则中亦设计了相应的豁免情形。2 号文规定，“中国居民企业股东能够提供资料证明其控制的外国企业满足以下条件之一的，可免于将外国企业不作分配或减少分配的利润视同股息分配额，计入中国居民企业股东的当期所得：❶ 设立在国家税务总局指定的非低税率国家（地区）；❷ 主要取得积极经营活动所得；❸ 年度利润总额低于 500 万元人民币。”从上述规定可以看出，除“白名单”外，我国主要采用了积极经营活动所得豁免和最低豁免。

案例 9-1　我国首例受控外国公司反避税案例[①]

基本案情

A 公司 1999 年在山东某工业园区设立，主要从事化工产品（不含危险品）销售。B 公司为 A 公司设立在我国香港的全资子公司，主要从事国际贸易、信息咨询、投资业务，董事会成员 5 人，均为 A 公司委派。C 公司（投资公司）为 B 公司在我国香港设立的全资子公司，C 公司拥有中国内地三家外商投资企业 D、E、F 各 90% 的股权（见图 9-7）。

---

① 改编自北京市国税局：《内地首例受控外国企业（CFC）反避税案例结案》，《中国税务报》，2015 年 9 月 6 日。

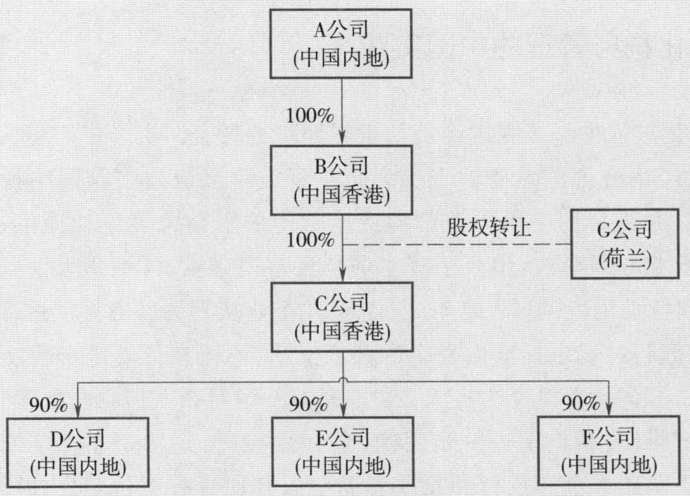

图 9-7　A 公司持股架构图

2011 年，B 公司与荷兰 G 公司签订了股权转让协议，B 公司将 C 公司的全部股权转让给了荷兰 G 公司，荷兰 G 公司实际取得境内 D、E、F 公司各 90% 的股权。扣除相关股权转让成本，B 公司取得股权转让收益 3 亿元。但对应属于 A 公司的收益，B 公司一直未做利润分配。

2012 年，B 公司向山东省税务机关提起居民身份申请，主要动机是为获得 B 公司向 A 公司分配股息时的免税资格。主管税务机关在掌握 B 公司股权结构的基础上，对其是否及时向 A 公司（母公司）分配股息的问题进行了深入调查。

税企争议

A 公司认为，向荷兰 G 公司的股权转让所得属于 B 公司所得，在 B 公司对相关所得进行利润分配之前，A 公司不需就 B 公司所得履行纳税义务。税务机关认为 B 公司完全符合 CFC 特别纳税调整事项管理的条件，对归属于 A 公司的 3 亿元利润需做特别纳税调整进行补税。税务机关将 B 公司认定为 CFC 的依据为：❶ B 公司由 A 公司（中国居民企业）实际控制；❷ B 公司在设立地中国香港的实际税负远低于我国法定税率的 50%；❸ B 公司所得为消极所得，且不是出于合理的经营需要对利润不做分配。

最终税务处理

经过税企双方反复沟通，A 公司最终认可了税务机关的观点，同意进行补税。截至 2014 年，A 公司已申报税款 8 000 余万元，其中入库企业所得税 5 000 余万元，入库个人所得税 3 000 余万元。

思考题：

如何降低“走出去”企业设在境外避税地的成员实体被认定为 CFC 的风险？

二、资本弱化税务管理的中国实践

经济全球化进程加深了我国经济与世界经济的融合。资金的跨境流动及融通是我国经济与世界经济融合的重要体现。为防止资金跨境流通中跨国纳税人的避税行为侵蚀我国税基,并为跨国纳税人正常商业运营中的资金跨境流动提供透明、规范的税收环境,我国于 2008 年首次引入了资本弱化反避税条款。《中华人民共和国企业所得税法》第 6 章“特别纳税调整”第 46 条规定,“企业从其关联方接受的债权性投资与权益性投资的比例超过规定标准而发生的利息支出,不得在计算应纳税所得额时扣除”。《中华人民共和国企业所得税法实施条例》第 119 条对企业所得税法第 46 条中的债权性投资和权益性投资做出了进一步明确:债权性投资,是指企业直接或者间接从关联方获得的,需要偿还本金和支付利息或者需要以其他具有支付利息性质的方式予以补偿的融资。企业间接从关联方获得的债权性投资,包括:❶ 关联方通过无关联第三方提供的债权性投资;❷ 无关联第三方提供的、由关联方担保且负有连带责任的债权性投资;❸ 其他间接从关联方获得的具有负债实质的债权性投资。权益性投资则是指企业接受的不需要偿还本金和支付利息,投资人对企业净资产拥有所有权的投资。

《财政部　国家税务总局关于企业关联方利息支出税前扣除标准有关税收政策问题的通知》对关联企业间借款利息在企业所得税前的扣除问题作出了具体规定,明确了利息扣除限额。121 号文借鉴世界其他国家对资本弱化的规制经验,区分不同行业规定了相应的债资比资本弱化规则,该文第 1 条规定,企业实际支付给关联方的利息支出,其接受关联方债权性投资与其权益性投资比例为:金融企业为 5∶1;其他企业为 2∶1。超过该比例而向关联方支付的利息费用不得税前扣除。在我国税基不被侵蚀和排除纳税人避税动机的前提下,该文还规定了资本弱化避税判定的安全港规则,即**企业如果能够按照《中华人民共和国企业所得税法》及其实施条例的有关规定提供相关资料,并证明相关交易活动符合独立交易原则**,或者该企业的实际税负不高于境内关联方的,其实际支付给境内关联方的利息支出,在计算应纳税所得额时准予扣除。

《财政部　国家税务总局关于企业关联方利息支出税前扣除标准有关税收政策问题的通知》

国家税务总局于 2009 年发布实施的《特别纳税调整实施办法(试行)》中的第 9 章“资本弱化管理”对资本弱化反避税做出了较为详细的制度设计。至此,我国搭建了以**固定债资比方法为主,以独立交易原则为辅的资本弱化税收管理制度框架**。该实施办法的主要内容包括:

(1)规定了“不得扣除利息”的计算公式。该实施办法第 85 条规定,《中华人民共和国企业所得税法》第 46 条所称不得在计算应纳税所得额时扣除的利息支出应按以下公式计算:

$$\text{不得扣除利息支出}=\text{年度实际支付的全部关联方利息}\times\left(1-\frac{\text{标准比例}}{\text{关联债资比例}}\right)$$

其中,标准比例是指按照《财政部　国家税务总局关于企业关联方利息支出税前扣除标准有关税收政策问题的通知》规定的关联方债权性投资与其权益性投资比例,即金融企业为 5∶1;其他企业为 2∶1。关联债资比例是指根据《中华人民共和国企业所得税法》第 46 条及《中华人民共和国企业所得税法实施条例》第 119 条的规定，企业从其全部关联方接受的债权性投资占企业接受的权益性投资的比例，关联债权投资包括关联方以各种形式提供担保的债权性投资。上述公式中的关联方利息支出包含了直接或间接关联债权投资实际支付的利息、担保费、抵押费和其他具有利息性质的费用。

（2）超标利息的税务处理。该实施办法第 88 条对企业向关联方支付的超过规定的债资比而支付利息的税务处理进行了明确规定。超标的利息支出不得在计算应纳税所得额时扣除，亦不得结转到以后纳税年度进行税前扣除，而应按照实际支付给各关联方利息占关联方利息总额的比例，在各关联方之间进行分配。其中，分配给实际税负高于企业的境内关联方的利息准予扣除，但直接或间接实际支付给境外关联方的利息应视同分配的股息，按照股息和利息分别适用的所得税税率差补征企业所得税，如已扣缴的所得税税款多于按股息计算应征所得税税款，多出的部分不予退税。

三、一般反避税管理的中国实践

为应对跨国纳税人不断变化的避税方案，解决特别反避税条款无法处理的避税问题，目前我国税法已引入一般反避税条款。在借鉴国际一般反避税经验的基础上，《中华人民共和国企业所得税法》第 47 条引入了“合理商业目的”的一般反避税原则。该条规定，“企业实施其他不具有合理商业目的的安排而减少其应纳税收入或者所得额的，税务机关有权按照合理方法调整。”《中华人民共和国企业所得税法实施条例》第 120 条对合理商业目的进行了解释，“企业所得税法第 47 条所称不具有合理商业目的，是指以减少、免除或者推迟缴纳税款为主要目的。”《国家税务总局关于印发〈新企业所得税法精神宣传提纲〉的通知》（国税函〔2008〕159 号，以下简称 159 号文）则对合理商业目的的判定做出了更为详细的解释。该文指出，一般反避税条款规定对不具有合理商业目的的安排进行调整，是指税务机关有权对以减少、免除或者推迟缴纳税款为主要目的的安排进行调整。不具有合理商业目的的安排通常具有以下特征：❶ 必须存在一个安排，即人为规划的一个或一系列行动或交易；❷ 企业必须从该安排中获取“税收利益”，即减少企业的应纳税收入或者所得额；❸ 企业获取税收利益是其安排的主要目的。满足以上 3 个特征，可推断该安排已经构成避税事实。可以说，159 号文对合理商业目的判定的解释与现行的国际惯例是高度吻合的。《特别纳税调整实施办法（试行）》中的第 10 章“一般反避税管理”规定了税务机关依据《中华人民共和国企业所得税法》第 47 条及《中华人民共和国企业所得税法实施条例》第 120 条对纳税人启动一般反避税调查的 5 种情形：❶ 滥用税收优惠；❷ 滥用税收协定；❸ 滥用公司组织形式；❹ 利用避税港避税；❺ 其他不具有合理商业目的的安排。

《新企业所得税法精神宣传提纲》

需要指出的是，总体看，上述一般反避税相关法律法规还属于原则性、框架性的制度设计，无法为征纳双方提供更为充分和稳定的一般反避税预期。2013 年 G20 与 OECD 倡议启动了应对税基侵蚀与利润转移（BEPS）的行动计划，在全球掀起了打击 BEPS 的浪潮。在此背景下，为更有效地治理国际避税，提升我国一般反避税法律法规的可操作性，国家税务总局于 2014 年发布了《一般反避税管理办法（试行）》。该办法

《一般反避税管理办法（试行）》

进一步规范和明确了税务机关采取一般反避税措施的适用范围、判断标准、调整方法、工作程序、争议处理等相关问题。该办法还明确了"税收利益"的含义、"避税安排"的主要特征、纳税调整的具体方法等概念，有助于税务机关在实践中更精准地掌握启动一般反避税的尺度。该办法为税务机关实施一般反避税提供了明确的规程指引。为了防止纳税人的正当权益受到不合理侵害，该文还规定一般反避税案件的立案和结案都必须经过国家税务总局的审核批准。

在中国税务实践中，非居民间接转让股权和滥用税收协定是一般反避税领域关注的两个热点问题。从反避税制度框架体系看，对非居民间接转让股权避税的治理属于一般反避税范畴，目前我国对非居民间接转让股权的税务管理的制度设计在本书第五章第四节已有较为详尽的介绍，这里重点阐述一般反避税领域另一热点问题，即滥用税收协定税务管理的中国实践。我国缔结的双边税收协定对滥用税收协定的治理主要聚焦在择协避税之上。我国与绝大多数国家缔结的双边税收协定的投资所得条款中（包含股息、利息、特许权使用费条款在内）都引入了受益所有人概念，只有与美国（1984 年）、墨西哥（2005 年）、厄瓜多尔（2013 年）、俄罗斯（2014 年）、智利（2015 年）5 个国家的税收协定中设置了单独的 LOB 条款。其中，中美协定和中墨（墨西哥）协定正文并无 LOB 条款，而是在议定书中予以规定。历史地看，受益所有人概念虽是 LOB 条款的早期体现，但却在我国对择协避税的治理中发挥着极为重要的作用。

《国家税务总局关于税收协定中"受益所有人"有关问题的公告》

为充分吸收 BEPS 行动计划及税收协定范本修订的最新成果，更有效地治理择协避税问题，国家税务总局近年来对税收协定中的受益所有人概念解释进行了与时俱进的更新，最新的解释性文件为《国家税务总局关于税收协定中"受益所有人"有关问题的公告》（国家税务总局公告 2018 年第 9 号，以下简称 9 号公告）。9 号公告对税收协定中的受益所有人身份认定做了较为详尽的规定，图 9-8 概括了受益所有人身份判定的基本逻辑。根据 9 号公告所规定的受益所有人判定的逻辑主线，当申请人取得的所得为股息时，判定的逻辑起点为申请人是否符合安全港情形。该公告所规定的安全港情形主要包括：❶ 缔约对方政府；❷ 缔约对方居民且在缔约对方上市的公司；❸ 缔约对方居民个人；❹ 申请人被第❶至❸项中的一人或多人直接或间接持有 100% 股份，且间接持有股份情形下的中间层为中国居民或缔约对方居民。若申请人符合安全港情形，则可直接判定申请人具有受益所有人身份，即可享受税收协定优惠待遇。若申请人不符合安全港情形，则需按照 9 号公告第 2 条所规定的因素法判定申请人是否具有受益所有人身份。第 2 条所列各要素都为消极因素，主要包括申请人是否对相关所得具有实质性的所有权或支配权及其是否具有经营实质的判断。若申请人符合相应的消极因素，即申请人往往对取得的所得不具有实质性的所有权或支配权或其本身不具有经营实质，一般不可将其认定为受益所有人。

需要指出的是，申请人即使不具备受益所有人认定条件，但符合其他条件且能基本排除其避税动机，9 号公告仍给予其享受税收协定优惠待遇的机会。符合其他条件并能排除其避税动机的情形主要包括：❶ 申请人的全资控股股东（包括直接控股和间接控股）为受益所有人，且其与申请人为同一国家（地区）居民（图 9-9）；❷ 申请人的全资控股股东为受益所有人，其与申请人虽然不属于同一国家（地区）居民，但该控股股东所在国与中国缔结的税收协定优惠待遇不低于申请人所在国与中国缔结的税收协定待遇（图 9-10）。

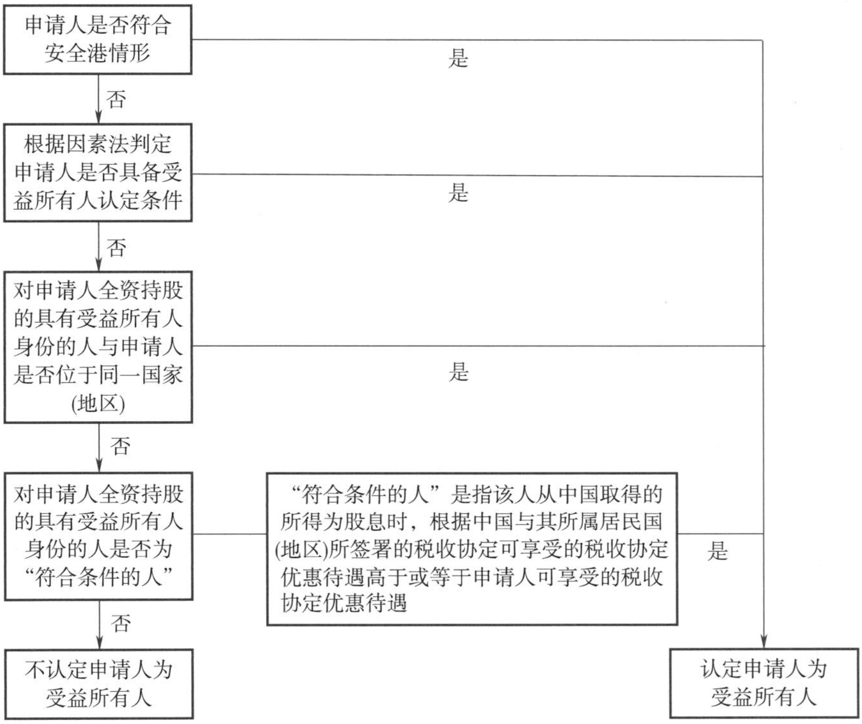

图 9-8 受益所有人判定逻辑图

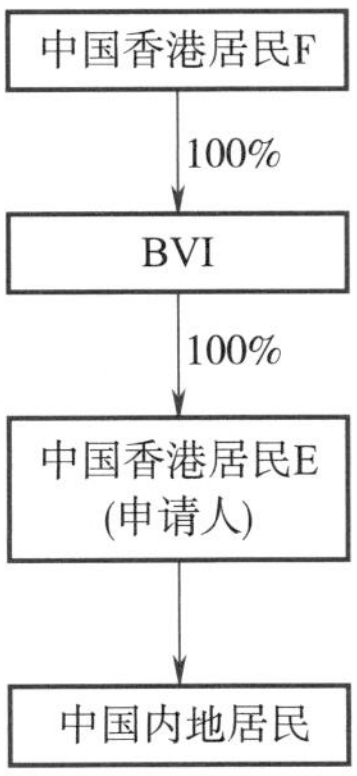

图 9-9 申请人与 F 位于同一税收管辖区

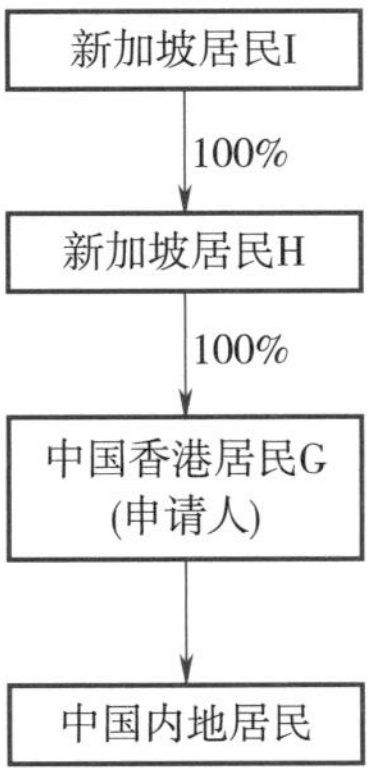

图 9-10 申请人与 I 不属于同一税收管辖区

在上述情形下，基本排除了申请人股东滥用申请人所在国与中国所缔结的税收协定的可能，在我国税基不被侵蚀的基础上，仍可将申请人认定为受益所有人。

案例 9-2 境外多层控股架构下受益所有人身份判定[①]

基本案情

A 公司是一家中国内地和中国香港合资企业，注册成立于 1980 年。其中，中国内地股东持股比例为 60%，中国香港股东（B 公司）持股比例为 40%，主要经营范围为酒店管理。B 公司是在中国香港注册成立的一家酒店管理公司，其 100% 持股方为 C 公司。C 公司注册成立于英属维尔京群岛（BVI），是中国香港上市公司 M 公司的全资子公司。M 公司成立于百慕大群岛，于 1998 年在中国香港上市，主要从事酒店管理，股权架构如图 9-11 所示）。

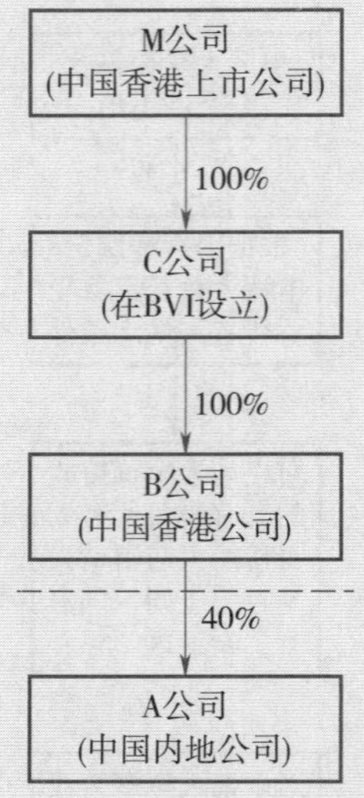

图 9-11 集团股权架构图

2018 年 5 月，A 公司做出董事会决议，向其股东分配 2016 年度的股息。其中，B 公司取得股息 702 万元。在取得股息的当月，B 公司通过 A 公司在扣缴申报预提所得税时一并享受了税收安排待遇。

税企争议

B 公司认为其符合享受中国内地与中国香港税收安排待遇的条件，理由有以下几点。

（1）B 公司在 2018 年取得了香港税务局出具的税收居民身份证明，可以证明其在 2016 年度是中国香港的税收居民。

（2）B 公司对 A 公司的直接持股比例为 40%，且在取得股息前连续 12 个月以内持股比例未发生变化，符合股息条款适用 5% 优惠税率的持股比例和时间要求。

（3）B 公司对从 A 公司取得的股息拥有支配权，没有义务在 12 个月内将该笔股息的 50% 以上支付给第三国（地区）居民。

（4）B 公司虽然没有实质的制造、经销等活动，但其作为控股公司的主要职能是在亚洲地区寻求投资业务。B 公司通过有效的管理，对 A 公司的经营决策做出判断、指导和监督。因此，B 公司认为其从事的是具有实质性的投资控股管理活动。

主管税务机关对 B 公司提供的相关资料进行了综合分析，认为 B 公司的受益所有人身份判定存在以下不利因素。

（1）B 公司声明对取得的股息享有支配权，并列示了该笔资金的用途，承诺 12 个月内不会向第三国（地区）居民支付。但从 B 公司的审计报告看，B 公司连续三年在收到股息的 12 个月内将股息所得的 50% 以上支付给了 C 公司，形成了支付事实。

---

① 改编自国家税务总局国际税务司：《税收协定执行案例集》，中国税务出版社 2019 年版。

（2）对B公司的审计报告显示，2017年B公司取得股息收入130万美元，占全部收入的比重为98.6%，除股息外的其他收入为利息收入和汇兑损益，合计2万美元。B公司全年发生行政管理费用5万美元，其中工资薪金福利费用4万美元。从费用构成看，其人员规模不足以支撑公司对子公司的投资管理活动。

（3）B公司称其从事了具有实质性的投资控股管理活动，对A公司进行管理和指导，但未能提供任何可以证明其具体从事了哪些管理活动的证据材料。

综合以上分析，主管税务机关认为，B公司在受益所有人身份判定方面存在多项不利因素。在与企业多次沟通后，B公司对主管税务机关的判定意见表示认同，但希望按照《国家税务总局关于税收协定中"受益所有人"有关问题的公告》（国家税务总局公告2018年第9号，以下简称9号公告）第3条的规定，以M公司为受益所有人测试对象，对B公司是否可以享受中国内地与中国香港的安排的优惠待遇进行判定。为此，B公司补充提交了M公司的相关资料，包括税收居民身份证明、审计报告、资金流向记录、董事会决议、人力和物力配备情况说明、相关费用支出等资料。

主管税务机关再次认真梳理了企业提供的资料，对M公司是否符合受益所有人条件进行了以下分析。

（1）2018年3月，M公司取得了香港税务机关出具的税收居民身份证明，证明其2016年度是中国香港税收居民。

（2）从持股关系看，M公司不仅提供了完整的股权架构图，也提供了从M公司到B公司每一层的持股关系证明，可以证明M公司间接持有B公司100%的股份，符合9号公告第3条对持股比例的要求。

（3）从股息流向看，B公司连续3年在收到股息的12个月内将股息所得的50%以上支付给了C公司，C公司在短时间内，又将收到的股息全部支付给M公司，且M公司也不存在12个月内将收到所得的50%以上支付给第三国（地区）居民的情形。因此，可以证明股息的最终流向是M公司。

（4）M公司作为集团的控股公司，1998年在中国香港上市，主要从事投资控股管理活动，其所在集团公司是世界知名的酒店管理集团之一，在亚太地区、欧洲、北美及中东地区拥有或经营多家豪华酒店和度假酒店。

从M公司组织架构看，M公司有严格的风险管理和投资决策机制，董事会下设审核委员会，直接对董事会负责，履行审核职能。此外，还设有综合职能部、法律事务部、财务审计部、投资发展部等行政和决策机构。

从M公司的人员、资产情况看，2017年全年平均员工数为261名，营业收入8 225万美元，营业利润2 348万美元，归属于M公司的净资产76 120万美元，行政费用3 041万美元，资产规模与人员情况相匹配。

从是否从事实质经营活动看，M公司每年定期召开董事会决议，做出重大经营决策，如新设酒店、下设酒店业务调整等。同时M公司在亚洲其他地区也进行投资活动。香港联交所披露的报告显示，M公司资本充足，且在融资便利的香港运营，拥有承担投资控股功能的团队，也可以为其投资的项目提供融资服务，具有一定的投融资功能。因此,可以认定其从事的是具有实质性的投资控股管理活动。

最终税务处理

主管税务机关认为M公司可以通过受益所有人测试。虽然B公司作为申请人不符合受益所有人认定条件,但直接或间接拥有B公司100%股权的M公司具备受益所有人身份,因此按照9号公告第3条的规定,可以认定B公司为受益所有人,可以享受税收安排的优惠待遇。

思考题:

如何理解9号公告中申请人不符合受益所有人条件但却被认定为受益所有人的情形?

习　题

一、单选题(请用手机扫描下方二维码作答)

二、改错题(就题中画线部分进行改正)

1. 滥用税收协定与择协避税不是同一个概念,后者涵盖范围比前者小。(　　)

2. 在CFC规则中,若一国决定采用实体法界定可归属所得,则CFC的积极所得和消极所得一般都应计入该可归属所得。(　　)

3. A公司为H公司的母公司,两个公司分别设立在美国和中国香港。H公司没有从事实质的生产经营活动,其雇员只有2人,每年从中国内地的子公司取得大量股息,且当年即将取得的股息全部分配给A公司。从税收协定(安排)角度看,H公司就其从中国内地取得的股息缴纳预提所得税时的适用税率为5%。(　　)

三、简答题

1. 我国对受控外国公司的界定标准及相应的反避税措施内容是什么?

2. 从目前我国的税务实践看,境外注册但实际管理机构位于中国境内的居民企业即境外注册中资企业,是否会被认定为受控外国公司进行管理?

四、案例分析题

C公司为注册在我国境内的居民企业，其为荷兰H公司的全资子公司。H公司的控股股东为美国的A公司。2023年8月，C公司做出董事会决议，向荷兰H公司分配利润1 000余万元。H公司于2024年1月通过C公司在扣缴申报时享受了中荷（荷兰）税收协定优惠待遇，按照5%的优惠税率缴纳企业所得税50余万元。主管税务机关在协定待遇后续管理中审核了H公司的备案资料，发现H公司受益所有人身份存在以下疑点。

（1）H公司依法注册于荷兰阿姆斯特丹，实际地址位于荷兰巴特霍芬多普。该公司是一家控股公司，仅从事投资控股活动，不从事制造、营销等经营活动。

（2）企业提供的审计报告显示，H公司实收资本1.5万美元，其收入均为投资收益，经营性收入为零，没有员工，且固定资产、无形资产亦为零。

（3）H公司长期负债高达数亿美元，主要是来自美国A公司借款。借款主要用于投资，且H公司承担了高达9%的利率。H公司提供的股息收入用途说明显示，其本次取得境内C公司的股息红利所得，将全部用于偿还美国母公司的债务。（注：根据美国与荷兰缔结的税收协定，利息所得仅在居民国征税）

问题：

1. 按照我国现行税法的规定，H公司是否具备受益所有人身份？

2. 分析H公司在我国的企业所得税涉税风险。

第十章　国际税收最新发展

学习目标

1. 理解数字经济发展带来的税收挑战。

2. 掌握 BEPS 行动计划的具体内容。

3. 厘清“双支柱”改革方案中“支柱 1”和“支柱 2”关系，并掌握“双支柱”改革方案的具体内容。

4. 从平衡税收权益与大国责任的视角思考 BEPS 行动计划对我国的影响。

引例　拉锯十年，苹果公司补税 130 亿欧元①

2016 年，欧盟委员会认定苹果公司利用与爱尔兰政府达成的税收合同逃税，要求苹果公司补缴 130 亿欧元税款。2019 年，苹果公司对欧盟委员会裁决提起上诉。2020 年欧盟常设法院判决：苹果公司在欧盟成员爱尔兰享受的税收优惠政策不构成国家补贴，撤销欧盟委员会 2016 年相关裁决，苹果公司无须补缴 130 亿欧元税款。

2024 年 9 月 10 日，欧盟的最高法院欧洲法院裁定，苹果公司需向爱尔兰补缴 130 亿欧元税款。欧洲法院的声明确认维持欧盟委员会 2016 年的裁决。可以看出，苹果公司税案的判决一波三折。在欧盟近十年的推动下，苹果公司补税“靴子”落地，为正在艰难推进的“双支柱”国际税制改革吹响了一次冲锋的号角。

欧洲法院对苹果公司涉税判决的历史意义在于：进一步宣示和落实了征税地必须与经济活动发生地和价值创造地相一致的国际税改根本原则，进一步推动和深化了经济实质重于法律形式的 BEPS 行动计划基本原则。

思考题：

1. 本案例反映了国际社会应对数字经济发展税收挑战的改革尝试，如何理解数字经济发展带来的税收挑战？

---

① 改编自杜涛：《拉锯十年，高傲的苹果补税 130 亿欧元》，《经济观察报》，2024 年 9 月 21 日。

2. BEPS行动计划发起的背景及内容是什么?

3. 本案例的最终判决推动了“双支柱”改革方案的落地进程,“双支柱”改革的具体内容是什么?

第一节 数字经济发展带来的国际税收挑战

一、数字经济发展对既有国际税收规则体系的挑战

数字经济是信息和通信技术(information and communication technology,ICT)变革带来的产物。2016年G20杭州峰会发布的《二十国集团数字经济发展与合作倡议》是全球首个由多国领导人共同签署的数字经济政策文件,该报告定义数字经济为“以使用数字化的知识和信息作为关键生产要素、以现代信息网络作为重要载体、以信息通信技术的有效使用作为效率提升和经济结构优化的重要推动力的一系列经济活动”。北京国家会计学院院长秦荣生教授将数字经济定义为:“以数字化的知识和信息作为关键的生产要素,以数字技术为核心驱动力,以现代信息网络为重要载体,通过数字技术与实体经济的深度融合,不断提高数字化、网络化、智能化的水平,加速重构经济发展与治理模式的新型经济形态”。推动数字经济发展的数字技术正是ICT。全球化与ICT变革被公认为20世纪90年代以来世界经济发展的两大重要特征。ICT的飞速发展促进了跨国商品和服务贸易及国际资本流动规模的增长和形式的增加,数字经济成为世界经济的主流和经济增长的引擎。

随着数字经济的发展,新的商业模式应运而生。数字经济下新的商业模式,主要包括电子商务、支付服务、应用软件商店、在线广告、云计算、高频交易、参与式网络平台等(见表10-1)。

表10-1 数字经济下的商业模式创新

模式	含义
电子商务(electronic commerce)	电子商务指通过专为接收或下订单目的而设计的利用互联网的方式进行商品或服务的销售或购买。虽然商品或服务通过互联网方式下订单,但付款及商品或服务的最终交付不必在网上进行。电子商务涵盖的范围非常广泛,主要包括三种模式:企业对企业(B2B)、企业对消费者(B2C)、消费者对消费者(C2C)
支付服务(payment services)	支付服务提供商作为在线购买方和销售方之间的中介(典型的是使用软件作为一种服务模式),采用多种支付方式受理来自买家的付款请求,包括信用卡支付或以银行为基础的支付方式如直接付款或实时转账来处理这些款项,并把资金存入卖方的账户。支付服务最大的优点是买卖双方不用交换敏感信息,包含双方的安全信息,如微信支付或支付宝支付

续表

模式	含义
应用软件商店（app stores）	应用软件商店是不同软件的数字发行平台，通常作为操作系统的一个组件，以中央零售平台的形式，让消费者购买并通过自身拥有的终端设备（如电脑、平板、智能手机等）下载软件。通过所下载的软件实现支付、交流、理财、出行、餐饮、娱乐等功能
在线广告（online advertising）	在线广告利用互联网为媒介向客户传递营销信息，参与者主要包括：网站发布商（即同意将广告植入其在线发布的内容以换取报酬的一方）、广告发布者（即制作广告并在网站发布商的内容中显示的一方）、广告网络中介（即连接网站发布商、广告发布者和在线观众的中介）。具有交互性和纵深性强、精确跟踪和衡量广告效果、拥有最具活力消费者等优势
云计算（cloud computing）	通过网络"云"将巨大的数据计算处理程序分解成无数个小程序，然后，通过多部服务器组成的系统处理和分析这些小程序得到结果并返回给用户。云计算服务主要包括：计算、存储、软件和数据管理。无论用户位于何处，只要有终端设备（如电脑、智能手机）能连接互联网就可以使用云计算服务。在云计算服务下，某一部终端设备的故障不会导致数据或软件的丢失
高频交易（high frequency trading）	高频交易是指高频交易者（HFT）使用称为"算法机器人"的计算机算法从近乎即时的时间间隔内的微小价格变化中获取套利利润的交易。服务器所处位置对于高频交易至关重要。为使高频交易中网络等待时间减到最少，交易者通常将其服务器安置在证券交易所基础设备附近
参与式网络平台（participative networked platforms）	参与式网络平台是一个提供用户协作，并促进创建、推广、评级、评论和发布用户创建内容的中介平台，如维基、网络直播、自媒体、播客、博客、微信、QQ、阿里旺旺

资料来源：经济合作与发展组织著，国家税务总局国际税务司译：《OECD/G20 税基侵蚀和利润转移项目 2015 年最终成果报告（Ⅰ）》，中国税务出版社 2016 年版。

从事新兴商业模式的跨国公司对数据资产及其他无形资产的依赖性更强。由于数据资产的高度可移动性，地理距离对数字产品或服务的提供与消费的影响大大降低，从事新兴商业模式的跨国公司可以充分利用 ICT 技术并基于自身的战略安排在全球范围内布局和组织开展各项业务活动。换句话说，在数字经济下，跨国公司在全球范围内的价值链管理更加复杂和灵活。毫无疑问，新的商业模式的产生和发展为跨国公司避税创造了更为广阔的空间，但对从事新兴商业模式的跨国公司的税务管理却带来了全新的挑战。

（一）如何确定来源国的征税门槛

在数字经济下的各种新兴商业模式中，一国居民到另一国从事经营活动，或者存在非常有限的实体（如电子商务模式中可能在东道国拥有仓库），或者不存在任何物理性实体（如在线广告）。上述情景与传统国际税收体系中的常设机构确认所适用的商业情景明显不同，如何确定来源国的征税门槛？本质上，确定数字经济下的征税门槛就是解决“谁征税”的问题。

（二）如何核算纳税人在来源国的营业利润

假设按照某种标准或方案确定了来源国有权对从事新兴商业模式企业来自本国的营业利润征税，但如何核算营业利润？由于数字经济中的企业可以利用 ICT 轻易将传统视角下的某一功能（如设计）“碎片化”为若干子功能，且分布在不同国家，实践中几乎无法进行可比性分析去运用独立交易原则。如何计量纳税人位于来源国的营业利润亦是数字经济下摆在立法者面前的重要税务挑战。本质上，核算纳税人在来源国的营业利润就是解决“征多少税”的问题。

（三）如何对收入进行税收定性

从税收协定意义上讲，不同类型收入适用不同条款征税，收入类型的界定是精准征税的前提。但数字经济的发展模糊了某些收入之间的界限，导致对收入的定性较为棘手。如一国居民通过 ICT 向另一国居民传输数据而取得相关的技术收入时，该项所得为特许权使用费还是技术服务收入？又如，云计算中的收入到底是提供服务而取得的营业利润还是为他人提供服务器空间租赁而收取的特许权使用费？

（四）如何确认及计量数据资产

数字经济中的企业收集与客户、用户、供应商及运营的相关数据非常普遍。用户使用产品或服务的数据成为具有商业价值的数据资源，企业可以利用该种资源用以提升生产或服务效率。如电子商务、应用软件商店、在线广告、参与式网络平台等商业模式的经营者对用户使用其产品或服务的数据资源就异常重视。但数据资产如何确认及计量，数据资源带来的收益如何计量，如何精准确定与之相关的纳税义务，是摆在各国政府面前的税务挑战。

上述挑战意味着现行国际税收规则体系在应对和适应数字经济发展上较为乏力。从事新兴商业模式的跨国公司利用既有国际税收体系上的规则漏洞，特别是跨国互联网公司，通过复杂的架构设计实现全球范围内的价值链管理，将集团利润合法转移至避税地国家（地区），相关的居民国与市场国政府均无法有效征税，BEPS（税基侵蚀与利润转移）问题越来越严重。近年来，跨国公司在 ICT 支持下利用现行国际税收规则漏洞避税的新闻充斥报端，这一现象引起了世界公众的广泛关注。为回应这些关注，应 G20 国家要求，OECD 于 2013 年发布了 BEPS 行动计划。该行动计划一共包括 15 个项目，第 1 项行动计划即研究数字经济带来的税收挑战的应对方案。为拟定和出台关于数字经济带来的税务问题及相关详细的应对方案的最终报告，OECD 财委会于 2013 年 9 月成立了数字经济工作组。G20 中的非 OECD 成员以合作伙伴的形式参与其中，并享有与 OECD 成员同等的发言权。

二、电子商务中常设机构的确认

数字经济涵盖的范围大于电子商务，电子商务是数字经济最主要的组成部分。发展电子商务是发展数字经济的重要抓手和引擎。一般认为，电子商务的发展经历了以下两个阶段：从20世纪60年代至90年代的基于EDI（electronic data interchange）的电子商务阶段和20世纪90年代以后的基于国际互联网（Internet）的电子商务阶段。20世纪90年代中期后，Internet迅速走向普及化，逐步从大学、科研机构走向企业和普通百姓家庭，其功能也从信息共享演变为一种大众化的信息传播工具。从1991年起，被排斥在互联网之外的商业贸易活动正式进入到这个领域，从而使电子商务成为互联网应用的最大热点。过去十年，世界电子商务规模急速扩大。据全球知名市场研究机构Marketer市场调查数据，美国电子商务零售额占零售总额的比重从2012年的5%上升到了2021年的15%，而我国相应的数据则从2012年的4.9%跳涨到了2021年的52.1%，涨幅惊人。

早在OECD财委会成立数字经济工作小组之前，一些国家就已开始研究电子商务发展带来的税收影响，从国际税收视角看，主要聚焦在电子商务交易对常设机构确认规则的影响。20世纪90年代中期，美国、澳大利亚、芬兰等国先后发布了应对电子商务税收挑战的政策报告。1997年11月，OECD财委会在芬兰举行研讨会并发布了题为《电子商务：对税务当局和纳税人的挑战》的报告。1998年9月该委员会又发布了一份题为《电子商务：税收问题讨论稿》的报告。1998年10月在加拿大渥太华召开的OECD部长级会议上讨论通过了《电子商务：税收框架条件》的文件。该文件正是以当年9月所通过的税收问题讨论稿为蓝本。该文件所确定的适用于电子商务的税收原则包括：中立性、效率性、确定性和简易性、有效性和公平性、灵活性。中立性，是指税收政策在电子商务与传统商业活动中保持中立和公正。商业决定应该是出于对经济的考虑，而非出于对税收因素的考量。纳税人在相似情况下进行类似的交易应该受到同样的税收待遇。效率性，是指纳税人的合规遵从成本与税务机关的行政费用应尽量减少。确定性和简易性，是指税收法规应清晰及简明易懂，让纳税人可以预计有关交易的税务后果，包括知道何时、何地履行的纳税义务及应纳税额应如何核算。有效性和公平性，是指税收规则应在正确的时间产生正确的税款，以避免双重征税及非立法本意的不征税，同时逃避税的机会应被降至最低。灵活性，是指税收系统应该是灵活和不断发展变化的，以确保它们跟上技术及商业发展的步伐。

渥太华会议通过的文件，主张电子商务与传统商务活动只有形式的差异，而没有本质的区别，既有的对商务活动征税的国际税收规范包括常设机构确认规则亦应适用于电子商务。基于此，OECD财委会明确，税收协定范本所包含的常设机构条款同样可以适用于电子商务活动，但必须研究制定范本条款适用于电子商务。2017年版OECD范本常设机构条款中并没有加入专门针对电子商务的内容，但范本注释较为详细地解释了常设机构条款如何适用于实践中的电子商务活动。该解释的主要内容包括以下几点。

（一）网站本身并不构成常设机构

本质上，网站是一系列软件和数据的集合体，其不属于机器、设备等有形资产范畴，不具有能构成营业场所的地点，因此，网站本身不具备构成常设机构的基本条件。

（二）网站所依附的服务器有可能构成常设机构

通常情况下，企业运营的网站是由互联网服务提供商（internet service provider，ISP）的服务器提供托管服务的。在这种托管服务安排下，运营网站的企业向ISP支付的费用虽然可能取决于用于存储该网站所需软件和数据的磁盘空间大小，但通常这种托管服务安排并不会使服务器处于网站运营企业的支配之下，此种情形下服务器也不会构成网站运营企业的常设机构。但若通过网站进行营业的企业有可供自己支配的服务器，如拥有或租赁并运营用于储存和运行网站的服务器，则在满足场所型常设机构确认所要求的其他条件下，如位置上的固定性及时间上的持久性，就可以构成该企业的常设机构。

（三）通常情况下，ISP亦不会构成运营网站企业的代理型常设机构

在大多数情况下，ISP不会以网站所属企业的名义订立合同或在订立合同过程中发挥主要作用，或者订立涉及企业财产所有权转让或提供服务的合同。也就是说，ISP作为独立代理人向网站运营企业提供服务器托管服务，且服务对象往往为多家企业。提供服务器托管服务正是ISP营业常规活动的具体体现。

（四）电子商务活动中的豁免情形认定

若一国企业在另一国特定场所通过计算机设备进行的电子商务活动仅限于准备性、辅助性活动，则不认为该企业在另一国存在常设机构，此为电子商务情景下常设机构认定的豁免情形。电子商务情景下的准备性、辅助性活动一般包括：❶ 在供应方和客户之间提供通信联系（很像一条电话线）；❷ 为货物或服务做广告；❸ 为达到安全和效率目的，通过镜像服务器传递信息；❹ 为企业收集市场数据；❺ 提供情报信息。当然，若上述活动构成企业整体营业活动的基本和重要的部分，则不属于准备性、辅助性活动。

案例10-1　A集团“互联网销售”市场战略是否构成在乙国的常设机构？

A集团于1993年成立于甲国，是全球著名的高端运动装备制造商，其所倡导的“个性、专业、科技”理念逐渐引领了运动装备的时尚潮流，A品牌也已发展成为高端和专业的代名词。A品牌有三大系列：运动服装、运动鞋和运动器

材。通过签约大量知名球星和成功的商业推广,A品牌在欧美市场有着极高的人气。A集团于2010年进入乙国市场,主要通过在重要城市的商业地标建筑里开设大型专卖店的方式进行销售。过去几年,通过设立专卖店开展线下销售的方式,A品牌已经在乙国拥有了广泛的知名度和美誉度。随着乙国电子商务市场的蓬勃发展,线上销售已经变得越来越重要。为此,各大竞争对手纷纷推出了自己的购物网站和手机App。A集团也开始筹划乙国电子商务市场的发展战略。

经过前期市场调研,A集团发现境外电商模式(又称海淘模式)目前在乙国非常受欢迎。A集团拟直接利用其已有的,目前主要面向欧美客户的官方购物网站向乙国境内客户进行销售。为成功实施该商业模式,A集团拟制定了"互联网销售"的市场战略:基于甲国主服务器,A集团将在乙国向第三方IT服务提供商租用一台子服务器("镜像服务器"),并委托该IT提供商建设一个用以运营乙国版本的购物网站系统,该网站将同步展示A集团面向乙国市场销售的产品,提供产品性能和价格信息。乙国消费者可以通过该网站提供的下载链接订购相关产品,网站将订单信息传输给甲国主服务器用于订单审批和处理。乙国购物网站根据甲国主服务器处理结果向乙国消费者发出订单确认通知。该IT服务提供商将负责乙国网站的建设、维护、网站版本更新和注册备案等,但并不具有处理订单的权限。该IT服务提供商,按照IT工程师的工时、费率收取技术服务费。该互联网销售模式主要面向乙国个人消费者。假设甲国与乙国按照2017年版OECD范本的规定缔结了税收协定,且两国对协定条款的解释均遵照OECD范本的注释进行。

在A集团制定的"互联网销售"市场战略中,按照OECD范本注释,A集团在乙国运营的互联网本身并不会构成常设机构。A集团向第三方IT服务提供商租用的服务器有可能构成场所型常设机构。本书第四章第一节已指出,场所型常设机构应满足"营业场所是实质存在的""营业场所具有地理位置上的固定性和时间上的持久性"及"通过营业场所开展营业活动"三个要件。就本案来讲,确认是否满足"营业场所是实质存在的"要件的关键在于判定A集团对所租赁的服务器是否具有自由支配权。若根据A集团与第三方IT服务提供商签订的合同,A集团可以出入该服务器所在地和自由支配该服务器的运营,则满足该要件,反之相反。此外,根据案情信息,可以合理预计该服务器在未来一段时期内持续处于运营状态且不会被轻易移动,其也被用于向乙国消费者提供产品信息和下单,因此A集团所租赁的服务器满足后两个要件的要求。但需注意,此处并不是分析是否构成常设机构的终点。根据OECD范本的注释,"为安全和效率目的,通过镜像服务器传递信息"属于电子商务场景下常设机构认定的准备性、辅助性活动,即使A集团可以自由支配该镜像服务器,但由于该镜像服务器并不具有接受和处理订单的能力,A集团在乙国租赁的服务器也应属于常设机构认定中的豁免情形,其制定的"互联网销售"市场战略应不会导致在乙国构成场所型常设机构。

思考题：

依据 OECD 范本注释，"互联网销售模式"下常设机构确认的基本逻辑是什么？

第二节　BEPS 行动计划

一、BEPS 行动计划背景

BEPS 是税基侵蚀与利润转移（base erosion and profit shifting）的简称，意指跨国公司通过各种避税方式最大限度地减少其全球总税负，达到双重或多重不征税效果，从而侵蚀各国税基的现象。据不完全估计，BEPS 导致的全球企业所得税流失可能占到全球企业所得税总额的 4%~10%，每年流失的税额达到 1 000 亿 ~2 400 亿美元①。究其原因，主要包括跨国公司进行的恶意税务筹划、各国税法规定的差异、各国税务机关之间缺乏透明度及合作、各国征管水平差异，以及各国存在的有害税收竞争等。跨国公司位于低税地国家（地区）的成员实体所申报的利润率几乎是跨国公司集团利润率的两倍，由此可推断 BEPS 既导致了相关国家的税基侵蚀，也扭曲了资源的全球配置。

各国对通过多边合作方式治理 BEPS 问题的意愿强烈。2013 年 9 月，G20 领导人发布《圣彼得堡宣言》，委托 OECD 启动国际税收改革，遏止国际逃避税，以降低国际经济风险，促进全球经济复苏。启动 BEPS 行动计划是其中的重要内容。经过 24 个月的艰苦工作，34 个 OECD 成员，包括中国在内的 8 方非 OECD 的 G20 成员及 19 个其他的发展中国家共计 61 方于 2015 年 10 月审议并一致通过了 BEPS 项目的最终研究成果，并于 2015 年 11 月在土耳其安塔利亚峰会上由 G20 领导人背书。该研究成果共包含 15 个 BEPS 行动计划最终报告，期冀通过 BEPS 项目最终成果的落实以建立新的公平、合理、透明的国际税收新规则。可以说，BEPS 项目是近百年来对国际税收规则的一次里程碑式的改革。**我国对 BEPS 行动计划非常重视，自 2013 年该项目启动以来，国家税务总局整合相关力量成立工作小组，跟进 BEPS 行动计划进度安排，及时提出中方观点，在规则制定中争取发言权，积极维护我国税收权益。**

二、BEPS 行动计划内容

OECD 于 2015 年 10 月 5 日发布的 BEPS 行动计划最终成果共包括 15 项行动计划报告和一份解释性声明。BEPS 行动计划确立的基本原则是**利润应在经济活动发生地和价值创造地被征税**，依据该原则在国家间分配征税权。若跨国公司在一国境内并

---

① OECD 著，国家税务总局国际税务司译：《OECD/G20 税基侵蚀和利润转移（BEPS）项目 2015 年成果最终报告（Ⅰ）》，中国税务出版社 2016 年版。

没有从事实质性的经营管理活动，则该国就应被排除在跨国所得归属地之外。若某国对跨国所得的形成没有作出贡献或贡献不显著，亦会被排除在价值创造所属国之外。以下对各项行动计划成果做简要概述。

（一）行动计划 1：应对数字经济的税收挑战

数字经济的发展加快了跨国公司商业模式的创新步伐，而商业模式的创新为跨国公司创造了更大的避税空间。BEPS 行动计划 1 针对数字经济发展带来的税收挑战提出了相应的解决方法：对于跨境增值税的收入分配，在数字化 B2C 商业模式下，应由商品或劳务的消费地国家征税。对于从事数字化业务的跨国公司跨国所得的征税权分配，若该公司与另一国消费者互动并取得数字化服务收入，通过实质经济存在测试或显著性经济存在（significant economic presence），该另一国即可征税。但由于各国数字经济发展水平差异巨大，数字经济输出国与输入国对显著性经济方案的分歧较大，行动计划 1 并没有推荐该方案为国际通用方案。本章第三节中的“双支柱”方案可被视为应对数字经济税收挑战的多边合作工作的延续。

（二）行动计划 2：消除混合错配安排的影响

混合错配安排是跨国公司人为设计或安排的一种常见避税方式。在混合错配安排下，居民国与来源国税法对同一金融工具、交易资产或交易主体的税收属性认定不同，跨国公司利用这种认定差异达成双重不缴税的避税目标。如同一项金融工具，居民国认定其为股权且实施参与免税制，而来源国认定为债权且允许利息进行税前扣除，则跨国纳税人在居民国与来源国都无须负担纳税义务。行动计划 2 提出了修订国内法和完善税收协定的应对措施，提升跨国协调能力以解决混合错配安排形成的避税问题。

（三）行动计划 3：制定有效的受控外国公司规则

受控外国公司规则即 CFC 规则，主要针对本国居民将利润聚集在境外避税地并延迟分配以递延纳税义务的避税行为。从各国实践看，有些国家已经对 CFC 规则进行了国内立法，但制度设计上的不完善导致该项反避税政策没有发挥应有的反避税效力，如纳税人对税率豁免或所得豁免情形的滥用。还有一些国家目前没有引入 CFC 规则。由于各国基于自身国情对引入 CFC 规则的政策目标设定有较大差异，也事关本国税制竞争力，因此行动计划 3 并没有要求各国对 CFC 规则进行统一的立法，而是就立法要素、所得认定、境外税收抵免、境外股息免税等提出方法，该方法属于“最佳实践”范畴，对各国约束力较低，但该行动计划是 CFC 制度诞生五十多年来的第一次国际协调。

（四）行动计划 4：通过利息扣除和其他金融支出的相关规定限制税基侵蚀

实践中的资本弱化国际避税较为常见。在资本弱化情形下，跨国公司集团位于高税地国家的成员实体向位于避税地的关联方支付远高于公平交易中应向独立第三方支付的合理利息以达成避税目标。虽然很多国家已出台针对资本弱化的反避税措施，但采取的指标很多都为关联债资比率。基于关联债资比率的固有缺陷，行动计划 4 提出了固定扣除率的反避税方法，固定扣除率为利息与 EBITDA 的比值，各国可将固定扣除率设定在 10% 至 30% 之间。也就是说，跨国公司成员实体向境外关联方支付的利息超出按照固定扣除率计算出来的部分不允许税前扣除。

（五）行动计划 5：关注透明度与实质性因素，有效打击有害税收实践

随着全球经济一体化的深入推进，国与国之间的税收竞争愈发激烈。各国都积极采用税收优惠工具以吸引境外资本，促进本国经济发展。在税收优惠工具作用下，有效税率远低于名义税率已成为各国企业所得税制度的一个显性特征。行动计划 5 的主要内容是，“在考虑透明度和实质性因素的基础上，更有效地打击有害税收实践”，旨在消除或限制各国的不当税收竞争，要求各国所制定的税收优惠政策必须有实际经济活动支撑或配套。需要指出的是，行动计划 5 还就知识产权（IP）达成关联法（nexus approach）共识。纳税人获取的 IP 收入只有与自身发生的符合条件的研发支出“相关联”，该 IP 收入才能享受税收优惠。将流动性极高的无形资产所有权转移至避税地成员实体，并由其分享集团大量收入的避税安排明显违背了行动计划 5 中的关联法内涵。

（六）行动计划 6：防止税收协定优惠的不当授予滥用

不同税收协定所规定的优惠待遇的差异为跨国纳税人滥用税收协定创造了避税空间。滥用税收协定也是导致 BEPS 问题的重要原因。行动计划 6 针对跨国纳税人滥用税收协定行为制定了相应的反避税措施，具体包括：一是在协定标题和序言中清楚表明，税收协定致力于解决国际重复征税问题，但同时不为双重不征税创设条件，即强调税收协定的反避税功能；二是以下三种模式中择其一制定反滥用措施：❶ 在协定中同时引入 LOB（利益限制条款）和 PPT（主要目的测试条款），即 LOB+PPT 模式；❷ 仅列入 PPT，即 PPT 模式；❸ 在协定中引入 LOB 的同时，辅之以能够应对协定尚无法解决的融资导管安排的机制，即“LOB+ 反导管规则”模式[①]。行动计划 6 属于 BEPS 系列行动计划成果中的“最低标准”，对各国的约束力较强。

（七）行动计划 7：防止人为规避常设机构的构成

实践中，数字经济的发展为跨国纳税人利用传统常设机构认定规则中的漏洞进行避税提供了便利。行动计划 7 针对纳税人规避常设机构的避税行为提出了应对之策，以解决相关的 BEPS 问题。具体措施包括：❶ 修改 OECD 范本中代理型常设机构的认定规则，将佣金代理人纳入代理型常设机构范围。依照行动计划 7 的规定，即使代理人没有以境外被代理人的名义订立合同，但代理人开展的活动导致“被代理人拥有或有权使用的财产所有权转让”的后果，即在来源国实现了销售，即可认定境外的被代理

---

① “LOB+ 反导管规则”的具体阐释见本书第九章第三节。

人在来源国存在常设机构。❷ 应对经济数字化影响，将一些传统视角下的准备性、辅助性活动视为新型商业模式中的核心经营活动，不可适用常设机构认定的豁免情形。❸ 增加反拆分规则，规定企业不能将整体商业运营拆分成不同的业务，使得每项业务都满足准备性或辅助性要求去适用豁免情形。

（八）行动计划 8—10：确保转让定价结果与价值创造相一致

BEPS 行动计划 8—10 致力于解决转让定价三大领域的 BEPS 问题，并合并发布一项成果报告。这三大领域包括：无形资产、风险和资本、其他高风险交易。在无形资产转让定价领域，报告认为法律所有权并不能确保纳税人享有无形资产使用带来的高额收益，因为无形资产的高流动性特征，纳税人可以轻松将无形资产的所有权赋予位于避税地的成员实体。相对于法律所有权，经济所有权才能更好地匹配 BEPS 行动计划“利润应在经济活动发生地和价值创造地被征税”的基本原则。从风险和资本角度看，报告认为合同约定的风险并不等同于实际承担的风险，如果当事方企业实际上并不具备控制和承担风险的能力，那么应遵循独立交易原则将风险调整为实际控制和承担风险的企业来承担并享有带来的风险收益。一些专家认为独立交易原则在理论上的主要缺陷是没有充分考虑企业集团各成员协同效应带来的收益。报告对此回应认为，协同效应带来的收益应分配给做出实质贡献的成员企业，不应被单独剥离开来，也不应分配给低税地企业。对于中国提出并获得联合国及诸多发展中国家支持的地域优势观点，行动计划 8—10 并没有将其定义为无形资产，而是认为应首先确定相关地域优势是否带来收益。若确认可以带来收益，则根据独立企业在相似环境下应获得的利润水平来分配有关收益。此外，对于是否可以用全球公式分配法替代独立交易原则，报告认为现阶段国际社会在分配要素或指标等关键问题上还难以取得共识，全球公式分配法的应用存在难以逾越的障碍。总体看，行动计划 8—10 主张通过完善独立交易原则的应用来解决转让定价中的 BEPS 问题，而不是通过开发或应用新的工具以替代独立交易原则。

（九）行动计划 11：评估和监督 BEPS 项目

尽管受限于 BEPS 问题的复杂性和现有数据的局限性使得估算 BEPS 规模非常困难，但近年来的一些实证研究表明 BEPS 问题导致的企业所得税税款流失数额巨大。OECD 认为，BEPS 问题不仅导致企业所得税税款流失，而且会形成新的税负不公，扭曲资源配置。BEPS 第 11 项行动计划的目标就是发现、筛选和确定数据，研究分析方法，构建指标体系，尽量准确地估算 BEPS 规模，分析 BEPS 问题产生的经济影响。逐步建立可持续的跟踪研究机制，不间断更新研究成果。此外，还要对其他各项行动计划的实施效果进行跟踪和评估，在此基础上通过完善国内法及加强国际协调，为更好地解决 BEPS 问题提供依据。

（十）行动计划 12：要求纳税人披露恶意避税安排

缺乏与跨国纳税人恶意避税有关的信息是现阶段税务机关面临的重要挑战之一。行动计划 12 在借鉴实施强制披露规则国家经验，并充分考虑税务机关和企业遵从成本的基础上，提供了一个模块化框架指引，用以获取与恶意避税及其使用者有关的信息。该模块化指引主要包括四个方面内容：披露人、披露内容、披露时间，以及纳税人不遵从的惩罚措施。需要指出的是，行动计划 12 的成果报告属于“最佳实践”范畴，各国可以自由选择是否对纳税人实施强制性披露。

（十一）行动计划 13：重新审视转让定价文档资料

OECD 早在 1995 年版《跨国企业与税务机关转让定价指南》（简称 OECD《指南》）中就对转让定价文档资料管理做出了相关规定。但当时 OECD《指南》并未列明转让定价资料文件清单，对转让定价文档资料准备程序、举证责任与相关处罚之间的关系也没有提供明确指引。行动计划 13 指出，转让定价文档资料应包含：主体文档、本地文档和国别报告[①]。三份文档资料的主要内容分别为：提供跨国公司全球经营信息；分布在各国成员实体的收入分配、纳税情况、其他与经济活动相关的指标；一国税务机关所管辖的企业与集团内其他国家企业之间的主要交易信息。三份文档结合，可以全面阐释跨国公司的转让定价政策，为税务机关评估转让定价风险提供有价值的信息，以便税务机关最有效地配置税务审计资源、确定调查目标，更有效地解决 BEPS 问题。

（十二）行动计划 14：更有效的争端解决机制

行动计划 14 聚焦于高效率解决一揽子 BEPS 行动计划成果落地后可能产生的大量税企争议，保护纳税人权益。这与其他各项行动计划针对 BEPS 问题提出相应的解决方案有明显不同。据统计，OECD 国家之间完成一个相互协商案件的时间平均为两年，其他国家需要的时间可能更长。税企争议处理时间的冗长给跨国纳税人经营带来了极大的不确定性。可以说，行动计划 14 在整体 BEPS 行动计划中发挥了关键、平衡的作用，是系列 BEPS 行动计划不可或缺的有机组成部分。行动计划 14 成果主要包含三方面内容：❶ 争端解决纳入税收征管论坛（FTA）监督机制和 G20 监督机制，以确保跨国税收争议得到及时有效解决。❷ 各国的相互协商案件处理速度与效率必须大幅提高，平均个案完结时间不得超过 24 个月。❸ 税收协定范本将增加仲裁条款，鼓励各国在税收协定中增加该规定，以夯实解决跨国税务争端的法律基础。

税收征管论坛简介

（十三）行动计划 15：制定多边工具

一揽子 BEPS 行动计划成果的落实需要各国修订和完善国内法及数量庞大的双边税收协定。目前世界大约 3 000 个双边税收协定，逐个修订税收协定会付出大量的时间成本和协调成本。为使 BEPS 行动计划成果快速落地实施，各国形成了制定一个多

① 各文档具体内容及阐释见本书第八章第四节。

边法律工具的共识,对诸多双边税收协定进行一揽子修订和完善。2017 年 6 月 7 日,多边工具《实施税收协定相关措施以防止税基侵蚀和利润转移的多边公约》首次联合签字仪式在法国巴黎的 OECD 总部举行,67 个国家和地区的政府代表共同签署了该公约。

三、BEPS 行动计划成果的约束力分类

BEPS 行动计划成果本身并不具有法律效力,其性质属于倡议性。由于一揽子 BEPS 行动计划成果反映了世界多数国家治理 BEPS 问题的呼声和意愿,行动计划成果中包含的方案或建议体现了参与国所达成的共识。我国作为 BEPS 行动计划的重要参与者,毫无疑问,BEPS 系列行动计划成果会对我国形成相应的“软法”约束。作为对世界有重要影响力的发展中大国,我国应在国际规则的参与和制定中扮演重要角色,而不仅是接受者和借鉴者。尤其是在国内立法实施 BEPS 成果方面,我国应在维护国家利益的基础上履行国际承诺,并在如何实施相关措施方面尽量与国际社会协调一致[①]。

虽然 BEPS 行动计划成果对各参与国并不具有法律效力,但却有相应的约束力,且不同项目的约束力大小各异。总体看,按照约束力大小不同可将系列 BEPS 行动计划分为三大类:“最低标准”“共同方法”和“最佳实践”。“最低标准”的约束力最强,将纳入相互监督机制。由于某些国家对于 BEPS 问题治理的不作为,可能对其他国家带来负面影响,如可能会削弱其他国家的税制竞争力,各参与国针对这些行动计划商定了“最低标准”,并同意就滥用税收协定、争议解决、有害税收实践,以及国别报告的实施接受监督。“共同方法”是未来可能发展为“最低标准”的 BEPS 行动计划成果,但目前统一监管执行的时机尚不成熟,如混合错配、利息扣除。“最佳实践”是一些相对美好的远景目标,参与国表示会朝着这些目标努力,但实施需要很长时间。“最佳实践”对参与国的约束力最低,如受控外国公司制度。此外,还有一些报告没有明确属于哪一类,如第 11 项行为计划所涉及的数据统计等。

第三节 “双支柱”改革方案

一、“双支柱”方案出台的国际背景

(一)BEPS 第 1 项行动计划(应对数字经济的税收挑战)成果简介

OECD 财委会于 2013 年 9 月成立了数字经济工作组,该工作组致力于在 2014 年 9 月前研究并撰写一份报告,以明确数字经济带来的税务问题,以及解决这些问题可能

① 廖体忠:《国际税收合作迎来明媚阳光——在新的经济背景下解读 BEPS 行动计划成果》,《国际税收》,2015 年第 10 期。

采取的行动。该小组特别研究了 1998 年加拿大渥太华电子商务部长级会议成果《电子商务：税收框架条件》，认为该文件所确定的税收原则在数字经济下仍然适用，但客观上该会议召开时一些新兴商业模式如网络直播、云计算、3D 打印尚没有出现或发展起来，有必要对该会议所确定的税收原则进行必要补充以适应数字经济的发展。在该会议所确定的税收框架基础上，数字经济工作组补充、强调了公正性原则。公正性原则源于 1923 年国际联盟提出的国家间征税权划分的经济忠诚理论。理想的公正性原则既应确保纳税人之间的纵向公正和横向公正，也应实现国与国之间的公正，“现行国际税收原则的执行应当以维护国家财政主权为依归，国与国之间公平分享电子商务所创造的税基”①。

数字经济工作组讨论了数字经济的演化和普及程度，以及数字经济的主要特征和带来的税收挑战，听取了各国代表解决 BEPS 问题和应对税收挑战备选方案的意见，最后于 2014 年 6 月底如期完成了第 1 项行动计划成果，即《应对数字经济的税收挑战的报告》(以下简称《报告》)。该成果内容主要包括以下几点。

(1) 尽管数字经济及其商业模式不会造成独特的 BEPS 问题，但其关键特征却加剧了 BEPS 风险。数字经济是信息与通信技术(ICT)转型过程带来的产物。ICT 的革新使得科技变得更加廉价、更具影响力、更为标准化，在经济的各个领域中不断优化商业流程和激励创新。由于数字经济日渐成为经济本身，从税务的角度看，即便不是完全没有可能，但真正要将数字经济与经济的其他范畴人为地彻底圈离也是相当困难的，用“经济数字化”描述当今经济发展状态和趋势更为精确。数字经济下的商业模式除电子商务外，还包括各类应用软件商店、在线广告、云计算、参与式网络平台、高频交易等。数字经济及其商业模式所表现出的流动性、对数据的依赖、网络效应、多层面商业模式的扩展、垄断或寡头垄断倾向和多变性的特征虽为跨国公司加快改变其全球价值链布局创造了极为有利的条件，但却加剧了 BEPS 风险。

多层面商业模式的概念

(2) 对于高度数字化企业商业模式带来的税收挑战，《报告》讨论了三种备选方案。高度数字化商业模式包括在来源国无实体，以及承认用户参与及用户数据的价值创造贡献并通过各种方式实现数据价值货币化的两种情形。三种备选方案包括以下三种。❶“显著经济存在(significant economic presence)”的全新联结度概念的提出。这一概念是对传统常设机构概念的颠覆和重构，即一国居民在另一国没有传统意义上的“物理性”实体存在，但根据相关因素可以证明该非居民通过相关科技或其他自动化工具与非居民国的经济发生了有意义且具有实质性的相互影响，则该非居民在该非居民国存在应纳税实体。判定因素主要包括收入因素、数字化因素及用户因素。❷ 对数字化交易征收预提税(withholding tax)，即非居民国对本国居民向非居民供应商在线提供数字商品和服务支付的款项预先征税。❸ 引入衡平税(equalization levy)。衡平税是非居民国对非居民征收，以确保数字经济下非居民与本国居民享有平等的税收待遇。《报告》出台之前已有一些国家在保险领域开征了消费税形式的衡平税，依据

① 经济合作与发展组织著，国家税务总局国际税务司译：《OECD/G20 税基侵蚀和利润转移项目 2015 年最终成果报告(Ⅰ)》，中国税务出版社 2016 年版。

向海外供应商支付的总保费金额计算征收。需要指出，上述方案的实施需要对现行国际税收规则体系进行大幅度修订，实践中由于各国数字经济发展程度差异很大，在此基础上的激烈博弈在所难免，这些供讨论的备选方案并不是OECD提出的应对数字经济挑战的建议方案，更谈不上是应对数字经济税收挑战的最终方案。

（3）解决数字经济下的BEPS问题应多管齐下，综合施策。《报告》题目虽然为针对数字经济带来的税收挑战，但并没有提出解决问题的单独方案。《报告》认为，除第1项行动计划外，数字经济税收挑战的解决还依赖其他行动计划成果的实施以综合发力。发起BEPS行动计划的主要目的就是确保利润在经济活动发生地和价值创造地纳税，实现这一目标的关键是市场国及最终母公司所属居民国通过税制协调，恢复对无国籍所得的征税。正如《报告》中所言："一旦各项应对措施得到各国的合作共同实施，BEPS行动计划的高度综合性将确保把税收的征收地与经济活动的发生地更为紧密地结合起来。市场所属管辖地和最终母公司所属管辖地的BEPS问题都将得到解决，从而让无国籍所得现象随之终止"。除行动计划1外，一般认为行动计划3（制定有效的受控外国公司规则）、行动计划7（防止人为规避常设机构的构成）及行动计划8—10（确保转让定价结果与价值创造相一致）与数字经济的关系最为紧密。行动3计划通过强化受控外国公司（CFC）的相关管理规定以解决母公司所属居民国的BEPS问题，行动计划7旨在完善常设机构的认定规则以防止对市场国的税基侵蚀，行动计划8—10则通过协调市场国与居民国关系，以确保转让定价结果与价值的产生相一致。

（二）后BEPS时代应对数字经济税收挑战的工作进展

一方面，数字经济的发展对社会各行业具有广泛的渗透性，单独"圈离"数字经济以应对税收挑战不具有现实基础；另一方面，各国在数字经济发展程度上的差异较大，欧美国家之间，以及发达国家与发展中国家之间的利益诉求不一致，上述两方面的原因导致行动计划1并没有提出应对数字经济税收挑战的最终方案。在多边方案缺位的背景下，各国解决数字经济税收挑战的单边措施逐渐增多，比较典型的国家为印度。印度在数字经济税收立法方面较为激进，2016年6月开始就对非居民企业提供在线广告服务获得的总收入征收6%的衡平税，2019年4月起又对在本国内提供数字服务的跨国公司征收2%的数字税。之后，法国、英国、澳大利亚、匈牙利、土耳其、意大利、尼日利亚、印度尼西亚等国家亦宣布对相关的非居民企业征收类似的数字税。美国作为全球最大的数字经济净输出国，为维护本国经济利益，对一些国家采取的单边措施不会无动于衷，如美国贸易代表办公室于2019年7月16日发布公告，正式开启对法国数字服务税的"301调查"①。显然，若单边措施不能得到跨国公司所属居民国的承认及配合，则会发生较为严重的国际重复征税。从治理BEPS问题（即双重不征税）的一端走向国际重复征税的另一端显然不符合各方利益，在

---

① "301条款"是美国《1974年贸易法》第301条的俗称，是美国贸易法中有关对外国立法或行政上违反协定、损害美国利益的行为采取单边行动的立法授权条款。"301调查"已成为美国争夺国际经济话语权的有力武器。

更为广泛、更为包容的框架内寻求国际共识是解决数字经济带来的税收挑战的必然选择。

随着越来越多国家采取单边措施，寻求多边解决方案的迫切性愈加凸显。多边工作进展中的重要时间节点如图 10-1 所示。

图 10-1 寻求多边解决方案的工作进展时间节点

2015 年 OECD 发布了 15 项 BEPS 行动计划最终成果后，G20 授权 OECD 建立 BEPS 包容性框架，以吸纳更多发展中国家参与，共同监督、评估和推动 BEPS 成果实施。对于还没有形成共识性解决方案的行动计划 1，进一步寻求最终解决方案的努力也在包容性框架下进行。在该框架下，小国也可以与 OECD/G20 就有关解决与数字经济相关税收问题的措施进行全球谈判。2016 年 2 月，在上海召开的 G20 财长和央行行长会议核准了包容性框架。2016 年 6 月，OECD 财委会在日本东京举行了 BEPS 包容性框架成立大会，80 多个国家和地区的政府代表参会，全球共同实施 BEPS 项目成果迈出了新的实质性步伐[①]。2018 年 3 月，经包容性框架批准，OECD 数字经济工作组向 G20 财长和央行行长会议提交了《数字化带来的税收挑战的中期报告》。该报告深入分析了新的和不断变化的业务模式，同意采取连贯的、一致性态度，对现行国际税收中的联结度规则和利润分配规则进行改革，并承诺 2020 年提交一份最终报告，在达成共识的基础上提出长期解决方案。

2019 年 5 月，OECD 发布了《研究应对经济数字化税收挑战共识性解决方案的工作计划》，首次提出并行研究“双支柱”：支柱一涉及“用户参与”“营销型无形资产”和“显著经济存在”三个提案，并在之后逐步发展为赋予用户和最终消费者所在的市场国新征税权的融合方案；“全球反税基侵蚀”提案则独立构成支柱二。可以说，“双支柱”方案即解决数字经济税收挑战的最终方案。2020 年 10 月，OECD 分别发布了支柱一和支柱二的蓝图报告，“双支柱”方案各要素的技术研究都取得了显著进展。支柱一增加了市场国的征税权，通过修改现有跨境所得税分配规则，将超大型高利润跨国

① 截至 2021 年年底，包容性框架已包括 141 个税收管辖区。

公司的一部分剩余利润分配给市场国；支柱二建立全球最低税制度，确保大型跨国公司在每个辖区的有效税率都至少达到全球最低税率标准。经过各国不懈努力和频繁磋商，2021 年 7 月 1 日，BEPS 包容性框架下的 130 个成员就“双支柱”方案达成初步共识，并发布《关于应对经济数字化税收挑战“双支柱”方案的声明》。同年 10 月 8 日，BEPS 包容性框架下 140 个成员中的 136 个国家（地区）就“双支柱”框架中的关键要素达成了共识，并发布与 7 月份标题相同的声明，但对 7 月声明的部分内容做出了修订与补充。上述声明获得 G20 财长会议批准后，于 2021 年 10 月 31 日由 G20 领导人在罗马峰会核准通过。至此，OECD 应对经济数字化税收挑战的“双支柱”改革方案初步形成。

二、“双支柱”方案的具体内容

支柱一与支柱二共同构成应对经济数字化国际税收挑战的多边方案，协同发挥作用。支柱一针对现行国际税收规则体系中的联结度规则进行改革，规定了经济数字化下国家之间的征税权分配规则，主要解决超大型跨国企业集团部分剩余利润在哪里缴税的问题。支柱二通过实施全球最低税，确保跨国企业集团在各国（地区）承担不低于一定比例的税负，以抑制跨国企业集团逃避税行为，为各国税收竞争划定了底线，主要解决大型跨国企业集团在各辖区应缴多少税的问题。

（一）支柱一构成要素

1. 金额 A、金额 B、税收确定性

2021 年 10 月 8 日，BEPS 包容性框架下 140 个成员中的 136 个国家（地区）发布《关于应对经济数字化税收挑战“双支柱”方案的声明》（以下简称《声明》）所确定的支柱一由金额 A、金额 B 及税收确定性三部分组成。金额 A 与金额 B 的政策目标不同。金额 A[①] 是为解决经济数字化税收挑战，赋予市场国（地区）新的征税权，并按照新的利润分配规则（即全球公式分配法）向市场国分配超大型跨国企业的剩余利润。金额 B[②] 是简化独立交易原则的实施，减少涉及基本营销及分销活动利润回报的跨境税收争议，提高征管效率。

2. 支柱一适用的业务范围

自动化数字服务（automated digital services，ADS）是最为典型的数字经济形式，支柱一方案最初的设计范围只包括 ADS。后来在美国的建议和坚持下，支柱一适用范围扩大至面向消费者业务（consumer facing business，CFB）。面向消费者业务，是指通过向消费者个人销售商品货物服务来获取销售收入的经营业务。OECD 考虑将面向消费者业务适用的范围边界，设定在通过数字化商业模式进行远程跨境销售的业务范围之内。2021 年七国集团（G7）财长和央行行长会议通过了美国对“双支柱”方案的新建议，对支柱一适用范围作了进一步修改，不再有 ADS 和 CFB 的限制，但不将采掘业、金

①② 金额 A、金额 B 事实上体现的是金额 A 与金额 B 的确定规则，行业文献惯例称其为金额 A、金额 B。

融业纳入适用范围，旨在解决对超大型跨国集团利润在国家间的征税权分配问题。

3. 适用于金额 A 的新联结度及阈值门槛

适用于金额 A 的新联结度颠覆了现有国际税收体系中的常设机构框架，不依赖于物理存在的定性标准，而主要依赖销售额及利润率等定量标准。新联结度的经济实质是跨国企业符合适用范围的业务活动在市场国是否构成“显著且持续的参与（significant and sustained engagement）”。为保证支柱一的顺利落地，新联结度需要设定量化的阈值门槛。一定时间内在某一市场国生成的、符合适用范围业务的营业总收入金额是证明跨国企业集团对某一市场国经济是否构成“显著且持续的参与”的主要和关键证据。显然，即使某一跨国企业集团在某一市场国没有物理性存在，但来源于该国的收入金额超过某一规定的数值，则新的关联度很可能就会生成。为确保纳税遵从成本和税收征管负担与预期的税收效益相匹配，并出于市场国之间因规模差异导致的“公平”因素考量，还需要设置利润率及市场国的市场规模等阈值门槛。《声明》指出，适用金额 A 的跨国企业的全球营业收入在 200 亿欧元以上，且利润率（税前利润 / 收入）超过 10%（相关门槛按平均值计算）。如果金额 A（包括金额 A 税收确定程序）实施顺利，营业收入门槛将下调至 100 亿欧元。协议生效七年后将对金额 A 是否实施顺利进行审议，并在一年内完成。根据新的联结度规则，当适用范围内的跨国企业从某国（地区）取得的收入不低于 100 万欧元时，允许相关国家（地区）参与金额 A 的分配。对于国内生产总值（GDP）低于 400 亿欧元的小型税收管辖区，该联结度门槛为 25 万欧元。

4. 适用金额 A 的利润分配规则

在支柱一中基于跨国企业与市场国（非居民国）的新联结度已不以物理性存在为前提条件，现行向市场国分配利润所依据的独立交易原则已不适用于金额 A 的利润分配。因为在新联结度下，跨国企业很可能在市场国没有任何独立交易原则下的资产投入、功能执行及风险承担，建立在功能、资产和风险分析基础上的转让定价独立交易原则所适用的地基已被“抽空”，因此需要新的利润分配规则以适用金额 A 对市场国进行利润分配。但必须指出，现行转让定价中的独立交易原则虽难以适用数字经济商业模式，且金额 A 只是对超大型跨国企业的剩余利润进行分配，独立交易原则对于常规关联交易仍然是适用的。因此，在支柱一中，转让定价独立交易原则将与新利润分配规则“共存”，跨国企业集团需要以两种不同的利润分配规则向市场国分配利润。适用金额 A 的新的利润分配规则为全球公式分配法，即以跨国企业集团合并财务报告中的利润总额为逻辑起点，对其中的剩余利润（residual profit）按照一定的比例对市场国进行分配。

具体而言，全球销售收入 200 亿欧元以上且利润率（税前利润 / 收入）10% 以上的跨国企业，需要将剩余利润的 25% 分配给市场国。其中，剩余利润被界定为超过收入 10% 的那部分利润，且向某一市场国分配利润时以跨国企业来源于该市场国的收入作为分配因子。由于支柱一已经取消 ADS 和 CFB 的行业限制，目前金额 A 已经涵盖大多数行业，OECD 预计，在支柱一执行初期，预计将有 100 家至 150 家跨国公司被纳入金额 A 范围，同时会有超过 1 250 亿美元的利润被重新分配。此外，为解决支柱一中的新征税权（针对剩余利润的全球公式分配法）与现行旧征税权（针对基础利润的独立交易原则）间的重叠问题，《声明》制定了营销及分销利润安全港规则：如果金额A适用范围内跨国企业的部分剩余利润已在某市场辖区征税，则营销及分销利润安全港将会限制通过金额 A 向该市场辖区分配的剩余利润额。对某市场国而言，若金额 A 下的利润分配额大于跨国企业集团在该国的营销功能已按独立交易原则留存的剩余利润，则市场国只能就其差额征税，反之不再向相关市场国分配金额 A。《声明》指出，各国（地区）需要签署相关多边公约实现金额 A 的落地实施，并协调各国（地区）的规则实施，避免和解决税收争议。OECD 已于 2023 年 10 月发布《实施支柱一金额 A 的多边公约》。

5. 税收确定性

金额 A 是对超大型跨国企业集团剩余利润的重新分配，涉及确定各市场辖区是否有资格分配金额 A，各市场辖区可分配的金额 A 份额，以及金额 A 由企业集团内哪家或哪几家实体支付等问题，需要多国之间进行协调，且容易产生税收争议。基于此，支柱一专门设计了强制性且具约束力的新型争议预防和解决机制，用以处理与金额 A 相关的税收争议，从而为金额 A 适用范围内的企业提供税收确定性，避免双重或多重征税。可以通过该机制解决的争议包括确定金额 A 分配及支付实体的争议，也包括由于转让定价调整及确定常设机构营业利润归属导致的与金额 A 相关事项的争议。该机制的特征是强制性且具有约束力。

但是，对于某些相互协商案件数量少且满足 BEPS 第 14 项行动计划延迟审议条件的辖区，可以给予一定的灵活性，关于与金额 A 相关事项的税收争议，允许其选择适用新型争议预防和解决机制。相关国家（地区）选择适用机制的资格，将被定期审议。相关国家（地区）一旦被审议认定为丧失资格，在后续年度将无法恢复。

此外，考虑到支柱一与有些国家征收数字税的单边措施的不相容性，《声明》明确，支柱一方案的实施将要求所有缔约方撤销对所有企业的所有数字服务税，以及其他类似单边措施，并承诺未来不再引入类似措施。自 2021 年 10 月 8 日起，至 2023 年 12 月 31 日和多边公约生效日中较早一日，各辖区不得对任何企业实施新立法的数字服务税或者其他相关类似单边措施。如奥地利、法国、意大利、西班牙、英国于 2021 年 10 月 21 日宣布就数字服务税争端与美国达成妥协，在 OECD 推动的国际税改协议生效后，欧洲五国将取消征收数字服务税，美国将放弃对这五国的报复性关税措施[①]。

（二）支柱二构成要素

1. 支柱二架构

支柱二由全球反税基侵蚀规则（global anti-base erosion rules ，GloBE）和应税规则（the subject to tax rule，STTR）组成，全球反税基侵蚀规则可以进一步分解为收入纳入规则（income inclusion rule，IIR）和低税支付规则（undertaxed payment rule，UTPR），如图 10-2 所示。

① 高攀、熊茂伶：《美国与欧洲五国就数字税争端达成妥协》，新华社，2021 年 10 月 21 日。

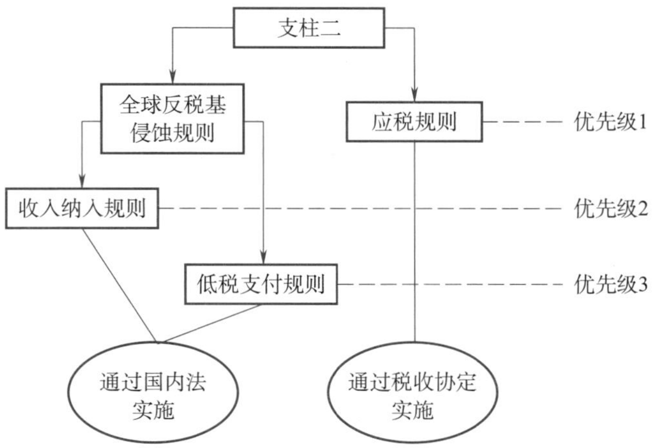

图 10-2 支柱二架构

GloBE 本质上属于国内法规则，即需要包容性框架成员通过国内立法后，GloBE 才能落地实施。众所周知，依据对参与国约束力的强弱，BEPS 项目分为“最低标准”“共同方法”及“最佳实践”。《声明》确认按照“共同方法”定位 GloBE，也就是说，GloBE 的实施并不具有强制性，但若包容性框架成员选择采用该规则，则需采取与支柱二成果一致的实施和管理规则，包括需与包容性框架下的模板和指引保持一致。STTR 则属于税收协定规则，需要纳入双边税收协定才能生效。从优先适用的角度看，相关国家依据税收协定运用 STTR 征税优先于其他国家适用国内法中的 GloBE 征税，而在实施 GloBE 时，母公司或股东方所在税收管辖区运用 IIR 优先于相关辖区运用 UTPR 征收补足税（top-up tax）。补足税即指按照 GloBE 规则计算的因辖区有效税率不足 15% 而需要补缴的税额。

2. 适用范围

GloBE 规则只适用于满足一定条件的大型跨国企业集团，即最终母公司合并财务报表年收入在之前的 4 个财年中至少有两个财年为 7.5 亿欧元及以上的跨国企业集团。但需要注意，运用 GloBE 存在以下豁免规则：对政府实体、国际组织、非营利组织、养老基金或投资基金予以豁免；对国际海运所得予以豁免；将跨国企业集团收入低于 1 000 万欧元且利润低于 100 万欧元的辖区排除出适用范围；将初始国际化企业排除出 UTPR 的适用范围[①]。STTR 则主要针对跨国企业集团特定类型的集团内关联支付。

3. 全球反税基侵蚀规则

IIR 是 GloBE 中的主规则，UTPR 作为辅规则，两者共同组成 GloBE，确保跨国企业集团在每个税收管辖权的有效税率至少达到 15% 的最低水平。在 IIR 中，当跨国企业在某一国家（地区）的实际有效税率低于 15% 时，采用由上而下的方法确定征税主

① 对于处于国际化经营起步阶段的跨国企业集团，主要市场在母国境内，可能因为享受母国为支持其发展而提供的税收优惠导致国内有效税率低于 15%。对该类企业豁免适用低税支付规则，可避免对仍处于成长期的跨国企业拓展国际业务产生过度影响。处于国际化活动初始阶段的跨国企业集团指海外有形资产不超过 5 000 万欧元，且在不超过 5 个海外辖区运营的跨国企业集团。

体，也就是通常由跨国企业的最终控股母公司向其所属国家（地区）缴纳补足税。若最终控股母公司所在国并不实施 GloBE，则由跨国企业的次级控股公司运用 IIR 征收补足税。在 UTPR 下，只有跨国企业的控股公司不适用 IIR，控股公司下属实体所在税收管辖区才可以通过限制扣除或作等额调整的方式征收补足税，直至达到 15% 的最低税水平。由于 IIR 优先于 UTPR 适用，且适用 IIR 的最终控股母公司或下级控股公司一般处于居住国位置，这种优先适用显然更有利于维护资本输出国的税收权益。IIR 与 UTPR 虽然优先级不同，但两者目的相同，都是为确保跨国企业集团在每个辖区的有效税率至少达到 15%。有效税率为实施 GloBE 的关键指标，具体数值为有效税额与按照财务会计利润确定的税基的比值。这里的符合共同定义的有效税额是指 GloBE 认可的企业所得税税额，包括对企业净利润征收的各种税费，如取得所得时征收的税额、将所得以股息形式分配给股东时征收的税额、其他所有企业所得税性质的税额，以及对留存收益和公司股权征收的税额等。在确定某一税款是否为支柱二有效税额时，应基于该税额的基本性质，税额能不能被抵扣不能作为其是不是有效税额的判断依据。IIR 和 UTPR 在税基确定、有效税率和补足税额计算等要素上完全一致。

4. 应税规则

应税规则（STTR）主要针对跨国企业集团通过特定类型的集团内关联支付，将利润从来源国转移到低税国的情况，由支付方所在国通过预提所得税的形式优先征税，以降低 BEPS 风险。从适用顺序看，STTR 优先于 GloBE，但需要纳入双边税收协定才能落地实施。当某一辖区对利息、特许权使用费及某些特定类型的关联支付，适用的名义税率低于 9%（应税规则的最低税率标准）时，STTR 赋予该辖区针对关联支付征收最低税率与适用税率之间的差额税款（补足税）的权利。名义税率低于 9% 的辖区在决定是否与其他辖区的税收协定中纳入 STTR 时有一定程度的强制性。《声明》明确：某一辖区对特定费用的关联支付适用的名义税率低于 9%，若其税收协定伙伴国为发展中国家，且要求将 STTR 纳入税收协定时，则该辖区必须接受。

案例 10-2　STTR 及 IIR 的应用示例

A 公司与 B 公司分别位于我国和 B 国境内，且 B 公司为 A 公司的全资子公司。我国与 B 国缔结了双边税收协定，协定中的利息条款规定的预提所得税税率为 7%。某年（假设支柱二方案已生效），A 公司向 B 公司支付因以前年度融入资金而发生的利息费用 1 000 万元。B 国税法规定：本国企业向境外企业借款而收取的利息收入可以在 B 国申请离岸收入豁免，即该笔利息收入无须在 B 国缴纳所得税。假设国际上“双支柱”改革方案形成后，经我国与 B 国商定，双边税收协定中纳入了 STTR，且我国经国内立法后亦实施了 GloBE（图 10-3）。

我国与 B 国税收协定中所规定的利息适用的预提所得税税率为 7%，低于 STTR 中的最低税率 9%。按照 GloBE 所规定的顺序，STTR 的适用优先于 IIR，因此我国税务机关可以征收 20 万元[1 000×(9%-7%)]的补足税。虽然上述利息收入依据 B 国税法无须在 B 国负担所得税，但在我国实施 STTR 征收补足税后，该笔利息收入的实际税负为 9%。由于仍然低于 GloBE 中规定的 15% 的最低税水平，我国为母公司所属居民国，相关税务机关仍可以运用 IIR 征收 60 万元[1 000×(15%-9%)]的补足税。综合考察，我国税务机关适用 STTR 及 IIR 一共可以征收 80 万元(20+60)的补足税。

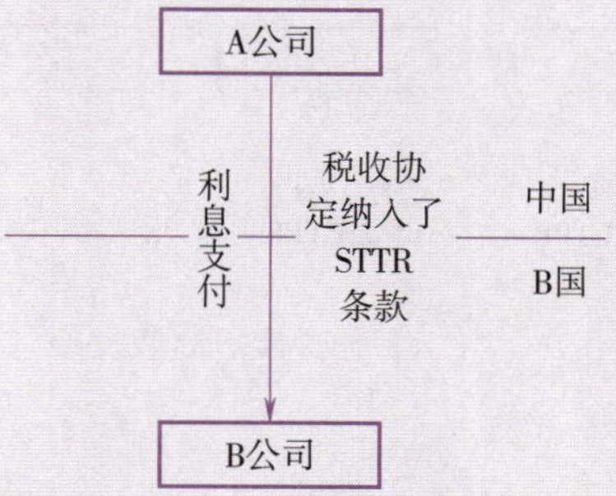

图 10-3 STTR 及 IIR 应用示意图

思考题：

若我国实施 STTR 及 IIR 规则，可能会对“走出去”企业带来哪些税务风险？

案例 10-3 UTPR 的应用示例

由于我国市场庞大，消费相关基础设施比较完善，某境外跨国企业集团近年来在我国的经营欣欣向上(具体投资架构见图 10-4)。其中，集团总部位于 A 国，B 作为亚太区总部被设在 B 国，C 公司是设在我国的集团成员实体，D 公司、E 公司分别位于 D 国和 E 国，各层公司间持股比例均为 100%。经测算，集团总部、B 公司、C 公司、D 公司、E 公司的 GloBE 有效税率分别为：21%、10%、21%、16% 及 10%。很明显，由于 B 公司和 E 公司的 GloBE 有效税率都低于 GloBE 最低税率 15%，因此其所在国家 B 国和 E 国可以被视为低税管辖区。某年(“双支柱”方案已生效)，集团总部、B 公司、C 公司、D 公司、E 公司实现的 GloBE 所得分别为：1 000 万元、1 000 万元、500 万元、100 万元、100 万元。假设中国当年已经通过国内法引入 UTPR，但 D 国并没有引入 UTPR。A 国和 B 国则没有引入 IIR。

B 国和 E 国都为 GloBE 低税管辖区，产生相应的补足税分别为 50 万元[1 000×(15%-10%)]和 5 万元[100×(15%-10%)]。补足税的征收应优先由母公司运用 IIR 征收，但考虑到 A 国和 B 国都没有引入 IIR，且 D 国也没有引入 UTPR，因此两个低税管辖权的补足税都由我国税务机关征收。若 D 国亦引入了 UTPR，则相应的补征税由中国和 D 国分摊征收。

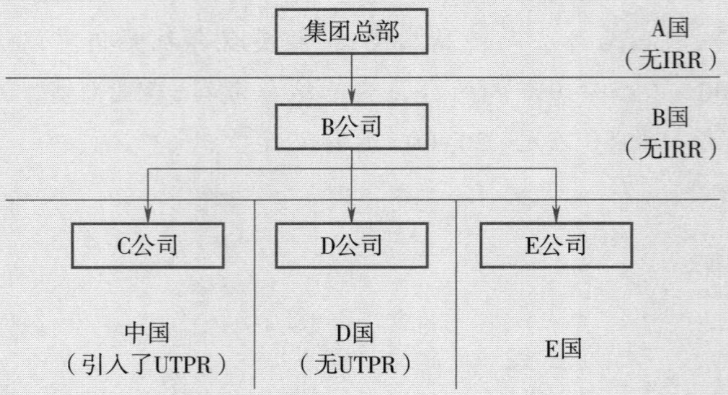

图 10-4　某跨国集团的股权架构

思考题：

若我国引入 UTPR 规则可能会对“走进来”外国企业产生什么影响？

综上所述，“双支柱”方案立足于解决经济数字化背景下国家间征税权分配问题，是国际税收规则的一次系统升级。但客观地讲，“双支柱”方案的实施将大幅增加大型跨国企业的遵从成本，也对各国（地区）税务机关的征管能力提出了更高的要求。支柱一中对跨国企业剩余利润的分配涉及诸多税收管辖区，支柱二中的规则适用顺序也决定了组织架构复杂的跨国企业集团很可能遇到多辖区适用规则征税而带来的管理混乱局面和重复征税问题。如何解决辖区间争议并使“双支柱”改革方案顺利落地仍有很长的路要走。

习　题

一、单选题（请用手机扫描下方二维码作答）

二、改错题（就题中画线部分进行改正）

1. 从对参与国的约束力来看，BEPS 行动计划 3（制定有效的受控外国公司规则）

属于“最低标准”。（　　）

2. BEPS 行动计划 1 聚焦于数字经济发展带来的税收挑战，达成了解决这一挑战的多边方案。（　　）

3. “双支柱”方案中的支柱二中的各项规则中，低税支付规则（UTPR）处于优先顺位。（　　）

三、简答题

1. BEPS 行动计划制定的基本原则是“利润应在经济活动发生地和价值创造地被征税”。这一原则的基本含义是什么？

2. 数字经济发展带来的国际税收挑战有哪些？

3. 简述“双支柱”方案中支柱一的具体内容。

4. 近年来，随着 BEPS 行动计划成果的落地实施，一些知名国际避税地纷纷进行经济实质法案立法。请谈谈相关立法的背景、内容及影响。

四、案例分析题

近年来，数字经济的发展加快了企业商业模式的创新速度，企业模式的创新引致跨国公司全球价值链的整合重组，对传统的国际税收规则带来了巨大挑战。纳税人 A 是一位美国公民，他于 2001 年 11 月在日本租赁了一套公寓。2002 年 3 月，A 创建了一个网站并开始进行在线销售活动，其业务主要是为日本消费者提供从美国进口的汽车零部件。在经营期间，A 利用其租赁的公寓进行货物的储存、包装和装运。2004 年 7 月 A 将网站在日本线上购物商场注册，并在同年 10 月离开日本前往美国，此后一直在美国对网站进行维护和管理。2006 年 11 月随着销售量的扩大，纳税人在公寓之外另行租用了一个仓库，代替原先的公寓进行货物的存储、包装和装运。自 2004 年离开日本后，纳税人没有向日本主管税务机关提交过任何所得税和消费税的纳税申报表，并于 2008 年受到地区税务局税收专员的检查。此案中，A 认为其在日本的活动属于美国与日本所缔结的税收协定第 5 条中的豁免情形，因此不需向日本缴纳所得税。但日本税务机关并不认同 A 的观点。日本东京地方法院 2015 年 5 月 28 日判决 A 应向日本政府履行所得税纳税义务。

问题：请结合此案例分析数字经济发展带来的税收挑战，并联系 BEPS 行动计划 7 的内容思考日本法院的判决依据是什么？

主要参考文献

[1] 朱青.国际税收[M].北京:中国人民大学出版社,2021.

[2] 中国国际税收研究会.与改革开放同行:中国国际税收40年[M].北京:中国税务出版社,2018.

[3] 罗哈吉.国际税收基础[M].北京:北京大学出版社,2006.

[4] 特雷,张伯伦,佩特里奇奥内.国际税收新的黎明:国际税收制度的演进及中国将扮演的角色[M].毕马威中国,译.北京:中国税务出版社,2020.

[5] OSTASZEWSKA,OBUOFORIBO.罗伊·罗哈吉论国际税收[M].陈新,彭启蕾,译.北京:中国税务出版社,2020.

[6] HOLMES.国际税收政策与避免双重征税协定:对相关原则与应用的介绍[M].姜跃升,陈新,译.北京:中国税务出版社,2017.

[7] 阿诺德.国际税收基础[M].国际税收基础翻译组,译.北京:中国税务出版社,2020.

[8] 阿维-约纳.国际法视角下的跨国征税:国际税收体系分析[M].熊伟,译.北京:法律出版社,2008.

[9] 梁若莲.税收协定解读与应用[M].北京:中国税务出版社,2012.

[10] 刘剑文.国际税法学[M].北京:北京大学出版社,2020.

[11] 高尔森.国际税收浅论[M].天津:南开大学出版社,1985.

[12] 邓子基,唐腾翔.国际税收导论[M].北京:经济科学出版社,1988.

[13] 易奉菊.国际税收理论、实务与案例[M].上海:立信会计出版社,2022.

[14] 尹音频.国际税收[M].成都:西南财经大学出版社,1999.

[15] 杜莉.国际税收[M].上海:复旦大学出版社,2019.

[16] 葛惟嘉.国际税收[M].北京:中国财政经济出版社,2007.

[17] 经济合作与发展组织著.OECD/G20税基侵蚀和利润转移(BEPS项目)2015年成果最终报告(Ⅰ至Ⅵ)[M].国家税务总局国际税务司,译.北京:中国税务出版社,2016.

[18] 李九龙.国际税收[M].武汉:武汉大学出版社,2000.

[19] 雷霆.国际税收实务与协定适用指南:原理、实务与疑难问题[M].北京:

法律出版社，2018.

［20］范坚，姜跃升．国际反避税实务指引［M］．南京：江苏人民出版社，2012.

［21］王铁军，苑新丽．国际税收［M］．北京：经济科学出版社，2009.

［22］杨斌．国际税收［M］．上海：复旦大学出版社，2004.

［23］何杨．国际税收［M］．南京：江苏凤凰科学技术出版社，2016.

［24］国家税务总局学习兴税指导委员会，全国税务专业学位研究生教育指导委员会．国际税收［M］．北京：中国税务出版社，2024.

［25］廖益新．国际税法学［M］．北京：高等教育出版社，2008.

［26］付树林．中国非居民企业所得税政策与管理研究［M］．北京：中国税务出版社，2014.

［27］国家税务总局国际税务司．非居民企业税收管理案例集［M］．北京：中国税务出版社，2012.

［28］国家税务总局教材编写组．转让定价调查与调整实务问答［M］．北京：中国税务出版社，2017.

［29］廖体忠．国际税收政策的世纪选择与未来出路［J］．国际税收，2021（2）.

［30］高阳．国际税收制度国际法部分的形成：国际税收协定范本与总体平衡方案的产生［J］．国际税收，2020（6）.

［31］张伦伦．税收协定范本中常设机构条款的最新修订及中国优化策略［J］．国际税收，2023（9）.

［32］崔晓静．全球税收治理中的软法治理［J］．中外法学，2015（5）.

［33］任宛立，熊伟．全球化视野下中国税收条约政策的调适［J］．国际税收，2017（6）.

［34］经济合作与发展组织著．OECD跨国企业与税务机关转让定价指南（2022）［M］．国家税务总局国际税务司，译．北京：中国税务出版社，2023.

［35］彼特鲁齐，科塔尼，等．转让定价基础：一般主题与特殊事项［M］．陈东，陈新，陈彤彤，译．北京：中国税务出版社，2022.

教师教学资源服务指南

关注微信公众号“**高教财经教学研究**”，可浏览云书展了解最新经管教材信息、申请样书、下载课件、下载试卷、观看师资培训课程和直播录像等。

课件及资源下载

电脑端进入公众号点击导航栏中的“教学服务”，点击子菜单中的“资源下载”，或浏览器输入网址链接http://101.35.126.6/，注册登录后可搜索相应资源并下载。

样书申请及培训课程

点击导航栏中的“教学服务”，点击子菜单中的“云书展”，了解最新教材信息及申请样书。

点击导航栏中的“教师培训”，点击子菜单中的“培训课程”即可观看教师培训课程和“名师谈教学与科研直播讲堂”的录像。

联系我们

联系电话：（021）56718921